Jason Roberts

Die ganze Welt im Sinn

14. 6. 34

JASON ROBERTS

DIE GANZE WELT IM SINN

WIE DER BLINDE JAMES HOLMAN ZUM GRÖSSTEN REISENDEN DER GESCHICHTE WURDE

Aus dem Englischen
von Walter Ahlers

KARL BLESSING VERLAG

Titel der Originalausgabe: *A Sense of the World – How a Blind Man Became History's Greatest Traveller*
Originalverlag: HarperCollins Publishers LLC

FSC
Mix
Produktgruppe aus vorbildlich bewirtschafteten Wäldern und anderen kontrollierten Herkünften
Zert.-Nr. SGS-COC-1940
www.fsc.org
© 1996 Forest Stewardship Council

Verlagsgruppe Random House FSC-DEU-0100
Das für dieses Buch verwendete
FSC-zertifizierte Papier *Munken Premium*
liefert Arctic Paper Munkedals AB, Schweden.

1. Auflage

Zitate John Milton aus: *Das verlorene Paradies,* übers. v. Bernhard Schuhmann,
Zweitausendeins Verlag (Frankfurt a. M., 2008)
Umschlaggestaltung: Hauptmann und Kompanie Werbeagentur,
München – Zürich
Layout und Herstellung: Ursula Maenner
Satz: Christine Roithner Verlagsservice, Breitenaich
Karten: © Astrid Fischer-Leitl, basierend auf design by Jason Roberts
Druck und Einband: GGP Media GmbH, Pößneck
Printed in Germany
ISBN: 978-3-89667-372-5

www.blessing-verlag.de

Für

Eden Elise
&
Anthony Kalani
Ankünfte und Abreisen

Wer folgenden Vorsatz fasst:

»Ich will mit derselben Miene den Tod hören, womit ich ihn anschaue;

Ich will mich Mühsalen, wie groß sie auch sein mögen, unterzeihen, den Körper durch den Geist stützend;

Ich will Reichthümer, sowohl vorhandene, als mir abgehende, auf gleiche Weise verachten; ich werde es nicht merken, mag das Glück kommen oder entweichen:

Ich will alle Ländereien als mir, die meinigen als Allen betrachten;

Ich will so leben, als wüsste ich, ich sei für Andere geboren, und der Natur dafür danken;

Denn auf welche Art könnte sie besser für mich sorgen?«

Wer so zu handeln sich vornimmt, entschlossen ist und den Versuch dazu macht, nimmt seinen Weg zu den Göttern, und wahrlich, wenn er auch nicht darauf bleibt, schlägt doch rühmliches Wagnis ihm fehl.

SENECA, *Vom glücklichen Leben*

INHALT

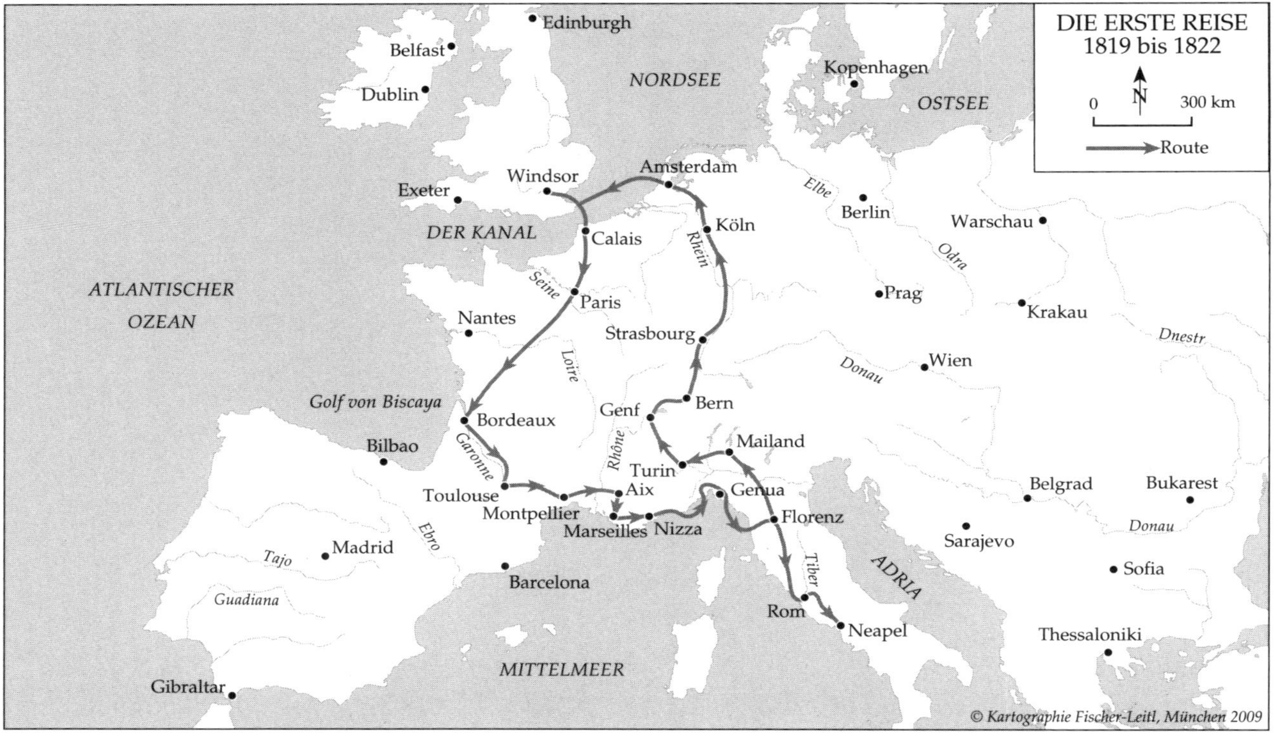
DIE ERSTE REISE
1819 bis 1822
N
0
300 km
Route
Edinburgh
Belfast
Dublin
NORDSEE
Kopenhagen
OSTSEE
Windsor
Amsterdam
Exeter
Elbe
Berlin
Warschau
DER KANAL
Calais
Köln
Rhein
Odra
ATLANTISCHER
OZEAN
Seine
Paris
Prag
Krakau
Nantes
Strasbourg
Dnestr
Loire
Donau
Wien
Golf von Biscaya
Genf
Bern
Bordeaux
Mailand
Bilbao
Garonne
Rhône
Turin
Belgrad
Bukarest
Toulouse
Aix
Genua
Montpellier
Florenz
Sarajevo
Marseilles
Nizza
Donau
Madrid
Ebro
Tajo
Tiber
Sofia
ADRIA
Barcelona
Guadiana
Rom
Neapel
Thessaloniki
MITTELMEER
Gibraltar
© Kartographie Fischer-Leitl, München 2009

SIBIRIEN UND GEFANGENSCHAFT
1822 bis 1824
Route
N
0
1500 km
BARENTSEE
NORDSEE
Reykjavik
Stockholm
Helsinki
Sankt Petersburg
Jekaterinburg
Tobolsk
Tomsk
Moskau
Omsk
Dublin
Berlin
London
Prag
Krakau
Paris
Wien
Irkutsk
Baikalsee
ATLANTISCHER
OZEAN
Schwarzes
Meer
Aralsee
Madrid
Rom
Konstantinopel
Kaspisches
Meer
Taschkent
Peking
Seoul
Algier
Tunis
MITTELMEER
Teheran
Tripolis
Kairo
Shanghai
Delhi
Karatschi
Ost-
chinesisches
Meer
Kalkutta
Hongkong
Bombay
Bangkok
Manila
© Kartographie Fischer-Leitl, München 2009

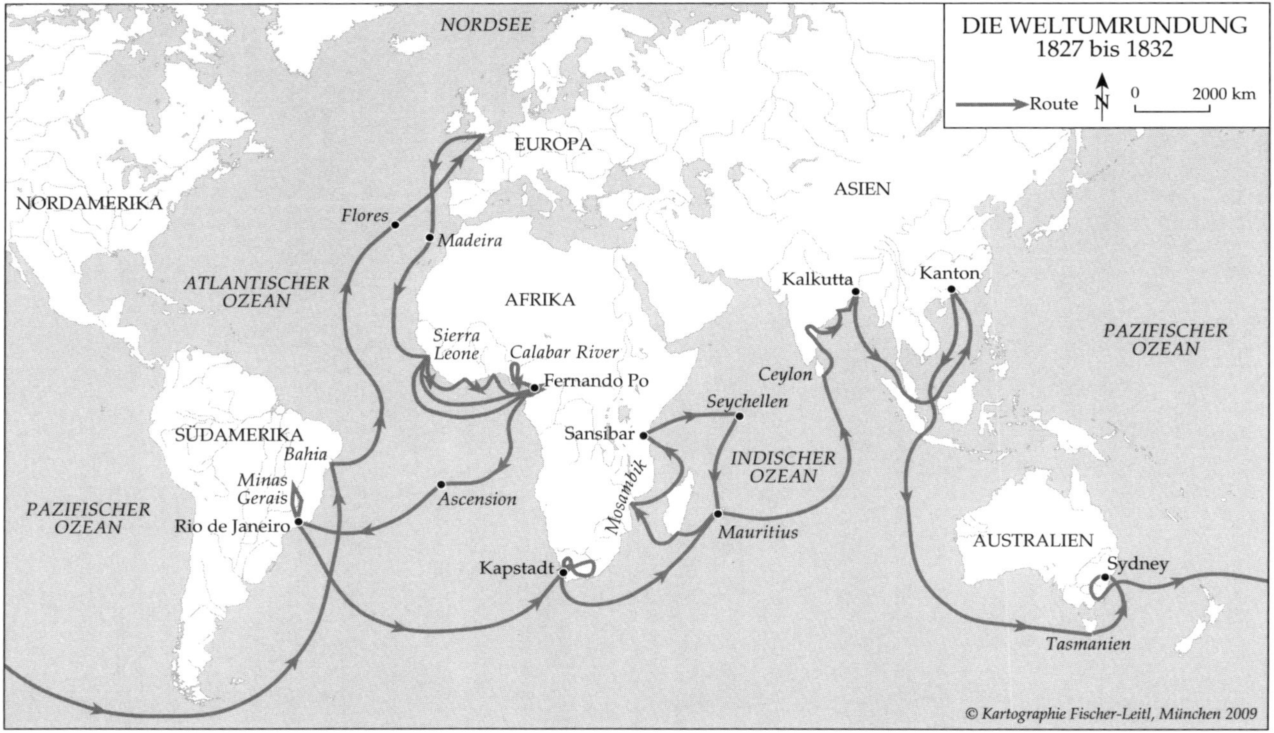

DIE WELTUMRUNDUNG
1827 bis 1832
Route
N
0
2000 km
NORDSEE
EUROPA
ASIEN
NORDAMERIKA
Flores
Madeira
ATLANTISCHER OZEAN
AFRIKA
Kalkutta
Kanton
PAZIFISCHER OZEAN
Sierra Leone
Calabar River
Fernando Po
Ceylon
Seychellen
SÜDAMERIKA
Bahia
Sansibar
INDISCHER OZEAN
Minas Gerais
Ascension
Mosambik
PAZIFISCHER OZEAN
Rio de Janeiro
Mauritius
AUSTRALIEN
Kapstadt
Sydney
Tasmanien
© Kartographie Fischer-Leitl, München 2009

DIE WELT UND IHRE VIELFÄLTIGEN FREUDEN

Sämtliche Fakten, Beschreibungen, selbst die Dialoge auf diesen Seiten sind ausnahmslos den historischen Aufzeichnungen entnommen. Die Geschichte mag an manchen Stellen unwahrscheinlich anmuten, aber sie ist wahr.

Bis zur Erfindung der Verbrennungsmaschine war der am weitesten gereiste Mann der Geschichte zugleich derjenige, dem man dies am wenigsten zugetraut hätte. In mancher Hinsicht war James Holman, Jahrgang 1786, der Inbegriff des Weltentdeckers: eine kühne Mischung aus Disziplin, Wagemut und Kompetenz, Knight of Windsor, Mitglied der Royal Society und Erfolgsautor. Was man darüber beinahe vergessen konnte: Er war zeitweilig gelähmt und dauerhaft erblindet.

Er reiste allein. Er bereiste ein fremdes Land nach dem anderen, ohne ein einziges Wort der dortigen Sprache zu kennen. Er hatte so wenig Geld, dass er nach Art der Einheimischen reisen musste, in Postkutschen, auf Bauernwagen, zu Pferde und zu Fuß. Trotzdem »hat er den Erdball ausgiebiger bereist als jeder andere Reisende vor ihm«, wie ein Journalist seiner Zeit es ausdrückte, »und seine Gegenden dabei so gründlich erkundet wie die intelligentesten und klarsichtigsten seiner Vorgänger, vielleicht sogar gründlicher.«

Zu einer Zeit, als man Blinde gemeinhin noch in Anstalten verwahrte, studierte Holman in Edinburgh Medizin, kämpfte in Afrika (wo der Holman River nach ihm benannt wurde) gegen den Sklavenhandel, machte in Ceylon Jagd auf böswillige Elefantenbullen und überlebte eine eisige Gefangenschaft in Sibirien. In Äquatorialguinea half er, das Rätsel der dortigen Eingeborenensprache zu lösen und verhinderte ganz nebenbei ein Blutvergießen. Charles Darwin zitiert ihn in *Die Fahrt der Beagle* als Experten für die Fauna des Indischen Ozeans. Sir Richard Francis Burton (der jahrelang auf Holmans Spuren gereist ist) zollt dem Mann und seinem Ruhm Tribut, indem er in seinen Erläuterungen zu *Tausendundeine Nacht* von ihm als dem Blinden Reisenden spricht.

Man pries James Holman zu Recht als »eines der größten Wunder der Welt, die er mit so viel Klugheit erkundete«. Aber so erstaunlich seine Leistung war, so erstaunlich ist es, wie schnell er wieder vergessen wurde. Seine Vereinnahmung durch die Öffentlichkeit, von Sensationslust stärker angetrieben als von ehrlicher Wertschätzung, sollte nicht von Dauer sein. Kritiker verwarfen seine literarischen und wissenschaftlichen Ambitionen als »Ungereimtheiten an der Grenze zur Absurdität«. Ein erbitterter Gegner, auch er ein Berufsabenteurer, dessen Expedition vor Holmans verblasste, sprach ein Verdikt aus, das sich in der öffentlichen Wahrnehmung festsetzte: *Seine Blindheit ließ echte Einsichten nicht zu.* Er mochte in Sansibar *gewesen* sein, aber wie konnte ein blinder Reisender behaupten, Sansibar zu *kennen*? Zwar selten angezweifelt (seine Fakten waren aus erster Hand exakt und unwiderlegbar) wurde er doch zunehmend ignoriert.

Die Bewunderung verblasste, gerann zu Spott, aber das focht Holman nicht an. Verarmt, immer schäbiger anzusehen und nach wie vor bei schwacher Gesundheit, setzte er seine Alleinreisen fort, auch als seine Werke nicht wieder aufgelegt wurden und seine neuen Arbeiten unveröffentlicht blieben. Die wenigen unerschütterlichen Bewunderer hörten nichts mehr von ihm und mussten vermuten, dass er in einem fernen Winkel der Erde vom Tod ereilt worden war.

Sein wirkliches Ende kam plötzlich, in einer skandalträchtig unpassenden Ecke Londons und riss ihn aus seiner leidenschaftlichen Arbeit ebenso heraus wie aus den Planungen für weitere Reisen.

Holman träumte davon, dass spätere Generationen sein Lebenswerk zu würdigen wüssten, doch die bekamen gar nicht erst die Gelegenheit. Seine reichhaltige Sammlung von Artefakten wurde in alle Winde verstreut und weggeworfen, seine Manuskripte wurden zerstört oder gingen verloren. Wenn ihm überhaupt so etwas wie ein Denkmal gesetzt wurde, dann in Form einer kurzen biografischen Skizze in der *Encyclopedia Britannica*, ein Eintrag, der von Auflage zu Auflage kürzer wurde. 1910 war es nur noch ein einziger Absatz. 1960 war er ganz aus dem Lexikon verschwunden.

Meine Reisen auf Holmans verwehten Spuren begannen vor drei Jahren mit der Farbe Türkis. Wie die meisten Schriftsteller, die in selbstauferlegter Weltferne in den Lesesälen der Bibliotheken leben, ging ich zwischendurch auf Wanderschaft. Ich streifte durch die Gänge, zog aufs Geratewohl Bücher aus den Regalen, um ein bisschen darin herumzublättern, bevor ich mich wieder an meine Arbeit machte. Meistens erregten bestimmte Titel meine Aufmerksamkeit – *Mein Leben als Restaurant, So pfle-*

gen Sie Ihren Zwergesel –, aber eines Nachmittags zog es mich zu einem schmalen Bändchen, bei dem mir eher der türkisblaue Rücken ins Auge sprang als der Titel, *Exzentriker auf Reise um die Welt.*

Der Titel traf ins Schwarze, mit einer wichtigen Ausnahme. *Exzentriker auf Reise um die Welt* porträtierte sieben Weltenbummler des 18. und 19. Jahrhunderts, die meisten unbestreitbare Sonderlinge. Einer ging einer heimlichen Nebentätigkeit als Exorzist nach. Ein anderer brachte gefälschte »Exemplare« frei erfundener Tiere mit nach Hause. Und obwohl man Blindheit kaum den Exzentrizitäten zurechnen darf, enthielt das Buch ein Kapitel über den Blinden Reisenden. Der Autor hatte wohl noch Füllmaterial für das schmale Bändchen gebraucht.

Es war eine knappe, enttäuschend unvollständige Kurzbiografie, aber gerade diese Unvollständigkeit weckte mein Interesse. Ich machte mich auf die Suche nach einem Buch, das allein diesem einzigartigen Menschen gewidmet war, eine Suche, die in den angrenzenden Regalen begann und sich über die folgenden Wochen fortsetzte, bis ich sicher sein konnte, dass es ein solches Buch nicht gab – in keiner Bibliothek, in keiner Sprache. Dieses eine Kapitel in dem kleinen türkisblauen Band war der ausführlichste Text, der je über den Blinden Reisenden veröffentlicht worden war.

Ich trieb ein paar von Holmans eigenen Schriften auf, antiquarische Seltenheiten, aber ihre Lektüre spannte mich nur noch mehr auf die Folter. Seine veröffentlichten Arbeiten beginnen 1819 und enden abrupt im Jahre 1832, womit der größte Teil seines Lebens in Schweigen gehüllt bleibt. Und selbst den erhaltenen Berichten mangelt es auffällig an autobiografischen Einzelheiten. Seine Blindheit erklärt er nicht, weil sie ihm selbst ein Rätsel war – das letzte Symptom einer mysteriösen Erkrankung, von der er mit Anfang zwanzig befallen wurde. Anders als das Gros der professionellen Abenteurer seiner Zeit scheint er denkbar unbegabt darin, sich selbst zu verkaufen. Er reiht eine beispiellose Leistung an die andere, ohne sie als solche zu präsentieren. Er ist außerdem derart diskret, dass er die Identitäten der meisten Leute, denen er bei seinen Abenteuern begegnet, im Dunkeln lässt – besonders die der Frauen, die sich zu ihm hingezogen fühlten und deren Interesse er chevaleresk begegnete.

Ein medizinisches Rätsel, ein bescheidener Held, eine Reihe nur angedeuteter Affären. Wie hätte da aus Faszination nicht Obsession und schließlich ein Großprojekt werden sollen? Ich reiste nach England, studierte verblassende Tintenschrift in Logbüchern, blies die Krümel vom Lack der vertrockneten Siegel einstmals geheimer Dokumente aus Windsor Castle. Ich verfolgte das Schicksal des lange von den Landkarten verschwundenen Holman River und der afrikanischen Siedlung, die er gründen half (und die heute Hauptstadt eines souveränen Staates ist). Nach anderthalb Jahrhunderten der Vergessenheit gewann die ganze Geschichte des Blinden Reisenden langsam wieder Konturen. Sie erwies sich als noch außergewöhnlicher, als ich zu hoffen gewagt hatte.

James Holman war ein Mann der Widersprüche: ein unerschrockener Invalide (zu manchen Zeiten konnte er weder auf- noch stillstehen), ein Poet, aus dem ein Krieger geworden war und dann ein Wanderer, ein Einzelgänger, der den Menschen doch zutiefst zugetan blieb. Seine Abenteuer waren weder Demonstrationen von Mannestum noch Werbeauftritte in eigener Sache, sie waren, wie er es nannte, Mittel und Wege, »in das Geschäft des Lebens einzulaufen ... das Tor zur Welt und ihren vielfältigen Freuden.«

Dieses Buch dokumentiert nicht nur eine zutiefst inspirierende Persönlichkeit, sondern ein so nachhaltig gelebtes Leben, wie es selten eines gab. Kein Mensch vor oder nach ihm hat unsere Welt so plastisch und in solcher Vollständigkeit erlebt.

Jason Roberts
San Francisco

MIT DEN FÜSSEN KANN ICH DIE WELT BESSER SEHEN

Der blinde Mann blieb stehen, um das Ende seines Gehstocks zu befühlen. Es war versengt und angekohlt, jeden Moment würden Flämmchen daraus hervorzüngeln. Er bohrte die Spitze tief in die Asche, damit sie abkühlte, bevor er seinen Aufstieg zum Rand des Kraters fortsetzte.

Sein Freund, ein junger irischer Arzt namens Robert Madden, beobachtete ihn mit einer Mischung aus klinischem Interesse und persönlicher Faszination.

> *Ich war beim großen Ausbruch vom Juni 1821 dabei. An dem Abend, als die Naturgewalt ihren Höhepunkt erreichte, begleitete ich den berühmten Blinden Reisenden, Lieutenant Holman, zum Krater hinauf.*

Aus der Ferne hätte man den vierunddreißigjährigen James Holman nicht für blind gehalten. Seine Stockstöße wirkten eher militärisch als tastend. Trotz seines Leidens war er noch Offizier und trug die Uniform der Königlichen Marine, auch wenn er diese wenig respektvoll mit einem breitkrempigen Strohhut vervollständigte. Er machte eine gute Figur: schlank, überdurchschnittlich groß, ganz offensichtlich gewöhnt zu befehlen und

Der Vesuv während des Eruptionszyklus 1796–1822

an der frischen Luft zu leben. Seine Haltung war aufrecht und selbstbewusst, seine jugendlichen Gesichtszüge strahlten intelligente Begeisterung aus. Jane Austen hätte ihn auf Anhieb als einen Offizier und Gentleman eingestuft, schneidig und doch feinfühlig, wie sie sie so gern in ihren Romanen auftreten ließ.

Er wollte unbedingt dort gehen, wo wir das Zischen des Feuers auf der Lava unter unseren Füßen hören konnten, am Rand des neuen Kraters entlang, der inzwischen Fontänen von Feuer und Rauch und Lava ausspuckte und bisweilen ganze Felsbrocken von enormen Ausmaßen in erstaunliche Höhen emporschleuderte.

Es wurden ängstliche Vorschläge laut, den Aufstieg doch besser abzubrechen, aber Lieutenant Holman behielt die kleine Expedition fest in seiner Befehlsgewalt. Er hätte den Aufstieg auch allein in Angriff genommen, und von seinen beiden Begleitern erwartete er sich »eher Unterhaltung und Informationen als Führung und Schutz«. Signore Salvatori hatte angeboten, sie ein Stück des Weges auf Maultieren zu befördern, aber Holman hatte darauf bestanden, den ganzen Weg zu Fuß zu gehen.

»Mit den Füßen kann ich die Welt besser sehen«, erklärte er.

Jahrzehnte später, als Dr. Madden den Arztberuf längst an den Nagel gehängt hatte und unter die Lohnschreiber gegangen war, schilderte er diesen Abend in einem Erinnerungsband. Es waren nicht einmal seine eigenen Erinnerungen. Er schrieb *Die Countess of Blessington, ihr Leben und ihre Briefe* herunter, als ihn eines der Kapitel, das Italien zum Schauplatz hatte, dazu verführte, ein paar persönliche Reminiszenzen in den Text einfließen zu lassen.

> *Ein Wechsel der Windrichtung hätte uns unweigerlich begraben, entweder unter Asche oder flüssiger Lava. Die großen Felsbrocken stürzten zumeist zurück in den Krater, aus dem sie gekommen waren. Der Boden unter unseren Füßen glühte vor Hitze, so dass wir nie länger an einer Stelle stehen bleiben konnten.*

Sie erreichten den vorderen Rand des Kraters. Salvatori, dessen Familie seit Generationen die Menschen auf den Vesuv führte, verkündete, dass Holman soeben Geschichte geschrieben hatte. So wenige wagten den Ausflug auf den Vesuv, dass dem König von Neapel über jeden einzelnen persönlich Bericht erstattet wurde, und Salvatori freute sich schon darauf, Seiner

Majestät von dem ersten Blinden berichten zu dürfen, der es bis zum Gipfel geschafft hatte. Nun aber sei es höchste Zeit umzukehren. Die Luft war kaum noch zu atmen, der Grund wurde hörbar instabiler. Sie mussten ständig den Standort wechseln, hüpften beinahe. Bei zu langem Kontakt mit dem qualmenden Boden hätte die Hitze sich durch die Schuhsohlen gebrannt.

Holman blieb, so lange es ging, sog den Schwefelgeruch in sich auf, die Geräusche bewegter Erde, die Allgegenwart der Hitze.

Als sie schließlich ein paar Meter zurücktraten, schüttelte sich Holman die Asche von den Stiefeln, um dann in aller Seelenruhe zu erklären, es handle sich lediglich um den Gipfel des *aktiven* Vulkans, nicht um den eigentlichen Berggipfel. Ein Stück weiter oben wartete noch ein schlafender Krater, und er gedachte weiterzuklettern, bis es nichts mehr zu erklettern gab. Abseits der aktiven Lavafelder würde es recht kühl werden, und er beabsichtigte ein flottes Marschtempo anzuschlagen. Er hatte beim Aufbruch auf einen Mantel verzichtet.

Jetzt hielt es Salvatori für geraten, auf ein kleines Problem hinzuweisen. Ob der Leutnant nicht vielleicht vergessen hatte, dass es weit nach Mitternacht war? Der Mond ging unter, und jenseits der glühenden Felder der Eruption würde bald nichts mehr sein außer gefährlicher Dunkelheit. Für Holman mochte dies kein Hindernis sein, wohl aber für Madden und Salvatori, was Holman dann auch großmütig einräumte. Schweigen senkte sich über sie herab, als sie den Weg wieder zurückgingen.

Der Blick vom Gipfel des Vesuv über die Bucht von Neapel und die ferne Stadt, den wir im Lichte dieser wunderschönen, wolkenlosen Mondnacht genießen durften, hatte fast etwas Magisches; und seine Heiterkeit, Ruhe und Schönheit in vollkommener Stille bildete einen frappierenden Kontrast zum gespenstischen

Leuchten der rotglühenden Massen, die von dem Vulkan ausgestoßen wurden, und den grässlichen Rülpsern des brennenden Berges, auf dem wir standen.

Es war noch dunkel, als sie das nächstgelegene Obdach erreichten, die Klause eines Eremiten, etwa sechs Kilometer talwärts. Ihr Bewohner, offenkundig ein Mönch mit merkantiler Begabung, schenkte großzügig einen skrupellos überteuerten Wein namens *Lachrymae Christi* aus, Tränen Christi. Eine Gruppe Österreicher schlummerte auf Sofas dem Gipfelsturm bei Sonnenaufgang entgegen. In der Wärme des Feuers und des Weins siegte Holmans freudige Erregung schon bald über seine Erschöpfung. *Der erste, der allererste.*

Es war ein Triumph, nicht so sehr seines Mutes als vielmehr seiner Fähigkeit, einem Weg die von ihm gewünschte Richtung zu geben. Der Vesuv war auf dem Höhepunkt seines Zorns, und doch war es ihm gelungen, die ernsten Bedenken seiner Freunde zu zerstreuen, Salvatoris professionelle Vorsicht zu ignorieren und an den Rand des Abgrunds vorzudringen, zwar in Begleitung, aber in seinem eigenen Tempo und aus eigener Kraft. Eine derart behauptete Freiheit stärkte nicht nur sein Selbstwertgefühl. Seiner Meinung nach war sie das Einzige, was ihn am Leben erhielt.

Zwei Jahre zuvor war Holman ein bettlägriger Invalide gewesen, der sich immer weiter aus dem Leben zurückzog. Seine Ärzte, unfähig ihn seiner Blindheit oder von den schrecklichen Schmerzen zu kurieren, die ihm jede Bewegung zur Qual machten, waren zu dem Schluss gekommen, dass ein wärmeres Klima ihm wenn schon nicht Heilung bringen, so doch wenigstens den Rest seiner Tage etwas erträglicher machen konnte. An ihm wäre es gewesen, Betreuer zu finden, die ihn ans Mittelmeer begleiten wollten, doch er – sei es aus Mittellosigkeit, Stolz oder purer Selbstzerstörung – tat nichts dergleichen. Stattdessen humpelte er an Bord eines Fährschiffs nach Frankreich, allein.

Sechs Monate später langte er an der Mittelmeerküste an, lädiert und erschöpft von der Reise und trotzdem gestärkt. Das Alleinreisen, hatte er festgestellt, war das Aufeinanderprallen von Chaos und Impuls, eine ständige, willkommene Herausforderung für seine Sinne und seine Aufmerksamkeit. Es ließ ihn die Schmerzen vergessen, gab ihm neuen inneren Schwung. Statt an dem verschriebenen Zielort zu verweilen, hatte er beschlossen, weiterzuziehen, sich an die Straße zu klammern wie an eine Rettungsleine.

Sie hatte ihn hierhergeführt, an den Rand des Vulkans. Und er kostete den Gedanken aus, dass sie ihn überall hinbringen konnte.

Der Mönch führte ein Gästebuch, und Salvatori drängte ihn dazu, sich einzutragen. Ein Federkiel wurde in Tinte getaucht, ihm in die Hand gedrückt und vorsichtig zum Papier geführt. Holman, ein Dichter schon bevor er Offizier wurde, dachte einen Augenblick lang nach, um dann etwas niederzuschreiben, von dem er hoffte, dass es halbwegs lesbar war.

Der Hindernisse gibt es vielerlei
Doch weder find ich sie, noch ruf ich sie herbei.

Er gab Federkiel und Buch zurück, ohne zu ahnen, dass er gerade das Motto eines ganzen Lebens geprägt hatte. Jahre später, auf dem Höhepunkt seines Ruhms, sollte er es sich zur Gewohnheit machen, hinter seine Unterschrift diesen Vers zu setzen, als wäre es sein privates Abkommen mit der Welt. *Ich möchte durchkommen, nicht bezwingen. Bezwingt mich nicht.*

Holman erhob sich von seinem Stuhl, nach der Uhrzeit musste er nicht fragen. Der Mönch legte kein Holz mehr auf das Feuer. Die Österreicher regten sich im Schlaf. Ohne zu tasten wusste er, wo die Fenster der Hütte waren – er hätte mit dem Gehstock dagegenklopfen können –, weil die Scheiben eine neue Wärme ausstrahlten. Die Sonne ging auf. Der Weg war jetzt hell genug für seine Gefährten.

Zeit zum Aufbruch.

Der mittelalterliche Exeter-Elefant mit zusätzlichen Ohren und Schwimmfüßen

1 DAS KIND IM KREUZ DES KOMPASS

An dem ersten und nachhaltigsten seiner Träume ließ James Holman nie einen Zweifel. »Seit frühester Jugend bestand in mir der Wunsch, ferne Länder zu erforschen«, erinnerte er sich, »der menschlichen Vielfalt unter den unterschiedlichsten Einflüssen verschiedener klimatischer Bedingungen, Gebräuche und Gesetze nachzuspüren.«

Die Genese eines solchen Traums ist nicht schwer zu verstehen. Er wurzelt im Universum seiner Kindheit, in dem das Trachten und Streben seiner ganzen Familie seinen Ursprung hatte: einem Apothekergeschäft.

Wer im Gedankenflug um die Welt reisen wollte, der brauchte nur das Ladengeschäft von John Holman, Chemiker & Landarzt in Exeter, zu betreten, die Augen zu schließen und die vermischten Düfte aller bekannten Kontinente einzuatmen. Es war eine Apotheke nach neuester kaufmännischer Art, die nicht nur medizinische Produkte verkaufte, sondern alles, was sich mahlen, trocknen oder sonst wie für den Transport aus fernen Landen präparieren ließ. Cayennepfeffer und Soja aus Indien, Maniok von den Westindischen Inseln, Cashews aus Arabien, brasilianischen Kakao und Kaffee, chinesischen Tee, spanische Kapern, sogar italienische Makkaroni – und das waren nur die

Nahrungsmittel, feilgeboten in Fässern und Kisten und ausgegeben in Pfund, Unzen oder Prisen. Hinter dem Tresen, in lateinisch beschrifteten Gläsern oder Tonkrügen, fanden sich die Ingredienzen für sämtliche in legalem Einverständnis mit der Londoner Arzneimittelverordnung hergestellten Verschreibungen, duftende Geheimkräuter wie ätherisches Öl aus Persien und Myrre aus Nordafrika. Es war nicht die billigste Apotheke der Stadt – die öffentlichen Anzeigen des Ladens richteten sich unverhohlen an »Adel, Edelleute und andere« –, doch den guten Geschäften tat das keinen Abbruch.

Der junge James, unter dem Dach der Apotheke geboren und aufgewachsen, war der vierte von sechs Brüdern, aber der erste Holman-Sohn, der kein anderes Zuhause kannte als den Laden, der 1779 eröffnet worden war. Er wusste um Herkunft und Seltenheitswert jedes Artikels. Und wollte er sich darüber hinaus der Weite der Welt vergewissern, so musste er nur aus dem Fenster schauen.

Exeter, die Fünfzehntausend-Seelen-Metropole im Südwesten Englands, hatte nach London den zweitgrößten Binnenhafen Englands, und fast alle gelöschten Güter nahmen ihren Weg an der Ladenfront der Apotheke vorbei. Passenderweise hatte sich Exeter in Form eines Kompass ausgebreitet, und die jahrhundertealten Stadtmauern wurden von vier in den Himmelsrichtungen verlaufenden Hauptstraßen durchstochen: Nord, Süd, Ost und West. Holmans Apothekergeschäft verdankte seinen Erfolg zu einem guten Teil seiner Lage im Schnittpunkt dieser vier Straßen.

Für einen abenteuerlustigen Jungen hielt Exeter noch viele Anregungen mehr bereit. In der nahe gelegenen Kathedrale entzückte und faszinierte der berühmte Exeter-Elefant seit dem 13. Jahrhundert die Kinder der Stadt. Das war (und ist) ein Chorstuhl mit der fantasievollen Darstellung eines Elefanten, komplett mit einem Extrasatz Ohren und Schwimmfüßen, geschnitzt von einem mittelalterlichen Holzschnitzer, der mit Sicherheit nie einen Elefanten gesehen hatte. Gleich jenseits des Kathedralenangers lag das Ship Inn, unverändert seit den Zeiten Elizabeths I., als Sir Walter Raleigh hier sein inoffizielles Hauptquartier aufgeschlagen hatte. Nicht weit davon war Mol's Coffee House, ebenso alt und ebenso unverändert, einstmals Sir Francis Drakes bevorzugtes Lokal. Beide Seefahrer hielt man stolz als Söhne Devonshires in Ehren (dessen Hauptstadt Exeter war) und als Stammväter von Exeters geheimer und mächtiger Guild of Merchant Adventurers, die schon 1588 Handel mit so fernen Ländern wie Senegal trieb.

Ein Stück die South Street hinab begannen die Docks, die Verladeanlagen am Ende von Englands erstem künstlichen Schiffahrtskanal. »Die Schiffe kommen nun ganz in die Stadt herein, wo sie ihre Fracht bequem löschen und laden können«, hatte Daniel Defoe 1714 bei seinem ersten Besuch dort gestaunt. Wolltuche waren eine regionale Spezialität, und für die örtlichen Textilhändler waren die Docks besonders günstig gelegen; sie sparten sich Lagerkosten, indem sie die Webstühle wenige Meter entfernt vom Wasser einrichteten und die Ballen direkt aus der Weberei in die Laderäume schafften. Große Teile der britischen und auch der holländischen, portugiesischen, italienischen und spanischen Armee marschierten in Uniformen aus robuster Serge aus Exeter.

Aber bereits in James' Jugend hatte das internationale Treiben am Hafen deutlich abgenommen. Seit 1790 – er war damals drei – lag England im Krieg mit Frankreich, und der sich ausweitende Konflikt ließ viele fremde Märkte unerreichbar werden. Selbst der Seeweg zu anderen englischen Häfen durch den Ärmelkanal und die Straße von Dover war zu einem Risiko geworden, auf das sich immer weniger Schiffseigner einlassen wollten.

Die Tavernen an der South Street füllten sich mit Handelsmatrosen, die hofften, hier den Krieg aussitzen zu können. Als Handelshafen im Landesinneren war Exeter ein Ort, an dem es sich besser aushalten ließ als in den Seehäfen Plymouth oder Portsmouth, wo umherziehende Presskommandos die Männer in den Dienst Seiner Majestät George III. zwangen. Die im Hafen herumlungernden Seeleute hatten nicht mehr zu tun als die Zeit totzuschlagen und mit vergangenen Abenteuern zu prahlen. Einem aufgeweckten Jungen, der im Mittelpunkt des städtischen Kompass aufwuchs, fiel es nicht schwer, ihre Geschichten aufzuschnappen und auf sie seine Sehnsucht zu gründen.

Seine Sehnsucht, nicht seine Hoffnung. Den Söhnen des Apothekers waren sorgsam aufeinander abgestimmte Lebenswege vorgezeichnet. Einer der Holman-Jungen war tatsächlich für das Leben eines unerschrockenen Seefahrers ausersehen. Aber es war nicht James.

Nachdem er sich Ansehen und einen soliden Wohlstand erarbeitet hatte, strebte John Holman nach gesellschaftlichem Rang. Er hielt sich eine zweispännige Phaeton, ein Statussymbol, und kandidierte erfolgreich für den Stadtrat von Exeter. Aber bald musste er sich die Grenzen seiner Aufstiegsmöglichkeiten eingestehen. Ein »Chemiker und Drogist« oder »Arzt und Apotheker mit vornehmer Praxis«, als der er abwechselnd im Anzeigenteil von Exeters *Flying Post* firmierte, konnte er erfolgreich sein, sogar prominent. Doch er würde nie ein Gentleman werden.

Im 18. Jahrhundert bezeichnete der Begriff *Gentleman* nicht nur Höflichkeit und feine Sitten, sondern einen sehr realen sozialen Status. Ein Gentleman benötigte nicht unbedingt einen Titel, adlige Vorfahren oder auch nur ein großes Vermögen, aber es durfte ihm nicht die schmähliche Notwendigkeit obliegen, von eigener Hände Arbeit zu leben. Selbst Chirurgen wurden immer wieder aus der vornehmen Gesellschaft ausgeschlossen, weil sie ein manuelles Handwerk ausübten und deshalb niederen Standes waren. John Holman war nach einer Drogistenlehre zum Inhaber einer der gefragtesten Apotheken Exeters aufgestiegen – mit anderen Worten, er war nicht nur ein Arzt ohne Doktortitel, sondern auch ein Ladenbesitzer, der Kunden bediente, und somit indiskutabel. Die wahre Oberschicht von Exeter, Leute wie der Viscount Courtenay oder der Bischof von Exeter (zufälligerweise waren sie Brüder), schätzten wohl seine Fähigkeiten, waren ihm vielleicht sogar aufrichtig dankbar für die eine oder andere rechtzeitige Heilbehandlung, aber ein solches Wohlwollen würde sich niemals in Anerkennung auf gesellschaftlicher Ebene ausdrücken. Er mochte sich einen Zweispänner leisten können, aber er musste damit vor dem Lieferanteneingang halten.

John Holman gab es auf, sein Renommee aufzupolieren. Er verkaufte die Phaeton, saß seine Zeit im Geschäft ab und lud die Bürde seines Ehrgeizes auf die Schultern seiner Söhne. Es war nicht genug Geld da, um jeden von ihnen zu einem Gentleman zu machen, aber gemeinsam sollte ihre Generation die Klassenschranke überwinden.

Auf dem erstgeborenen Sohn, ebenfalls einem John (weder Vater noch Söhne konnten das patrizische Merkmal eines zweiten Vornamens vorweisen), lastete diese Bürde am schwersten. Zum Nachfolger des Vaters ausersehen, würde er mit dem Apothekergeschäft auch die Verpflichtung erben, die Karrieren seiner jüngeren Brüder zu finanzieren – das hieß, er selbst musste dafür sorgen, dass sie ihn in der Gesellschaft überflügelten. Ein langwieriger und alles andere als billiger Prozess.

Die kostspieligste Karriere war die des zweitgeborenen Sohnes Samuel, der Soldat werden sollte. Nicht ein gewöhnlicher, musketentragender Soldat, sondern Offizier (ein Offizier war automatisch ein Gentleman). Ein teurer Spaß, denn Offizierspatente erwarb man nicht durch Verdienste, sie wurden auf dem freien Markt angeboten und gekauft. Die Regierung billigte solche Transaktionen nicht nur, sie setzte sogar die Preise fest. Der goldene Stern eines Leutnants, des untersten Offiziersranges, trug ganz offiziell das Preisschild von vierhundert Pfund, ein Betrag, der ungefähr dem Sold für die ersten sieben Dienstjahre eines Soldaten entsprach. Das Geld wurde aufgebracht, und der frischgebackene Fähnrich Holman, ausgestattet mit gepuderter Perücke und einem aus einheimischem Tuch geschneiderten Waffenrock, rückte zu seinem Regiment ein. Der tatsächliche Preis dieser Investition in schnelle Vornehmheit würde im Lauf vieler Jahre zu entrichten sein, denn es war Aufgabe der Familie, die Kluft zwischen Samuels schmalem Sold und den für den Lebensstil eines Offiziers nötigen Aufwendungen zu schließen. Und die Kosten für anstehende Beförderungen würden noch höher ausfallen.

Der dritte Sohn, William, war derjenige, der zur See fahren sollte. Ein Offizier der Königlichen Marine zu werden war ein preisgünstigerer, aber auch entschieden langsamerer Weg zu einem gleichwertigen sozialen Status. Die Patente der Offiziere zur See trugen keine Preisschilder, zumindest nicht offiziell. In der Theorie trat jeder den Dienst zur See auf der untersten Sprosse der Leiter an, als einfacher Vollmatrose, und leistete dann mindestens sechs Jahre lang seinen Dienst ab, bevor er qualifiziert war, als Leutnant zur See die Offizierslaufbahn zu beginnen. Was natürlich zügellose Vorteilsnahme (und gelegentliche Zahlungen unter der Hand) in keiner Weise daran hinderte, das System zu untergraben. Mit entsprechender Motivationshilfe ließen sich viele Kapitäne dazu bewegen, einen Jungen »in den Büchern« zu führen, was bedeutete, dass er fälschlich in die Logbücher eines Schiffs eingetragen wurde. Es war eine althergebrachte Methode, einen gerade mal Fünfjährigen Schiffszeit »absolvieren« zu lassen, während er in Wirklichkeit noch zu Füßen des Kindermädchens spielte. Viele Halbwüchsige besaßen bereits mehr als ein Jahrzehnt vorgetäuschter Erfahrung, ehe sie auch nur einen Fuß auf ein Schiffsdeck gesetzt hatten. Aber für diese Art des Strippenziehens fehlte es der Familie Holman an Geld, Dreistigkeit und Status, und so wurde William in bequeme Kleider gesteckt (ein Vollmatrose trug keine Uniform) und dazu verdonnert, seinen Dienst brav zur See abzuleisten.

Der nächste in der Reihe der Söhne war James. In der Phantasie bereits ein Abenteurer, träumte er von nichts anderem als davon, »mit unermüdlichem Eifer die ethischen und physischen Unterschiede zu erforschen, durch die sich die Völker dieser Erde voneinander abheben«, wie er sich später erinnert. Aber Ambitionen dieser Art wurden natürlich nicht ernst genommen. Wenn er sie seinem Vater gegenüber überhaupt zum Ausdruck brachte, wurden sie kategorisch ignoriert. Der Gesamttenor von James' Ausbildung lässt vermuten, dass Holman Senior ihn auf den dritten – und leider auch sesshaftesten – Weg zur Vornehmheit zu schicken gedachte: den Weg des Geistlichen. Die anglikanische Kirche bot ein bescheidenes, aber sicheres Einkommen und, was noch wichtiger war, einen Zugang zur vornehmen Gesellschaft (Jane Austen und die Brontë-Schwestern waren Pfarrerstöchter). Selbst wenn die klare Intelligenz des Jungen eher in eine akademische Richtung wies, wäre er mit der geistlichen Laufbahn gut beraten. Von den meisten Professoren – in Oxford und Cambridge sogar dem gesamten Lehrkörper – wurde erwartet, dass sie ordiniert waren. Und wenn er nur bis zum bescheidenen Status eines Landpfarrers aufstieg, wäre er als ein solcher immerhin den einheimischen Gutsherren gleichgestellt.

Im Alter von sieben Jahren besuchte James bereits eine private Tagesschule in der nahe gelegenen Theatre Lane – ein früher Start, und eine zusätzliche Ausgabe. Einige Jahre später erhöhte sein Vater die Investition noch, indem er ihn in der akademisch ambitionierten Alphington Academy einschrieb. Der finanzielle Tribut für John Holmans Ehrgeiz begann sich bemerkbar zu machen. Die Alphington Academy war eine Schule mit solidem wissenschaftlichem Niveau, aber geringem Prestige, der rechte Ort für »die Söhne von kleinen Geschäftsleuten in Exeter, für die Kinder von Leuten, die ihnen auf möglichst kostensparende Weise Latein und Griechisch eintrichtern lassen wollten«.

Jeden Morgen machte der Junge sich nach dem drei Meilen entfernten Alphington Cross auf. Sein Weg führte durch die South Street, vorbei am schwächer werdenden Schiffsverkehr des Binnenhafens.

Wenn John Holman die Absicht verfolgte, ein tagträumerisches Wesen durch eine strenge neue Schule auszutreiben, so war er damit nicht gänzlich erfolgreich. Die Alphington Academy lehrte »alle Schönen Künste«, zu denen neben einem »bisschen Latein & Griechisch« auch Arithmetik, Astronomie und das Fach gehörte, das zu den wunderbarsten Träumen inspirierte: Geografie. Die meisten Kartografen schmückten ihre Werke längst nicht mehr mit phantastischen Kreaturen wie Seeschlangen und Hippogryphen, auch wenn die Phantasie nach wie vor eine Hauptrolle bei dieser Kunst spielte. Beim Blick auf Landkarten aus der Zeit wird schnell klar, dass große Teile des Planeten noch verlockend unerforscht waren.

Geografisches Wissen war unzusammenhängend, oft skizzenhaft, mehr durch die Notwendigkeit geformt, Schiffsrouten auszuarbeiten als den Wunsch, eine profunde Kenntnis der Welt zu erlangen. Küstenlinien handelsintensiver Regionen wie Indien oder Sumatra waren kartografisch präzise erfasst, aber abseits der wichtigsten Seehäfen war es schnell vorbei mit der Präzision. Außerhalb Europas und Teilen der Neuen Welt war das Landesinnere weitgehend unvermessen geblieben, die Flüsse verliefen vage durch geahnte Regionen.

Um diese Unsicherheit in vollem Maße zu verstehen ist es ganz nützlich, sich eine der Karten genauer anzusehen, die dem jungen Holman zur Verfügung standen. *Lumsden's Neue Weltkarte nach den neuesten Entdeckungen* fand sich in verschiedenen Schulbüchern der damaligen Zeit, und auf dieser Karte waren Nordamerika, Russland und der Nordpol miteinander verbunden, eine planetare Schädeldecke in Weiß, das gleichsam Eis und Unwissen symbolisierte. Die spanische Kolonie Florida ist im Tal des Mississippi angesiedelt, tausend Meilen von ihrer tatsächlichen Lage entfernt. Unterhalb eines beinahe leeren Afrika (aber fern der noch unentdeckten Antarktis) schwimmt eine keilförmige, der Einbildung entsprungene Terra Australis im Ozean. Sie ist nicht Australien – das trägt den Namen New Holland und ist fest verschweißt mit einem Land, das wir heute als Tasmanien kennen. Neuseeland erscheint nicht einmal als Insel, nur als Geschnörkel unverbindlicher, in der Südsee treibender Küstenlinien.

Dokumente wie diese waren mehr als Landkarten. Es waren Einladungen.

Aber James' Aufgabe war es, Träumereien von Abenteuern zu entsagen und für das ihm angeborene romantische Wesen ein akzeptables Ventil zu finden. Das passende Modell zu diesem Ansinnen stand direkt vor seiner Nase, am Pult seines Klassenzimmers. Dr. Laurence Hynes Halloran, Direktor der Alphington Academy, war Ende zwanzig, dunkel, gutaussehend, gut gekleidet, mit gepflegter Sprache und tadellosen Manieren – kurz gesagt das ideale Vorbild für einen jungen Gentleman in spe. Umso mehr, als seine Reputation einen winzigen Makel trug. Hinter vorgehaltener Hand erzählte man sich, er habe in seiner Jugend wegen fahrlässiger Tötung vor Gericht gestanden. Natürlich war er freigesprochen worden, aber schon diese winzige Unregelmäßigkeit veranlasste die Schüler anderer Schulen »mit erhabener Verachtung auf Mr. Hallorans Jungen herabzuschauen«.

Trotzdem war er ein charismatischer Pädagoge von höchst inspirativer Wirkung auf seine Schützlinge, und ein Dichter von echtem Talent (dessen Verse noch heute in Antholgien zu finden sind). Während er seinen Status als ehrbarer Pfeiler der Gemeinschaft festigte, veröffentlichte er schmale, bewunderte Bände wie *An ode (attempted in Sapphic Verse) occasioned by the proposed visit of Their Majesties to the City of Exeter.*

James träumte einen neuen Traum: Er wollte sein wie Halloran. Dann könnte er einem nützlichen Beruf nachgehen und sich in der freien Zeit seinem wachsenden Interesse an der Literatur hingeben, insbesondere der Lyrik. Und so die Inspiration ihn nicht im Stich ließ, würde auch aus ihm ein vornehmer Freizeitpoet werden.

Aber dann kam das Jahr 1796 – ein französischer Soldat

änderte die Schreibweise seines Namens von Buonaparte zu Bonaparte, um ihn gallischer und weniger korsisch klingen zu lassen. Es war das Jahr, in dem Katharina die Große starb und George Washington sich aus dem öffentlichen Leben zurückzog. Und es war das Jahr, in dem der größte Skandal in der Geschichte der Alphington Academy das Leben eines zehnjährigen Jungen für immer veränderte.

Das Jahr begann mit Laurence Hynes Hallorans plötzlichem Verschwinden. Es stellte sich heraus, dass er nicht nur in seiner Jugend das Gesetz übertreten hatte. Halloran ließ die Academy im Stich und tauchte unter, zum einen, weil »seine Schulden ihn zwangen, Alphington zu verlassen«, zum anderen – was noch gravierender war –, weil man ihn gewisser »unmoralischer« Handlungen bezichtigte.

Die genauen Einzelheiten der ihm unterstellten Vergehen verschwanden mit ihm. Wäre man seiner habhaft geworden und hätte ihn vor Gericht gestellt, hätte die Öffentlichkeit Einzelheiten erfahren, aber es gab keinen Prozess. Ein paar Wahrheiten kamen trotzdem ans Licht: Halloran war ein Betrüger. Den Magistergrad, angeblich in Theologie, hatte er sich ebenso selbst verliehen wie die Maske vornehmer Autorität und Gelehrsamkeit. In Wahrheit war er in seinem Geburtsland Irland als mittelloser Waisenjunge aufgewachsen, und mit hoher Wahrscheinlichkeit hatte er sich der ihm in frühen Jahren vorgeworfenen fahrlässigen Tötung tatsächlich schuldig gemacht. Ein Bürger Exeters verstand es so: »Wäre sein Rechtsbeistand ihm bei der Verhandlung nicht über den Mund gefahren und hätte ihn an dem Geständnis gehindert, dass er betrunken war, als er den tödlichen Schlag ausführte, hätte er sich selbst zum Verbrecher erklärt.«

Während es den Bürgern Exeters angesichts dieser Enthüllungen die Sprache verschlug, war Halloran schon auf hoher See, hatte unter Vorlage ähnlich fragwürdiger Referenzen sein neues Leben als Hilfsgeistlicher zur See begonnen. Er machte weiter, überstand neuerliche Anschuldigungen unsittlichen Verhaltens (diesmal Unzucht mit minderjährigen Mädchen), bevor er schließlich in Australien wegen einer Bagatelle verurteilt wurde: Er hatte den Zehn-Pence-Stempel auf einem Briefumschlag gefälscht.

Halloran war, mit einem Wort, ein Halunke. Aber der junge James hatte ihn nicht als Bösewicht in Erinnerung behalten, weil er ihm zwei Dinge verdankte. Die lebenslange Liebe zur Literatur und das Chaos, das in den Nachwehen von Hallorans Flucht – sehr zur privaten Freude des Jungen – dazu führte, das James' Zukunft hastig umdefiniert wurde. Die Alphington Academy war nicht das einzige Institut, das zur Qualifikation für das geistliche Amt ausbildete, aber es hatte sich plötzlich eine ganz andere Möglichkeit des Weiterkommens ergeben. Zufällig fiel das Verschwinden des »Doktor« Halloran mit der Rückkehr – nach fünfjähriger Abwesenheit – des berühmtesten Sohns der Stadt Exeter zusammen, des Generalgouverneurs John Graves Simcoe. Und seine Heimkehr fand unter ähnlich zweifelhaften Umständen statt.

Es war John Graves Simcoes kühnste Hoffnung, von der Geschichte als Nemesis und Antithese George Washingtons in Erinnerung behalten zu werden. Während des Revolutionskrieges und in den dreizehn Jahren danach war die fortwährende und sehr persönliche Opposition gegen den amerikanischen General und Staatsmann wesentlicher Bestandteil seiner Karriere gewesen.

Simcoe war ein britischer Karrieresoldat, aber keine Rotjacke. Er war der ruhmreiche Kommandant der Grünjacken, einer Miliz, die sich aus Loyalisten und treu zur Krone stehenden Amerikanern rekrutierte. Anders als die importierten britischen Truppen, der Tradition verhaftete Kämpfer auf einem fremden Kontinent, bedienten sich Simcoes Grünjacken (ihr offizeller Namen war Queen's Rangers) je nach Bedarf entweder formaler militärischer Taktiken oder einer improvisierten amerikanischen Kampfweise. Heute nennen wir so etwas Kommandotaktik: verwegene Überfälle, gründlich geplant aber blitzschnell ausgeführt, mit dem Schwerpunkt auf improvisierten Einzelkampf anstelle geschlossener Marschkolonnen. Simcoe wollte die Kontinentalarmee nicht besiegen, sondern demoralisieren und destabilisieren und ein Sammelbecken bilden für das geschätzte Drittel Amerikaner, das noch loyal zur Krone stand. Er ersann einen Geheimplan, um General Washington zu entführen, eine moralisch nicht ganz einwandfreie Operation, die den Verlauf des Krieges verändert hätte – wären die konventionellen britischen Verbände ihm nicht im letzten Augenblick in die Quere gekommen und hätten das Opfer mit lautem Getöse gewarnt.

Die Queen's Rangers kämpften mit beispielloser Grausamkeit, wohl auch deshalb, weil sie wussten, wie verhasst sie den Soldaten der amerikanischen Armeen waren. Eine gefangene Rotjacke wurde fast immer nach den Regeln des Krieges behandelt, während man eine Grünjacke nicht selten ohne viel Federlesens als Verräter an die Wand stellte. Das war die Erklärung für Simcoes Bestürzung am Ende des Krieges, als in den Kapitulationsverträgen keinerlei Schutz für die Amerikaner vorgesehen war, die die falsche Seite unterstützt hatten. Er wusste, dass Vergeltung unausweichlich war, dass man seine geliebten Ranger sehr bald »zur Kasse bitten, auspeitschen, verbannen oder gnadenlos aufhängen« würde. Washingtons Position in dieser Frage war längst verbürgt. Während er 1781 den Rückzug der Briten beobachtete, merkte er mit Befriedigung an, dass unter den Loyalisten »der eine oder andere getan hat, was die meisten längst hätten tun sollen, und in den Freitod gegangen ist.«

Als Kontrapunkt zu seinem alten Feind sah Simcoe sich als Gründungsvater eines alternativen Amerika. Loyale Kolonialisten strömten nach Kanada, das zwar Teil des britischen Weltreichs, was Kultur und Gesetze betraf aber überwiegend französisch ausgerichtet war. Um die Exilanten unterzubringen, wurde die neue Provinz Oberkanada gegründet und Simcoe zu ihrem ersten Führer gemacht. Es war eine weitestgehend unvermessene Wildnis, in der nur ein paar Indianerstämme und Fallensteller lebten, und die Simcoe so kompromisslos und nachhaltig englisch wie nur möglich gestalten wollte. Den Fluss La Tranche taufte er in die Themse um, er gründete ein Parlament und träumte von dem Tag, an dem es in sich einer großartigen neuen Hauptstadt namens London versammeln würde. Sein Ehrgeiz war grenzenlos: Er wollte nicht nur den Loyalisten, die in das Land strömten, eine Heimat bieten, er würde auch einen unwiderlegbaren Beweis der Überlegenheit britischer Verwaltung etablieren, ein Leuchtfeuer gütiger Monarchie, so verlockend, dass es in einem Massenexodus alle heimlichen Sympathisanten, das mundtot gemachte Drittel, das noch in den neu benannten Vereinigten Staaten lebte, ins Land holen würde.

Simcoe und seine Ranger planten in einer Bucht des Lake Ontario eifrig eine neue Stadt mit Namen Toronto, als die Realität sie einholte. Die Regierung in London – dem richtigen London – verspürte wenig Lust auf diesen zweiten Versuch einer

Nationengründung in der Neuen Welt, und sobald man das Ausmaß der Simcoeschen Pläne begriffen hatte, schob man ihnen einen Riegel vor. Simcoes lautstarke Prosteste gegen diesen, seiner Meinung nach zweiten Verrat an seinen Loyalisten dienten höchstens noch dazu, ihn zur Witzfigur zu machen.

Ihm blieb nicht viel anderes übrig als die Rückkehr in seine Heimatstadt Exeter, um dort auf eine neue Aufgabe zu warten. Der Aufenthalt sollte ein kurzer werden (bereits nach wenigen Monaten ernannte man ihn zum Gouverneur von Haiti), und angesichts der äußeren Umstände brachen bei seiner Rückkehr keine offiziellen Feierlichkeiten aus.

Es ist erstaunlich, dass John Holman es fertigbrachte, nicht nur eine Privataudienz bei dem gekränkten, nahezu isolierten Simcoe zu bekommen, sondern sogar noch dessen wohlwollende Aufmerksamkeit zu gewinnen. Trotz der vielen Jahre unter Amerikanern hatte deren Ungezwungenheit nie auf den Generalgouverneur abgefärbt. Seine Liebe zum Pomp war berüchtigt, er war für seinen Snobismus beinahe so bekannt wie für seine Heldentaten. Sein Umgang mit Menschen von niedrigerem Stand geriet nicht selten zum formalisierten Unterwerfungsritual. Die Händler, die mit einem Anliegen zu seinem Anwesen kamen, mussten in Doppelreihen vor dem Tor Aufstellung nehmen und wurden paarweise in sein Arbeitszimmer gerufen.

Was für eine Visitenkarte mochte John Holman vorgelegt haben? Schon seine bloße Anwesenheit musste eine wortlose Mahnung an eine unbequeme Tatsache sein: Simcoe schuldete seine Karriere der Großzügigkeit eines Apothekers aus Exeter. Vierundzwanzig Jahre zuvor hatte seine verwitwete und verarmte Mutter Geld für sein Kapitänspatent gebraucht und es sich bei William Pitfield, dem Drogisten ihres Stadtteils, geliehen. Pitfield war inzwischen gestorben, aber er und Holman hatten sich als Kollegen sehr geschätzt, beide waren auf wohltätige Weise in der Verwaltung des Hospitals von Devon und Exeter aktiv gewesen. Simcoe konnte Holman unter keinen Umständen als Seinesgleichen empfangen, wohl aber als Freund eines alten Freundes. Und vielleicht sogar über seinen Schatten springen und ihm einen Gefallen tun.

Simcoes Einfluss beim Militär war auf einem Tiefpunkt, und an den Ausgaben für ein Patent führte ohnehin kein Weg vorbei. Aber Simcoe verfügte über einen zweiten Strang von Beziehungen: Sein Vater war zur See gefahren, als Kapitän der HMS *Pembroke*. Der ältere Simcoe war gestorben, als sein Sohn sieben Jahre alt war, aber seine Zeitgenossen, von denen viele bei der Königlichen Marine Dienst getan hatten, erinnerten sich seiner mit großem Wohlwollen. Nach seinem Tode hatte sich Captain Simcoes Ruf eher noch gebessert. Man hatte ihn als den Mann im Gedächtnis behalten, der den jungen James Cook das seemännische Handwerk gelehrt hatte.

England war seit sechs Jahren im Krieg mit Frankreich, und der steigende Bedarf an Offizieren hatte in der Marine einen neuen Rang geschaffen, den Freiwilligen Erster Klasse, in den »für den Dienst auf See vorgesehene junge Gentlemen (egal, ob Offizierssöhne oder nicht)« aufsteigen konnten. Es war der schnelle Weg zu einer Position, gleichbedeutend mit einem Diensteintritt als Leutnant zur See, allerdings ohne die obligaten drei vorhergehenden Dienstjahre – ohne tatsächlichen oder zum Schein abgeleisteten Ausbildungsdienst. Eine solche Abkommandierung war äußerst begehrt und trotz des angeblich egalitären Zwecks nur schwer erhältlich, denn die Mindestanforderung war das persönliche Patronat eines Kapitäns.

Bei all seinem Standesbewusstsein mochte John Graves Simcoe sich einen Spaß daraus gemacht haben, seinem Schützling das hochrangigste Patronat zu sichern, dessen er habhaft werden konnte. Nach ein paar diskreten Erkundigungen wurde der junge Holman nicht nur als Freiwilliger Erster Klasse akzeptiert, sondern es bürgte für ihn kein Geringerer als Marineadmiral Lord Bridport, der Oberbefehlshaber der Kanalflotte, der vierthöchste Offizier der gesamten Königlichen Marine. Sein Dienst sollte Ende des folgenden Jahres beginnen, und zwar nicht auf irgendeinem gewöhnlichen Segelschiff, sondern auf der HMS *Royal George*, dem Flaggschiff des Admirals.

Endlich konnte James Holman den Traum seines Vaters erfüllen, und seinen eigenen gleich mit. Er würde ein Gentleman sein – und ein Reisender.

Die folgenden anderthalb Jahre, »voll gepackt mit Geografie, Astronomie, Algebra, Geometrie, Navigation et cetera«, vergingen für den jungen James wie im Fluge. Die Apotheke in Exeter war nur mehr eine Erinnerung. Er war jetzt Internatsschüler an einer privaten Vorbereitungsschule in der Stadt Gosport am Ufer der ausgedehnten, als Spithead bekannten Ankergründe im Ärmelkanal. Er musste sich sputen, um zu seinen Klassenkameraden aufzuschließen. Viele von ihnen, wie er »für den Dienst zur See vorgesehen«, hatten ihre Berufsausbildung volle zwei Jahre früher begonnen.

Aber er war ein intelligenter, zur Aufmerksamkeit fähiger Junge. Der späte Anfang war kein zu großes Handicap, und drei Wochen nach seinem zwölften Geburtstag erfolgte die förmliche Bestallung bei der Königlichen Marine. In der Nacht hatte es verheißungsvoll Sternschnuppen geregnet; die letzten von ihnen hätte er von der Bank des Ruderboots aus noch sehen können, wäre sein Blick nicht zu sehr auf die mit jedem Schlag der Riemen näher kommende *Royal George* fixiert gewesen.

Offiziell begann seine Seemannskarriere in der Sekunde, in der er Decksplanken unter den Stiefeln hatte. Ein Augenblick, den es sorgsam zu protokollieren galt, bestimmte er doch für alle Zeiten sein Dienstalter in der Navy List, der exakten Rangfolge aller Offiziere und Seekadetten in der Königlichen Marine. Offenbar hat er sich unmittelbar vor der Meldung zum Dienstantritt eine letzte kleine Freiheit mit seiner Chronologie erlaubt: Als eben erst zwölf gewordener James Holman setzte er den Fuß auf das Fallreep, aber auf der obersten Sprosse meldete der Volunteer Holman dem protokollführenden Offizier sein Alter mit dreizehn Jahren.

Es war der 7. Dezember 1798. Napoleon hatte mit der Eroberung von Italien, Malta und Ägypten die Fundamente seiner Ernennung zum Führer Frankreichs gelegt. Drei Holman-Söhne kämpften jetzt in einem Krieg, der zu einem der tödlichsten in der Geschichte der Menschheit werden sollte (spätere Konflikte mochten größere Zahlen an Gefallenen gefordert haben, aber in kaum einem waren die individuellen Überlebenschancen so gering). Der erste Sohn, den es zu beklagen gab, trug jedoch keine Uniform sondern eine Schürze. Nur vier Tage nach James' Eintritt in den Dienst starb in Exeter sein ältester Bruder John im Alter von vierundzwanzig Jahren.

Es war zweifellos ein völlig unerwarteter Todesfall, der den Gesamtplan von John Senior gehörig durcheinander brachte. Wäre die Tragödie nur ein paar Tage früher passiert, hätte mit einiger Sicherheit James das Los getroffen, den Platz seines Bruders in der Apotheke einzunehmen. Aber der Eintritt in den Dienst war nicht rückgängig zu machen; kein noch so triftiger Grund hätte ihn oder Samuel oder William davor bewahren können, bis zum Ende des Krieges Dienst zu leisten.

Der ältere John Holman mag darüber nachgedacht haben, den Laden allein weiterzuführen, bis der fünfte Sohn (der damals neunjährige Robert) im rechten Alter war, aber letztlich erschien es ihm sinnvoller, einen seiner Angestellten, John Ham, als Partner in das Geschäft aufzunehmen. Diese Entscheidung hatte schwerwiegende Konsequenzen. Die Erträge der Apotheke, bereits im Einklang mit Exeters wirtschaftlichem Niedergang spärlicher geworden, mussten jetzt noch durch zwei geteilt werden. Für die Unterstützung der Karrieren seiner Söhne blieb nun nicht mehr viel übrig. Die Jungen waren auf sich gestellt.

James trauerte um seinen Bruder. Aber wenn er spät nachts in seiner Hängematte schaukelte, war er auch froh darüber, der Last der Verantwortung für das Familienunternehmen mit so knapper Not entronnen zu sein. »Ich verspürte einen unwiderstehlichen Drang, so viele Teile der Welt kennenzulernen, wie es mir mein Beruf erlaubte«, erinnert er sich, »und ich war fest entschlossen, nicht zu ruhen, ehe ich den Erdball nicht mindestens einmal umrundet hatte.«

Admiral Lord Bridport, Kommandant der Kanalflotte

2 DAS ABSAUFEN NICHT WERT

Zwischen Monduntergang und Sonnenaufgang, an der Naht zwischen Mittelwache und Morgenwache, sog der junge Master Holman im Kampf gegen den Schlaf die belebende Nachtluft mit tiefen Zügen in sich hinein. Seit dem Augenblick, als er das Deck des Flaggschiffs der Kanalflotte betreten hatte, war er auf Trab gehalten worden. Es war eine gute Arznei gegen das Heimweh, das endgültige Versinken der Kindheit. Nach Scheingefechten, Manövern mit den großen Kanonen, Navigationsunterricht und Meilen von zu knotenden, spleißenden und takelnden Tauenden war noch der spätnächtliche Dienst als menschliche Weckuhr zu versehen. Er hatte die Aufgabe, die Leutnants zu jedem Wachwechsel respektvoll zu wecken und sich danach bereitzuhalten, falls noch mehr Männer geweckt werden mussten. In der Zwischenzeit blieb nicht viel anderes zu tun, als auf dem dunklen Achterdeck auf und ab zu gehen, alle zwei Stunden der Zeremonie des Schlagens der Schiffsglocke beizuwohnen (*acht Glasen, vier Uhr früh*) und sich an seine Umgebung zu gewöhnen.

Die *Royal George* war, wie es sich für ein Schiff mit dem Namen des Monarchen gehörte, ein stolzes Schiff. Einhundert Geschütze – Kanonen und Karronaden –, gestaffelt auf vier Decks übereinander, auf Rollen in quadratischen Kammern hinter Klappen, die blutrot leuchteten, wenn sie geöffnet wurden. Um den Anker zu lichten, bedurfte es der gesammelten Kräfte von fast dreihundert Männern. Allein die Segel, mehr als zwei Morgen vor den Wind gebrachter Stoff, wogen an die zehn Tonnen. Das Schiff war groß genug, um neben dem Kapitän noch einem Admiral und einem Vizeadmiral als Befehlsstand zu dienen. Ein zwölfjähriger Freiwilliger Erster Klasse, steif und schüchtern unter einem neuen Dreispitz, hinter einer gerüschten weißen Hemdbrust, fiel hier nicht weiter auf.

Holman hätte außer sich vor Ehrfurcht und erwachender Abenteuerlust sein sollen. Aber das erste Licht des neuen Tages hob den Vorhang über einer deprimierenden Tatsache: Das Flaggschiff lag noch im Spithead vor Anker, in Sichtweite des Festlands. Beseelt vom brennenden Wunsch, die Welt zu sehen, war er zur Marine gekommen und ausgerechnet auf dem einen Schiff gelandet, das mit großer Wahrscheinlichkeit nirgendwo hinsegeln würde.

Der Grund dafür lag zwei Decks tiefer in unruhigem Schlaf: Admiral Lord Bridport, Kommandant der Kanalflotte, weißhaarig, von Gicht geplagt und dem sehnsüchtigen Wunsch erfüllt, sein Kommando und seine Laufbahn zu einem möglichst baldigen und geruhsamen Ende bringen zu dürfen. Er war siebenundsechzig Jahre alt, ein tatteriger, großväterlicher Mann, der längst all seine Führungsqualitäten eingebüßt hatte. Selbst seine eigenen Offiziere konnten ihn nicht mehr richtig ernst nehmen, machten sich über seine Furcht vor Risiken lustig und nannten ihn hinter vorgehaltener Hand »eine Mischung aus Ignoranz, Geiz und Verrücktheit ... das Absaufen nicht wert«. Es war erst ein Jahr her, dass Bridport im Mittelpunkt einer unsäglichen, schmachvollen Affäre gestanden hatte. Er war zum Anlass der größten Meuterei aller Zeiten geworden.

Die Kanalflotte hatte sich, als der Verband, der Frankreich am nächsten lag, zur größten Seestreitmacht der Briten entwickelt; etwa ein Viertel aller britischen Kriegsschiffe gehörten ihr an. Jeder, der neu in ihre Reihen aufgenommen wurde, durfte logischerweise damit rechnen, schon bald durch den Ärmelkanal zu segeln, um dem Feind Paroli zu bieten. Aber unter Bridports Kommando war das eher die Ausnahme. Er praktizierte eine Taktik, die man etwas oxymoronisch als »offene Blockade« bezeichnete – er schickte nur ein paar Patrouillenschiffe hinaus, die die französischen Häfen im Auge behielten, und ließ den Rest der Flotte in den geschützten Gewässern des Spithead vor Anker liegen. Das gab dem Admiral reichlich Zeit, sich seinen ausgedehnten Besitzungen auf dem Festland zu widmen, vor allem aber entfremdete es ihn seiner Offiziere, die auf Gefechte und Ruhm aus waren. Und seine nicht durch Patente bestallten Mannschaften, denen so gut wie kein Landurlaub gewährt wurde, machte er dadurch buchstäblich zu Gefangenen.

Die engen Grenzen eines Schiffs waren auf hoher See schon schwer genug zu ertragen. Wenn ein und dieselbe Flotte jedoch auf Jahre hinaus in Sicht- und Hörweite der Hafenstädte Plymouth und Gosport dümpelte, wurde deren Nähe zur Versuchung. Wenn um das eigene Schiff herum Dutzende andere ebenso tatenlose Schiffen lagen, musste sich zwangsläufig eine Situation entwickeln, die irgendwann unerträglich wurde.

Die große Spithead-Meuterei breitete sich am Ostermorgen 1797 mit erstaunlicher Disziplin aus und hatte schnell die gesamte Kanalflotte erfasst. Die Meuterer, alles andere als ein verzweifelter, gewalttätiger Pöbel, ergriffen die Befehlsgewalt mit einer ans Apologetische grenzenden Bescheidenheit. Alle Arbeiten an Bord der Schiffe wurden wie gewöhnlich ausgeführt, auch nachdem die Offiziere von den Schiffen vertrieben oder in ihre Quartiere gesperrt worden waren.

Es war eine brillant geplante und ausgeführte Meuterei, die wie von Geisterhand Tausende von Seeleuten hinter sich brachte – Stückmeistermaate und Mannschaften und Schiffsarzthelfer, alle hatten heimlich von Schiff zu Schiff miteinander kommuniziert. Zweifellos musste ein hochbegabter, charismatischer Anführer hinter alldem stecken, der aber zum Missvergnügen der Marineführung anonym blieb. Sämtliche Beschwerden wurden von einer Versammlung des Flottenverbandes vorgebracht, zu der jedes Schiff Abgeordnete entsandte. Mit Lord Bridport wollten die Männer nicht verhandeln, sie verlangten nach seinem Vorgänger, einem ungleich beliebteren Admiral, der zu diesem Zweck aus dem Ruhestand geholt werden musste.

Bridport war nicht der einzige Grund zur Klage. Zusätzlich zu mehr Landurlaub verlangten die Meuterer eine bessere Besoldung – und das nicht ohne Grund, war doch der Sold seit hundertfünfzig Jahren bei zehn Schilling die Woche eingefroren. Außerdem forderten sie bessere Verpflegung und größere Rationen. Das Flottenproviantamt hatte die Vorräte gestreckt, indem es kurzerhand erklärt hatte, dass ein Pfund Verpflegung an Bord nur noch vierzehn Unzen wog. Und nicht selten war es ungenießbar, was die Seeleute bekamen. Manches Pökelfleisch war so alt, dass die Männer gar nicht mehr versuchten, es zu kauen, sondern sich hübsche Kästchen daraus schnitzten.

Die große Spithead-Meuterei verlief letztlich so ungewöhnlich, dass man sich auch zweihundert Jahre später noch scheut, ihr historischen Status zuzubilligen. Trotz größter Anstrengungen gelang es der Marine nicht, den Willen der Meuterer zu brechen. Nicht einmal die Identität ihres anonymen Anführers wurde gelüftet. Nach vier Wochen Stagnation – während dieses

Zeitraums waren Englands Küsten nahezu ungeschützt gegen Invasoren – gab die Admiralität nach. Die notwendigen Konzessionen wurden gewährt, unter anderen eine »vollständige und unwiderrufbare« Amnestie für alle Beteiligten. Die größte und erfolgreichste Meuterei aller Zeiten konnte mit einem flottenweiten Freudengeheul beendet werden. Und nachdem alle zusammen »Rule Britannia« gesungen hatten, ging jeder wieder an seine Arbeit.

Sieben Monate später stand der junge Holman, dessen Schule sich in Hörweite der jubelnden Meuterer befunden hatte, ausgerechnet auf dem Schiff Wache, auf dem die Nachwehen der Meuterei am deutlichsten spürbar waren. Der gedemütigte Bridport wäre liebend gerne in den Ruhestand getreten – er hatte auf dem Höhepunkt der Rebellion seine Demission eingereicht –, aber die Admiralität wollte Kontinuität demonstrieren. Er musste bleiben, die Form wahren, und es erleichterte ihm das tägliche Leben nicht gerade, dass der Mann an Bord war, der nach wie vor keine Anerkennung wollte, obwohl fast jeder ihn für den führenden Kopf der Meuterei hielt: Valentine Joyce, ein kleiner Steuermannsmaat. Im Zuge der Amnestie hatte Joyce seine Arbeit auf der *Royal George* wieder aufgenommen, sorgte dafür, dass der Proviant verstaut und die Taue aufgerollt waren. Das war die seltsame Verkehrung auf Holmans erstem Schiff: Einer der wirkungslosesten Marineführer des ausgehenden Jahrhunderts hatte gegen seinen Willen das Kommando, während einer der begabtesten den Laderaum hütete, leichten Herzens in die Vergessenheit zurückgekehrt.

Obwohl Bridports Taktik des Verweilens im Hafen die Meuterei erst ermöglicht hatte, war das Thema der offenen Blockade nicht auf die Tagesordnung gekommen. Die Meuterer hielten es nicht für ihre Sache, sich Gedanken über die Strategie zu machen. Als er wieder das Kommando hatte, machte der Admiral – beinahe trotzig – genauso weiter wie zuvor.

Zu einer Art Kampfhandlung kam es schließlich im April 1799, als fünfundzwanzig französische Schiffe sich unzeitigen Nebel zunutze machten, um sich aus ihrem Hafen zu stehlen. Wie zu erwarten dachte Bridport gar nicht daran, Jagd auf sie zu machen, erst recht nicht, nachdem ein Patrouillenschiff einen bekannten französischen Spion in einem Ruderboot mit einer Geheimbotschaft aufgegriffen hatte. Dass die Schiffe scheinbar Kurs auf das Mittelmeer genommen hatten, entlarvte die Botschaft als Kriegslist. Darin stand zu lesen, es handle sich um die Vorhut einer Invasionsflotte zur irischen Bantry Bucht, die sie auf Umwegen anzusteuern gedachten.

Bridport (und mit ihm ein Großteil der Admiralität) rechnete schon lange mit einer solchen Invasion, durfte man doch erwarten, dass Irlands Rebellen gegen die britische Herrschaft die Franzosen freundlich empfangen würden. Die Kanalflotte lag bald wieder vor Anker, diesmal in der zur Grafschaft Cork gehörenden Bantry Bay, um dort den Invasoren aufzulauern.

Zwei Monate später lag sie immer noch dort.

Bei den abgefangenen Invasionsplänen hatte es sich um eine bewusste Irreführung gehandelt, vom französischen Marineminister in der Absicht verfasst und herausgegeben, sie den Engländern in die Hände zu spielen. Der Mann wusste, dass Bridport von Natur aus eher zu Bedächtigkeit als Argwohn neigte und froh über jeden Grund sein würde, die heimischen Gewässer nicht verlassen zu müssen. Die französischen Schiffe waren, wie ihr Kurs hatte vermuten lassen, ins Mittelmeer unterwegs gewesen. Sie waren längst dort.

Was an Bord der *Royal George* zunächst nach Kampfmoral ausgesehen hatte, schlug nun um in Niedergeschlagenheit. In der Flotte wäre wohl die nächste Meuterei ausgebrochen, wenn Valentine Joyce das Signal gegeben hätte, aber die Admiralität setzte Bridports Demütigung mit ihrer Reaktion auf seine Fehleinschätzung die Krone auf. Statt ihn seines Kommandos zu entheben und in den so heiß ersehnten Ruhestand zu schicken, ließen sie ihm das Kommando – aber sie nahmen ihm zwei Drittel seiner Schiffe weg. Am 1. Juni musste er zuschauen, wie sechzehn der sechsundzwanzig Schiffe aus seiner Kampfformation auf und davon segelten, um sich Admiral Nelsons Mittelmeerflotte anzuschließen.

Auch Holman schaute dabei zu. Er hatte längst begriffen, dass die *Royal George* kein verheißungsvoller Start in eine Seemannskarriere war. Auch wenn er hier im Blickfeld der höchsten Dienstränge stand, was keine ganz unwichtige Erwägung bei einer vom Patronat bestimmten Laufbahn war. Aber es fiel schwer, sich vom Admiral oder seinem zweiten Befehlshaber, Sir Charles Pole (hinter vorgehaltener Hand von einem seiner Kapitäne als »auch so ein alter Angsthase« bezeichnet) mehr Initiative vorzustellen.

Die Stimmung in Lord Bridports Kajüte, schon vor dem Fiasko mit dem falschen französischen Spion trübselig genug, war jetzt ein Schulbeispiel galliger Verbitterung. Der einstmals große Mann war jemand, dem man aus dem Weg ging, von dem man sich keinen persönlichen Gefallen erwartete. Aber Holman schien das nicht zu verstehen, möglich auch, dass er sich daran erinnerte, wie erfolgreich sein Vater bei Simcoe auf einem vergleichbaren Tiefpunkt der Karriere interveniert hatte. Entweder war es Tollkühnheit, die ihn trieb, oder eine frühe, brillante

Unverschämtheit, jedenfalls suchte der Junge um eine private Audienz beim Admiral nach und hatte Erfolg.

Wahrscheinlich musste Lord Bridport daran erinnert werden, wen er vor sich hatte. Mindestens ein Dutzend Jungen wie James bevölkerten den Kanonenraum und das Achterdeck, und dieser hier schien einer der jüngsten und grünsten von allen zu sein. Aber Holman dürfte sich sehr schnell ins Gedächtnis des Admirals geprägt haben, denn kaum waren die Förmlichkeiten ausgetauscht, kam der Junge auch schon zur Sache: Seine Lordschaft möge doch so freundlich sein, für seine Versetzung auf ein anderes Schiff zu sorgen.

Trotz seines niedrigen Stands als Dienstanfänger war solch ein Ansinnen keine Bagatelle. Die Königliche Marine durfte nicht über Freiwillige Erster Klasse entscheiden; sie wurden einzig und allein auf persönliche Initiative eines hochrangigen Offiziers eingestellt. Eine Versetzung setzte voraus, dass man einen anderen Offizier fand, der bereit war, die Verantwortung zu übernehmen. Im Grunde genommen bat Holman den Admiral darum, nicht nur als sein Patron zurückzutreten, sondern sich auch noch die Zeit zu nehmen, nach einem Ersatz für sich selbst zu suchen.

Außer dem Hinweis darauf, dass sie stattgefunden hat, ist nichts über den Inhalt der Unterredung überliefert. Aber Holman hat seine Worte offenbar mit intuitiver Sorgfalt gewählt, denn seine Bitte wurde keineswegs als offener Affront gewertet. Selbstverständlich wurde sie rundheraus abgelehnt. Aber die Zurückweisung des Admirals fiel nicht so scharf aus, dass der Junge sich von weiteren Audienzen abgeschreckt fühlen musste.

Holmans erstes Gefecht war Bridports letztes. Im Juli verließ der verbliebene Rest der Kanalflotte Irland und segelte endlich auf Sichtweite an den Feind heran. Fünf spanische Schiffe – Spanien war inzwischen Frankreichs Verbündeter – ankerten in einer Gefechtslinie vor der Île d'Aix, geschützt von einer Batterie französischer Bombenboote, Nussschalen von Schiffen, auf denen sich nicht viel mehr befand als ein paar Mörser, Zündergranaten und Unmengen von Schwarzpulver.

Bridport schickte seine eigenen Bombenboote mit den allzu passenden Namen *Sulphur*, *Explosion* und *Volcano* nach vorn und eröffnete damit ein von der ersten Salve an bizarres Gefecht. Beide Seiten taten sich schwer, ihre Geschütze auf die richtige Reichweite einzustellen. Die britischen Mörser waren zu schwach, um ihre Ziele zu erreichen, während die Spanier und Franzosen das gegenteilige Problem hatten: Die Geschosse ihrer zu mächtigen Geschütze flogen nicht nur weit über die Bombenboote, sondern auch noch über die Masten der größeren britischen Schiffe hinweg. Da eine Flugbahn sich nun einmal leichter verkürzen als verlängern lässt, übernahm der Feind bald die Initiative, löste ein paar Schiffe aus dem Verband, um die Angreifer anzugreifen.

Aus sicherer Distanz hisste die *Royal George* eilig die Signalflagge für den Rückzug. Der Feind verfolgte sie noch eine Weile, um das Scharmützel als Sieg deklarieren zu können, aber das Ganze war ein »Gefecht ohne Folgen«, nicht einmal ein Remis. Keiner Seite war es gelungen, der anderen irgendwelchen Schaden zuzufügen.

Dieses Ereignis unterstrich für Holman nur einen weiteren Nachteil des Dienstes auf der *Royal George*: das Schiff selbst. Als eines der größeren Schiffe unter Segeln war es ein Respekt gebietender Widersacher, aber auch ein riesengroßes Ziel. Gefechte würden fast immer auf diese Art geführt werden, im Schutze eines Rings kleinerer Schiffe, in notwendiger aber wenig ruhmreicher Entfernung vom Schlachtgetümmel. Als sie in den Spithead zurücksegelten, nahm er seinen Mut zusammen und suchte ein zweites Mal um das Ohr des Admirals nach.

Lord Bridport hatte seine eigenen Sorgen. Seine Gesuche um Abschied aus dem Dienst blieben weiterhin unerhört. Wenn die Admiralität ihn aber mit aller Gewalt im Dienst sterben lassen wollte, warum sollte er dieses Schicksal dann nicht mit Gelassenheit selbst forcieren? Er begann seine Doktrin der offenen Blockade zu lockern. Seine Flotte zählte jetzt weniger Schiffe, aber die verbrachten weitaus mehr Zeit auf See. Von seinen Kapitänen bewusst gemieden, pflegte der Admiral seine geschwollenen Knöchel in Fußbädern und durchlebte in Gedanken noch einmal die neunundfünfzig Jahre seiner Karriere. Sie klang in gedämpften Molltönen aus, aber sie war nicht ohne Wunder gewesen, von denen das wunderbarste vielleicht ihr Anfang war. Seine Karriere, seine Besitzungen und Titel – das alles verdankte er einem banalen Verkehrsunfall.

Vor sechs Jahrzehnten reiste ein Kapitän der Royal Navy durch die Landschaft von Somerset, als ein Rad an seinem Wagen brach. Während er in dem winzigen Flecken Butliegh auf die Reparatur wartete, fand er Aufnahme in der Familie des örtlichen Dorfpfarrers. Beeindruckt von der einfachen aber herzlichen Gastfreundschaft, wollte er sich für die Gefälligkeit erkenntlich zeigen. Und wurde so zum persönlichen Mäzen der beiden Söhne, verhalf ihnen zum Start auf See.

Inzwischen waren die beiden Brüder nicht nur Admiräle, sondern hatten sogar Adelstitel verliehen bekommen, die eigens für sie erfunden worden waren. Der Ältere war jetzt der Viscount Hood of Whitley, erfreute sich seiner Besitzungen und sonnte sich im Ruhm seines ehemaligen Schützlings Horatio Nelson, der ihm die meisten seiner erfolgreichen Kriegslisten zu verdanken hatte. Und der Jüngere saß in der großen Kajüte der *Royal George* und vertrieb sich die Zeit mit Erinnerungen. Als einer der Grünschnäbel – wie hieß er noch gleich, der Junge? Holmes? Holman? – die Unverfrorenheit besaß, zum *dritten* Mal um seine Versetzung nachzusuchen, strafte er ihn nicht mit Unwillen. Er hatte gerade daran gedacht, dass sein eigenes Leben von einem einzigen Akt der Freundlichkeit abgehangen hatte.

In der letzten Septemberwoche des Jahrhunderts verließ der junge Master Holman, noch zwölfjährig, das Flaggschiff der Flotte und das Patronat seines Herrn. Er wechselte von einem erstklassigen auf ein fünftklassiges Schiff, und diese Aussicht erfüllte ihn mit stiller Freude.

Sein neues Schiff war eine Fregatte; die HMS *Cambrian* besaß nur ein Drittel der Tonnage der *Royal George*, war aber bei gutem Wind anderthalbmal so schnell. Mit einem einzigen Kanonendeck und einer langen, schlanken Wasserlinie waren Fregatten nicht für massierte Flottenaktionen, sondern für Geschwindigkeit und Unabhängigkeit gebaut. Fregatten segelten unter anderen Gesetzen, die vom Feind respektiert wurden: Größere Schiffe eröffneten nicht das Feuer auf sie, solange sie nicht durch eine Salve herausgefordert wurden. Eine Fregatte konnte sich dagegen ihre Gegner aussuchen und ehrenvoll davonsegeln, wenn sie sich einer zahlenmäßigen oder qualitativen Übermacht gegenübersah. Und wenn sie kämpften, waren es meist Duelle gegen andere Einzelschiffe auf offener See.

Sie waren die Späher, die Kuriere, die Begleitschiffe für Konvois und die einsamen Jäger der Flotte, so wendig wie unentbehrlich. Horatio Nelson, der sich auf keinen anderen Schiffstypen so sehr verließ, witzelte einmal, wenn er einmal tot umfiele, würde der Pathologe in sein Herz geschnitzt die Worte »Mehr Fregatten!« finden.

Einen zusätzlichen Reiz bot die *Cambrian* durch die Tatsache, dass sie meist in Geheimmissionen unterwegs war. Nicht einmal der Kapitän kannte den genauen Zielort, denn er durfte die Befehle erst öffnen, wenn sie draußen auf hoher See waren. Holman hatte nicht die leiseste Ahnung, wo das neue Schiff ihn hinbringen würde. Irgendwo weit, weit fort, hoffte er.

3 DER HÖHEPUNKT DER ERWARTUNGEN

Drei Jahre später begann ein verirrtes Schiff versehentlich ein Gefecht mit einem Leuchtturm.

Der Hafen von Halifax in Nova Scotia war kein freundlicher Hafen für hereinkommende Segelschiffe. Oft herrschte undurchdringlicher Nebel, der »auf dem Ozean lag wie ein dicke Schneeschicht«, wie es einer der dort stationierten Seeleute ausdrückte. Für solch eine gefährliche, im besten Fall tastende Navigation brauchte man starke Nerven. 1803 wurde derselbe Seemann Zeuge einer schwierigen, um ein Haar verhängnisvollen Passage durch »den scheußlichen Nebel«:

> *Die* Cambrian, *tief in einer Nebelbank verloren, wähnte sich in Nähe des Ufers und feuerte eine Kanone ab. Das Leuchtturmgeschütz antwortete, und das Schiff und der Leuchtturm machten so weiter, Kanone auf Kanone wurde abgefeuert, den halben Tag lang, ohne dass einer den anderen sah.*

Captain Beresford von der *Cambrian* vermutete, dass das leichte Geschoss, das sein Schiff getroffen hatte, als Leitsignal gedacht war. Er ahnte wohl, dass mit Halifax vertrautere Seeleute die Echos des Kanonenfeuers in Verbindung mit ihrer geistigen

Karte des Hafens dazu nutzen konnten, den Heimweg zu finden. Ihm war das nicht gegeben. Stattdessen beschloss er, das Wetter abzuwarten, und navigierte das Schiff an einen Platz, den er weit genug entfernt vom Ufer wähnte. Die Mannschaft hatte sich zum Mittagessen gesetzt, als plötzlich

> *der Bugspriet in Tageslicht stach – und dann das ganze Schiff endlich aus der Wolke heraus in das Licht eines »strahlenden Sonnentages« glitt ... die Männer stürzten aufs Deck hinaus und meinten ihren Sinnen nicht zu trauen, als sie direkt hinter sich die Nebelbank sahen und direkt vor sich die Hafeneinfahrt, links davon die steilen Klippen des Cape Sambro und ein Stück weiter die Schiffe an ihren Vertäuungen, die Flaggen und Stander leicht und trocken im Wind flatternd.*

Dieses dem Seekadetten Holman – einem der aufs Deck hinausstürzenden jungen Männer – so abrupt und auf beschämende Weise präsentierte Halifax würde für die nächsten sieben Jahre sein Heimathafen sein. Es war weder der kleinste und kälteste noch der abgeschiedenste Marinestützpunkt des Weltreichs. Diese Ehre gebührte der winzigen Station in Neufundland, sechshundert Seemeilen weiter nördlich, aber Halifax folgte in allen drei Belangen dicht auf. Es war ein bescheidenes Fischerdorf, tausend Meilen entfernt von allem, was man als Stadt hätte bezeichnen können, aber das störte Holman nicht. Es war ein fernes Ufer, die Neue Welt.

Er war jetzt ein sonnengebräunter, schlanker Fünfzehnjähriger, der sich selbstbewusst an Deck bewegte wie in seiner privaten Welt, und in gewisser Hinsicht war es das ja auch. In den vergangenen drei Jahren war er fast ohne Unterbrechung auf diese engen Grenzen beschränkt gewesen, fern vom Anblick anderer Schiffe. Holman hatte gehofft, die *Cambrian* würde ihn zu fernen Ufern bringen, aber bis jetzt hatte er so gut wie gar kein Land zu sehen bekommen.

Sie hatten in diesen Jahren Freibeuter gejagt, zivile Schiffe, die sich einer lukrativen, sanktionierten Form der Piraterie befleißigten. Die feindlichen Freibeuter trugen Freibriefe der Franzosen, in denen ihnen das Recht zugestanden wurde, auf den Handelswegen des Atlantik Beute zu machen, solange sie ihre Ambitionen auf Schiffe der Engländer und ihrer Verbündeten beschränkten. Die Engländer gaben ähnliche Ermächtigungen mit umgekehrten Klauseln heraus, und beide Seiten schickten ihre schnellsten Schiffe, schützten ihren Handel, indem sie Jagd auf die Jäger machten. So ruhmreich sich das alles anhörte, waren es doch keine übermäßig gefährlichen Unternehmungen – die Freibeuter, die sie stellten, hatten weniger Feuerkraft als Kriegsschiffe und zeigten wenig Neigung, sich auf Gefechte einzulassen. Aber sie ausfindig zu machen war ein langwieriges Unternehmen und meistens reine Glückssache.

Die *Cambrian* war nicht vom Glück begünstigt gewesen. Obwohl sie über ein Jahr lang ununterbrochen durch die Meere gekreuzt und höchstens mal zum Proviantfassen vor Anker gegangen waren, hatten sie genau zwei französische Freibeuter gekapert und ein englisches Schiff ausgelöst. Deshalb kam es nicht überraschend, dass das Schiff jetzt von der individuellen Jagd zum Patrouillendienst im Geschwader abkommandiert worden war.

Für Holman hatten die Jahre ewiger Patrouillen auch ihre Vorteile: Das Schiff war kleiner als die *Royal George*, aber die privaten Quartiere waren größer und besser beleuchtet. Der harte Dienst des frisch Rekrutierten war Vergangenheit. Die Wachen waren lang, aber sie ließen genug Zeit zum Lernen und

Lesen. Er nutzte die Zeit, um als erfahrener Seemann daraus hervorzugehen, wenn auch mit einem großen Hunger nach Literatur (im Herzen war er noch immer Poet). Aber es war enttäuschend, Tausende von Meilen ins Nichts unterwegs zu sein, anscheinend bis in alle Ewigkeit auf dem amorphen Meer zu treiben. Er hatte von der großen weiten Welt geträumt, doch sie schien immer kleiner zu werden, bis er sie mit einem einzigen Schwenk des Blicks erfassen konnte. Sie war hundert Fuß lang, vierzig Fuß breit und ganz aus Holz.

Das aus dem Nebel auftauchende Halifax war ein willkommener Anblick.

Der neue Stützpunkt war die Heimat des nordamerikanischen Geschwaders, des am spärlichsten bestückten britischen Flottenverbands auf dem Planeten. Außer der *Cambrian* gehörten ihm nur sieben andere Schiffe an, alle von bescheidener Größe, die mehr oder weniger die gesamte Atlantikküste überwachen mussten. Der nächste Stützpunkt im Süden, Jamaika, war fast so weit entfernt wie England.

Wesentlich eindrucksvoller als ihr Heimathafen präsentierten sich die anderen Häfen in Reichweite. Der nordamerikanische Dienst brachte den Vorteil mit sich, dass man in Boston, New York und Norfolk freundlich aufgenommen wurde. Die Amerikaner waren keine Verbündeten im Krieg gegen Frankreich, aber sie waren auch keine Feinde. Offiziell nahmen sie eine neutrale Haltung ein, eine Einstellung, die weniger auf politischen Erwägungen als dem Interesse des exportintensiven Landes basierte, mit beiden Seiten Geschäfte zu machen.

Da sie selbst nur über eine winzige Flotte von dreizehn Schiffen verfügten, begrüßten die Vereinigten Staaten den britischen Ordnungsdienst vor den Küsten – solange die Regeln der Neutralität nicht verletzt wurden, die verlangten, dass jedes Handelsschiff ungehindert nach Frankreich oder zu dessen Verbündeten reisen durfte, sofern Eigner wie Ladung eindeutig amerikanisch waren. Dieselben Schiffe durften Waren aus Frankreich oder mit Frankreich verbündeten Ländern mitbringen, wenn sie diese auf direktem Weg nach Amerika brachten. Mit dieser Vereinbarung ging die leise Schmach einher, dass britische Offiziere an Bord kommen und nachprüfen durften, ob es sich auch wirklich um amerikanische Schiffe handelte, aber im Normalfall wurden von beiden Seiten die Regeln der Höflichkeit eingehalten.

Die *Cambrian*, die ihre langsamen Schleifen vor der Küste segelte und einlaufenden Schiffen regelmäßig Ruderboote mit Inspektionscrews entgegenschickte, wurde für New Yorker und Bostoner zum gewohnten Anblick. Landurlaub wurde großzügig erteilt, so dass Holman die Küstenstädte und ihre Gastfreundschaft gründlich kennenlernte (besonders gerne erinnerte er sich an Boston). Aber mit jedem Besuch wurde deutlicher, dass die Herzlichkeit des Empfangs für die Briten im Nachlassen begriffen war. Die Durchsuchungen ihrer Schiffe bereiteten den Amerikanern zunehmendes Missbehagen, und das aus gutem Grund. Sie betrogen.

Neutraler Handel war profitabel, doch wenn man die Regeln umging, ließen sich märchenhafte Gewinne machen. Das betrügerische Prinzip der »unterbrochenen Reise« kam immer mehr in Mode; Fracht aus nicht neutralen Ländern wurde in die Vereinigten Staaten eingeführt, dort zu amerikanischen Waren umdeklariert und umgehend wieder ausgeführt. Nicht selten wurde die Ladung nur für die Zeit gelöscht, die man benötigte, um »Reparaturen« an dem Schiff durchzuführen, und dann zurück in die Laderäume gestaut. Das waren nicht nur gelegentliche Übertretungen – dieser Schwarzmarkt übertraf in Dollar gerechnet die legitimen Exporte. Unter dem Deckmantel der Neutralität brachten amerikanische Händler ganze Ernten aus französischen oder mit Frankreich verbündeten Kolonien und Besitzungen nach Europa: Zucker aus Kuba, Kaffee aus Venezuela, Indigo aus Südamerika.

Und dann gab es noch den Trick mit den Leihschiffen. Yankee-Kaufleute aus den obskursten Hafenstädten traten plötzlich als nominelle Eigner ganzer Flotten von schnellen Schiffen in Erscheinung, jedes frisch eingekleidet in die amerikanischen Farben. Dieses Arrangement erwies sich als so einträglich, dass bald kein einziges Handelsschiff mehr die Fahne Frankreichs oder seiner Verbündeten Holland und Spanien hisste. Warum sollte man riskieren, von britischen Schiffen aufgebracht zu werden, wenn man sich vorübergehend und gefahrlos »amerikanisieren« lassen konnte? »Es ist anscheinend nichts leichter, als die Papiere eines Schiffs zu fälschen oder einen Meineid zu schwören«, schimpfte ein britischer Seemann im Inspektionsdienst, und er kannte sogar den gängigen Preis für das Umflaggen eines Schiffs: vier Shilling und sechs Pence, das entsprach in etwa dem Tageslohn eines Facharbeiters. Und das für ein Dokument, von dem er wusste, dass es gefälscht war, das er aber in aller Regel anerkennen musste.

Immer mehr alarmierte Briten wiesen in Pamphleten mit Titeln wie *Heimlicher Krieg* oder *Der Betrug mit den neutralen Flaggen* darauf hin, dass diese Umgehungen die Amerikaner zur schlimmsten Spezies von Feinden machten: unerklärten.

Ein hartes Durchgreifen war unvermeidlich. Wo sich das nordamerikanische Geschwader früher auf die eklatanten Schmuggelfälle spezialisiert hatte – ein Schiff hatte statt Steinen spanische Goldbarren als Ballast geladen –, wurden jetzt unterschiedslos so ziemlich alle Schiffe und Ladungen beschlagnahmt, die auch nur den geringsten Verdacht erweckten. Im Sommer 1804 blockierten sowohl die *Cambrian* als auch HMS *Leander* in enger Formation die Einfahrt des New Yorker Hafens. Der Prozess der Durchsuchung war nicht mehr ausschließlich von Höflichkeiten geprägt. Und wenn britische Seeleute an Land gingen, zeigte man ihnen höhnische Gesichter oder die kalte Schulter.

Ein Mittschiffsmann auf Holmans Schiff beschreibt ihren Alltag:

> *Während wir vor New York lagen, mussten wir jeden Morgen vor Tagesanbruch alle Fahrzeuge, die wir gesehen haben, an der Weiterfahrt hindern, feuerten backbord und steuerbord Kanonen ab, um die Schiffe zum Beidrehen zu zwingen oder zu warten, bis wir Zeit hatten, eine Bootsbesatzung an Bord zu schicken, um zu überprüfen, »von welcher Machart sie waren«, wie wir das nannten. Nicht selten habe ich ein Dutzend, manchmal zwei Dutzend Schiffe eine oder zwei Meilen vor der Hafeneinfahrt liegen und den Wind, die Flut und, was am schlimmsten war, ihren Markt verlieren sehen, bevor wir mit der Durchsuchung fertig waren.*

Wenn die Inspektion »den Verdacht bestätigte, dass es sich um eine französische und nicht, wie behauptet, amerikanische Ladung handelte«, machte man keinerlei Anstalten, die Angelegenheit zügig abzuwickeln. Stattdessen nahm man das Schiff in Gewahrsam und segelte es die tausend Meilen nach Halifax, um es dort auf Eis zu legen, bis der Admiral Court sein Urteil gesprochen hatte. Gegen eine solche Übernahme gab es keine Einspruchsmöglichkeit: Die Laderäume wurden vernagelt, die Brücke wurde einem von der Royal Navy ernannten »Prisenkapitän« übergeben. Für die Dauer der Reise nach Halifax war der Prisenkapitän Kommandant des Schiffs.

Zuerst galt der Dienst als Prisenkapitän als seltene, begehrenswerte Ehre für ehrgeizige Leutnants, die darauf brannten, Erfahrung am Ruder zu sammeln. Aber bald schon konfiszierte das nordamerikanische Geschwader jede Woche Dutzende von Schiffen – so viele, dass der Bedarf an Prisenkapitänen die Zahl an verfügbaren Leutnants überstieg. Im Lauf der nächsten sechs Jahre wurden geschätzte zweitausend amerikanische Schiffe unter britischer Kontrolle nach Norden gesegelt. Die Mehrzahl wurde nicht von Offizieren kommandiert, sondern von einem improvisierten Corps jugendlicher Mittschiffsmänner.

Mit sechzehn wurde Mittschiffsmann Holman von heute auf morgen zum Kapitän nicht nur eines sondern einer ganzen Reihe von Schiffen befördert. Seine überlieferten Niederschriften schweigen sich über diese Zeit aus, aber sein Schiffskamerad Basil Hall, ein fünfzehnjähriger, ebenfalls in den Rang eines Prisenkapitäns beförderter schottischer Mittschiffsmann, hat einen glaubhaften Bericht verfasst. In seiner Erinnerung war es die krönende Erfahrung seines jungen Lebens, aber tief saß der Schreck darüber, wie plötzlich man ihn in diese Rolle gestoßen hatte:

> *Der glückliche aber besorgte junge Prisenkapitän muss der Abkommandierung Folge leisten und findet sich eine Stunde später, oft noch schneller, allein und mit flatterndem Herzen auf dem tosenden Ozean wieder, mit der Verantwortung für ein reiches, bedeutendes Schiff und einer langen Reise vor der Nase ... Er erfährt am eigenen Leib zum ersten Mal, was vorbehaltloses Vertrauen bedeutet.*

Das Navigieren durch die stürmischste See des Planeten war allein schon Herausforderung genug. Und diese Aufgabe noch mit ungewohntem Schiff und armseliger Mannschaft bewältigen zu müssen, machte daraus eine schlaflose Reise unter größter Anspannung. Die Prisenkapitäne mussten weit aufs Meer hinaus segeln, weil man damit rechnen musste, dass Amerikaner vom Land aus Überfälle starteten, um die Gefangenen und die Ladung zu »befreien«. Es entspannte die Lage nicht gerade, dass der eigentliche Kapitän des Schiffs und zumindest ein Teil der ursprünglichen Besatzung mit an Bord waren, als Gefangene, wenn auch nur unter leichtestem Arrest, falls überhaupt. Man durfte damit rechnen, dass sie jeden Befehl und jede Entscheidung auf das Bitterste kritisierten – und bei der kleinsten Gelegenheit versuchen würden, das Schiff wieder in ihre Gewalt zu bringen. Die meisten jungen Kapitäne verbrachten deshalb wenig Zeit in ihren Kajüten und zogen es stattdessen vor, unter freiem Himmel auf dem Kommandodeck Wache zu halten. Manche verstanden sich auf die Kunst des Kurzschlafs im Stehen, die Pinne mit beiden Händen fest umklammert, als gelte es, einen Ausdauerwettbewerb zu gewinnen. Es war aufregend und aufreibend zugleich, ein Martyrium, schrieb Hall, »ein ständiges Wechselspiel aus Hoffnung und Angst zwischen schlimmsten Stürmen und Ekstasen bei klarem Himmel«. Sie waren jung und brannten darauf zu beweisen, dass sie den Unbilden der Aufgabe zu trotzen wussten. Zwangsläufig kam es zu Spätfolgen.

Während Holman und Hall ihr neues Handwerk ausübten, beendete ein Arzt namens William Turnbull die erste umfassende Studie zum gesundheitlichen Zustand der Seeleute in der Royal Navy. Er unterteilte die Krankheiten der Seefahrer in zwei grundlegende Typen: Krankheiten der Hitze und der

Die Fregatten HMS *Cambrian* und *Leander* in Verfolgung eines amerikanischen Blockadebrechers

Kälte. Seeleute in wärmeren Regionen, schloss er, waren anfälliger für Krankheiten der »vorwiegend nervösen und putriden Form«, wie zum Beispiel Ruhr, Fieber oder jeden der unzähligen unter dem Namen »Ausfluss« zusammengefassten Durchfälle und Übelkeiten. Ihnen gemeinsam war der jähe Ausbruch, das rasche Fortschreiten bis zur Krisis. Entweder man erholte sich oder starb, eines von beidem geschah innerhalb weniger Tage.

Seeleute, die in frostigem Wetter unterwegs waren, klagten bemerkenswert einhellig über Befindlichkeiten mit anderen Symptomen: Krankheiten, die Monate brauchten, um sich zu entwickeln, und eher chronisch als durch Krisen gekennzeichnet waren. Zu ihnen zählten der Katarrh – eine Schwellung des Rachens und anderer Schleimhäute – und die Schwindsucht, die man später Lungentuberkulose nannte. Aber »entzündliche Beschwerden«, also Rötungen, Wundsein, Schwellungen des weichen Gewebes, kamen deutlich häufiger vor. Für gewöhnlich traten sie zuerst an Händen und Knien auf, aber es konnte praktisch jeder Körperteil befallen werden. Der Sammelbegriff lautete Rheumatismus.

Heutzutage gilt Rheumatismus, insbesondere die Arthritis (der Gelenkrheumatismus), als ein Symptom des Alterns. In der Königlichen Marine von 1805 dagegen waren vorwiegend junge Männer von dieser Krankheit befallen. Turnbull merkte an, dass sie »in der Regel den jüngeren Teil der Mannschaften befällt, oder alle die, die nicht älter als fünfunddreißig sind.« Er bot keine Erklärung dafür an, äußerte jedoch die Vermutung, dass weniger die Kälte als vielmehr die Feuchtigkeit das Problem war. »Eine lange Periode regnerischen und stürmischen Wetters«, warnte er, »macht den Körper anfällig für diese Art von Erkrankungen.«

Hall und Holman hätten Turnball noch eine zusätzliche Erkenntnis liefern können: Je länger die Jungen den Elementen ausgesetzt waren, desto schlimmer ihre Leiden. Die Tradition auf einem Schiff der Marine wollte es, dass die halbgeschützte »Wetterseite« des Kommandodecks – die Seite, die durch das Krängen des Schiffes in die Höhe gehoben wurde – der Schiffsführung vorbehalten war. »Außer dem Kapitän, den Leutnants, dem Arzt, den Zahlmeistern und Schiffsoffizieren ist es niemandem zu irgendeiner Zeit gestattet, die Wetterseite des Decks zu betreten«, notierte Hall und fügte hinzu, »die zweifellos die angenehmere Seite ist, wenn die Segel unter Druck stehen, und auf der man auch am besten gegen Wind und Regen geschützt ist.« Die Mittschiffsmänner dagegen pferchte man »gnadenlos auf der Leeseite zusammen, wo sie vom Regen durchweicht und vom Wind aus dem barbarischen Besansegel, dem Schrecken der armen ›Middies‹, durchgekühlt wurden!«

Das waren die normalen Bedingungen. Die als Prisenkapitäne eingesetzten Mittschiffsmänner mit dem Ziel Halifax waren den Elementen sogar noch schutzloser ausgesetzt. Bei konfiszierten amerikanischen Handelsseglern handelte es sich meist um kleine Schiffe mit weniger Schutz zu beiden Seiten des Großmasten. Die meisten waren für Schönwetterfahrten in südlicheren Breiten gebaut, nicht für die berüchtigten Nebel von Nova Scotia, die laut Hall »viel schlimmer noch als Regen waren, weil sie einen noch schneller und gründlicher durchweichten.« Irgendwo auf der riesigen Wasserfläche zwischen New England und Nova Scotia, außerhalb der Sichtweite der Küste, begann Mittschiffsmann Holman einen dumpfen, tiefen Schmerz in den Gliedern zu spüren.

Man darf sicher annehmen, dass er mit niemandem darüber sprach. Ausruhen, gar ein Rückzug aus den Elementen, kam nicht infrage. Es war kein Arzt an Bord. Und bei seinen Vorgesetzten in den Häfen von New York und Halifax wollte er um jeden Preis den Eindruck unverwüstlicher Gesundheit hinterlassen. Die nächste Stufe seiner Karriere hing davon ab.

Der Dienst als Prisenkapitän hatte einen dauerhaften Nebeneffekt: Er verdarb Mittschiffsmänner für den Dienst als Mittschiffsmann. Hat man einmal Befehlsgewalt geschnuppert, tut man sich schwer mit dem Gehorchen, und Holman war im sechsten Dienstjahr und hatte die Qualifikation für die Leutnantsprüfung bald erreicht. Aber »zum Leutnant ernannt« und tatsächlich bestallt zu werden, waren zwei Paar Schuhe. Beförderungen wurden nur vorgenommen, wenn innerhalb des Geschwaders Stellen frei wurden, und die Auswahl richtete sich nicht nach dem Dienstalter, sondern nach dem Belieben des Oberbefehlshabers der Nordamerika-Flotte, Admiral Sir Andrew Mitchell, was Holman bewog, sich um eine Neuauflage seines ersten Kommandos zu bewerben: eine Versetzung auf das Flaggschiff eines Admirals. Am 16. April 1805 ruderte er seine Habseligkeiten durch das New Yorker Hafenbecken hinüber zur *Leander*.

Die *Leander* war nicht die *Royal George*. Sie war nur wenig größer als die *Cambrian*, und an Bord wimmelte es von miteinander wetteifernden Mittschiffsmännern, von denen jeder – in den Worten eines von ihnen – »wenn möglich direkt in den Schatten der Flagge wollte«. Jeder wusste, dass Kommandierungen bevorstanden, deshalb war der Wettstreit um Mitchells Gunst besonders heftig. Zwei Monate zuvor hatte die *Leander* die *Cleopatra* zurückerobert, eine königliche Marinefregatte, die bei einem Gefecht vor der Küste der Bermudas von einem französischen Kriegsschiff gekapert worden war.

Die *Cleopatra* war ein schwimmender Rumpf, als sie sie entdeckten, zwei der drei Masten waren umgestürzt und der Bugspriet ins Meer gesplittert. Ein Viertel der Mannschaft hatte bei ihrer Verteidigung den Tod gefunden, und auch wenn sie die Schlacht verloren hatten, war es ihnen gelungen, den Angreifer, die *Ville de Milan*, so stark zu beschädigen, dass die Franzosen sich ohne eine Kanone abzufeuern ergaben, als die *Leander* am Ort des Gefechts eintraf. Beide Schiffe wurden jetzt in Halifax repariert, und sobald sie wieder seetüchtig waren, würde man Mannschaften auf sie abkommandieren. Ein paar glückliche, frisch zu Leutnants ernannte Mittschiffsmänner würden auch dem Namen und der Aufgabe nach zu Offizieren werden.

Am 3. Dezember betrat Holman, eifrig bemüht, nicht aufgeregt zu erscheinen, ein Zimmer der Admiralität in Halifax. Die Etikette verlangte, dass er sich den Dreispitz unter die Armbeuge klemmte. In der anderen Hand hielt er die erforderlichen Papiere: Dienstakte, Zertifikate der letzten Kapitäne und ein Affidavit, in dem erklärt wird, dass er »dem Anschein nach älter als einundzwanzig Jahre ist«. Dem *Anschein nach* war das Schlupfloch, durch das er sich zu winden gedachte. Er war achtzehn.

Vor ihm saßen Captain Beresford von der *Cambrian*, Captain Talbot von der *Leander* und Captain Tyrell, der in Kürze das Kommando über die *Ville de Milan* übernehmen würde. Als sie ihn baten, Platz zu nehmen, verstand Holman den Namen, den man diesem besonderen Moment einer Marinekarriere gegeben hatte. Altgediente Seefahrer nannten die Leutnantsprüfung »Knöpfezählen«, weil man unter den Salven von Fragen aus den Mündern der Kapitäne ganz automatisch damit anfing, nervös an den zahlreichen Messingknöpfen seiner Uniform herumzufummeln.

Beim Bemühen um die Mitte zwischen Gelassenheit und Exaktheit half ihm die Gewissheit, dass ein Schiff auf ihn wartete, wenn er die Prüfung bestand. Trotz seiner relativ kurzen Zeit an Bord des Flaggschiffs war Admiral Mitchell von dem jungen Holman so beeindruckt gewesen, dass er ihn in die zweite Stufe der neuen Bestallungen eingereiht hatte. Die Favoriten der ersten Stufe bekamen die begehrten Posten an Bord der *Ville de Milan* (deren Namen man sehr bald zu »Wheel 'em Along – Karrt sie fort« verballhornte), der jüngsten Kriegsbeute der Flotte. Für Holman hatte Mitchell die kleinere, zurückeroberte *Cleopatra* vorgesehen. Dort brauchte man Ersatz für einen Leutnant, der das Gefecht mit der *Milan* zwar überlebt, aber dabei so schwere Verwundungen davongetragen hatte, dass er nicht mehr diensttauglich war.

Zwei Tage später meldete sich Holman in neuer Uniform als Dritter Leutnant an Bord der *Cleopatra* zum Dienst. Seinem neuen Kapitän John Wight legte er ein Dokument vor, das ihm »Fleiß, Nüchternheit und Gehorsam« und die Fähigkeit attestierte, »ein Schiff unter Segeln zu beherrschen, gegen die Flut zu segeln, den Kurs durch glattes Segeln und Merkatorpeilung und Beobachtung von Sonne und Sternen zu berechnen«.

Das waren die Standardfertigkeiten, die er in der Prüfung hatte nachweisen müssen. Noch interessanter dürfte für Captain Wight allerdings gewesen sein, dass Holman die amerikanischen Küstengewässer inzwischen weit besser gekannt haben dürfte als er selbst. Wight war neu an dem Stützpunkt, hatte seine bisherige Karriere nicht bei einer bestimmten Flotte verbracht, sondern im Dienst der Transportbehörde Personal und Gefangene von einem Marinestützpunkt zum anderen geschifft.

Das Wetter in Halifax am nächsten Tag – an dem die *Cleopatra* in See stach, Holmans erstem Tag als Offizier – ist durch einen Mittschiffsmann eines Nachbarschiffs präzise dokumentiert.

> *Frischer, nordwestlicher Wind, und der Tag so kalt, dass ein Nebel mit Namen »der Barbier« über dem Hafen lag, ein niedriger Nebel, der dicht über der Wasseroberfläche liegt und uns von eisigen Winterböen mit solcher Schärfe entgegengetrieben wird, dass er bis auf die Knochen schneidet. Der Barbier wird offensichtlich bei strenger Kälte durch Kondensation der feuchten Luft über dem Wasser gebildet. Weil das Thermometer bei unserer Abreise vierundzwanzig Grad unter Null zeigte, bewahrte uns nur noch der scharfe, Schaumkronen auf die Wasseroberfläche setzende Wind vorm Festfrieren im Hafen.*

In dieser Nacht war der »Barbier« genannte Eisnebel noch etwas eisiger als sonst. Holman war die einsame Gestalt, die bis vier Uhr morgens aus Nervosität, vor Aufregung und im vergeblichen Versuch, sich warm zu halten, auf dem luvwärtigen Deck der *Cleopatra* auf und ab ging. Als drittem Leutnant oblag ihm die letzte Wache, alle fünfzehn Minuten musste er die nächtlichen Ausgucker anrufen, Befehle zur Segeltrimmung geben und Kurskorrekturen an das Ruder übermitteln.

Die Schiffe segelten in ein Unwetter hinein. Drei gnadenlose Tage lang verstreuten Winde in Orkanstärke das Geschwader über mehr als hundert Meilen. Die *Cleopatra* verlor die anderen Schiffe aus dem Blick, steuerte durch stechend kalte Regenwände südöstlichen Kurs auf den Ozean hinaus. Der neue dritte Leutnant hatte eine Ölhaut über seinen wollenen Wachmantel geworfen, aber auch das hielt ihn nicht trocken. Es war sinnlos, die Kleidung zu wechseln – eine frische Garnitur wäre in wenigen Minuten durchnässt gewesen –, und er durfte auch nicht zum Aufwärmen in die Kombüse hinuntergehen. Das wäre eine Pflichtverletzung gewesen, außerdem schrieben die Gesetze des Krieges zwingend vor, dass das Kombüsenfeuer nachts gelöscht werden musste und erst bei Tagesanbruch wieder angefacht werden durfte.

Ihm blieb also nichts anderes übrig, als sich den Kragen fester um den Hals zu ziehen und zu warten, bis der Körper die durchnässte Wolle auf der Haut wärmte. Doch die Euphorie war ohnehin stärker als die Erschöpfung. Holman war endlich Offizier, stand in der Gunst seines Admirals, genoss das Vertrauen seines Kapitäns. Der Sturm blies ihm direkt ins Gesicht, aber das Glück schien ihm den Rücken zu stärken. Er würde sich an diese Zeit als »die eigentliche Blüte seiner Karriere« erinnern.

Es war das Vorrecht des Wachoffiziers, allein über das Wetterdeck zu gehen. Hätte ein aufmerksamer Mittschiffsmann ihn von der gegenüberliegenden Reling aus beobachtet, wäre ihm womöglich eine leichte Steifheit in Lieutenant Holmans Gang aufgefallen. Anstatt locker auszuschreiten, setzte er die Stiefel schwerfällig auf, als wollte er die Beugung der Fußgelenke minimieren.

Fünf Monate später standen Großbritannien und die Vereinigten Staaten dank eines Zwischenfalls mit zwei von Holmans früheren Schiffen um Haaresbreite vor dem Ausbruch eines Krieges. Die *Cambrian* und die *Leander* waren in ihre alten Patrouillengewässer ein paar Meilen vor dem New Yorker Hafen zurückgekehrt und hatten die Inspektionen mit erhöhter Gründlichkeit wieder aufgenommen. Jetzt durchsuchten sie nicht nur die Laderäume, sie verhörten auch die Mannschaften, fragten die Besatzungen angekommener Schiffe nach Begegnungen mit französischen Schiffen draußen auf See aus – Informationen, zu deren Preisgabe amerikanische Kapitäne nicht verpflichtet waren.

Aber für den größten Verdruss sorgte die Tatsache, dass nicht nur Schiffe, sondern immer mehr Männer eingezogen wurden. Im verzweifelten Bemühen, die nach Jahrzehnten des Krieges gelichteten Reihen wieder zu füllen, bediente die Königliche Marine sich des Instruments des Pressens, der Zwangsverpflichtung von Seeleuten, die einmal britische Staatsbürger waren, ohne Rücksicht auf die Nationalität des Schiffs, von dem man sie holte. Häufig handelte es sich dabei um ehemalige Seeleute der Königlichen Marine, entlassene oder desertierte, auf amerikanische Schiffe gelockt von besseren Arbeitsbedingungen und einer nicht selten doppelt so hohen Heuer wie der von der Admiralität gezahlten. Mit großem Unwillen sahen amerikanische Kaufleute, wie diese erfahrenen Seeleute auf englische Fregatten abgeführt wurden, zumal viele der gepressten Männer Papiere bei sich trugen, die sie als naturalisierte Amerikaner auswiesen.

In der Regel ignorierten die Briten derartige Papiere, weil viele davon offenkundig gefälscht waren – und weil Seine Majestät sie auch dann nicht anerkannte, wenn sie einwandfrei waren. »Einmal Engländer, immer Engländer«, lautete lange die Regel, selbst wenn der Unabhängigkeitskrieg als die eine, umfassende Ausnahme dastand. Eine wachsende Zahl von Amerikanern sah in diesen Zwangsverpflichtungen einen Angriff auf die Souveränität ihres jungen Landes. Und die Tatsache, dass es sich bei einigen der Eingezogenen um geborene Amerikaner oder Immigranten aus anderen Ländern handelte – Männer, die nie und nach keiner Lesart Engländer waren –, trug nicht gerade zur Entspannung der Lage bei.

An einem Nachmittag im April ereignete sich ein Zwischenfall, der die Stimmung bei den Amerikanern gegen die Briten endgültig kippen ließ. Die *Cambrian* hielt auf einen Verband von Handelsschiffen zu, der sich von der Küste New Jerseys näherte. Wie es der Standardprozedur entsprach, feuerte die Fregatte eine Kanone ab, das Signal: *Wir kommen an Bord.* Aber diesmal stoppten nur ein paar der Segler ihre Fahrt. Die anderen nahmen weiter Kurs auf New York, und so setzte die *Leander* Segel und nahm die Verfolgung auf. Erst nach weiteren Warnschüssen drehten sie bei, und als die Durchsuchungen begannen, wurde schnell klar, warum sie die Flucht versucht hatten. Wenigstens zwei von ihnen (das eine unter dem Kommando eines Neffen von John Paul Jones) hatten sich des Bruchs der Neutralität schuldig gemacht, ihre Laderäume waren gefüllt mit Schmuggelgut von den Westindischen Inseln. Als die Briten an Bord eines der kleinsten Schiffe gingen, die Küstenschaluppe *Richard*, fanden sie dort den Leichnam des Steuermanns John Pierce. Einer der Warnschüsse der *Leander* hatte versehentlich ein Ziel gefunden.

Pierces Leichnam wurde flugs nach New York City geschafft, wo zu allem Unglück gerade Wahltag war. Lokalpolitiker mobilisierten die Wähler auf die übliche Art, mit großzügigen Mengen von Schnaps. Das Wahlvolk vereinigte sich zu einer ungebärdigen, makabren Parade, und der Tote, spontan als Märtyrer gefeiert, wurde vorneweg getragen. Beide politischen Parteien, die Föderalisten und die Demokratischen Republikaner, vereinten sich für kurze Zeit in gemeinsamer Empörung. Volkes Zorn war so gewaltig, dass Präsident Jefferson eine Woche später eine Proklamation gegen britische Schiffe herausgab, den Kapitän der *Leander* zum Mörder erklärte und seine Festnahme wegen »diverser Verstöße, unrechtmäßiger Handlungen und Störungen des Handelsverkehrs« anordnete. Beide Schiffe und auch alle anderen Schiffe, die die Kapitäne in Zukunft kommandieren würden, wurden auf Dauer aus den amerikanischen Gewässern verbannt.

Solche Maßnahmen waren politisch opportun (Jefferson, Zeit seines Lebens ein Frankophiler, war nie ein Freund der Briten gewesen) und reflektierten gleichzeitig die Tiefe der Feindschaft, kristallisiert durch den Tod von Pierce. Noch ein Vierteljahrhundert später mussten britische Seeleute, die nach New York kamen, sich anhören, »mit welchem Abscheu man von unserer guten alten *Leander* sprach«.

Jeffersons Handlungsweise hatte zur Folge, dass die gesamte britische Marine in allen Häfen an der amerikanischen Atlantikküste in Ungnade fiel. Die Schiffe des Nordamerikageschwaders bemühten sich weiter, Neutralität durchzusetzen – sie war ein zu wichtiger Bestandteil der Kriegsstrategie, um sie aufzugeben –, aber jetzt hatten sie keinen Hafen mehr, den sie anlaufen konnten. Der nächste Ankerplatz südlich von Halifax waren die Bermudas, kein Marinestützpunkt, allenfalls ein spärlich bemanntes Vorratsdepot. Die Patrouillenfahrten der *Cleopatra* wurden zu endlosen Schleifen zwischen Neu Schottland und den tropischen Regionen im Süden, wo es nachts noch so heiß war, dass die Kerzen schmolzen, bevor sie angezündet waren. Die Fahrt von einem Extrem ins andere war normalerweise in zehn Tagen bewältigt, und die Pause zwischen den Patrouillenfahrten war entweder kurz oder fiel ganz aus. Das Schiff nahm Vorräte auf und segelte wieder zurück, normalerweise wurde nicht einmal der Anker geworfen.

Die Schmerzen in Lieutenant Holmans Gliedern ließen nicht nach. Wenn überhaupt wurden sie durch den ständigen Wechsel zwischen heißem und kaltem Klima noch verschlimmert. Was nach den medizinischen Kenntnissen der damaligen Zeit auch kein Wunder war. Eine angesehene Abhandlung, *Buchan's Complete Domestic Medicine*, gab die Schuld an »besonders hartnäckigen Rheumatismen« den »plötzlichen Wetterwechseln und allen jähen Übergängen vom Heißen ins Kalte«, um dann zu konstatieren, dass »dieselben Wirkungen oft von nasser Kleidung und Segelfahrten bei Nacht ausgehen«. Im Grunde eine Beschreibung von Holmans Situation, dessen Schmerzen sich jetzt stärker in den unteren Extremitäten zeigten, besonders in Fußgelenken und Füßen.

In den frühen Stadien ließ sich das noch gut verstecken. Das Gieren und Stampfen des Schiffs ließ einen unsicheren Gang ganz normal erscheinen, der diskrete Griff zur Reling fiel kaum auf. Holman, der die meiste wache Zeit allein und in der Dunkelheit des wetterseitigen Decks verbrachte, schien keinen Argwohn erweckt und die Verschlimmerung seines Leidens ein paar Monate lang stoisch ertragen zu haben.

Etwas anderes kann man sich auch kaum vorstellen. Ein Leutnant an Bord einer Fregatte auf See ließ sich nur im allerschlimmsten Fall auf die Krankenliste setzen, denn es gab weder einen Ersatzoffizier noch die Möglichkeit, einen an Bord kommen zu lassen. Die Aufgaben des Kranken hätten für die Dauer seiner Erkrankung auf die beiden anderen Leutnants oder, im schlimmsten Fall, auf den Kapitän selbst verteilt werden müssen.

Es gibt also kaum einen verlässlicheren Indikator für die Schwere von Holmans Erkrankung als die Tatsache, dass sein Name Ende 1806 sehr häufig auf der Krankenliste der *Cleopatra* auftauchte. Der Schiffsarzt James Nesbitt notierte »eine offensichtliche Vergrößerung der Knochenköpfe im Fußgelenk«, in einem Ausmaß, das es dem Leutnant nicht erlaubte, in seine Stiefel zu schlüpfen, geschweige denn, auf Deck herumzuhumpeln. Er konnte nicht einmal beschwerdefrei still liegen. Sein Zustand war fortgeschritten in ein Stadium, das laut *Buchan's* nicht nur durch »heftigste Schmerzen« sondern auch »Liegeschmerzen, verstärkt durch geringste Bewegungen« gekennzeichnet war. Nicht einmal die Hängematte bewahrte ihn vor dem unaufhörlichen Schlingern des Schiffs. Holman berichtete auch von anderen Schmerzen, die durch den gesamten Körper zuckten, offenbar ohne eine spezifische Quelle. Sie flammten scheinbar willkürlich auf, wenn auch häufiger in der rechten als in der linken Körperhälfte.

Nesbitt zögerte mit einer endgültigen Diagnose. Da Holman lange Zeit dem Wetter ausgesetzt war, lag ein akuter Rheumatismus als Ursache nahe, aber ein solcher Befund schloss ein praktisches Dilemma mit ein: So gut wie keine der Standardtherapien bei Rheumatismus ließ sich auf hoher See durchführen. *Buchan's* schrieb das übliche Verfahren des Einsatzes von Blutegeln vor, zusätzlich Reiten und eine Diät aus frischem Obst und Gemüse, im Besonderen »gedünsteten Pflaumen, pochierten Äpfeln, in Milch gegarten Johannis- oder Stachelbeeren«. Auf jeden Fall aber sollte der Patient sich warm und trocken halten und in großen Mengen Weinmolke trinken, frische, mit einem Schuss Wein zum Gerinnen gebrachte Milch.

Zu der Zeit ernährten sich die Besatzungen des nordamerikanischen Geschwaders hauptsächlich von einem Gericht, das sie »The Old Thing« nannten, Salzfleisch (gepökeltes Rindfleisch) in einer dicken Soße aus Weizen und Wasser, ein Mittelding zwischen Teig und Kleister. Das Standardfrühstück bestand aus einem einzigen Brötchen, scharf geklopft, um die Getreidekäfer auszutreiben. An Wein fehlte es an Bord nicht, aber Milch war nur eine süße Erinnerung. Und da es wenige Möglichkeiten gab, seinem Patienten eine heilsamere Umgebung zu schaffen, wählte Nesbitt einen anderen Weg und behandelte die Symptome als »Attacken der Gicht«.

Holman war das genaue Gegenteil eines typischen Gichtkandidaten. Dieses Leiden befiel in der Regel Menschen mittleren Alters mit Bewegungsmangel und Übergewicht, besonders solche, die Alkohol und fettem Essen zu ausgiebig zusprachen. Holmans Jugend auf See hatte ihn zu maßvollen Gewohnheiten erzogen und ihm keine Gelegenheit gegeben, Geschmack an Völlerei zu finden. Er war von schlanker Gestalt und wog knapp siebzig Kilo, ein Gewicht, das sich während seines ganzen Lebens kaum veränderte. Aber die Gicht pflegte sich durchaus in geschwollen Füßen und heftigen Schmerzen zu manifestieren. Ein Leidensgenosse von damals sagte, »es fühlt sich an, als würde ich auf meinen Augäpfeln laufen«. *Buchan's* beschreibt es beinahe poetisch als ein »abwechslungsreiches Arsenal an Foltermethoden, die das Glied strecken, verbrennen, quetschen, anfressen und in Stücke reißen ... auf lange Sicht wird das befallene Glied so empfindlich, dass der Patient es nicht erträgt, wenn er berührt wird, ja nicht einmal, wenn jemand quer durch das Zimmer geht.«

Nach und nach näherte Holmans Zustand sich dieser Beschreibung an. Da traf es sich gut, dass die Gicht sich an Bord der *Cleopatra* so gut bekämpfen ließ wie überall sonst, denn die Therapie bestand aus nicht viel mehr als Ruhe. Die Standardmedizin war »ein Glas starker Wein«, darüber hinaus gab es »während des akuten Gichtanfalls wenig Raum für andere Medikamente«. Wenn der Arzt gnädig gestimmt war, gab er noch dreißig bis vierzig Tropfen Laudanum, flüssiges Opium, in den Wein.

So unwahrscheinlich das Gicht-Szenario war, Nesbitt durfte sich auf die Schulter klopfen. Die erzwungene Ruhe ließ die Schwellung zurückgehen, der Patient kam zu Kräften und war schon bald, wenn nicht vollständig geheilt, so doch fest entschlossen, die Episode hinter sich zu bringen.

Die Länge der Rekonvaleszenz ist nicht dokumentiert, aber zwei Dinge sind klar: Holman erholte sich so weit, dass er seinen Dienst als Wachoffizier wieder aufnehmen konnte. Und die Genesung war nicht von Dauer.

Holman geriet in einen Kreislauf des Kämpfens. Er leistete seinen nächtlichen Wachdienst ab, humpelte herum, ertrug die stärker werdenden Schmerzen, bis sie nicht mehr zu ertragen waren, um sich dann wieder bei Nesbitt zu melden und sich der Therapie zu unterwerfen, die der Schiffsarzt diesmal an ihm ausprobieren wollte, und Ruhe zu halten, bis er wieder laufen konnte. Bis zum Frühling 1807 stand er, nach Nesbitts Aufzeichnungen, »wiederholt auf der Krankenliste«, und so sehr er sich um stoisches Pflichtbewusstsein bemühte, ließ sich eine Tatsache nicht länger leugnen: Er gehörte nicht mehr an Bord eines Schiffs. Als die *Cleopatra* das nächste Mal in den Hafen von Halifax einlief, ließ er sich an Land bringen, in ein Bett im Marinelazarett legen und von seinen jetzt ehemaligen Schiffskameraden alles Gute wünschen. Inzwischen war sein Zustand so ernst, dass man ihn dort sechs Wochen lang praktisch bewegungslos liegen ließ.

Der furchtbare Verlauf von Holmans Krankheit wird am Ende der sechs Wochen von einem Arzt in einem Satz schriftlich zusammengefasst:

Wir haben ihn kürzlich gebrannt, und es geht ihm jetzt besser.

Holman war ganz und gar in die Klauen einer sogenannten »Radikalmedizin« geraten – allein die Bezeichnung jagte denen Schauer über den Rücken, die sich ihren Prinzipien unterwerfen mussten. Die Radikalmedizin versuchte nicht, eine Krankheit zu erkennen, um ihr eine Therapie anpassen zu können, sondern sie mit einem frischen Arsenal an Martyrien aus dem Körper zu treiben.

1807 waren die meisten Ärzte Humoristen, das hieß, sie hingen der Doktrin von der Bedeutung der Körperflüssigkeiten an, einer Vorstellung, die sich seit den Tagen des Hippokrates nicht wesentlich gewandelt hatte. Man unterschied vier Körperflüssigkeiten – Schleim, Blut (einschließlich der Samen, die als gereinigtes Blut galten), gelbe und schwarze Galle –, ätherische Substanzen, die sich als Flüssigkeiten zeigten, aber ebenso gut unsichtbar in jeden Teil des Körpers dringen konnten.

Krankheit war nichts weiter als eine Störung des natürlichen Gleichgewichts dieser Körpersäfte, und die Radikalmedizin war der Versuch, es unter Verwendung zweier verschiedener Techniken wiederherzustellen, der Auszehrung oder der Zerrüttung. Auszehrung war der Prozess einer systematischen Erzeugung von Defiziten bei jeder Körperflüssigkeit, in der Hoffnung, dass der Körper im Prozess der Wiederherstellung zu den richtigen Proportionen zurückfindet. Um Blut abzuzapfen, bedurfte es lediglich einer Lanzette oder eines Egels, während der Austrieb von Schleim oder den Gallenflüssigkeiten einen Ausfluss durch ein Spektrum von Abführmitteln (sanfte Laxative), Purgativa (starke Laxative), Klistieren (Einläufe mit Flüssigkeiten oder Rauch) sowie Brechmitteln und Brechgefäßen (selbstdeskriptiv) erforderlich machte.

Hatte man damit keinen Erfolg, ging man zur Zerrüttung über. Diese Methode basierte auf der Annahme, dass die »Störung« der Körpersäfte zu einem bestimmten Zeitpunkt nur eine Form annehmen konnte – dass man den Körper überlisten und dazu bringen konnte, eine Krankheit abzustoßen, indem man ihm eine andere aufzwang. Das war der Sinn des Brennens. Der Haut wurden Verbrennungen zweiten Grades zugefügt, entweder mit einem erhitzten Schürhaken, Spritzern kochenden Wassers oder der Verwendung von Säuren, in jedem Fall aber mit der Absicht, starke Schmerzen zu verursachen. In dem Bemühen, die neue Krankheit so schnell wie möglich zu heilen, so vermutete man, würde der Körper die alte Krankheit »vergessen«.

Auf seine brutale Art funktionierte das Verbrennen, zumindest brachte es viele Patienten – auch Holman – dazu, ihren Zustand als »deutlich gebessert« zu beschreiben und die Ärzte davon zu überzeugen, dass weitere Anstrengungen in dieser Richtung sich erübrigten.

Aber kurze Phasen der Erholung waren keine gründliche Genesung, das musste auch Nesbitt erfahren, als er in das Lazarett in Halifax zurückkehrte, um nach seinem Schützling zu sehen. Am 20. Juni tat er das Letzte, was er für Holman tun konnte. Er berief eine aus ihm und den Schiffsärzten der *Milan* und der *Mermaid* bestehende medizinische Revisionskommission ein, mit dem Ziel, eine »konsequente, verantwortliche Pflege für den Betroffenen« zu ermöglichen. Nach einer Untersuchung resümierten sie, dass der Patient »nach unserer gemeinsamen Überzeugung immer wieder von denselben Beschwerden heimgesucht werden wird, solange er Kälte und Nässe ausgesetzt ist«, und erklärten ihn daraufhin einhellig für dienstuntauglich.

Das war Holmans Fahrkarte nach Hause. Die *Mermaid* sollte in Kürze nach England segeln, und es gibt Hinweise, dass man ihn eiligst an Bord schaffte. Genau einen Monat später war er wieder in England, in Sichtweite Portsmouths am Anker dümpelnd, aber auf dem Schiff gefangen. Die Bescheinigung seiner Dienstuntauglichkeit hatte ihn an Bord gebracht, aber zu seiner Ausschiffung war nichts unternommen worden. Er musste der Admiralität vom Krankenbett aus einen Brief schreiben und um Auskunft bitten, »ob ich zum Gefallen Ihrer Lordschaft hier zu verbleiben habe oder frei bin, an Land zu gehen und etwas für die Wiederherstellung meiner Gesundheit zu tun.«

Der Urlaub wurde gewährt, doch kaum war Holman an Land, da stand er vor dem nächsten bedeutenden Problem: Er war aus der Gehaltsliste der Marine herausgefallen. Kranke Mittschiffsmänner bekamen überhaupt keine Heuer. Für untauglich erklärte Offiziere hatten bis zur Entlassung oder dem Wiedereintritt in den Dienst Anspruch auf die Hälfte des normalen Solds. Aber Holman musste zu seiner Bestürzung feststellen, dass seine Abkommandierung als Offizier auf die

Cleopatra in den Listen der Marine nicht vermerkt war. Für die Admiralität war er ein unbestallter Leutnant, kein richtiger. Und deshalb stand ihm auch kein Leutnantssold zu, nicht einmal ein Abschlag.

Das stürzte Holman in soziale und auch finanzielle Verlegenheit. Seine Hoffnung auf eine Rekonvaleszenz auf dem Lande war fürs erste zerstört, denn noch acht Monate später wohnte er in einer provisorischen Unterkunft im Londoner Stadtteil Piccadilly, von wo aus er die Zahlstelle der Marine ein ums andere Mal ersuchte, ihn in den Offiziersstand zurückzuversetzen und ihm den ausstehenden Sold auszuzahlen. Erst nachdem die Angelegenheit wenigstens teilweise in seinem Sinne geregelt war – er wurde auf halben Sold gesetzt, aber seine offizielle Leutnantsexistenz begann erst in London, nicht in Halifax –, konnte er sich mit ganzer Kraft seiner Genesung widmen.

Genesung wovon? Das war die Frage. Die drei Schiffsärzte waren aufgefordert worden, seinen Untauglichkeitspapieren eine offizielle Diagnose beizufügen, und sie hatten sich auf die Formulierung *erkranktes Fußgelenk und wandernde Gicht* geeinigt. Es war schwierig, aus dieser Diagnose eine Handlungsstrategie abzuleiten, weil durch sie im Grunde nichts ausgesagt wurde. Eine »wandernde Gicht« bezeichnete nur einen Schmerz, der sich beharrlich weigert, immer am selben Ort aufzutreten, und stattdessen durch den Körper »wandert«. Der Dichter Robert Burns, dem gegen seine wandernde Gicht kalte Salzwasserbäder verschrieben worden waren, verstarb bald nachdem er angefangen hatte, täglich ins kalte Meer zu springen. Im Gegensatz dazu riet man König George III. während der schlimmsten Qualen einer von seinen Leibärzten als wandernde Gicht diagnostizierten Krankheit, die bei den Füßen begonnen hatte und

»hinauf ins Gehirn gewandert war, um sich dort einzurichten«, sich so viel und so lange wie möglich in geschlossenen Räumen aufzuhalten. Andere Leidende nahmen Mineralbäder in Bath oder frönten selbstbemessenen Quantitäten roten Weins. Madeira galt als therapeutisch besonders wirkungsvoll.

Was für einer Therapie oder Reihe von Therapien Holman sich auch unterzog, er hatte es damit sehr eilig. Seinen Posten auf der *Cleopatra* war er ein für allemal los, aber noch bestand Aussicht, seine Karriere ohne allzu großes Stigma fortzusetzen – wenn er sich so schnell erholte, dass man die Erkrankung als einmalige, vollständig überwundene Episode ansehen durfte. Wenige Wochen nach der Regelung seiner Angelegenheit mit der Admiralität war er bereits auf der Suche nach einem neuen Schiff.

Die Umstände verlangten nach einem Neuanfang. Mit der ärztlichen Warnung vor einer Rückkehr »in Nässe und Kälte« in der Tasche, hätte Holman problemlos ein Kommando in wärmeren Breiten bekommen können. Zudem war auch von seinen Gönnern so gut wie keiner mehr übrig. Admiral Mitchell war kurz nach Holmans Bestallung gestorben, und der neue Admiral hatte seinen eigenen Kreis von Günstlingen. Captain Wight war nach wenigen Monaten vom Kommando der *Cleopatra* abberufen worden, und sein Nachfolger, Captain Simpson, kannte Holman bestenfalls als verzweifelten Kranken. Sowohl vom medizinischen als auch vom politischen Standpunkt aus sprach wenig für eine Rückkehr. Aber er kannte die nordamerikanischen Gewässer nun mal wie kein anderer, und vielleicht ließ sich mit seiner Erfahrung die dunkle Stelle in seiner Akte ausgleichen. Und schließlich: Wenn er den Sieg über sich selbst erringen wollte, musste er dort wieder anfangen, wo er aufgehört hatte.

Holmans Bruder Samuel, dessen Armeekarriere nach dem Tod des Bruders ein plötzliches Ende gefunden hatte, arbeitete jetzt als Proviantoffizier auf der Marinewerft in Chatham, etwa fünfzig Kilometer südöstlich von London. Dieser Posten verschaffte ihm die Möglichkeit, seinen Bruder über freie Stellen auf den Schiffen zu informieren, die dort im Dock lagen. Das verlockendste von ihnen war die *Guerrière*, eine zwei Jahre zuvor vor den Faröer Inseln bei Grönland gekaperte Kriegsbeute. Man hatte dem Schiff zum Hohn für die Franzosen den Namen gelassen, es aber mit einer eindrucksvollen Batterie englischer Kanonen neu bestückt. Als eines der mächtigsten Schiffe der Königlichen Marine war es für den nordamerikanischen Stützpunkt vorgesehen.

Neuer Kapitän der *Guerrière* war Alexander Skene, ein Schotte, der mit dem Kaper eines besonders voll beladenen französischen Kauffahrers sein Glück gemacht hatte. Skene hatte davor ein Kommando am irischen Stützpunkt innegehabt und verfügte über keinerlei Erfahrung mit den Gewässern der Neuen Welt und dem Umgang mit heiklen Amerikanern.

Zweifellos war Skene über Holmans höchst brauchbaren Sachverstand informiert. Auch wenn es wenig wahrscheinlich ist, dass er über die jüngsten gesundheitlichen Probleme des Leutnants ebenso gut unterrichtet war, mochten sie ihm zu Ohren gekommen sein, möglich auch, dass man sie Holman ansehen konnte. Die Einzelheiten von Holmans Versuchen, sich einen Posten auf der *Guerrière* zu verschaffen, sind nicht dokumentiert, nur das Ergebnis ist bekannt. Als das Schiff in den ersten Wochen des Jahres 1808 über Jamaika nach Halifax segelte, war James Holman nicht an Bord.

Das war ein harter Schlag, nicht nur für seinen Stolz, sondern auch für seine Brieftasche. Das Schiff war auf seiner Jungfernfahrt vom Glück begünstigt, besiegte zwei französische Kaperschiffe und befreite einen gekaperten britischen Kauffahrer. Sollte Holman, der in London festsaß – noch Rekonvaleszent, aber davon überzeugt, wieder einsatzfähig zu sein –, diese Nachricht im *Naval Chronicle* gelesen haben, dürfte er zusammengezuckt sein. Als Mittschiffsmann wäre sein Anteil am Preisgeld nur ein symbolischer gewesen – ein paar Pfund allenfalls –, aber als Leutnant hätten ihm fast zwei Prozent der Erträge einer solchen Kaperfahrt zugestanden. Abhängig vom Marktwert der Ladung des gekaperten Schiffs, konnte ein Anteil an einer vom Glück begünstigten Kaperreise bis zu sieben Jahresheuern ausmachen.

Ein frisches, schnelles Schiff, kommandiert von einem Kapitän, der mit Preisgeldern bereits ein Vermögen verdient hatte und der nun seine Mannschaft bereicherte, indem er durch Gewässer brauste, die Holman inzwischen als ein Heimatmeer betrachtete: Es dürfte kaum einen Ort auf der Welt gegeben haben, an dem er lieber gewesen wäre.

Man kann sich seine Glückseligkeit vorstellen, als er im Herbst ein Schreiben mit einer sehr guten Nachricht von der Admiralität erhielt: Auf der *Guerrière* war die Stelle eines Leutnants frei geworden, und Captain Skene hielt sie für ihn frei. Noch im Oktober setzte er Tod und Teufel für einen Platz auf der HMS *Comet* in Bewegung, um Hals über Kopf nach Halifax zu eilen, wo er dann über zwei Monate warten musste, bis die *Guerrière* von ihrer Patrouillenfahrt zurück im Hafen war. Der ehrgeizige junge Mann betrat sein herrliches neues Schiff im Januar 1809 – mitten im Winter, auf dem Höhepunkt des Barbierwetters. Als dem niedrigsten Dienstgrad unter den Offizieren fiel ihm wieder die Aufgabe zu, die kältesten Wachen der Nacht zu schieben.

Der Krieg fand anderswo statt. Die amerikanische Küste war verbotenes Territorium und blieb in weiter Ferne. Holmans Welt war wieder beschränkt auf einen eintönigen Horizont und das unablässig stampfende, eisige Meer. Schon bald, und da konnte er sich noch so stoisch geben, meldeten sich die alten Beschwerden zurück. Noch vor Jahresende musste er den Schiffsarzt konsultieren. Der Kreislauf der Aderlässe und Darmreinigungen und Brennungen ging von vorne los.

1810 war er im Marinelazarett in Halifax wieder ans Bett gefesselt und wurde zum zweiten Mal Gegenstand der Beurteilung einer Medizinerkommission. Auch wenn die Verfahrensweise dieser zweiten Untersuchung nicht überliefert ist, lässt sich der Tenor der Diagnose aus Captain Skenes Handlungsweise herauslesen. Lieutenant Holman wurde formell aus der Besatzung des Schiffs entfernt, seine Stelle wurde mit einem anderen Leutnant besetzt.

Zwei Monate später war er wieder in England und unterzog sich einer noch strapaziöseren Kur als der ersten. Seine Aussichten auf eine neue Bestallung am nordamerikanischen Stützpunkt waren gleich Null, und auch an jedem anderen für extremes Wetter bekannten Marinestützpunkt würde kein Kapitän ihn an Bord seines Schiffes nehmen. Aber wenn er sich schnell genug erholte, blieben noch das Mittelmeer und die Kanalflotte. Diesmal ging er nach Bath, das ehrwürdige Heilbad am River Avon in Westengland.

Bath, Pilgerstätte für Kranke seit den Tagen der Römer und mondäner Ferienort seit dem 18. Jahrhundert, verfügte nicht nur über eine Heilwasserquelle. Als Epizentrum der Regency-Kultur war es auch ein Ort, an dem soziale Grenzen fließender verliefen. Natürlich waren die Klassenschranken hier nicht niedergerissen – Kaufleute vermischten sich nicht mit Gentlemen.

Aber ein redegewandter, wohlerzogener Leutnant mochte sich durchaus in der entspannten Gesellschaft von Kapitänen, vielleicht gar des einen oder anderen Admirals wiederfinden.

Wem es gelang, Aufnahme in die Kreise von Baths geselligen Rekonvaleszenten zu finden, der durfte auf ungeahnte Schübe für seine Karriere rechnen. Wenn Holman sich erholte und seine Karriere wieder in Angriff nehmen konnte, bestand sogar Aussicht auf eine passende Partie mit einer jungen Frau aus guter Familie; die Stadt wimmelte von heiratsfähigen Töchtern in Begleitung ihrer Eltern. Holman war kein unattraktiver Kandidat für eine eheliche Verbindung: fünfundzwanzig, ein Mann von Welt (zumindest der offenen See), der aus seinen Möglichkeiten das Beste gemacht hatte.

Er war, wie er es später beschrieb, »auf dem absoluten Höhepunkt der Erwartungen«, selbst als ein kranker, auf halben Sold gesetzter Offizier ohne Schiff. Schließlich hatte sich Horatio Nelson 1781 in ähnlicher Lage nach Bath zurückgezogen, um sich aus dem »ausgesprochen schlechten Gesundheitszustand« zu retten, in den seine Zeit am nordamerikanischen Stützpunkt ihn gebracht hatte.

Die Preise der vornehmeren Hotels konnte Holman nicht bezahlen; um das Gesicht zu wahren, musste er bei Freunden Unterkunft suchen. Und auch das grüne, dampfende Wasser selbst war eine Ersparnis. Er konnte es sich kostenlos schluckweise verabreichen (Dickens verglich den Geschmack später mit dem »intensiven Geruch eines heißen Bügeleisens«) oder sich, angetan mit dem vorgeschriebenen Badekostüm, für ein Entgelt von wenigen Schillingen den ganzen Tag darin treiben lassen.

Seine steif geschwollenen Glieder taten ihm den Gefallen, positiv zu reagieren. Kraft und Bewegungsfähigkeit kehrten zurück. Von da an fühlte er sich als Kenner von Mineralwässern, ließ sich nicht nur ausgiebig in ihnen weichen, sondern untersuchte ihre chemische Zusammensetzung, versuchte hinter die heilenden Kräfte zu kommen. Er hatte allen Grund, sich auf eine zweite Genesung, eine neue Bestallung und bessere Zeiten zu freuen.

Bis er eine neue Art von Schmerzen kennenlernte.

Eine gute Sehkraft ist Voraussetzung für den Dienst des Leutnants in der Königlichen Marine. Holman hatte noch nie Probleme mit den Augen gehabt – er war stets ohne Brille ausgekommen –, bis er an einem ansonsten ganz normalen Tag die Hände vors Gesicht schlug und beinahe aus der Fassung geriet. Etwas war mit seinen Augen nicht in Ordnung.

Sein erster Gedanke dürfte gewesen sein, dass er sich in einem der öffentlichen Bäder eine Infektion geholt hatte – sicher nichts Außergewöhnliches, wenn man bedachte, dass Kranke und Gebrechliche hier nicht getrennt waren. Aber eine Infektion manifestiert sich in den meisten Fällen auf unansehnliche Art, verwandelt das Auge in einen blutunterlaufenen, rosafarbenen oder dunkelroten Klumpen. Holman litt unter keinem äußerlichen Zustand der Augen, sondern unter einem innerlichen. Vor Ort fehlte es nicht an Ärzten, aber sie konnten nichts anderes feststellen als Symptome einer Ophthalmie – auch das ein medizinischer Allgemeinplatz, der nicht viel mehr bezeichnete als eine *Entzündung des Auges.*

Was die Natur unserer besonderen Obhut anvertraut, schützt sie mit möglichst vielen Schmerzrezeptoren. Da macht das zarte, verletzliche Gewebe des Auges keine Ausnahme. Es wimmelt von Nervenenden und reagiert äußerst sensibel auf Druck. Und wenn der Druck aus dem Auge selbst kommt, ist der Schmerz diffus, besonders tief und nicht zu stillen. Aus

Gründen, die niemand erklären konnte, erhöhte sich in Holmans Augen schnell und auf schmerzhafte Weise der innere Druck.

Das Leiden schritt rasch fort. Bald lag er in einem abgedunkelten Raum, das Gesicht in kalte Kompressen gewickelt, und versuchte die Augen zu »schonen«, indem er sie geschlossen hielt oder den Blick auf unbewegten Dingen ruhen ließ. »Noch gab es Hoffnung, dass man ihm die Sehkraft würde bewahren können«, berichtet ein Zeuge, »aber unter dem schmerzhaften Fortgang dieser schrecklichen Krankheit schwand sie immer mehr.«

Nach kurzer Zeit – Wochen, vielleicht Tagen – musste man sein Zimmer nicht mehr abdunkeln. Er war vollständig erblindet.

4 WEDER SONNE NOCH MOND

Es war ein sonderbares Phänomen. Da gab es keine sichtbaren Anzeichen für einen äußerlichen Schaden, keine Veränderungen an den Augen selbst, nichts, außer seinen Bestätigungen, dass sie ihm den Dienst versagten.

Noch Jahre später fehlten Holman die Worte. »Meinen geistigen Zustand angesichts der Aussicht, die Sehkraft zu verlieren, kann ich nicht beschreiben.« Mehr wusste er über die ersten Tage in der Dunkelheit nicht zu berichten. Seine einzige überlieferte Stellungnahme zu dem Trauma ist untypisch in der dritten Person geschrieben und ähnelt mehr einem Nachruf als einem autobiografischen Passus:

> *Es genügt zu sagen, dass er im Alter von fünfundzwanzig Jahren aller Zukunftsaussichten beraubt wurde durch die Nachwirkungen einer Krankheit, die er sich im Dienst zugezogen hatte, und die ihn vollständig und – wie er fürchten musste – für alle Zeiten erblinden ließ und ihn der Wohltaten »des Himmels erstem Ratschluss« vollständig beraubte.*

Seine tiefsten Gefühle versteckte Holman gerne in beiläufigen literarischen Anspielungen. »Des Himmels erster Ratschluss«

war ein Zitat aus John Miltons *Samson Agonistes,* in dem der frisch erblindete Samson beklagt, dass ihm der Nutzen aus Gottes erstem Schöpfungsbefehl, »Es werde Licht«, vorenthalten bleibt.

Noch war die Endgültigkeit des Zustands nicht Gewissheit. Seine rheumatischen Schmerzen waren schließlich auch gekommen und gegangen. Vielleicht handelte es sich auch jetzt wieder um ein Symptom einer mit dem Dienst in Zusammenhang stehenden Erschöpfung, etwas, dass sich mit noch intensiverem Baden in Bath fortwaschen ließ. Oder, noch optimistischer, die Blindheit war ein positives Zeichen, vorübergehende Störung und zugleich Indikator für die Heilung. *Buchan's Complete Domestic Medicine,* eines der am meisten geschätzten und erfolgreichsten medizinischen Fachbücher der Zeit, schrieb extreme Augenentzündungen unter anderem »der Unterbrechung gewohnter Entlastungen zu, dem Ausheilen alter Wunden, dem Versiegen von Absonderungen, der Unterdrückung des leichten Morgenschweißes oder des Fußschweißes«.

Aber *Buchan's* warnt auch, es handle sich »um eine der Erkrankungen, bei denen durch äußerliche Anwendungen großer Schaden angerichtet werden kann. Beinahe jeder meint, im Besitz eines Heilmittel zu sein.« An keinem anderen Ort Englands lebten so viele Mediziner auf einem Haufen wie in Bath, von denen die meisten ganz selbstverständlich Wunderkuren anpriesen. Als die Wochen vergingen und die Blindheit blieb, unterzog sich Holman einer Reihe dieser Heilverfahren. Der übliche erste Schritt in solchen Fällen war ihm bereits bitter vertraut: Blutegel und Aderlässe.

Die übliche Praxis war es, sie so nah wie möglich an der befallenen Stelle anzubringen. Man setzte ihm die Blutegel direkt unter die Augen und an die Schläfen. (»Man muss die Wunden mehrere Stunden bluten lassen ... die Prozedur sollte mehrmals wiederholt werden.«) Den Skalpellschnitt führte man seltsamerweise am Hals aus. (»Ein erwachsener Mensch darf zehn oder zwölf Unzen Blut durch die Drosselvene verlieren; je nach Schwere der Symptome sollte die Prozedur wiederholt werden.«)

Weniger blutig, dafür umso schmerzhafter war das Einsetzen eines Haarseils, eines dünnen Fadens körperfremden Materials – in der Regel Leinenfaden, Pferdehaar oder ein Seidenfaden –, der unter die Haut geführt und dort gelassen wurde. In diesem Fall führte man ihn – wie einen negativen Docht – vertikal ein, direkt unterhalb des Nackens zwischen die Schulterblätter, damit er die bösen Säfte aus dem Kopf ziehen konnte. Solche Haarseile waren ein ständiger Infektionsherd, verschlimmert noch durch die gebräuchlichen, gelbes Basilikon genannten Kompressen, einer hochseptischen Mixtur aus Schmalz, Wachs, Harz, Pech, Olivenöl und anderen Fetten.

Nur unwesentlich harmloser waren die Umschläge und Salben, die direkt auf das Auge gelegt wurden. Ein Mus aus Brot und Milch, mit süßem Öl durchweicht. Verdünnter Brandy. Verdünnter Essig. Hammeltalg und Kampfer. Sengendes Bleiwasser, ein Gebräu aus Amoniumchlorid und »Bleizucker« (Bleiazetat), erträglich gemacht durch die Zugabe von vierzig oder fünfzig Tropfen Opiumtinktur. Andere Methoden, eine wie die andere absolut ehrenwert: Dreimal die Woche schor man den Kopf kahl und tauchte den frisch geschorenen Schädel in kaltes Wasser. Oder man verabreichte Dosen von Mineralmohr, *Aethiops mineralis*, einem Kondensat aus Quecksilber und Schwefel, das Zähne und Zunge fast völlig schwarz färbte. Später erkannte man darin ein geeignetes Färbemittel für Gummi – und ein wirksames Gift.

Es gibt keine Berichte über bestimmte Behandlungen, denen Holman sich unterziehen musste, oder die Reihenfolge ihrer Verabreichung. Wir wissen allerdings, dass es ihm im letzten Augenblick erspart blieb, »elektrisiert« zu werden, eine Therapie, bei der neueste Medizintechnik zum Einsatz kam, »ein starker Strom elektrisierter Flüssigkeit wurde ... den Augen zugeführt und etwa zehn bis fünfzehn Minuten kontinuierlich am Fließen gehalten.« Keine kurzen Schocks, sondern eine andauernde Zufuhr elektrischer Spannung, die nur durch die Schlichtheit der stromerzeugenden Apparaturen unterhalb der Schwelle zur tödlichen Wirkung blieb. Eine qualvolle aber angeblich nicht völlig aussichtslose Prozedur. Holmans Verzicht auf diese Therapie war wohl eher fehlenden Geldmitteln als mangelndem Mut geschuldet.

Schon bald erschien es ihm angeraten, Bath Lebewohl zu sagen. Die Wasser linderten noch, aber er war sich seiner spärlichen Börse bewusst und mochte die Gastfreundschaft nicht überstrapazieren. Ein kränkelnder Hausgast war eine Sache, ein völlig hilfloser eine andere. Und eine Abreise aus der Stadt hatte noch einen zweiten Vorteil: Sie machte dem Gerede ein Ende.

Ein Offizier, der sich sein Leiden in Ausübung des Dienstes erworben hatte, war in der komplizierten Gemeinschaft der Kranken von Bath eine durchaus gelittene, wenn nicht als couragiert angesehene Figur. Aber der Blindheit eines jungen Mannes hing ein ganz bestimmtes Stigma an. Sie war kein seltenes Symptom des letzten Stadiums einer Geschlechtskrankheit, und viele sahen darin einen unfehlbaren Beweis göttlicher Vergeltung sündhaften Verhaltens. Im Buch des Levitikus ist Gottes Drohung gegen Sünder recht unverhohlen:

... so will ich euch dieses tun: Ich will euch heimsuchen mit Schrecken, mit Auszehrung und Fieber, dass euch die Augen erlöschen und das Leben hinschwindet.

Holman zeigte nicht die üblichen äußeren Anzeichen wie Eiterungen, Geschwüre, Beulen oder Ausflüsse, aber es gab die Syphilis auch ohne diese Symptome. Bis zu einer endgültigen Diagnose – oder, besser noch, einer Therapie – ließen die Umstände es geraten erscheinen, sich aus öffentlicher Rekonvaleszenz stillschweigend zurückzuziehen. Er kehrte zurück nach Hause. Exeter bot den Trost der Geborgenheit in der Familie, den sachkundigen Rat seines Apotheker-Arzt-Vaters und die Nähe zu einem Seebad, Jefford's Baths, im vornehmen Küstenort Lyme Regis, etwa fünfunddreißig Kilometer entfernt.

Durch eine glückliche Fügung war Exeter außerdem einer der wenigen Orte auf der Welt, in denen eine neue Behandlungsmethode bei Erkrankungen der Augen praktiziert wurde. Erst drei Jahre zuvor hatte, in der Holloway Street direkt an Holmans früherem Schulweg gelegen, eine Augenklinik, die West of England Eye Infirmary, eröffnet. Es war die erste Fachklinik dieser Art außerhalb Londons, ein bahnbrechender Vorposten im noch langsamen aber sich beschleunigenden Prozess der Überwindung Jahrhunderte währender Quacksalberei in der Augenmedizin.

Im Jahre 1811 wusste auch der fortschrittlichste Berufsmediziner nicht viel mehr über das Auge als mancher wissensdurstige Metzger. Es war eine Kugel, von der aus ein einziger Nerv in den grauen Tiefen des Gehirns verschwand. Führte man einen Schnitt durch ihre Mitte, fand man drei geschlossene Taschen mit leicht unterschiedlichen transparenten Substanzen,

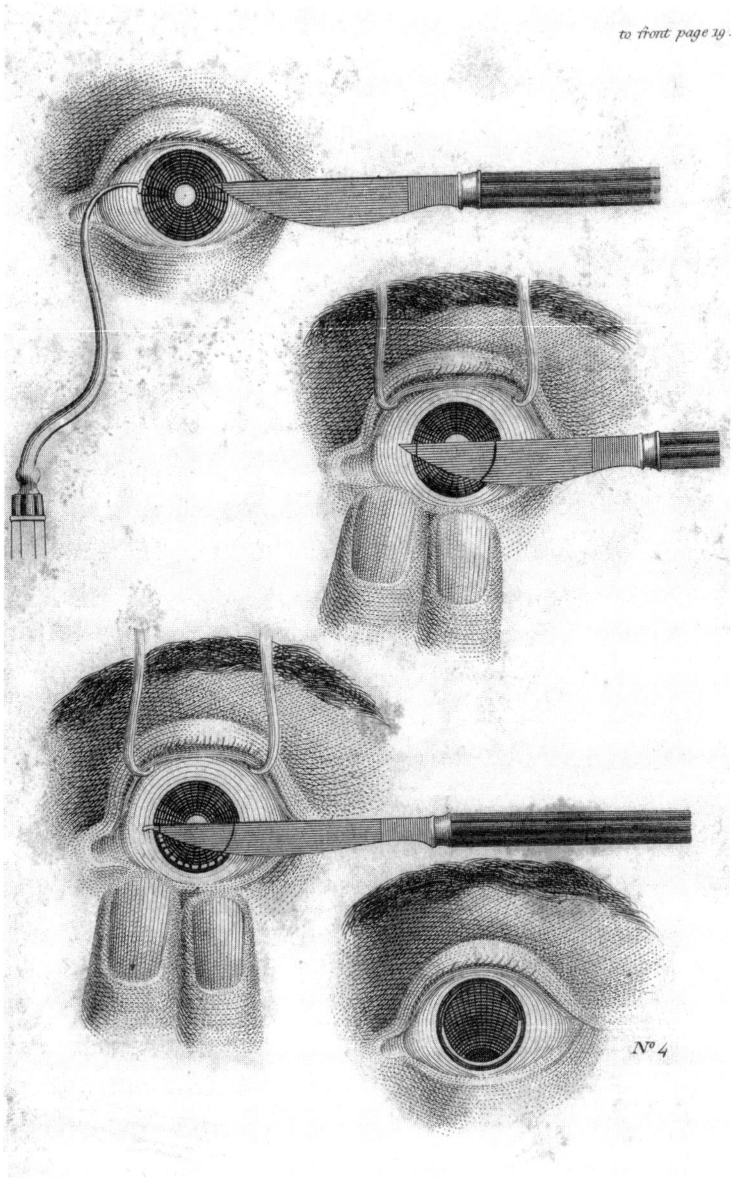

Dorn, Klemme und Skalpell, ca. 1811

die man – wie sonst? – als Säfte bezeichnete. Direkt unterhalb der Hornhaut, dem ertastbaren äußeren Fenster, war das Kammerwasser, eine dünne, wasserähnliche Flüssigkeit. Darunter fand man das Linsenwasser, fester aber biegsam, auf faszinierende Weise wie eine Linse geformt. Und darunter, die Kugel abrundend, ein gallertartiger Brei, die sogenannte Glaskörperflüssigkeit.

Fast alles andere war ein Geheimnis. Waren diese Flüssigkeiten drei Erscheinungsformen ein und derselben Substanz? Reinigte, vergrößerte oder kondensierte der Glaskörper das einströmende Licht? Auf welche Weise vergrößerte und verkleinerte sich die Pupille? Für keines dieser Rätsel gab es eine Erklärung. Und auch auf die wichtigste aller Fragen gab es nicht einmal den Ansatz einer Antwort: Wie funktioniert ein Auge? Die Linse schien das Licht auf die Rückwand des Augapfels zu leiten, aber es blieb der Phantasie überlassen, wie sich daraus Bilder zusammensetzten. Das Filigran winziger, kegel- und stabförmiger Netzhautrezeptoren entdeckte man erst 1834, als die ersten Mikroskope zur systematischen Untersuchung des Augeninneren eingesetzt werden konnten.

Blindheit verstand man ausschließlich als Blockierung des Lichtstroms. War die Hornhaut selbst nicht angekratzt oder sonst wie beschädigt, blieb nur der Schluss, dass eine der drei Flüssigkeiten ihre Transparenz verloren hatte. Eine Linsentrübung, die häufigste Sehstörung, war leicht zu diagnostizieren – eine genaue Untersuchung führte meistens zu dem Ergebnis, dass sich die Glaskörperflüssigkeit bis zur Lichtundurchlässigkeit eingetrübt hatte. Linsentrübungen ließen sich auch relativ leicht behandeln. Die althergebrachte Methode nannte sich Starstich und war genauso ungemütlich, wie der Name vermuten lässt. In verarmten oder abgeschiedenen Gegenden der Welt wird sie auch heute noch exakt nach Aulus Cornelius Celsus' Beschreibung aus der Zeit um 30 n. Chr. durchgeführt:

Daraufhin greife man zu einer Nadel, die spitz genug sei, um einzudringen, aber nicht zu fein, und steche damit direkt hinein ... Auch sollte man nicht zu schüchtern hineinstechen, denn die Spitze dringt in einen leeren Raum ... Wenn die Cataracta bis unter die Pupille vorgedrungen ist, gebe man festen Druck darauf, damit sie sich darunter festsetzen möge. Hat sie dort unten Halt gewonnen, ist die Therapie vollendet.

»Zu fein« war der Kataraktstecher ganz gewiss nicht – in der Regel handelte es sich eher um eine Art schmalen Dorn als um eine Nadel. Er wurde direkt und mit beträchtlichem Schwung in die Pupille gestochen, denn es war Zweck des Stoßes, die Linse vollständig abzulösen. Andernfalls müsste man die Linse mit mehreren Stichen in Einzelteile zerstoßen und versuchen, sie in die Dunkelheit der Glaskörperflüssigkeit zu versenken.

In glücklichen Fällen heilte die Stichwunde. Die Reste der Linsenflüssigkeit wurden resorbiert und es kehrte eine Art Sehvermögen zurück. Manchmal konnte eine Brille den Verlust einer organischen Linse ausgleichen. In weniger glücklichen Fällen führte die Prozedur zu einem bittereren Ende: Verlust des Auges, Sepsis, Tod. In Jahrhunderten Menschheitsgeschichte war das eine der gebräuchlichsten Operationen; sie konnte von einem Apotheker oder einem reisenden Wundarzt so gut durchgeführt werden wie von einem Mediziner.

Dass Holman, dem Sohn eines Apothekers, diese Form von vorsätzlicher Verstümmelung erspart blieb, dürfte er der West of England Eye Infirmary und ihrem neu ernannten Chefarzt Dr. Samuel Barnes zu verdanken haben. Barnes, gebürtig in Exeter und nur zwei Jahre älter als Holman, hatte diesen Posten erst zwei Monate zuvor angetreten. Seinem Vorgänger war bei einer Autopsie das Skalpell ausgerutscht, und die selbst beigefügte Verletzung hatte ihn das Leben gekostet. Die Barnes-Familie war in der Grafschaft nicht weniger bekannt als die Holmans: Sein Vater war Reverend Ralph Barnes, Domherr der örtlichen Kathedrale, nicht ganz zu unrecht »Old Ugly« genannt. Kein Wunder, dass ihre beiden leiblichen Söhne lebenslang miteinander bekannt, wenn nicht befreundet waren.

Barnes galt bereits als einer der talentiertesten Chirurgen in England – nur nicht, was Linsentrübungen anging. In dieser Hinsicht war er rückständig. Andere Ärzte an der Klinik erzielten seit Jahren beträchtliche Erfolge mit der Skalpelltechnik, trennten die Linse heraus, statt sie in Stücke zu zerstoßen. Aber aus unerfindlichen Gründen hatte Barnes den aus der Mode gekommenen Starstich wieder eingeführt.

Eine Exzentrizität, die auch seine Patienten verwunderte. Eine von ihnen, eine alte Quäkerin, spottete, dass sie mit ihren Stricknadeln ähnlichen Erfolg gehabt hätte.

Barnes war schrullig aber gewissenhaft, was sich in Holmans Fall daran zeigte, dass er sich weder für das Skalpell noch den Dorn entschied. Andere Chirurgen hätten die Linse vielleicht entfernt (und ein Starstecher hätte gewiss nicht gezögert), aber Barnes widerstand der Versuchung. Er konnte keine Beschädigung entdecken und war geistesgegenwärtig genug anzunehmen, dass möglicherweise kein physischer Defekt vorlag. Es musste die Möglichkeit erwogen und diskret diskutiert werden (vermutlich nicht in Holmans Gegenwart), dass diese Blindheit allein seelische Ursachen hatte.

Dergleichen konnte durchaus vorkommen. Tatsächlich hatte man sich überall in Europa an den Gedanken gewöhnt, dass Blindheit nicht nur vorübergehend, sondern sogar ursächlich mit den Gefühlen zusammenhängen mochte. Der weithin bekannte Fall der Maria Theresia von Paradis ließ kaum einen anderen Schluss zu. Sie galt als musikalisches Wunderkind (Mozart, Haydn und Salieri haben Klavierkonzerte für sie geschrieben) und war 1777 von Franz Anton Mesmer, dem charismatischen Hypnotiseur, dem die Sprache Begriffe wie »animalischer Magnetismus« und das »Mesmerisieren« verdankt, allem Anschein nach von ihrer Blindheit geheilt worden.

Nachdem das Fräulein von Paradis ihr Sehvermögen, das ihr mit drei Jahren auf rätselhafte Weise abhanden gekommen war, als Siebzehnjährige zurückgewonnen hatte, floss sie nicht etwa über vor Dankbarkeit. Die sichtbare Welt war für sie verwirrend und fremd. Als sie ein Gesicht sah, rief sie aus: »Welch grauenhafter Anblick! So sieht das Antlitz des Menschen aus?« Beinahe alle räumlichen Beziehungen verwirrten sie: Maria nahm einen Keks zur Hand und weigerte sich, ihn zu essen, weil er bei der Annäherung zum Mund zu unappetitlicher Größe anwuchs. Und was noch schlimmer war: Sie hatte ihre Virtuosität beim Klavierspiel eingebüßt. Sie konnte noch spielen, aber Selbstvertrauen und Leichtigkeit waren aus ihren Händen gewichen.

Die Heilung war nicht von Dauer. Nach ein paar emotional turbulenten Wochen, denen eine ungehörig persönliche Bindung an Mesmer die Krone aufsetzte, erwachte Fräulein von Paradis eines Morgens, und ihr Sehvermögen war erloschen wie eine Kerze. Zu ihrem ganz privaten Glück kehrte es nie wieder – zumindest gelang es ihr, weitere Episoden der Sehkraft zu unterdrücken. Umso schneller kehrte ihr musikalisches Talent zurück, und sie lebte ein langes und erfülltes Leben, schrieb Opern, eröffnete eine Musikschule und stand oft und umrauscht von Beifall auf der Bühne.

Holman kannte den Fall vielleicht nicht in allen Einzelheiten, aber zumindest den Geist, in dem er erinnert wurde. Sein alter in Unehre gefallener Mentor Hynes Halloran hatte ihn in einem seiner bekanntesten Gedichte, *Animalischer Magnestismus oder Da wundert sich der Pseudophilosoph,* parodiert:

Seine Echsenaugen, lange schon in Wut,
heftet er rasch an ihrer Augen Glut,
Treibt seine Leibesqual auf einen Gipfel,
vernietet ihr den Bauch mit seinem Zipfel.

Ein Markenzeichen der Medizin des frühen 19. Jahrhunderts ist die Überfülle von Allerweltswörtern einer quasi-diagnostischen Sprache, Begriffen wie »wandernde Gicht«, die dem Mysteriösen ein Etikett aufkleben, statt es zu erhellen. Die gebräuchliche klinische Benennung von Fällen wie dem des Fräuleins von Paradis war *Amaurose* und bezeichnete Blindheit ohne erkennbare physiologische Auslöser. Nachdem Dr. Barnes überzeugt war, dass es sich beim Leiden des nüchternen Leutnants Holman nicht um *amaurosis nervosa* (s.h. psychologische) handelte, musste als nächstliegender Missetäter natürlich die *amaurosis gutta serena* in Betracht gezogen werden. Berühmtester Befallener dieses Leidens war John Milton, der überragende poetische Geist des 17. Jahrhunderts. Es wird sogar als die eigentliche Triebkraft für seine dichterische Laufbahn angesehen.

John Milton hatte bis in die Mitte seines Lebens hinein keinerlei lyrische Ambitionen erkennen lassen. Er war ein mit dem Federkiel bewaffneter politischer Aktivist gewesen, Verfasser von Pamphleten, den man ins Gefängnis warf wegen polemischer

Aufsätze, in denen er der Ehescheidung, der Kirchenreform und dem Königsmord das Wort redete. Als er mit über vierzig (sehr zur Freude seiner Feinde) das Augenlicht verlor, musste er seinen Töchtern zum Broterwerb Verse in die Feder diktieren. Im dritten Buch von *Paradise Lost* beschrieb er sich selbst:

Doch du nahst meinen Augen nicht
Die deinen Glanz
vergebens suchen, selbst nicht Dämmerung finden:
So dicht hat Krankheit meiner Augen Kreis
mit Dunkelheit umwölkt.

Was da laut Milton seiner Augen Kreis umwölkte, war ein *drop serene*, ein glitzernder Tropfen. *Gutta serena* bedeutet glitzernder Tropfen. Es war keine poetische, sondern eine medizinische Metapher, die eine reale wenngleich noch ungesehene Wesenheit bezeichnen sollte. Die Tiefen der interokularen Flüssigkeit erschienen dem Betrachter als undurchdringliches Dunkel (das Ophthalmoskop wurde erst 1851 erfunden). Wenn das Sehvermögen versagte, so die Lehre, musste eine tief im Auge selbst liegende Blockierung der Grund dafür sein. Leider ließen sich solche Blockierungen nicht lokalisieren – nicht einmal Autopsien verstorbener Blinder brachten sie ans Tageslicht. So entstand die Theorie eines kristallisierten »Tropfens« wässriger Körperflüssigkeit, der glitzernd auf dem Sehnerv thront, unbehandelbar und ephemer. Ein glitzernder Tropfen, der – wie die Mediziner vermuteten – im Augenblick des Todes verdampfte.

Holmans Symptome wiesen Ähnlichkeiten mit denen des berühmten Mannes auf, aber der *gutta serena* schied schließlich aus. Milton hatte sein Augenlicht nicht plötzlich verloren, sondern nach und nach, im Lauf von Jahren. Auch wenn die Vorstellung der Mediziner der wässrigen Flüssigkeit die Fähigkeit zur Verfestigung zugestand, war Dr. Barnes nicht bereit zu versichern, dass sie das schnell genug konnte, um diesen Fall einer so jähen Erblindung zu erklären.

Zweifel sind ein Leiden für sich. Sein Augenlicht hatte ihn mitten im Hochsommer verlassen. Zu Frühlingsbeginn sehnte Holman sich nicht so sehr nach einer Therapie als vielmehr nach einer Möglichkeit, mit dem Verstand zu begreifen, was mit ihm geschah. »Die Ungewissheit, die mich während der Zeit quälte, als meine Ärztefreunde vor einem Rätsel standen«, erinnert er sich später, »erschien mir als ein größeres Unglück, als es die Gewissheit über die Katastrophe selbst gewesen wäre.«

Sollte er weiter darauf vertrauen, dass sein Sehvermögen zurückkommen würde? Würde es wiederhergestellt werden können, wenn nicht durch eine sofortige Operation, dann vielleicht durch eine spätere? »Zuletzt flehte ich sie an, mir reinen Wein einzuschenken, mir auch das Schlimmste zu sagen, weil mir das leichter zu ertragen schien als die Qualen der Zweifel.«

Man drechselte eine Antwort für ihn zurecht, vielleicht mehr aus Mitleid als aus Überzeugung. Der schmale Grad zwischen Hoffnung und Milde. Es existiere eine Katarakt, sagte man ihm, aber der sei »noch nicht so ausgereift, dass er sich mit Gewinn für den gegenwärtigen Zustand operieren ließe.« Mit anderen Worten: Ja, vielleicht kehrt das Sehvermögen zurück. Ja, vielleicht kann eine Operation helfen – irgendwann einmal.

Für jemanden, der nicht nach Antworten lechzte, war das ein fadenscheiniges Urteil, mit wenigen Prisen Logik leicht zu zerstören. Wie konnte eine Katarakt substantiell genug sein, ihn in tiefste Dunkelheit einzuschließen – aber nicht »ausgereift genug« für das Skalpell? Seit wann überfielen Katarakte beide Augen gleichzeitig mit gleichstarker Wirkung? Warum waren diese Katarakte unsichtbar? Holman stand der Sinn nicht nach solchen Fragen.

Für den Fall, dass man nichts tun konnte, hatten die Hüter der Säfte einen klinischen Terminus für dieses Nichtstun. Sie nannten es Digestion. Während der Digestion ging der Körper seinen eigenen Weg, machte sich daran, die gestörten Säfte »auszuscheiden«. Man hielt es für riskant wenn nicht leichtfertig, etwas zu tun, bevor der Prozess beendet, der Körper bereit war, die Krankheit loszulassen.

Holman bekam nichts anderes verordnet als Digestion. Vielleicht für ein oder zwei Jahreszeiten, vielleicht für den Rest seines Lebens. So sinnlos die Diagnose war, Holman tröstete sich mit der Überzeugung, mit der sie vorgebracht wurde. »Ihre Antwort zerstreute mein Unbehagen, statt es zu schüren«, erinnert er sich. »Ich spürte eine gewisse Erleichterung, nicht mehr von falschen Hoffnungen getäuscht zu werden.«

Es wurde Zeit, dass Blindsein zu erlernen.

Im Gegensatz zu der weitverbreiteten Ansicht werden die verbliebenen Sinne des erblindeten Menschen nicht schärfer. Sie werden vielseitiger. Ein erblindeter Mann hört nicht besser als zu der Zeit, als er noch sehen konnte; die Veränderung zeigt sich in der Fähigkeit, aus bekannten Geräuschen neue Bedeutungen herauszuhören. Der Tastsinn wird nicht exakter, aber er bekommt größere Bedeutung. Es wird mehr von ihm verlangt als schlichte Bestätigung durch Berührung. Der Wechsel von der bloßen Sinnesempfindung zu subtiler Wahrnehmung entsteht aus einer Pflege der Aufmerksamkeit.

Ist die Hoffnung auf Heilung im frisch erblindeten Erwachsenen erst einmal erloschen, folgt in der Regel eine Periode, während der er um sich selbst trauert und sich vom alltäglichen Umgang mit den anderen zurückzieht. Viele reden wenig, antworten wenn überhaupt gereizt auf Fragen oder sitzen stundenlang fast regungslos da. Es handelt sich um einen Mechanismus der emotionalen Isolation, eine verständliche Trauerreaktion auf einen gravierenden Verlust, und gleichzeitig ein unbewusstes Übergangsritual. Einer der Forscher hat es so ausgedrückt: »Die nötigen Anpassungen sind so weitreichend, dass der blinde Mensch ein anderer ist, als es der sehende war. In gewisser Hinsicht ist der sehende Mensch ›gestorben‹ und als Blinder wieder zur Welt gekommen.«

Das Trauern ist Ausdruck des Schocks und der Depression und gleichzeitig eine Art Neuanfang. Im selbstauferlegten Schweigen, der Stille, keimt bereits ein neues Verstehen der Welt.

Das Sehen ist ein wahlloser, beinahe gefräßiger Akt der Wissensaneignung. Das Auge nimmt alles auf einmal in sich auf – Größe, Gestalt, Position, Struktur, Wesen, Farbe. Es springt herum, schickt den Blick von der Hand in einen beliebigen Winkel des Blickfelds, zum Fenster hinaus und wieder herein, und das alles in Sekundenbruchteilen. Im Gehirn werden diese blitzschnellen Blicke zu einer präzisen, ununterbrochen auf den neuesten Stand gebrachten räumlichen Karte zusammengepasst, die es einem erlaubt, sich schnell und sicher durch die vielteilige Landschaft zu bewegen.

Zweifellos hat sich dieses visuell orientierte Bewusstsein zu einem entscheidenden Überlebensmerkmal für unsere Spezies herausgebildet, aber es hat nicht nur Vorteile. Wir konzentrieren uns auf alles Helle und Lebendige. Unsere Einschätzung eines Objekts richtet sich nach der Strecke, die wir vor uns sehen. Und die räumliche Karte, an der wir uns scheinbar sicher orientieren können, hängt in Wirklichkeit an einem hauchzarten Faden, der in dem Augenblick zerreißt, in dem wir nichts mehr sehen.

Wer sehen kann und die Grenzen visueller Orientierung erfahren will, setze sich in seinen Lieblingssessel in dem Zimmer, das ihm am vertrautesten ist.

Dann suche er sich einen Gegenstand auf der anderen Seite des Zimmers aus, betrachte ihn beliebig lange. Präge ihn sich so gut wie möglich ein, schließe die Augen, erhebe sich und bewege sich auf ihn zu.

Wahrscheinlich werden die ersten drei Schritte natürlich und zuversichtlich ausfallen, aber beim vierten oder fünften setzt erste Unsicherheit ein. Beim sechsten oder siebten Schritt schaltet die Aufmerksamkeit von Vorankommen auf Sicherheit um – lauert auf Höhe des Schienbeins vielleicht ein vergessenes Möbelstück? Man streckt die Hände auf Armeslänge von sich, um eine Wand rechtzeitig ertasten oder einen Sturz abfangen zu können. Vielleicht widersteht man dem Drang, die Augen so lange zu öffnen, bis man in der Nähe des Zielobjekts ist. Wenn man es endlich berührt, verdankt man es Bewegungen, die mehr einem vorsichtigen Vorwärtstasten als einem sicheren Orientierungssinn entspringen. Und wenn man ehrlich ist, muss man sich zumindest einen leisen Anflug von Furcht eingestehen.

Egal wie vertraut einem das Zimmer ist – ob man es seit einem Monat oder schon sein ganzes Leben bewohnt –, die Resultate sind dieselben. Das liegt daran, dass die visuelle räumliche Karte sich bereits beim ersten Schritt aufzulösen beginnt und sehr schnell nutzlos wird, wenn keine neuen Daten geliefert werden. Man meint, sie sei dauerhaft, dabei ist sie von wiederkehrender Flüchtigkeit, dauerhaft nur, wenn laufend auf den neuesten Stand gebracht. Wie das Bild eines Computermonitors braucht sie ständig Auffrischung – zieht man den Stecker heraus, verschwindet sie in der Dunkelheit.

Die leise Furcht ist die häufigste Quelle unzeitigen Mitleids mit Blinden. Man vermutet, sie müssten sich ihr Leben lang in solch ungewissen, beunruhigenden Umständen zurechtfinden.

Das ist nicht so. Ertastetes Wissen, oder auch *haptische* Wahrnehmung, ist etwas quantitativ anderes. Wo das Sehvermögen in vollen Zügen trinkt, nippt der Tastsinn. In der haptischen Welt enthüllt ein Objekt seine Qualitäten nicht alle auf einmal, in Lichtgeschwindigkeit, sondern nach und nach und in der Reihenfolge der Notwendigkeit. Es ist kein Blitz, sondern ein Prozess, wie das Fortschreiten von der groben Skizze zum vollendeten Porträt.

Ein blinder Besucher würde in einem ihm unvertrauten Zimmer die Orientierung vom Boden an aufwärts suchen. Der Fußboden selbst ist die erste Demarkation: Wo sind die Oberflächen-Übergänge, die Stufen und Teppichkanten? Dann werden Hindernisse ausgemacht; ihre genaue Kontur ist nicht so entscheidend wie ihre Festigkeit und Unverrückbarkeit. Die Standfestesten werden als Orientierungspunkte herangezogen. Von ihnen aus identifiziert man die ungewissen Zonen – die veränderbare Position der Stühle um einen Tisch herum oder der Halbkreis, innerhalb dessen eine Tür jede Stellung einnehmen kann. Und das alles wird im Prozess physischer Bewegung miteinander verbunden: der Fortbewegung des Körpers von einem Punkt zum anderen. Distanz ist nicht mehr leerer Raum, sondern eine Abfolge von Schritten und Wendungen. Mit ein bisschen Übung muss man die Schritte nicht mehr zählen, sondern verinnerlicht sie wie Tanzschritte. Die Blinden choreografieren ihre Welt.

Andere Einzelheiten wie die Struktur der Möbelstücke, die Gegenstände auf den Regalen werden in aller Ruhe dazugenommen. Es dauert ein bisschen länger, sie zu erstellen – vielleicht fünf Minuten statt fünf Sekunden –, aber einmal fertiggestellt übertrifft die geistige Karte ihr visuelles Äquivalent an Vielfalt bei weitem, besonders dann, wenn der sensorische Input sich immer mehr mit haptischem Wissen anreichert und verbindet. Das Vorhandensein von Fenstern (und eine Ahnung vom Wetter draußen) wird über die Wärme der Sonnenstrahlen auf dem Arm wahrgenommen. Solche Fenster sind leicht zu orten, auch ohne sie zu ertasten. Die Geräusche aus der Nachbarschaft dringen gebündelt zu ihnen herein. Der Geruch nach Möbelpolitur kündigt den Tisch an. Mit Zeit und Übung verschmelzen diese Dinge zu einer geschärften Empfindung des Raumes, weit jenseits der stolpernden Unsicherheit, die sich die Sehenden vorstellen.

In Wahrheit ist die haptische Welt wesentlich vielfältiger, und deshalb auch potentiell überwältigender, als die visuelle. Die Backsteine einer Mauer mögen in einer Farbe gestrichen sein und deshalb als Einheit gesehen werden, für den Blinden aber sind sie eine Ansammlung verschiedner Strukturen, jede für sich einzigartig. Eine Schachtel mag auf allen Seiten gleich aussehen, aber das Holz kann nicht überall gleich gemasert sein. Und dann gibt es noch die Attribute, die der visuell Orientierte so gerne übersieht – Patinas von Staub und Schmutz, abgewetzte Oberflächen und Myriaden anderer Zeichen von Zeit und Abnutzung. Der Erblindete muss das alles erkennen lernen.

Als es für Holman Zeit wurde, solche Fähigkeiten zu erwerben und zu verfeinern, sich daraus ein neues Leben zusammenzusetzen, war er weitgehend auf sich allein gestellt. Es gab nur einige wenige Institutionen, die Blinden Unterstützung und eine Ausbildung boten, und sein Ansehen und das seiner Familie verboten es, bei einer solchen um Hilfe nachzusuchen. Eine müßige Überlegung, weil er ohnehin für keine von ihnen infrage kam.

Die erste Blindenschule der Welt war die Institution Nationale des Jeunes Aveugles in Frankreich, im Jahre von Holmans Geburt von einem Mann namens Valentin Haüy gegründet. Zum Handeln veranlasst hatte ihn ein Besuch auf dem Jahrmarkt Saint Ovid in Paris, auf dem es eine beliebte Attraktion zu bestaunen gab: eine Truppe blinder Männer, von der Straße geholt und mit Eselsohren, Pfauenfedern und überdimensionalen Brillen aus Pappmaschee auf das Lächerlichste ausstaffiert. Die Truppe wurde nach spärlichen Proben und mit den fadenscheinigsten Regieanweisungen auf die Bühne gestellt. Es ging einzig und allein um den Spaß, die Aufführung im heillosen Chaos untergehen zu sehen.

Die Leute lachten sich krumm und schief. Aber bei Haüy erweckten die Komödianten Mitgefühl, nicht weil sie blind, sondern weil sie für diese Art Engagement noch dankbar waren. Abgesehen von ein paar bemerkenswerten Ausnahmen wie dem Fräulein von Paradis (einer Musikerin aus wohlhabender Familie), erwartete man von Blinden nicht viel mehr, als dass sie mit der Blechbüchse in der Hand an der Straßenecke standen. Soziale, berufliche oder geistige Bildung wurde nicht an sie verschwendet.

Haüys Schule lehrte simple Selbsthilfe – Gehen, Körperreinigung, Ankleiden, Orientierung auf Treppen und auf der Straße. Als nächstes förderte man Attribute, die die Blinden ansehnlicher für die Sehenden machen sollten: einen aufrechten Gang, eine beherrschte Miene (viele Blinde hatten die Vorzüge eines adretten Äußeren vergessen oder nie kennengelernt und verkrochen sich unter einem krummen Rücken und hinter schlaffen oder verkniffenen Gesichtern). Zum Schluss wurde ein Broterwerb erlernt, in der Regel ein leichtes Handwerk, Matratzenstopfen oder Besenbinden für die Männer, Bürstenmachen und Stricken für die Frauen.

Lesen wurde nicht gelehrt. Man machte ein paar Experimente mit Blindenbüchern, meistens Metallplatten, in die Buchstabenreihen geprägt wurden, kam aber wieder davon ab, weil sie nicht praxistauglich waren (Louis Braille, der berühmteste Schüler von Haüys Anstalt, perfektionierte sein System erst 1829). Experimente zum Erlernen des Schreibens wurden überhaupt nicht durchgeführt.

In Liverpool wurde 1791 Englands erste Blindenschule eröffnet, die nach ähnlichen Grundsätzen arbeitete. Sie war von Edward Rushton gegründet worden, einem ehemaligen Seemann, selbst an einer Infektion der Augen erblindet, die er sich, wie er vermutete, auf einem Sklaventransport zu den Westindischen Inseln geholt hatte. Das Konzept breitete sich nur langsam aus. Bis 1811 gab es ganze vier Blindenschulen in England, jede von ihnen bescheiden, voll ausgelastet, ganz auf Spendengelder angewiesen und fast ausschließlich für Menschen da, die von Geburt an oder seit frühester Jugend blind waren. Männliche Schüler wurden mit fünfundzwanzig – Holmans Alter – auf die Straße gesetzt, wo sie auf sich allein gestellt waren. Die Frauen behielt man ihr Leben lang hinter Anstaltsmauern, weil man fürchtete, draußen in der Welt könnten sie sexueller oder sozialer Ausbeutung anheim fallen. Eventuellen Freiern begegneten die Verwalter, für die ihre Schützlinge auf Dauer naiv und unschuldig waren, mit größtem Misstrauen. Eine blinde Frau musste damit rechnen, bis an ihr Lebensende wie ein kleines Mädchen behandelt zu werden.

Gefühlsbindungen zwischen blinden Männern und Frauen – das Natürlichste von der Welt bei Menschen, die zusammen aufwachsen – wurden nicht nur missbilligt, sondern mit Entschiedenheit unterdrückt, faktisch zu einem Tabu erklärt. Herkömmliche Denkart sah in Eheschließungen zwischen Blinden »immer ein Unheil«, weil zwei hilflose Menschen sich unmöglich gegenseitig helfen konnten. Außerdem hielt sich beharrlich der Glaube, jedes Kind aus solch einer Verbindung müsse blind zur Welt kommen, ganz gleich, ob die Eltern blind geboren oder durch ein Unglück blind geworden waren.

Aber auch für Männer, die ein Handwerk erlernt hatten, waren die Aussichten trostlos. Noch 1886, vierundsiebzig Jahre später, war es ein gewohnter Anblick, sie vor dem Tor der Blindenschule, die sie absolviert hatten, betteln zu sehen. Kaum jemand wollte einen Blinden anstellen. Zu Zeiten unkontrollierter Kinderarbeit und bei einem Überangebot an ehemaligen Soldaten und Seeleuten bestand dazu auch keine Notwendigkeit. Dazu kam eine althergebrachte soziale Barriere, die weder Haüy noch Rushton hatten einreißen können – die Tatsache, dass sich die meisten Sehenden in der Gesellschaft Blinder unbehaglich fühlten.

Schon Dante erkennt in seiner *Göttlichen Komödie* das beharrliche Missbehagen des Menschen gegenüber nicht erwidertem Blickkontakt. Im dreizehnten Canto des »Purgatorio« begegnet der Erzähler den Neidern, denen man zur Strafe die Augen zugenäht hat. Er schreckt nicht vor ihrem Anblick zurück, sondern vor der Tatsache, dass sie seinen Blick nicht erwidern können:

Ich glaube, dass ich, gehend, Unrecht tat,
Da ich hier sah und wurde nicht gesehn.

Dunkel getönte Brillengläser, mit denen spätere Generationen von Blinden ihre Augen gefälligerweise verdeckten, gab es noch nicht. Wenn die Blinden sozialen Kontakt mit Sehenden hatten, banden sie sich nicht selten ein Tuch um die Augen –

was natürlich auf ganz eigene Art beunruhigend war. Sir John Fielding (1721–1780), einer der wenigen zu einer gewissen Bedeutung gelangten Blinden in Englands Geschichte (er übernahm von seinem Halbbruder, dem Romancier Henry Fielding, nach dessen Tod das Kommando über Londons erste Polizeitruppe), zog sich bei öffentlichen Auftritten eine schwarze Binde über die Augen.

Blinde mit so viel Würde waren rar gesät. Zahlreicher waren schon die Straßenmusikanten, die lernen mussten, nicht zuviel Talent am Instrument zu zeigen (weil nicht Anerkennung sondern Mitleid die meisten Pennies in der Büchse sammelte). Manche orgelten auf der Drehleier den ganzen Tag lang dieselbe Melodie, eine plumpe musikalische Reklame: »Hier steht ein Blinder.« Mit den Gaben einher ging die unausgesprochene Aufforderung weiterzulaufen, bis sie außer Hörweite waren.

Andere ergriffen den Pseudo-Beruf des Bibelpredigers: Sie lernten Passagen aus der Bibel auswendig und rezitierten sie in der Öffentlichkeit, wobei sie so taten, als würden sie vom Blatt ablesen. Und dann gab es die Vogelscheuchen, blinde Männer, die Aufmerksamkeit erregten, indem sie sich bewusst in bizarre, grelle Gewänder in schreienden Farbkontrasten kleideten. Grüne Hosen und rosarote, schief geknöpfte Hemdblusen. Links ein Stiefel, rechts ein Schuh.

Es war nicht völlig unvorstellbar, dass Holman irgendwann gezwungen sein könnte, sich diesem Heer anzuschließen. Diese Aussicht mochte noch so entsetzlich sein, dem Gedanken, seiner Familie ein Leben lang zur Last zu fallen, war sie allemal vorzuziehen. Die beiden älteren Brüder dienten in Uniform, die drei jüngeren Geschwister wurden noch von den Eltern unterstützt, aber das englische Recht ließ in dieser Frage keine Zweifel: Das Armengesetz aus dem Jahre 1601 verpflichtete »die Angehörigen eines jeden armen, alten, blinden, lahmen und hilflosen Menschen«, ihr erwerbsunfähiges Familienmitglied zu unterstützen. Waren sie dazu nicht in der Lage, ging die Verantwortung – zur Beschämung der ganzen Familie – auf die für den Betroffenen zuständige Pfarrkirche über. In Holmans Fall war das die Saint Petrock in der North Street in Exeter, nur ein paar Straßen von der Apotheke entfernt. Es gab einen Grund, warum viele der verarmten Blinden umherziehende Vagabunden waren. Es war weniger beschämend, unter fremden Menschen zu betteln als zu bleiben und der eigenen Gemeinde als obligatorische Belastung auf der Tasche zu liegen.

Noch war er ein auf halben Sold gesetzter Leutnant, aber damit konnte es jeden Augenblick vorbei sein. Eigentlich stand der halbe Sold Männern zu, die auf eine Bestallung warteten und bereit und fähig waren, wieder in den Dienst zu treten, sobald die Lage es erforderte. Zusammen mit Hunderten anderer auf Dauer dienstuntauglicher Seeleute erhielt Holman diese Vergünstigung aus Kulanzgründen, aber es gab darauf keinen Rechtsanspruch und sie hätte ohne Begründung einbehalten werden können. Es bestanden keine Ansprüche auf Invalidenrente, Pensionen oder Entschädigungen irgendwelcher Art; die Admiralität bat sich lediglich aus, »dass bestallte Offiziere, die in Seinen Diensten verbraucht oder dienstuntauglich geworden waren, nach Lage ihres Falles behandelt werden mögen oder wie Seine Majestät es für richtig befindet.«

Ironischerweise waren gewöhnliche Matrosen besser gegen Krankheiten und Alter abgesichert als ihre Kommandeure. Männer ohne Patent bezogen Unterstützung aus einem Wohltätigkeitsfonds namens The Chatham Chest und fanden, wenn sie Glück hatten, eine freie Koje in einem der Veteranenheime in Greenwich oder Plymouth. Offiziere, bei denen man private Ressourcen voraussetzen durfte, erklärte man kurzerhand für »über die Altersgrenze hinaus« und überließ sie sich selbst.

Holman wusste, dass er im Grunde »über die Altersgrenze hinaus« war und die fünfzig Pfund, die er jährlich bezog, als zeitlich begrenzten bürokratischen Irrtum betrachten musste. Aber noch war er nicht so weit, die Bibel auswendig zu lernen oder sich die Weste schief zu knöpfen.

»Die Gewissheit, dass mein Fall unheilbar war«, schreibt er, »machte mich umso entschlossener, mich an meinen neuen Lebensstatus anzupassen und mir ein ermutigendes neues Betätigungsfeld zu suchen.« In Lyme Regis, mitten unter vornehmen Seebadgästen, gab er sich als höchst außergewöhnlicher Blinder.

Er bedeckte seine Augen nicht. Und er versteckte sie auch nicht vor dem Blick der anderen. Wenn er sich auf die Straße wagte, trug er Uniform und hielt sich so aufrecht, wie sein Rheumatismus es ihm gestattete. Guten Bekannten mochte nach ein paar Monaten aufgefallen sein, dass er etwas leiser sprach – typisch für jemanden, der sich bemüht, sehr genau hinzuhören. Er erklärte es später folgendermaßen:

> *Andere hören, aber nicht wie der Blinde. Der Blinde hört mit der Seele und vermag die leisesten Varianten, die minimalsten Unterschiede im Tonfall zu erkennen ... sie verraten ihm kleinste Nuancen der Erwünschtheit, der Abneigung, der Kälte, Zufriedenheit, des Schmerzes, der Freude, des Tadels, und das alles füllt ihm das Maß seines Leids oder das seiner Belustigung.*

Holman benutzte die Ohren nicht nur zum Erkennen von Menschen, sondern auch seiner Umgebung. Das war eher ungewöhnlich, denn so wichtig der Klang dem Blinden für seine Orientierung ist, das Gehör wird selten zum ersten Ersatzsinn. Konventionell ausgebildeten Blinden brachte (und bringt) man bei, sich in erster Linie auf den Tastsinn zu verlassen.

Damals wie heute ist das »Pendeln« – das hin und her schwingen eines Stocks durch den leeren Raum vor den Füßen – eine Standardmethode der Orientierung auf der Straße und in unbekannten Räumen. Die Blindenstöcke waren in Länge, Form oder Farbe noch nicht einheitlich, und in den meisten Fällen waren es nicht einmal richtige Gehstöcke, sie waren zu dünn und zu leicht, um großes Gewicht tragen zu können. Manche Blinde, wie Sir John Fielding, benutzten einfach vom Baum geschnittene und zurechtgeschnitzte Äste. Andere behalfen sich mit Schilfrohren oder langen, auf Brust- oder Schulterhöhe gestutzten Bambusstangen.

Holman brachte sich das Gehen mit einem ganz normalen Gehstock bei. Er reichte ihm ungefähr bis zum Bauchnabel, war aus Hickory oder einem ähnlich robusten Holz gearbeitet, besaß einen schmucklosen Knauf und eine eiserne Zwinge, damit die Spitze nicht aufsplittern konnte – es war die Standard-Spaziergangsausrüstung des Herren von damals. Es mag Anstrengung gekostet haben, so wenig wie möglich aufzufallen, aber es war eine Entscheidung, die seine Art der Annäherung an die Welt grundlegend charakterisierte.

Ein solcher Gehstock war zu schwer für dauerndes Pendeln. Außerdem war er eher steif als flexibel und versetzte dem Benutzer einen heftigen Stoß statt sanften Drucks, wenn er auf einen Gegenstand traf. Seine Kürze ließ nur eine begrenzte Pufferzone entstehen, einen Bereich, den Holman noch weiter eingrenzte, indem er den Stock wie einen Malerpinsel hielt, in die Bucht zwischen Daumen und Zeigefinger geklemmt, nicht von sich gestreckt im festen Griff der ganzen Hand. Auf diese Weise eingesetzt, eignet sich solch ein Gehstock nur ungenügend zum Sondieren von Freiräumen. Dafür produzierte die Metallspitze beim Auftippen ein herrisches Klicken. Holman ertastete sich seinen Weg durch die Straßen von Lyme Regis, aber viel mehr noch erlauschte er ihn sich.

Man muss sich vorstellen, dass man in tiefer mondloser Nacht durch einen dichten Wald geht. Ohne Licht, aber mit zwei Feuersteinen in der Tasche, mit denen man Funken produziert. Kann man sich am Schlag eines Funkens orientieren? Mit großer Wachsamkeit und Aufmerksamkeit ist das möglich. Jeder einzelne Blitz dringt nur wenige Zoll tief in die Dunkelheit um einen herum ein, und das auch nur für Bruchteile von Sekunden, aber diese Information kann schon ausreichen, einen Fehltritt zu vermeiden und auf dem Weg zu bleiben, bis man den nächsten Funken anschlägt.

Das metallische Klicken des auftippenden Gehstocks ist das akustische Äquivalent des Funken. Für einen Sehenden ist es nur ein jäher Klang, aber mancher Blinde hat gelernt, es als komprimierte Definition des ihn umgebenden Raumes zu erlauschen. So wie ein Chorknabe am Widerhall eines einzelnen Tons den Innenraum einer Kathedrale bemessen kann, so lässt sich eine Landschaft im kaum wahrnehmbaren Echo eines einzelnen Klickens erfassen. Und wenn seine Quelle beständig ist, lassen sich am Grad der Veränderung des Geräuschs räumliche Informationen erkennen, selbst wenn es nur Teil einer Geräuschkulisse ist.

Für visuell orientierte Menschen ist es kaum vorstellbar, dass ein Blinder durch konzentriertes Lauschen eine Wand oder den überhängenden Ast eines Baums erkennt. Selbst unter Blinden gilt so etwas noch als Meisterleistung. Aber der französische Essayist Denis Diderot beobachtete bereits 1742, dass gut geeichte

Ohren »einen blinden Menschen ... so sensibel für die geringste atmosphärische Veränderung machen, dass er zwischen einer Straße und einer engen Gasse zu unterscheiden vermag.«

Holmans Orientierungsfähigkeit entwickelte sich so schnell, dass er sich bald in die mannigfaltige Geräuschkulisse der Stadt hinauswagte. Die Straßen waren mit Kopfsteinen gepflastert, erfüllt von Geklapper und Geschrei, aber selbst den belebtesten Teil von Lyme Regis konnte man nach zeitgenössischen Standards noch als ruhig bezeichnen. Von Pferden gezogene Fahrzeuge durften innerhalb der Bannmeile nur in Schrittgeschwindigkeit fahren, weil sie die Fahrbahnen mit Händlerkarren, jochtragenden Milchmägden und mit ihren Bündeln und Packen beladenen Wäscherinnen und Lieferjungen teilen mussten.

Holman hörte zu, und er begann zu verstehen, wie viele von den Geräuschen, die der Sehende nur als Lärm wahrnahm, interpretiert werden konnten. Selbst aus größerer Entfernung machte eine Kutsche andere Geräusche als ein Pferdewagen oder ein Lastenfuhrwerk. Und die Federn einer leeren Kutsche quietschten anders als die einer mit Fahrgästen besetzten. Der Trab der Pferde verriet, ob sie eine lange Reise hinter sich hatten oder frisch für die Kutschfahrt eingespannt worden waren. Anderen Passanten aus dem Weg zu gehen war damals leichter als in späteren Jahrhunderten – die Schuhsohlen waren beschlagen und deutlich hörbar. Die Schritte einer Frau klangen anders als die eines Mannes. Oft ließ sich der Beruf, oder wenigstens die soziale Stellung aus der Schuhbekleidung heraushören. Und mit etwas Übung fiel es auch nicht schwer, das ungefähre Gewicht und die Körpergröße zu schätzen.

Bald war Holman auch in anderer Hinsicht ein außergewöhnlicher Blinder. Er lernte zu schreiben.

In einer Zeit der Federkiele erforderte der Akt des Schreibens eine Reihe von Fertigkeiten. Er begann damit, dass man den Kiel aus einer rohen Feder herausschnitzte, zurechtschnitt und die Federspitze mit einem Messer schärfte. Um das Tintenfass nachzufüllen, krümelte man von einem Batzen etwas Tintenpulver ab und vermischte es mit Wasser, bis der gewünschte Farbton erreicht war. Ein Federkiel hatte keinen Tank, er musste immer wieder ins Tintenfass getaucht werden – geschickt und mit Bedacht, damit die Tinte nicht tropfte oder spritzte. Löschblätter sogen den Überschuss auf. Weil die Tinte selbst schnell verschmierte und langsam trocknete, musste man als letzten Schritt eine feine Schicht Sand drüberstreuen, verklopfen und wieder vom Blatt pusten.

In seiner Jugend war Holman ein Schönschreiber bis zur Perfektion gewesen, aber jetzt endete jeder Schreibversuch in einem kleinen Desaster. Blinde brachten mit Federkielen nur ein unleserliches Gekritzel zustande, entweder zu dick mit zu viel Tinte oder fast unsichtbar, weil die Tinte (vom Schreiber unbemerkt) schon zu trocken war. Schriftlinien gerieten ins Taumeln, überschnitten sich. Kleckse wanderten vom Blatt auf Hände und Gesicht. Überall flog der Sand herum.

All diese Hindernisse überwand Holman mit einem eindrucksvollen Stück neuester Technologie: einer »Schreibmaschine« mit Namen Noctograph. Sie war erst drei Jahre zuvor von einem gewissen Ralph Wedgewood erfunden worden, ein Mechanismus, der – wie der Name verrät – das Schreiben im Dunkeln ermöglichen sollte. Er war für militärische Zwecke erdacht worden, für Spione, für das Schreiben in einem Lager nahe der feindlichen Linien oder andere Umstände, die es nicht erlaubten, Nachrichten bei Lichtschein zu schreiben. Offenbar hatte Holman als einer der ersten die Bedeutung des Noctographen für Blinde erkannt und ein Exemplar für den persönlichen Gebrauch erstanden. Er sollte sein prominentester Benutzer werden, machte in seinen Schriften sogar Werbung für das Gerät, das aber weder bei Soldaten noch bei Blinden zu einem Gegenstand des täglichen Gebrauchs werden sollte.

Der Noctograph hatte keine beweglichen Teile. Im Grunde handelte es sich um einen tragbaren hölzernen Rahmen, über den in horizontalen Abständen Drähte gespannt waren, unter die man mit Hilfe von ein paar Metallklammern Bögen Papier spannen konnte. Die technische Besonderheit war die Art des Papiers, das man benutzte, von seinem Erfinder »Karbonatpapier« genannt. Das waren dunkle Blätter, auf einer Seite mit einer getrockneten Schicht Druckertinte geschwärzt. Statt des Federkiels benutzte der Schreiber einen Griffel, den er fest aufdrückte und geleitet durch die horizontalen Drähte in geraden Zeilen über das Papier führte. Der Druck übertrug die getrocknete Tinte auf ein zweites Blatt normales Papier, produzierte dabei eine Linie, die grauer und dünner als flüssige Tinte aber dafür ohne Kleckse und gleichmäßig war.

Der Noctograph hinterließ keine ertastbaren Spuren, Holman konnte seine eigene Schrift also nicht lesen. Und so leserlich sie war, hatte die Schrift keinerlei Ähnlichkeit mit den Schwüngen und Girlanden seiner früheren Schönschrift. Die Buchstaben waren groß und abgerundet, mit kurzen Oberlängen und – wegen der Drähte – ohne richtige Unterlängen, eine Kinderschrift, aber schnurgerade über die Seite gezogen. Seinem *t* fehlte meistens der Querstrich, das *i* war wenn überhaupt nur von der Ahnung eines Punkts gekrönt. Ähnlich spekulativ erschien seine Zeichensetzung, die Drähte erschwerten vor allem das Setzen der Kommata.

Die Schreibmaschine wäre nicht unentbehrlich gewesen. Er

hätte, wie die meisten Blinden, mit wesentlich ansehnlicheren Resultaten Sehenden seine Texte diktieren können. Aber es war ein befreiendes Gefühl zu wissen, dass er, wann immer und wo immer er wollte, Worte zu Papier bringen konnte. Lohnschreiber fand man überall, aber er musste seine Ausgaben möglichst gering halten, und auch wenn es ihm an Freunden und Verwandten als freiwillige Sekretäre nicht mangelte, wollte er sich nicht noch abhängiger von anderen machen. So unorthodox dieser Noctograph war, brachte er ihn seinem Ziel der Eigenständigkeit doch erheblich näher.

Im Sommer bekamen seine Anstrengungen, dieses Ziel zu erreichen, eine noch größere Dringlichkeit. England führte jetzt, gegen seinen Willen und obwohl es seine Mittel überstieg, zwei sehr unterschiedliche Kriege.

Sieben Jahre zuvor hatten die Engländer in der Seeschlacht von Trafalgar ihre Vorherrschaft auf den Weltmeeren gefestigt. Aber zu ihrer Bestürzung hatte das den Aufstieg Napoleons nicht verlangsamen können. Ohnehin von großem Misstrauen gegenüber seinen Admirälen und der Kriegsführung zur See, hatte er nach dieser Niederlage kurzerhand auf alle mit dem Meer verbundenen Strategien verzichtet und seine Feldzüge ausschließlich auf dem Land geführt. Er hatte Spanien, Sachsen, Bayern, Preußen und Polen unterworfen und marschierte jetzt gegen Russland. Das war das größte Land der Erde, aber der zum Kaiser aufgestiegene General stand an der Spitze der größten Armee der Welt, und es fiel schwer sich vorzustellen, dass er mit seinem Vorhaben scheitern könnte. »Sie werden sehen, dass Napoleon sich mit Riesenschritten zwischen den gnomenhaften Monarchen Europas bewegt«, schrieb ein amerikanischer Diplomat an einen Kollegen. »Er hat selbst dann Chancen, wenn Russland nicht nur große Töne gespuckt hat, sondern tatsächlich zum Gegenschlag ausholt, statt seinen Forderungen nachzukommen.«

Die amerikanische Zuversicht in Frankreichs Sieg veranlasste den neuen Präsidenten James Madison seine Polemik gegen die Briten in ihrer Rolle als Atlantikpolizisten zu verschärfen. Er stellte ein Ultimatum: Schluss mit den Blockaden und Requirierungen, sonst ...

Seine Überlegung, den Briten könne nicht daran gelegen sein, eine zweite Auseinandersetzung eskalieren zu lassen, sollte sich letztlich als richtig erweisen. Das britische Außenministerium gab seine Seepolitik schließlich auf, wenn auch nach etlichen taktischen Winkelzügen und sehr zögernd. Etwas zu zögernd. Fünf Tage nach dem Erlass der Aufhebung kam die Nachricht: Amerika hatte den Krieg bereits erklärt.

Diplomatie war vergebens. Die antibritischen Gefühle waren bereits so stark, dass nicht einmal mehr Präsident Madison die Auseinandersetzung hätte verhindern können, obwohl der Feind kapituliert hatte, noch bevor er zum Feind erklärt worden war (eine Kapitulation, die jetzt zurückgenommen wurde). Der Krieg bekam auch einen Namen, allgemein nannte man ihn den Krieg von 1812 – eine irreführende Bezeichnung, weil er dreißig Monate dauerte, eine richtige, weil sie ihn weder einem Ort noch einem Anlass zuordnete. Viele Kampfhandlungen spielten sich an unspezifischen Orten ab, auf dem offenen Meer, in Gegenden, die noch auf keiner Karte verzeichnet waren, und aus keinem präziser bezeichneten Grund als dem angestauten Hass gegen die Briten. Einige amerikanische Politiker sprachen bereits vom Zweiten Unabhängigkeitskrieg.

Es hätte Holmans Krieg werden sollen. Plötzlich lag das nordamerikanische Revier nicht mehr in vernachlässigten Gewässern, sondern an der Front, der einzigen Seefront auf der Welt, weil Napoleons Politik des Verzichts auf die Meere die Flotten anderer Länder in eine Warteposition gezwungen hatte. Die kleine aber wendige U.S. Navy lag jetzt vor den heimischen Küsten in Bereitschaft, wich den Schiffen der Royal Navy aus und lauerte auf Beute unter ungeschützten britischen Kauffahrern und Versorgungsschiffen. Im Augenblick war es noch ein Krieg der Worte, nicht der Taten, aber es schien nur eine Frage der Zeit, bis die ersten Schüsse fallen würden.

Holman musste der Realität ins Auge blicken. England war durch einen Krieg nahezu bankrott, und es würde keinen zweiten führen können, ohne Bagatellen wie den halben Sold für blinde Offiziere zu streichen. Wollte er nicht auf einer Palette im Lagerraum der Apotheke enden oder in einer Stadt in gnädiger Ferne von der Wohlfahrt leben, musste er handeln.

Er kehrte zurück nach Exeter, ging die North Street hinauf zu seiner Taufkriche, Saint Petrock's. Er hatte ein Anliegen vorzubringen. Bald darauf händigten ihm der Priester und ein paar prominente Gemeindemitglieder ein Reihe beeideter, notariell beglaubigter Dokumente aus. In seinem möblierten Zimmer in Lyme Regis nahm James Holman den Noctographen zur Hand und schrieb:

> *Das Beigefügte sollte ausreichen als Beweis für die Rechtschaffenheit, die mir unerlässliche Voraussetzung für das Erbarmen derer zu sein scheint, denen die Macht gegeben ist, das Leiden ein wenig zu lindern, mit dem mich zu schlagen Gottes Wille war.*

Holman beabsichtigte weder ein Bettler noch eine Last zu sein. Er wollte ein Ritter werden.

5 DIE SIEBEN GENTLEMEN

Samuel Travers war kein Seemann. Im Gegenteil, es hätte sich kaum ein Mensch denken lassen, der dem Festland verbundener gewesen wäre. In den letzten Jahren des 17. Jahrhunderts, lange vor der Geburt von James Holmans Großvater, war er Generalvermesser der Landverwaltung, verantwortlich für die Verwaltung der von der Krone verpachteten Wälder, Jagdreviere und Ländereien.

Aber als er 1726 starb, hinterließ er ein seltsam maritimes Testament. Seinen eigenen beträchtlichen Immobilienbesitz – »Landhäuser, Ländereien, Mietshäuser und vererbbarer Grund« – vermachte er einer Vereinigung, die nicht existierte und nicht existieren konnte, solange der König am Status quo nichts änderte.

In seinem Testament schlug er die Gründung eines neuen Ritterordens vor, der beschränkt blieb auf

> *Sieben Gentlemen, pensionierte oder dienstunfähige englische Soldaten ... alleinstehende, kinderlose Herren, die bereit sind, ein tugendhaftes, gelehrsames und frommes Leben zu führen, und die, sollten sie in irgendeiner Weise Anstoß erregen, ihren Ausschluss zu gewärtigen haben.*

Travers College, Sitz der Naval Knights of Windsor

Sie sollten den Titel Naval Knights of Windsor tragen. Jeder von ihnen wäre bis an sein Lebensende ernannt, mit nur einer einzigen Auflage: Er musste täglich am Gottesdienst in der Schlosskapelle teilnehmen. Der verstorbene Mr. Travers hatte einen fortlaufenden Fonds für ihren Unterhalt eingerichtet und Gelder für den Bau eines eigenen Quartiers auf dem Schlossgelände bereitgestellt, eines College – ein Wort, das noch ohne akademische Konnotation war und lediglich ausdrückte, dass die Bewohner einen gemeinsamen Haushalt führen und am gemeinsamen Tisch speisen würden. Es verstand sich von selbst, dass das Haus Travers College heißen würde.

So unmissverständlich diese Instruktionen waren, schien eine solche Entscheidung über sein Vermögen Mr. Travers' Charakter doch so eindeutig zu widersprechen, dass seine Nichte das Testament mit allen Mitteln anfocht. Sie strengte einen Prozess an, der sich wie eine reale Version des Falls Jarndyce vs. Jarndyce in Dickens' *Dombey und Sohn* über Generationen hinziehen sollte. Mit seinen hohen Kosten beeinträchtigte er noch das Leben ihrer Kinder und Enkelkinder, bis alle Rechtsmittel ausgeschöpft waren. Samuel Travers hatte bei George I. um einen königlichen Erlass zur Gründung der Naval Knights of Windsor nachgesucht, und nach vierundsiebzig Jahren Rechtsstreit war es George III., der dem Gesuch endlich entsprach.

Warum wollte Travers Windsor Castle mit betenden Seeleuten bevölkern? Er hatte mit seiner Stiftung ein Problem lösen wollen, das vier Jahrhunderte früher begonnen hatte. Englands ältester Ritterorden war (und ist noch heute) der Hochedle Orden vom Hosenbande (The Most Noble Order of the Garter), 1348 von Edward III. in der Absicht gegründet, potentiell aufsässige Edelleute an die Krone zu binden. Die Hosenband-Ritter verflochten sich im Lauf der Jahrzehnte immer fester mit der Monarchie. Das Motto des Ordens, *Honi soit qui mal y pense* (Böses dem, der Böses denkt) diente auch dem Hause Tudor als Wahlspruch. Charles I. trug die Insignien des Ordens, als er zu seiner Enthauptung schritt. Und innerhalb der Schlossmauern Windsors ist die Saint George's Chapel das offizielle Gotteshaus der königlichen Familie und das zeremonielle Zentrum des Ordens.

In der Kapelle hat jeder der Ritter des Hosenbandordens in dem Bereich vor dem Altar seinen persönlichen »Chorstuhl«. Das sind hölzerne, im Lauf der Jahrhunderte mit heraldischen Zeichen – Bannern und Wappen und Helmen und Schwertern – geschmückte Boxen. Von jedem Inhaber eines dieser ehrwürdigen Sitze wird erwartet, dass er für die Seelen der Verstorbenen der königlichen Familie sowie für den regierenden Monarchen und alle anderen Ritter betet.

Darin manifestierte sich das erste Problem. Mitglieder im Hosenbandorden waren der Monarch, der Prince of Wales und zweiundzwanzig ausgewählte Männer. Da es Sinn und Zweck des Ordens ist, die Bedeutendsten zu fördern und einzugliedern (es handelt sich noch heute um die höchste Ehre, die das Königreich verleihen kann), war er per definitionem fast ausschließlich besonders tätigen Menschen vorbehalten. Und nachdem er den Rittern den prominentesten Bereich seiner Kirche überlassen hatte, bekam der pragmatisch denkende Edward III. bald das Gefühl, dass es etwas Entmutigendes wenn nicht gar Gottloses hatte, all die mit prächtigen Schnitzereien verzierten Boxen die meiste Zeit über leer zu sehen.

Also gründete er nur vier Jahre später einen zweiten Orden, die Ritter von Windsor. Sie marschierten bei Prozessionen der Hosenband-Ritter an deren Seite, und was noch wichtiger war, sie dienten während der Gottesdienste als Stellvertreter. War ein Hosenband-Ritter abwesend (was die Regel war), besetzte ein Windsor-Ritter seine Box und übernahm seine Quote an Gebeten, damit der regelmäßige Strom himmelwärts nicht abriss. Wenn ausnahmsweise einmal keine Boxen frei waren, mussten sie sich einen Platz im hinteren Gestühl suchen.

Dieser zweitrangige Orden war »Soldaten vornehmer Geburt« vorbehalten, »die sich aufgrund von Alter oder Krankheit besser zum Beten als zum Kriegführen eigneten«, Männern mit beschränkten Mitteln, die ein Leben, manche gar die eine oder andere Gliedmaße im Dienst für ihr Land gegeben hatten. In gewisser Hinsicht teilten sie mit ihrem Monarchen das Heim und erfreuten sich einer lebenslangen Unterkunft und Verpflegung innerhalb der Schlossmauern. Um sie von ihren begüterten Pendants zu unterscheiden, und weil man sie aus den Reihen der Bedürftigen geholt hatte (wo sie letztlich auch blieben, ging doch die Ehre mit einer äußerst karg bemessenen Pension einher), nannte der Volksmund sie die »armen Ritter« von Windsor.

Sie mochten vergleichsweise arm sein, aber ihr Status hatte auch seine Vorteile: geräumige Wohnungen im Schloss und Uniformen, die denen der Hosenband-Ritter bis auf das Hosenband (das eigentlich eine Art Schwertgürtel war) glichen. Man fraß als Ritter von Windsor sein Gnadenbrot, aber es war eins der vornehmsten Gnadenbrote der Welt. Die Mitgliedschaft war keine Erhebung in den Adelsstand – diese Ritter wurden traditionell nicht mit »Sir« angeredet –, dennoch galt es als Ehre, die Initialen *K.W.* im Namen tragen zu dürfen.

Und hier zeigte sich der nächste Aspekt des Problems. Solche Vergünstigungen entfernten die Institution beinahe automatisch von Edwards ursprünglichen Absichten. In seinem Erlass war die Rede davon »verarmte Krieger, krank am Körper oder notleidend ... auf Dauer zu Anbetern Christi werden zu lassen«. Zu Zeiten Samuel Travers' war dieser Erlass zu einem »Gnaden- und Wohlfahrtsakt« verkommen, einer lukrativen Rente für Menschen mit guten Beziehungen. Viele der Berufenen hatten keinerlei militärischen Hintergrund. In den Annalen erscheinen Schneider und Gemüsehändler, sogar ein türkischer Waisenknabe, der beim Duke of Saint Albans zum Diener erzogen wurde. Es waren auch nicht mehr durch die Bank bedürftige Herren. Einer der Ritter hinterließ bei seinem Tode ein großes Vermögen, das den Grundstock für eine neue Stiftung bildete, eine Schule für Not leidende Knaben.

Natürlich wurde auch die Pflicht der täglichen Gottesdienste immer weniger ernst genommen. Obwohl die Wohnungen der Ritter nur wenige Schritte von Saint George's entfernt waren, machte man sich einen Sport daraus, an so wenigen Gottesdiensten wie möglich teilzunehmen. Aus diesem Grund hatte Travers sein ungewöhnliches Vermächtnis niedergelegt: Er wollte die Kapelle davor bewahren, wieder diesen beschämend leeren Anblick zu bieten. Indirekt spielte er auf die Laxheit der Military Knights of Windsor an, indem er den Erlass in leicht abgewandelter Form wiederholte – an die Stelle der Soldaten setzte er Seeleute. Und damit den Naval Knights of Windsor die Ehre nicht zu Kopf stieg, ließ er ausschließlich Leutnants zu, keine Kapitäne oder Kommandanten, und nur Leutnants, die auf Kriegsschiffen Dienst getan hatten. Solche Leute würden am ehesten bereit sein, Regeln zu befolgen.

Travers' Vermächtnis trat 1803 endgültig in Kraft. Neun Jahre später, als Holman seinen Antrag stellte, galten die Naval Knights immer noch als ein frisches Element im Alltag von Windsor; zweimal täglich hielt eine Kolonne in modernem Marineblau Einzug in die Kapelle (ihre Uniformen trugen sie auch hier), und nur hin und wieder mischte sich der karmesinrote Rock eines der beiden älteren Orden dazwischen.

Obwohl der Orden vergleichsweise jung war, ließ sich bereits eine Tendenz erkennen. Wie in der Marine selbst dominierte das Alter. Auch wenn theoretisch Leutnants jeden Alters wählbar waren, fanden sich unter den Ordensrittern bis dahin fast ausschließlich Greise, auch das eine Konzession an den Pragmatismus: Die Alten schienen eher bereit, das erwünschte Leben des besonnenen, ehrwürdigen Jungesellen zu führen. Der königliche Erlass verlangte nicht nur die Entlassung »jedes Ritters, der eine Ehe eingeht oder Anlass zu Nachrede bietet«, sondern ließ auch keinen Zweifel daran, dass sie zwischen den Gottesdiensten nicht viel mehr zu tun hatten als ruhig in ihren Zimmern zu sitzen. Er ermahnte sie,

> *besagtes Haus nicht zu verlassen oder ihm länger als zehn Tage eines Jahres ohne Erlaubnis fern zu bleiben ... nicht außerhalb der eigenen Wohnung zu nächtigen oder die Stadt und ihre Wirtshäuser unsicher zu machen.*

Das waren nicht einfach nur Regeln, die es zu befolgen galt, darauf musste jeder Naval Knight einen Eid leisten. Deshalb waren Männer wie John Gardiner, der 1806 beitrat, die aussichtsreichsten Kandidaten. »Da ich jetzt auch in die Jahre komme«, schreibt er in seinem Antrag, »scheint mir dieser Ort kein schlechtes Refugium für Alter und Krankheit zu sein.«

So viel Mühe Holman in seine Bewerbung für die Naval Knights of Windsor investierte, viel Hoffnung konnte er vernünftigerweise nicht in seine Bewerbung setzen. Es war nur ein einziger Platz frei, und so sehr die Bedingungen den Kreis der Bewerber auch einschränkten, gab es immerhin noch Tausende von Männern, die sie erfüllten. Viele von ihnen bewarben sich seit Jahren um einen Platz und drängten sich immer wieder in den Vordergrund. Lieutenant William Jones, der viele Jahre älter war als Holman und sich gleichzeitig mit ihm bewarb, musste noch vier weitere Vakanzen abwarten, bis er schließlich zugelassen wurde.

Jeder der gegenwärtigen Ritter war bereits Leutnant, als Holman zur Marine ging, die meisten schon, als er auf die Welt kam. Er war immer noch sehr jung – blind zwar, aber das erst seit gut einem Jahr und ohne den begründeten Anspruch, diese Blindheit seinem Dienst bei der Marine anlasten zu dürfen. Es war ein kühner Versuch.

Holman scheint sich seiner Aussichten wohl bewusst gewesen zu sein, denn er unternahm einige Schritte, um sie zu verbessern. Der eine war die Bewerbung selbst, eine Probe seiner neu erworbenen, immer noch unbeholfenen Noctographen-Handschrift. Das war mit Sicherheit ein kalkulierter Druck auf die Tränendrüsen, denn die anderen unterstützenden Anlagen, alle im selben Umschlag abgeliefert, hatte jemand mit sicherer, professioneller Handschrift verfasst. Unter anderen eine beeidete, vom Priester und zwei Vorstehern seiner Taufgemeinde signierte Aussage:

Wir versichern hiermit, dass James Holman, Leutnant der Königlichen Marine, Einwohner dieser Gemeinde, ein alleinstehender Mann ohne Kinder und bereit ist, ein tugendhaftes, gelehrsames und frommes Leben zu führen.

Das von geistlichen Herren bezeugte »tugendhafte, gelehrsame und fromme« Leben durfte als diskrete Versicherung verstanden werden, dass Holmans Blindheit nicht Folge einer Geschlechtskrankheit war. Aber auch der Ton des Schreibens war sorgsam gewählt. Es war eine wortgetreue Annäherung an die Sätze, mit denen Samuel Travers einundneunzig Jahre zuvor in seinem Testament seine erste Vision der Naval Knights beschrieben hatte.

Sein Antrag trug das Datum des 16. Augusts und war vier Tage später von einem Beamten der Königlichen Marine protokolliert worden. In der Zwischenzeit ereigneten sich am anderen Ende der Welt Dinge, die ein anderes Licht auf Holmans Zustand warfen. Die *Guerrière*, Holmans letztes Schiff, war geradewegs in die Geschichtsbücher gesegelt.

Die *Guerrière* hatte nach Holmans endgültiger Krankmeldung einen neuen Kapitän bekommen. Sie stand jetzt unter dem Kommando von James Dacres, der nur wenige Jahre älter als Holman war, als Neffe eines Kapitäns und Sohn eines Admirals aber über die deutlich besseren Beziehungen verfügte. Er war jung, eigensinnig und konnte es nicht erwarten, dem Krieg der Worte endlich richtige Gefechte folgen zu lassen. Um die Sache ein wenig zu beschleunigen, ließ er durch die von ihm gekaperten amerikanischen Kauffahrer Drohungen überbringen. Im Bordbuch der *John Adams* gab er zusätzlich zu den Komplimenten für den amerikanischen Kommandanten der Hoffnung Ausdruck, »ihm oder einer amerikanischen Fregatte von vergleichbarer Kampfstärke ... zu einem kleinen *Tête-à-tête*« wieder zu begegnen. Und das war noch eine eher bescheidene Probe der Streitlust – andere Kapitäne hatten ihre Gegner mittels Inseraten in amerikanischen Zeitungen zum Gefecht gebeten. Aber Dacres war der erste, der seinen Willen bekam. Am 19. August kreuzte die *Guerrière* vor Halifax und kam in Sichtweite der USS *Constitution*. Das Eröffnungsgefecht des Krieges von 1812 nahm seinen Anfang.

Die beiden Schiffe gehörten derselben Klasse von Kriegsschiffen an, aber sie glichen sich nicht aufs Haar. Die *Constitution* war größer und hatte, was wichtiger war, eine größere Feuerkraft als die *Guerrière*. Beim Abfeuern einer vollen Breitseite brachte die *Constitution* es auf etwa siebenhundert Pfund Kanonenkugeln und Kartätschen, während die *Guerrière* es gerade mal auf fünfhundertfünfzig Pfund brachte. Aber Dacres, der dem Amerikaner schon mehrmals vergeblich nachgejagt war, baute auf seine bessere Manövrierfähigkeit. Mochte die *Constitution* ruhig mehr Eisen spucken, wenn er nur seine Ladungen besser setzte.

Kanonenkugeln können Löcher in Schiffsrümpfe schlagen, aber kein Schiff versuchte, das andere zu versenken. Das Ziel war nicht, den Kontrahenten auf den Meeresgrund zu schicken – weil man damit eines wertvollen Siegespreises verlustig gegangen wäre und die Pflicht gehabt hätte, die Überlebenden an Bord zu nehmen. Die Schlüsselziele waren Masten und Takelage: Man musste genug davon zerstören, dann dümpelte der Rumpf des Feindes hilflos im Wasser. Um möglichst viel Schaden über Deck anzurichten, lud man auf der *Constitution* die Kanonenrohre mit doppelter Ladung, stopfte zwei Kugeln in jede Mündung. Nach einer Viertelstunde ununterbrochenen Feuerwechsels brach der Besanmast der *Guerrière*, riss sich aus der Takelage und stürzte ins Meer.

Das allein war noch nicht das Ende. Das Schiff hatte noch zwei Masten, und selbst auf dem Maststumpf hätte man noch Notsegel setzen können. Aber der Mast war nicht einfach weg. Teile der Takelage saßen noch fest, und der Zug des Besamasts im Wasser war stärker als die Kraft des Ruders. Das Schiff geriet außer Kontrolle, trieb hilflos in den Visieren des Feindes. Captain Hull steuerte in seiner Hast, das freie Schussfeld zu nutzen, ein Stück zu dicht an das Ziel heran. Der Bugspriet der *Guerrière* verfing sich in der Hecktakelage der *Constitution* und verhakte beide Schiffe zu einer sich langsam im Uhrzeigersinn drehenden Einheit.

Der verhakte Bugspriet war die letzte Chance der *Guerrière*. Zumindest ein paar Augenblicke lang, solange diese ungewollte Verbindung hielt, ergab sich die Chance, die feindlichen Kanonen im Gefecht Mann gegen Mann lahmzulegen. Das Schiff, das als erstes – unter Feuer und in wogender See – ein Enterkommando über die splitternden Trümmer ausschwärmen ließ, hatte vielleicht den entscheidenden Vorteil. Es war Aufgabe des stellvertretenden Kommandanten, Lieutenant Bartholomew Kent, den Angriff zu führen, und er orderte eilig alle Männer nach vorn. Er sah die Amerikaner am Heck ein noch größeres Enterkommando zusammentrommeln als das, mit dem sie ihnen zuvorkommen wollten.

Alles hing jetzt von Kent ab. Aber bevor er zum letzten, verzweifelten Angriff blasen konnte, riss die wogende See den Bugspriet wieder frei, und die beiden Schiffe schaukelten auseinander. Unter der Gewalt dieses letzten Rucks knickten die beiden verbliebenen Masten der *Guerrière* ab. Dacres, selbst schon schwer verwundet, blieb nichts anderes übrig, als die Flagge zu streichen, aber die *Guerrière* war so schwer beschädigt, dass die Kapitulation sie nicht mehr retten konnte. Als den Amerikanern klar geworden war, dass sie sie nie und nimmer in den Hafen schleppen konnten, evakuierten sie sie und setzten sie in Brand. Der Rumpf brannte aus, bis er sank.

Die Nachricht verblüffte die Alte und die Neue Welt. Vom militärischen Standpunkt aus blieb der Verlust folgenlos: Die Briten besaßen mehr als tausend kriegstüchtige Schiffe, während die US-Marine gerade mal sechzehn unter Segel brachte. Aber der symbolische Effekt war überwältigend. Die *Constitution* – man gab ihr den Spitznamen »Old Ironsides«, weil sie ohne nennenswerte Blessuren aus dem Kampf hervorgegangen war – wurde natürlich Teil des Mythos der jungen Nation (zweihundert Jahre später schwimmt sie, erhalten und immer noch in Dienst, im Bostoner Hafen). Der Verlust der *Guerrière* zerstörte Großbritanniens Nimbus der Unbesiegbarkeit auf See.

Weil die Nachricht vom Untergang der *Guerrière* ausgerechnet in dem Augenblick eintraf, als die Commissioners dabei waren, den Kreis der Anwärter auf einen Platz bei den Naval

Knights einzugrenzen, wurde eine der Bewerbungen in ein besonders helles Licht gerückt. Die Commissioners konnten sich jetzt an fünf Fingern abzählen, dass Lieutenant Holman ohne seine Erkrankung dienstältester Offizier auf dem Schiff gewesen wäre – er hätte anstelle Lieutenant Kents den letzten Angriff führen müssen.

Das steigerte das Mitgefühl für Holmans Schicksal. Der Mann war nicht nur seines Augenlichts und seines Lebensunterhalts beraubt worden, sondern auch der Chance auf großen Ruhm.

Die Auswahl war ein komplizierter Vorgang. Die Commissioners wählten drei Anträge aus und legten sie der Dienststelle des Lord High Admiral vor (damals keine Einzelperson sondern ein Komitee), wo das Bewerberfeld auf zwei verkleinert wurde. Die letzte Entscheidung oblag dem König selbst – oder besser einer undurchsichtigen Gruppe von Beratern, die ihm zu der Zeit die Entscheidungen abnahmen. Erst ein Jahr zuvor hatte George III. seinen letzten Anfall von Wahnsinn erlebt, doch noch vor dem Ausbruch der Geisteskrankheit hatte er mit einer anderen Komplikation zu kämpfen gehabt. Er verlor sein Sehvermögen. Auch wenn er Sonnenlicht und vage Konturen noch wahrnehmen konnte, war er selbst praktisch blind.

Noch im Herbst verkündeten die Commissioners die Ernennung Lieutenant James Holmans, Veterans der *Guerrière*, zum neuesten Mitglied der Naval Knights, dem jüngsten der Sieben Gentlemen.

In der Theorie war das ein genialer Schachzug der Vorsehung. Naval Knights wurden auf Lebenszeit ernannt und untergebracht, solange sie die Regeln befolgten und ihren religiösen Pflichten nachkamen. Wie ihre militärischen Pendants durften sie das ehrende *K.W.* im Namen tragen. Nach Abzügen für Unterkunft und Verpflegung belief sich Holmans Anteil am Travers-Fond auf vierunddreißig Pfund jährlich. Außerdem durfte man ihn für die Dauer seiner Mitgliedschaft bei den Rittern nicht für pensioniert erklären, also behielt er seinen Status als Reserveoffizier und kassierte weiter seinen halben Sold. Insgesamt brachte er es so auf ein Jahreseinkommen von etwa achtzig Pfund – eine extrem geringe Summe, um damit sein gesellschaftliches Ansehen zu pflegen. Ein Arzt, der in Windsor zu einem Mitglied der königlichen Familie gerufen wurde, kassierte ein Honorar von zwanzig Pfund für einen einzigen Tag. Ein Regierungsbeamter mit durchschnittlichem Einkommen kam auf ungefähr sechshundert Pfund im Jahr. Selbst dem einsamen Wärter auf dem Leuchtturm von Norfolk zahlte man immerhin noch ein Jahresgehalt von einhundertzehn Pfund.

Aber es war allemal besser als betteln zu gehen. Außerdem hatte es neben dem finanziellen noch einen anderen Nutzen. Weil moralische Unfehlbarkeit unbedingte Vorraussetzung für die Ehre war, wurde dem Gerede, Holmans Blindheit könnte Folge einer Geschlechtskrankheit sein, ein für alle mal ein Ende gesetzt. Und jemand, der sich an die Blindheit erst noch gewöhnen musste, konnte von einer geordneten Welt mit vorhersagbaren Tagesabläufen und wenig Veränderung nur profitieren. In dieser Hinsicht war das eingegrenzte, freundliche Gelände eines alten Schlosses der ideale Ort für ihn. Die Gesellschaft seiner Offizierskameraden würde ihm ein Trost sein, und Gottesdienste absitzen war auch nicht beschwerlicher als der Wachdienst an Bord. Alles in allem »ermöglichte es ihm angenehmen Rückzug von der Art Unruhe, der eine Person in seinen Umständen wohl besser aus dem Wege geht«, wie ein anonymer Schreiber es später ausdrückte.

Das waren der freundliche Ausblick auf Holmans Ritterschaft. Die Wirklichkeit war, wie er bald feststellen sollte, nicht ganz so idyllisch.

Travers College war ein sorgfältig entworfener, eindrucksvoll solider Bau aus gelbem Backstein, eher stattlich als prunkvoll. Der *Naval Chronical* beschrieb ihn als »hübsch und adrett«. Seine auffälligsten Charakteristika waren ein schlanker Glockenturm mit Zifferblatt, der die Stunden ausläutete (die alten Seeleute waren ihre Schiffsglocke gewöhnt), und eine lange Veranda mit Kolonnaden, hinter denen man die unschicklich vielen Eingangstüren versteckte. Das Gebäude erinnerte an eine Zeile städtischer Reihenhäuser, ein Ensemble getrennter Wohnsitze, die sich aneinander schmiegten, um wie einer zu erscheinen.

Wenngleich bescheiden nach Windsor-Standards, bot Holmans siebter Teil des Kollegs bei weitem mehr privaten Raum, als er in seinem Leben je bewohnen durfte. Eine Kabine mit dünnen, verschiebbaren Wänden, kaum größer als ein Wandschrank, war schon eine der Vergünstigungen des Leutnantsrangs gewesen. Jetzt besaß er lebenslanges Wohnrecht in nicht weniger als drei der Länge nach miteinander verbundenen Räumen. Man erklärte ihm, dass das Wohnzimmer auf eine große Rasenfläche blickte, hinter der ein Park begann. Das Schlafzimmer wurde vom Herdfeuer der angrenzenden Küche gewärmt, wo er sich seine eigenen Mahlzeiten kochen konnte. Und wenn er lieber in Gesellschaft essen wollte, führte die Hintertür direkt in den gemeinsamen Speisesaal, auf dessen Einrichtung Samuel Travers bestanden hatte.

Aber dieser Speisesaal bot die erste Überraschung seiner Ankunft. Es gab einen Gemeinschaftstisch und dahinter eine große Küche mit Personal und Vorräten für regelmäßige Mahlzeiten.

Aber die Ritter kamen an diesem Tisch keineswegs regelmäßig zusammen und verbrachten auch sonst nicht viel Zeit miteinander. Bei aller Freundlichkeit Holman gegenüber und untereinander konnte man von den Bewohnern nicht behaupten, dass sie eine Gemeinschaft geschweige denn einen brüderlichen Bund bildeten. »Ich glaube, Travers' Ideal ist nie verwirklicht worden«, bemerkte einer der ehemaligen Ritter. »Alle Sieben Gentlemen, wie er sich das vorgestellt hat, kommen hier so gut wie nie zusammen.«

Ein paar der Ritter waren einfach zu festgefahren in den Gewohnheiten des Alleinlebens, andere zu krank, um sich häufig aus ihren Räumen zu wagen. Und dann gab es welche, die gute Gründe hatten, für sich zu bleiben: Sie verletzten mit schöner Regelmäßigkeit die Regeln. Die Vorschriften verboten ihnen, »die Stadt und ihre Wirtshäuser unsicher zu machen«, aber wenigstens zwei der Ritter, William Tapp und Anthony Hunt, führten ein reges Gesellschaftsleben, wandelten gar auf Freiersfüßen. Beide sollten bald darauf heiraten.

Der älteste Ritter, ein achtundsechzigjähriger Schotte namens Daniel Burgess, bewahrte sein eigenes Geheimnis. Wie die anderen hatte er bestätigt, Junggeselle und kinderlos zu sein, tatsächlich aber war er praktisch das Oberhaupt eines ganzen Clans, nicht nur als Ehemann und Vater, sogar als Großvater; seine Familie blieb taktvollerweise auf den Orkney-Inseln. Ob seine Frau bei seinem Eintritt in den Ritterstand noch am Leben war, ist nicht dokumentiert, aber das hätte auch nichts geändert. Ritter hatten Junggesellen zu sein, keine Witwer (es gab eine eindeutige juristische Trennlinie). Dass er verheiratet war, hätte ihn eigentlich unwählbar machen sollen.

Doch ein noch gewichtigerer Grund sorgte für den mangelnden Zusammenhalt unter den Rittern, und das herauszufinden war für Holman die zweite, bestürzende Überraschung bei seiner Ankunft. Der Generationen dauernde Prozess gegen Travers' Testament war in letzter Instanz gescheitert, aber die vierundsiebzig Jahre Verzögerung hatten den Geburtsfehler des Ordens ans Licht gebracht.

Zur Zeit George I. hatte es innerhalb der Schlossmauern reichlich Platz gegeben. Windsor war noch nicht die Hauptresidenz des Königs gewesen, sondern nur ein Landsitz, und obendrein ein vernachlässigter. Aber George III. missfiel es in London, und er hatte Anspruch auf Windsor als Wohnsitz erhoben, seine Familie und seinen Hofstaat dorthin gebracht und umfangreiche Pläne für eine Sanierung gefasst. Nach Beendigung der Arbeiten hatte ein lebendiges Treiben im Schloss geherrscht. Deshalb war Travers College direkt vor und – was noch wichtiger war – unterhalb der Schlossmauer errichtet worden.

Windsor Castle war als Festung gegründet und wie die meisten Festungen auf erhöhtem, gut zu verteidigendem Gelände errichtet worden. Die Türme erheben sich auf einem steilen Erdwall, der selbst aus einem Kalkhügel hervorwächst, einem verirrten Ausläufer der Chiltern Hills. Ein Kutschweg, damals Thames Street genannt, schlängelt sich hinauf und um das Gelände herum, verbindet die bewehrten Tore der South Terrace miteinander. Die schroff abfallende Nordseite dagegen erreicht man nur zu Fuß, indem man im Schatten eines der Türme eine The Hundred Steps genannte Treppe hinaufsteigt.

Der Name trifft nicht ganz zu. Die Zahl der Stufen hinter der Tür variierte über die Jahre, aber weniger als hundertdreißig waren es nie. Travers College lag nahe am Fuß der Hundert Stufen, und da alle sieben Gentlemen jeden Tag außer Samstag sowohl zum Morgen- als auch zum Abendgottesdienst erwartet wurden, gab es nur zwei Möglichkeiten: Entweder man quälte sich jedes Mal die Treppe hinauf und hinunter, oder man machte den längeren, weniger steilen aber genauso anstrengenden Rundgang über die Thames Street. »Für einen trainierten Mann ist das nichts weiter als eine angenehme Übung«, bemerkte ein Besucher Windsors. »Aber für alte, rheumatische Beine konnte die zweimal am Tag zu bewältigende Tour zur schmerzhaften Qual, wenn nicht zur Unmöglichkeit werden.« Zu nachlässig durfte man das mit der Teilnahme auch nicht handhaben, denn im sogenannten Knight's Check Book wurde genauestens Buch geführt. Es wurde sogar festgehalten, ob sie während des Gottesdienstes das Abendmahl einnahmen oder nicht. Und damit sie nicht nur pro forma erschienen und dann wieder gingen, war im königlichen Erlass festgelegt, dass ihre Anwesenheit »bis zum Ende desselben Gottesdienstes« zu dauern hatte. Das Check Book hatte außerdem die Aufgabe, »alle anderen Unterlassungen und Versäumnisse« der Ritter innerhalb und außerhalb der Kapelle zu protokollieren. Kurz gesagt, der tägliche Akt der Andacht war zu einer demütigenden, schmerzhaften Pflicht geworden, gepaart mit einer ärgerlichen Praxis der Überwachung.

Unter diesen Umständen waren Unzufriedenheit und Verdrossenheit der gemeinsame Nenner der Naval Knights. Die Archive des Travers College sind voll von Beschwerden und Anträgen auf Befreiung von den Regeln. Burgess, der älteste, suchte und bekam schließlich das Privileg, dem College vier Monate im Jahr fernbleiben zu dürfen, zweifellos reichlich Zeit für die Heimreise zu seiner Familie nach Schottland. Selbst Tapp und Hunt, die zwei Ritter auf Freiersfüßen, kämpften nach ihrer Vermählung einen zähen aber letztlich vergeblichen Kampf darum, im Ritterstand bleiben und ihre Ehefrauen behalten zu dürfen.

Holman verzichtete auf solche Einsprüche gegen den Status quo. Zumindest für die ersten paar Monate gewährten die strukturierten Tage willkommene Unabhängigkeit. Nach einer kurzen Orientierungsphase konnte er die alltägliche Routine allein bewältigen. Frühes Aufstehen, ein stilles Frühstück, der kurze Weg zum Tor zu den Hundert Stufen, dann der Aufstieg die breite Treppe hinauf. Auch hier war sein normaler Gehstock brauchbarer als ein Blindenstock: Er konnte seine widerwilligen Glieder die Treppen hinaufstemmen und wenn nötig stehen bleiben und sich aufstützen.

Wenn er oben war, schob er sich durch das Bollwerk der Turmtür, um dann dem überdachten Durchgang in das mit Arkaden gesäumte Viereck des Dean's Cloister zu folgen. Hier hallte das Klicken seines Gehstocks wider, ein einseitiges Echo, denn auf einer Seite öffnen die gotischen Gewölbe sich dem Wetter. Auf der anderen hatte das Mauerwerk sich im Laufe von sechs Jahrhunderten in ein Patchwork aus marmornen Gedenkplatten verwandelt. Wenn eingelegte Grabplatten den Boden ungleichmäßiger machten, wusste er, dass er sich der Kapelle selbst näherte.

Statt zum Haupteingang weiterzugehen, trat er durch eine bescheidene Nebentür. Jetzt befand er sich in einer rauschend widerhallenden Geräuschkulisse. Die anschwellenden Akkorde einer Orgel, aber auch die pneumatisch keuchenden Laute ihrer Handpumpe und das verschwörerische Geflüster kleiner Jungen: der Chorknaben von Saint George's, ausgewählt unter den reinsten Stimmen des Landes. Er schlängelte sich vorbei am Andachtsraum und vielen kleinen Kapellen, hinunter auf einen schachbrettartig gemusterten Fußboden, der Mitte des Allerheiligsten der Hosenband-Ritter, dem Chor. Kurz vorm Altar blieb er stehen, wartete auf eine Hand, die ihn zu einem bestimmten freien Platz brachte. Man hätte ihn auch zu jeder anderen freien Box der Hosenband-Ritter bringen können, außer zu der mit den purpurroten Vorhängen. Das war die Box des Königs, die zu der Zeit sehr unregelmäßig besetzt war. Der Gottesdienst begann.

Die Wochen schleppten sich dahin. Die Neuheit des Schlosses, seiner Pracht, seiner Geschichte, verblasste zu Alltäglichkeit. Etwas halbwegs Aufregendes geschah am ersten April, als Bauarbeiter in Gräbern direkt unter dem Schachbrettmuster des Chores die seit Jahrhunderten verschollenen Leichen von Henry VII. und Charles I. entdeckten. Aber nicht einmal das brachte die Tage aus ihrem Trott – man ließ die Toten, wo sie waren, und schloss den Fußboden wieder. Später setzte man eine Platte ein, die an ihr Grab erinnerte, aber Holmans haptische Wahrnehmung war nicht auf solcherlei Markierungspunkte angewiesen. Er wusste genau, wann er über königliche Gebeine schritt.

Im ersten halben Jahr seines Aufenthalts, irgendwo zwischen seinem Schlafzimmer und der Box in der Kirche, musste Holman ein neues Gefühl schweigend zu ertragen lernen. Die Erleichterung darüber, auf den Füßen gelandet zu sein, wurde durch eine wachsende Furcht ersetzt. Trotz all der Prüfungen war er noch immer ein junger Mann, gerade mal sechsundzwanzig. Er war dankbar für die Anerkennung und die königliche Gnade, aber einer Tatsache konnte er nicht aus dem Wege gehen.

Es wurde von ihm erwartet, dass er nichts tat, dass er bis ans Ende seiner Tage still sitzen blieb.

Die Vorstellung, dass auf unbestimmte Zeit, bis zu seinem letzten Gottesdienst, wenn sein Sarg (die letzte Vergütung des Ordens) vorn auf dem Altar stand, ein Tag wie der andere sein würde, war schwer genug zu ertragen. Eine noch härtere Realität waren die ständig wiederkehrenden Schmerzen, die große Unbekannte in der Gleichung. In seiner Bewerbung hatte er seine Gicht tunlichst verschwiegen, aber auf Dauer ließ sein Zustand sich nicht verbergen, nicht angesichts der Hundert Stufen, die zweimal täglich drohend vor ihm aufragten. Es war eine grausame Pointe im Regelwerk der Naval Knights, von den Mitgliedern – die man unter den Alten und Kranken auswählte – zu erwarten, dass sie zurücktraten, wenn ihre Gesundheit ihnen die Ausübung der täglichen Pflichten nicht mehr erlaubte. Einen hatte es schon getroffen, die nächsten beiden sollten bald folgen. Die meisten hofften ins Grab zu fallen, bevor es soweit war.

Ironischerweise hatte Holman seine sensorischen Fähigkeiten so weit geschärft, dass selbständige Ausflüge, selbst Reisen, ihn nicht mehr schreckten. Später erklärte er (und wich wieder in die dritte Person aus), er habe »eine unnennbare Kraft, beinahe einen Instinkt erworben, der ihm lebhafte innere Bilder dessen lieferte, was vor seinen Augen passierte.« Seine Zuversicht hatte in ihm »ein beinahe unwiderstehliches Verlangen geweckt, die verschiedenen Teile seines Heimatlandes zu besuchen, auf der Suche nach Wissen und Vergnügen.« Stattdessen war er fast völlig auf das Schloss und die es umgebende kleine Stadt beschränkt.

Wo die anderen über die Regeln klagten, suchte Holman nach Möglichkeiten, sich sein persönliches Maß an Freiheit zu schaffen. Fündig wurde er im Text der Gründungserklärung des Ordens, in dem die Sieben Gentlemen als »gelehrsame und fromme« Männer beschrieben werden. Um die Frömmigkeit kümmerte man sich ausgiebig. Aber wie stand es mit der Gelehrsamkeit?

Sollten die anderen Naval Knights ruhig dem Grab entgegenschlurfen. James Holman würde einen Gelehrten aus sich machen. Mehr noch, einen Gelehrten mit einem eigenen, ganz speziellen Lehrplan.

Seine Ärzte waren an der Suche nach der richtigen Therapie für ihn verzweifelt. Es war an der Zeit, selbst Arzt zu werden.

6 EIN PAAR BROCKEN HEILKUNDE

Der Plan war zu verwegen, um alle Karten auf einmal auf den Tisch zu legen. Allein die Absicht eines Blinden, *überhaupt* eine Universitätsausbildung beginnen zu wollen, klang ungeheuerlich genug. Dass es sich bei dem Studenten in spe um Holman handelte, dessen nicht seemännische Ausbildung in Dr. Hallorans skandalträchtigem Klassenzimmer ein jähes Ende gefunden hatte, ließ diesen Gedanken geradezu lächerlich unglaubhaft erscheinen. Er würde mindestens ein Jahrzehnt älter als die meisten seiner Kommilitonen sein, dafür fehlten ihm zwei Jahrzehnte Bildung auf den wichtigsten Wissensgebieten. Es ist kaum vorstellbar, dass überhaupt von Medizin die Rede war, als er den Vorstehern der Naval Knights – einem zweiköpfigen, damals unter dem Namen Visitors bekanntem Gremium – seine Idee vortrug. Dagegen dürfte er zweifellos von seiner lebenslangen Leidenschaft für die Literatur geredet und nachdrücklich auf Homer, Milton und andere blinde Dichter verwiesen haben.

Während Samuel Travers sich unter »Gelehrsamkeit« vor allem ruhige Bibellektüre vorgestellt haben dürfte, taten die Visitors sich nicht schwer damit, das Wort in einem weiter gefassten pädagogischen Sinn zu interpretieren, schon gar zu den Bedingungen, die Holman vorbrachte.

Er wollte Literatur studieren, aber nicht an den relativ nahe gelegenen Universitäten Oxford oder Cambridge. Beide hatten akademische Kalender mit mehreren Studienperioden, was von den Studenten verlangte, dass sie den größten Teil des Jahres auf dem Campus verbrachten. Im Gegensatz dazu konzentrierte man an der über fünfhundert Kilometer entfernten Universität von Edinburgh die meisten Lehrveranstaltungen in ein Studienhalbjahr von sechs Monaten Länge. Wenn er sich dort einschrieb, blieb ihm die andere Hälfte des Jahres für seine Pflichten in Windsor.

Das Fach Literatur hatte im Lehrplan von Edinburgh einen guten Ruf, auch wenn es im mächtigen Schatten des medizinischen Lehrprogramms stand – ein Edinburgher Doktor der Medizin galt in der westlichen Welt als das Nonplusultra. Aber Edinburgh war auch als literarisches Zentrum bekannt. Es war die Heimatstadt Sir Walter Scotts, des auflagenstärksten Autors englischer Sprache, mehrerer Verlagshäuser und der *Edinburgh Review*, der damals einflussreichsten literarischen Zeitschrift.

Für Holmans Ersuchen sprach eine gewisse Logik. Natürlich war es reiner Aberwitz, aber manchem Aberwitz begegnet man besser mit Nachsicht als mit Ablehnung. Da es jeden Grund gab zu erwarten, dass dieses Experiment nach ein, zwei Semestern abgebrochen würde, gewährten die Visitors ihm einen noch nie da gewesenen akademischen Urlaub mit der Auflage, dass er die Kosten aus eigener Tasche zahlte.

Nach Monaten erzwungener lähmender Eintönigkeit ergriff ein glückseliger Eifer Besitz von Holman. Der Urlaub wurde ihm zwei Wochen vor Beginn der Vorlesungen gewährt, es blieb ihm also reichlich Zeit, nach Edinburgh zu reisen, sich ein Zimmer zu suchen und – was ihn am meisten schreckte – sich allein in einer fremden, belebten Stadt zurechtzufinden. Er reiste am

Morgen des 15. Oktober 1813 ab, ein Datum, das ihm verheißungsvoll erschien, war es doch der fünfzehnte Jahrestag des Beginns seiner seemännischen Karriere und darüber hinaus sein siebenundzwanzigster Geburtstag.

Die Kutschfahrt war mühselig. Nach vier Tagen gedrängter Enge fand er bei der Ankunft eine Stadt vor, in der sich ein Blinder nicht völlig fehl am Platze vorkommen musste. Kulturell hatte Edinburgh einen Namen als Stadt der Erleuchtung. Physikalisch war die schottische Hauptstadt ein Ort dauerhafter Finsternis.

Die schottische Sprache rühmt sich des Wortes *reekie*, das grob übersetzt soviel wie »von schwarzem Qualm verräuchert« bedeutet. Der Spitzname Edinburghs lautete Auld Reekie, weil es, in den Worten des Dichters Robert Southey, »die schönste Rußlandschaft war, die man sich denken kann ... wer einen Schinken räuchern wollte, hängte ihn einfach aus dem Fenster.« Der größte Teil der Stadt war auf der Sohle steilwandiger Schluchten gebaut, die den Rauch und den Dunst festhielten und ihre eigenen tiefen, undurchdringlichen Schatten warfen. Ein anderer Studienanfänger, der zusammen mit Holman eingetroffen war, beschrieb die seltsame Atmosphäre:

> *Überall – rundherum – erheben sich Felsen über Felsen in erhabene Höhen und fallen herab in den Rauch und den Staub der Stadt, in dunkle Tiefen, die das Auge, das sie zu ergründen und durchdringen trachtet, unbefriedigt und vom Starren ermattet zurücklassen.*

Die Universität lag in der Old Town, dem dunkelsten und schmutzigsten Teil der Stadt. Holman suchte sich eine preisgünstige Unterkunft in einer der überbevölkerten Gassen, die der in Edinburgh geborene Robert Louis Stevenson später als so eng beschrieb, »dass man auf jeder Seite eine Hand auf die Hauswand legen kann; so abschüssig, dass schmutziges Winterwetter das Pflaster fast so heimtückisch wie Eis macht.« Die Enge des Quartiers machte Holman nicht so sehr zu schaffen wie die dazugehörigen Gerüche und Dämpfe. Drei Jahre Blindheit hatten seinen Geruchssinn so stark sensibilisiert, dass er schon Pfeifenrauch schwer ertrug. Aber mehr als ein beengtes, schäbiges Leben konnte er sich mit achtzig Pfund im Jahr nicht erlauben.

Wie verschaffte sich ein blinder Mann mit dürftiger Schulbildung die Zulassung zu einer der angesehensten Universitäten der Welt? Überhaupt nicht, weil keine benötigt wurde. Es wurde eine Immatrikulationsgebühr erhoben, aber Zulassungsbedingungen gab es keine. Theoretisch konnte jeder kommen und an den Vorlesungen teilnehmen, vorausgesetzt er verfügte über die finanziellen Mittel und war dem Anschein nach ein Mann (und die Betonung liegt auf *Anschein* – James Miranda Stuart Barry, Absolvent der medizinischen Fakultät des Jahrgangs 1812, war eine als Mann verkleidete Frau). Das Fehlen solcher Kriterien war der ganze Stolz der Lehranstalt, die sich seit Jahrhunderten allen Erwägungen, eine Aufnahmeprüfung durchzuführen, verschlossen hatte. Ein solches Abfragen von Wissen wäre nicht nur unter ihrer Würde gewesen, man erachtete es auch für sinnlos, Studienanfängern, die aus gänzlich unstandardisierten Ausbildungen an die Universität kamen, Wissensstandards abzuverlangen.

Wie ein Laurence Hynes Halloran in Exeter demonstriert hatte, konnte jeder mit entsprechender Neigung eine Schule aufmachen, Schüler aufnehmen und sie lehren, was sie wissen wollten. Und so kamen viele junge Männer nach Edinburgh, die die

Köpfe voll von wild wucherndem Halbwissen hatten: einem Kunterbunt an griechischer Grammatik, historischen Halbwahrheiten, verrückten Fantasien, für bare Münze genommen. Es war eine unausgesprochene Wahrheit, dass die wirkliche Ausbildung erst hier begann.

Noch aus einem anderen Grund bestanden die Professoren darauf, jeden Neuankömmlinge zu akzeptieren: Damit stieg und fiel ihr Lebensstil. Den größten Teil ihres Einkommens bestritten die Lehrer mit dem Verkauf von Zugangsbillets, mit anderen Worten, Eintrittskarten für die Hörsäle. Jeder, der keine Vorlesungskarte erstand oder besaß, wurde von aufmerksamen, an den Einnahmen beteiligten Hausmeistern unverzüglich hinauskomplimentiert. Und so war es für einen beliebten Professor gar nichts Ungewöhnliches, dass er sich in einem überfüllten Hörsaal bis zu fünfhundert Studenten gegenübersah, von denen jeder etwas für sein Geld erwartete.

Weil es das publikumsfreundlichste Format war, wurden die meisten Lehrveranstaltungen als Vorlesungen durchgeführt. Prüfungen fanden so gut wie keine statt. Und wenn doch, dann in der Regel nicht am Ende des Halbjahrs, sondern am Beginn des nächsten, um dem Dozenten einen besseren Überblick über seine Hörerschaft zu verschaffen. Es wurden keine Lehrbücher verteilt. Stattdessen betrachteten die meisten Professoren ihre Vorlesungsaufzeichnungen als eine Art orales Lehrbuch, aus dem sie das Jahr über laut vorlasen, meistens ohne jegliche Ergänzungen und Korrekturen. Das schlechteste Beispiel war in Holmans Zeit dort Alexander Monro, Tertius genannt, weil er den Lehrstuhl in Anatomie bereits in der dritten Generation von Alexander Monros besetzte. Es war allenthalben bekannt, dass er einfach aus den Aufzeichnungen seines Großvaters vorlas, wortwörtlich, einschließlich des Satzes »im Jahre 1719, als ich Student in Leyden war ...« Die Studenten warteten schon auf diesen Satz, um ihn mit einem Hagel eingeschmuggelter getrockneter Erbsen zu quittieren.

Dieses Vertrauen auf das Verbale anstelle des Visuellen stand für eine didaktische Erfahrung, die sich nach heutigen universitären Kriterien kaum noch als eine solche bezeichnen ließe. Dafür schoben sie den Träumen blinder Studenten nicht von vorneherein einen Riegel vor. Lernen hieß zuhören.

Die Universität von Edinburgh bot drei Hauptstudiengänge an: Literatur, Medizin und Theologie, auch wenn es den Studenten frei stand, beinahe jede Vorlesung zu hören, sobald sie ihre grundsätzliche Kompetenz erst einmal nachgewiesen hatten. Bevor man ihm erlaubte, die Medizin in Angriff zu nehmen, musste Holman sich in der Literatur bewähren – ein Fach nach seinem Herzen, in der Praxis jedoch das schwerste von allen. Man musste dazu nicht nur gewandt in lateinischer und griechischer Konversation sein, sondern sich auch mit den verschiedensten Quellentexten auskennen. Seine sehenden Kommilitonen hatten Zugang zu einer der umfassendsten Bibliotheken der Welt (Verleger wurden von der Krone verpflichtet, Freiexemplare aller von ihnen verlegten Bücher nach Edinburgh zu schicken), er aber musste die Bücher seinem Gedächtnis anvertrauen. Und zu allererst einmal jemanden finden, der sie ihm vorlas.

Glücklicherweise verließen sich viele Studenten auf mechanisches Auswendiglernen, so sehr sogar, dass eine ganze Schicht von Lohnstudenten aus dem Boden geschossen war. Diese freischaffenden Tutoren nannte man »Pauker«, weil sie darauf spezialisiert waren, ihren Kommilitonen Stoff in den Kopf zu pauken, in der Regel durch Wiederholen und mnemonische Tricks.

Für Holman war auch das eine Ausgabe, aber eine, die sich spürbar auszahlte. Selbst gute Studenten ließen sich »von einem Pauker polieren«, nicht, weil sie ihrem Lernvermögen nicht getraut hätten, sondern weil »alle es so machten«. Schon vor seiner Blindheit war Holman daran gewöhnt gewesen, lange Passagen Lyrik auswendig zu lernen. Jetzt trainierte er die Fertigkeit, sich große Mengen Wissen – nicht nur belletristische Werke, auch historische, rhetorische und naturphilosophische Texte – in minutiösen und korrekten Einzelheiten ins Gedächtnis einzuprägen. »Weil meine ganze Erfahrungsarbeit mentaler Art ist«, beschrieb er das sich vergrößernde Potential seines Gedächtnisses, »behalte ich alles, was ich behalte, auf Dauer.«

Als Literaturstudent blühte er auf und kehrte zum nächsten und übernächsten Wintersemester nach Edinburgh zurück. »Den ganzen endlosen Tag der Dunkelheit hindurch lag das Buch der Natur aufgeschlagen vor seinem geistigen Auge«, schrieb er an sich selbst, erneut in der dritten Person Zuflucht suchend. »Aber er vergaß auch nicht, die schönen Felder der Literatur zu bestellen.« Er zitierte sogar Miltons Meditation über die Blindheit (*So dicht hat Krankheit meiner Augen Kreis mit Dunkelheit umwölkt*), nur um die folgenden erlösenden Zeilen zitieren zu können:

»Deshalb jedoch
Lass ich nicht ab, zu wandeln mit den Musen
Am Quell, im Schattenhain, auf sonnigen Höhen.«

Der Krieg in Europa endete schließlich im Jahre 1815 mit der Verbannung Napoleons nach Sankt Helena, einer kahlen, wasserlosen Insel im südlichen Pazifik, auf die Holman während seiner endlosen Kreuzfahrten auf der *Cambrian* mal von Ferne einen Blick werfen durfte. Im selben Jahr wurde der zweite, in einem Patt erstarrte Konflikt – der Britisch-amerikanische Krieg – mit einem in Belgien ausgehandelten Friedensvertrag beendet, bei dem beide Seiten das Gesicht wahren konnten. Nach einem Vierteljahrhundert der Kriege deutete alles darauf hin, dass Großbritannien sich auf eine dauerhafte Periode des Friedens einrichten durfte.

Eine Generation, die nichts anderes als den Krieg kennengelernt hatte, kämpfte um eine neue Zukunft. Edinburgh wurde überschwemmt von Veteranen und auf halben Sold gesetzten Seeleuten, die lange unterbrochene oder nie begonnene Ausbildungen nachholen wollten. Das war ein Glück für Holman – in diesem größer werdenden Heer älterer, Uniform tragender Studenten fiel er nicht mehr so auf, und da er die Grundkurse bereits hinter sich hatte, wurde es für ihn Zeit das Studium auszuweiten. Das Matrikelverzeichnis dieses Jahres führt ihn als »Lit & Med«, einen Studenten der Literatur und der Medizin.

Man könnte erwarten, dass angesichts eines blinden Medizinstudenten so mancher die Stirn gerunzelt hätte, aber die medizinischen Vorlesungen platzten aus allen Nähten. Er hatte inzwischen Übung darin, so wenig Aufmerksamkeit wie möglich auf sich zu lenken, die Hörsäle unauffällig zu betreten und wieder zu verlassen. Holman spielte die Bedeutung herunter und sprach von »ein paar Brocken Heilkunde«, wenn er sich auf seine Ausbildung zum Mediziner bezog.

Aber das war reines Understatement. Holman studierte Medizin mit einer Gründlichkeit und Beharrlichkeit, gegen die seine vorherigen akademischen Bemühungen verblassten. Sein Stundenplan, den er neben seinen literarischen Studien erfüllte, glich dem eines Vollzeit-Medizinstudenten. Die Kosten für die Vorlesungen waren nicht unerheblich, sie verschlangen etwa ein

Drittel seines Einkommens. Er hätte Anspruch darauf gehabt, von seinen zu Ärzten ausgebildeten Kommilitonen als vollwertiges Mitglied akzeptiert zu werden, aber das war gar nicht sein Ziel. Er wollte, dass sie seine Anwesenheit tolerierten und ihm unbequeme Fragen oder – schlimmer noch – gut gemeinte Anteilnahme an seinen Plänen und Zielen ersparten.

Um das zu gewährleisten, wählte er eine Handlungsweise, die sich im Lauf der Jahre als wertlos erwies: Er lud die anderen dazu ein, ihn nicht ernst zu nehmen, indem er sich ausgenommen unernst verhielt. Je beängstigender die Aufgabe, umso entwaffnender wirkte es, sie mit unbekümmerter Miene zu erledigen. Niemand hätte seinen Kommilitonen in den überfüllten Hörsälen einen Vorwurf machen können, wenn sie Holman als Müßiggänger mit reichlich Zeit und Geld wahrgenommen und nicht weiter beachtet hätten. Er war nur einer der wenigen in dem Gedränge, die sich nicht wie verrückt Notizen machten.

Holman bemühte sich nicht, alle Bedingungen für einen Abschluss in Medizin zu erfüllen, weil er einem sehr persönlichen Studiengang zu folgen gedachte. Über die Intensität seines Lernens war damit nichts gesagt. So wenig, wie es strenge Kriterien für die Zulassung zum Studium gab, so wenig war vorgezeichnet, wie man sein Studium abschloss, den »Edinburgher Doktor« machte. Ein reguläres Diplom zu erlangen, war einer von mehreren Wegen, den nur die Überkorrekten oder diejenigen einschlugen, die es mit dem Beginn ihrer medizinischen Laufbahn nicht sonderlich eilig hatten. Viele Studenten, die sich für ein Diplom qualifiziert hatten, machten sich gar nicht erst die Mühe, es auch wirklich abzuholen (für das formale Abschlusszeugnis waren immerhin zehn Pfund Gebühr fällig). Andere studierten einfach so lange, wie es ihnen Spaß machte, dann fuhren sie nach Hause und hängten ihr Schild über die Tür. Folgte man dem

Guide for Gentlemen Studying Medicine, reichten drei Jahre Studium vollkommen aus, um die Befähigung für eine erfolgreiche Praxis zu erlangen.

Holmans Studium dauerte drei Jahre. Es ist nicht schwer, in seinem Verlauf Hinweise auf ein persönliches Programm zu erkennen. Er machte einen Bogen um die Vorlesungen in Anatomie und Chirurgie, die stark auf visuelle Hilfen angewiesen waren, und studierte stattdessen *materia medica* (die praktische Pharmakologie der Zeit) und Chemie (die damals eine Untergattung der Medizin war). Kurz gesagt, er lernte die diagnostischen Methoden – das Verständnis von Ursache und Verlauf von Krankheiten –, und die Mechanistik der Medizin, das Finden, Prüfen, Verbessern von Therapien und ihre allgemeine Anwendung. Wenn es Therapien gegen Augenkrankheiten gab, die noch nicht an ihm ausprobiert worden waren, dann lernte er sie jetzt kennen.

Holmans erste Vorlesung fand um acht Uhr morgens statt, zu einer ungemütlich kalten und dunklen Stunde im schottischen Winter. Und meistens fand man nur noch Stehplätze im Hörsaal, weil Dr. James Home, Professor der Materia medica, einer der beliebtesten Dozenten an der Hochschule war. Ein Kommilitone drückte es folgendermaßen aus:

> *... auch wenn die Vorlesungen nicht von klar umgrenzten, allgemeinen Prinzipien erhellt, bis dato auch nicht mit Experimenten und Demonstrationen illustriert oder durch Blüten der Rhetorik in Schwung gebracht waren – waren sie doch eine Fundgrube nützlicher Fakten, mühselig gesammelt, mit Bedacht ausgesiebt und sehr gut zusammengestellt. Sein Vortrag war leise aber ernsthaft; ganz offensichtlich war er mit dem Herzen bei seiner Arbeit.*

Professor Home war noch aus einem anderen Grund beliebt. Er war so ziemlich der einzige im gesamten Lehrkörper, der kein Honorar für die Prüfungen verlangte. Viele seiner Studenten ergriffen diese günstige Gelegenheit, ihr Wissen zu zeigen. Es ist nicht wahrscheinlich, dass auch Holman sich auf solche Weise hervorgetan hat, aber er sammelte ein enzyklopädisches Wissen über Medikamente, ihre Ursprünge und Anwendungen, aufbauend auf dem, was er als Sohn eines Apothekers zu Hause mitbekommen hatte. Beharrlicher Husten verlangte nach Orchillienkraut, das auf den Kanarischen Inseln geerntet wurde. Kampfer aus Brasilien sollte das sexuelle Begehren dämpfen. Sansibar war die Quelle für *tinctura capsici*, die Spanischpfefferfrüchtetinktur, einer Medizin gegen die Seekrankheit.

Die Enttäuschung über den passiven Charakter des Unterrichts ließ manche Studenten zu rigorosen Mitteln greifen. Und das wurde nirgends so deutlich wie in dem anderen Hörsaal, den Holman oft besuchte, dem Hörsal von Dr. Thomas Charles Hope, dem einzigen Chemiker der Universität. »Dr. Hope ... scheint das vielversprechende Gebiet der chemischen Forschung plötzlich und unerwartet verlassen zu haben", schrieb ein Student. »Und er ermutigte seine Studenten auch nicht zu experimenteller Forschung. Außer seinem Assistenten gewährte er niemandem Zugang zu seinem Laboratorium.« Dieser Mangel an handfester Erfahrung bewegte zwölf seiner Studenten, eine geheime Chemische Gesellschaft zu gründen, sich das Rohmaterial bei einem Drogisten in der Nähe zu besorgen und in einer gemieteten Mansarde eigene Experimente durchzuführen.

Holman gehörte der Chemischen Gesellschaft nicht an. Er entschädigte sich für die Begrenztheit der Vorlesungsform auf seine Weise, besuchte den ganzen einjährigen Zyklus ein zweites Mal. Und dann ein drittes Mal.

Das heutige Denken hat sich daran gewöhnt, dass die Naturwissenschaften und die Medizin ihre Wissensgrenzen immer weiter hinausschieben. Aber zu Holmans Zeit waren das noch kleine, eng begrenzte Disziplinen. Deshalb war es auch nichts Außergewöhnliches, dass einer seiner Kommilitonen ohne Übertreibung schreiben konnte, er wisse so ziemlich

> *alles, was man damals über die Chemie wissen konnte, auch über die Botanik, kannte mich recht gut aus in der Mineralogie und Geologie, sowie der Anatomie und Physiologie, und wusste über die Praxis der Heilkunde so gut Bescheid, dass ich in der Lage war, im Alter von zwanzig Jahren und mit einem hohen Maß an Selbstgewissheit die Pflichten eines stellvertretenden Sanitätsoffiziers im Königlichen Hospital zu übernehmen.*

Diese Art Selbstbeweihräucherungen lag Holman fern. Aber nachdem er sich drei aufeinanderfolgende Jahre ausführlichst mit Chemie und zwei Jahre mit Materia medica beschäftigt hatte, durfte er sich mit einigem Recht als ein Fachmann in der »Praxis der Heilkunde« bezeichnen – wobei mit dem Wort Heilkunde die nicht chirurgische Medizin bezeichnet war. Viele erfolgreiche Ärzte hatten ihre Laufbahn auf weit weniger Erfahrung gegründet, und auch ohne die Formalität von Studienabschlüssen. Niemand hätte daran Anstoß genommen, wenn er Edinburgh verlassen, eine Praxis eröffnet und den Ehrentitel »Doktor« geführt hätte – wenn er des Sehens fähig gewesen wäre.

Bis 1818 war Holman mit seinem Medizinstudium so weit wie möglich vorangeschritten. Es lässt sich nirgends ein Beleg dafür finden, dass er bei alldem nur einen Patienten im Sinn hatte – sich selbst. Doch vielleicht sollte erwähnt werden, dass er im

Alter von einunddreißig Jahren nicht nur Edinburgh, sondern auch der Medizin den Rücken kehrte, in einem Augenblick, als er die Gewissheit hatte, die Möglichkeiten und Limitierungen der Disziplin vollends ausgelotet zu haben. Und schon bald nach seiner Abreise ereilte ihn eine erneute Schwäche.

Laut Holman musste man »über die Gründe ja wohl nicht viele Worte verlieren«, ein deutlicher Hinweis darauf, dass er die Indisposition diesmal körperlichen und seelischen Anteilen zuschrieb. Den Anfall beschreibt er nur in Andeutungen. »Bei der Verfolgung der Ziele, die ich mir selbst gesetzt hatte«, schrieb er, »hatte meine Gesundheit so großen Schaden genommen, dass ich mich gezwungen sah, mir in heimatlicher Luft (in Devonshire) die gewohnten Mittel der Wiederherstellung zu suchen.«

Etwas zehrte systematisch an seinen Kräften, und die wiederkehrenden Schmerzen waren so vertraut, dass es ihm absolut logisch erschien, sie auf dieselbe Weise zu bekämpfen wie sieben Jahre zuvor: mit einer Wasserkur in Bath, einem ausgedehnten Aufenthalt in Exeter, einer Rückkehr nach Lyme Regis. 1811 jedoch waren die damals im Abklingen begriffenen rheumatischen Beschwerden durch den Schock der plötzlichen Blindheit fast völlig aus seinem Bewusstsein verdrängt worden. Diesmal ließen sie sich nicht ignorieren. Als er 1819 nach Windsor zurückkehrte, erlaubte es ihm seine Verfassung nicht, sich weit von seinen Räumen im Travers College zu entfernen. Seine Ärzte begannen, radikalere Maßnahmen in Betracht zu ziehen.

Er schreibt: »Damals war meine Gesundheit so empfindlich, mein Nervensystem so geschwächt von der Zeit der Sorge, dass ich mich nicht zu der Illusion hinreißen ließ, ich könnte jemals eine Reise unternehmen.« Aber genau das schlugen die Ärzte ihm jetzt vor. Nachdem der Frieden den Kontinent für britische Besucher geöffnet hatte, schien ihnen ein »geruhsamer, sonnenbeschienener Aufenthalt in den vom Klima begünstigten südlichen Teilen Europas«, also an den Küsten des Mittelmeers, die letzte Hoffnung für eine Genesung zu versprechen. Ihm wurde ein einjähriger Urlaub sowohl von der Königlichen Marine als auch von den Naval Knights gewährt, und er machte sich an die Vorbereitungen für seine Reise.

Den Medizinern hatte zweifellos ein erholsamer Segeltörn ins Mittelmeer vorgeschwebt, weil eine Beförderung zur See am wenigsten anstrengend für einen Kranken war. Aber solche Reisen waren teuer und schwierig zu organisieren; es gab keine Passagierschiffe, die regelmäßig in diese Region segelten, also hätte Holman ein Schiff chartern oder sich aus mehreren Etappen auf Kauffahrern eine Reise zusammenfügen müssen. Außerdem stellte sich die Frage der Begleitung – wer ging mit ihm zusammen auf die Reise, kümmerte sich um ihn, wachte über sein Befinden? Wohlhabendere Kranke hätten eine Krankenschwester oder wenigstens einen Verwandten als Begleitung engagiert.

Um das Land verlassen zu können, musste Holman um eine förmliche Beurlaubung vom Dienst in der Marine nachsuchen, und siehe da, man kann in alten Akten der Admiralität nachlesen, dass sein jüngerer Bruder (inzwischen achtundzwanzig und selbst Leutnant) fast genau zur selben Zeit um einen Urlaub für ein Jahr nachsuchte und dasselbe Reiseziel angab: Frankreich.

Ein solches Arrangement mochte seine Ärzte zufrieden gestellt haben, aber es war offenbar nicht nach Holmans Geschmack. Am Tag der geplanten Abreise hatte Holman seine

Genehmigung, nicht aber sein Bruder. Roberts Urlaubsgenehmigung traf drei Wochen später ein, aber so lange hatte Holman nicht warten wollen.

Spätestens jetzt lieferte Holman den Beweis, dass dieser Anfall von Krankheit zumindest zu einem Teil auf seelische Ursachen zurückging: Allein die Aussicht auf die Reise wirkte wie ein Elixier. Er konnte es kaum erwarten. Noch war er krank, aber er erholte sich und seine Zuversicht wuchs. Tatsächlich ritt er auf einer Welle der Euphorie. »Ich weiß nicht, welche Folgen es gehabt hätte, wenn die freudige Erwartung, mit der ich der Reise entgegenfieberte, enttäuscht worden wäre«, schrieb er. Ob aus dieser Erregung oder kühner Unterschätzung der Strapazen heraus, oder weil es die Sparsamkeit gebot, traf er zwei schicksalhafte Entscheidungen. Er würde über Land reisen, mit öffentlichen Verkehrsmitteln. Und er würde allein reisen.

Voller Zuversicht ob einer »größeren Bewegungsfreiheit, als er je zu hoffen gewagt hatte«, humpelte Holman am 15. Oktober 1819 an Bord des Paketschiffs von Dover nach Calais. Es war der Morgen seines zweiunddreißigsten Geburtstags. Die Überquerung des Ärmelkanals verlief ereignislos, aber der Zeitpunkt war schlecht gewählt: Strömungen verhinderten ein sicheres Anlegen, und das Schiff dümpelte mehrere Stunden vor der Küste von Calais und wartete auf den Gezeitenwechsel. Holman, gestärkt durch Salzluft und Vorfreude, war so ungeduldig, sein Abenteuer zu beginnen, dass er dem Schipper eines vorbeifahrenden Postboots fünf Francs dafür zahlte – fast die Hälfte der Fahrtkosten für die Kanalüberquerung –, dass er ihn die letzten Meter bis zum Anleger mitnahm.

Na also, endlich in Frankreich! Unter Menschen, die mir fremd, unsichtbar und unverständlich sind; fern jedes Lebewesens, dem ich auch nur das geringste Interesse an meinem Wohlergehen, ja meiner Existenz unterstellen dürfte.

Zum ersten Mal kostete er von der Freiheit des Verlassenseins. Der verführerischen Macht des Schritts in das vollkommen Unbekannte.

7 EIN WUNDERLICHER KRANKER

Das erste Hindernis war die junge Virginie, das *fille de chambre* im Hotel Grand Cerf. An diesem Abend betrat sie Holmans Zimmer, um sich nützlich zu machen, ihm aufs Bett zu helfen und mit geschickten Handbewegungen die Kleider aufzuknöpfen. Er musste einen Dolmetscher rufen, um ihr klarzumachen, dass er beim Auskleiden keine Hilfe und nicht einmal eine Kerze als Gesellschaft benötigte. Nachdem er die Tür hinter ihr verriegelt hatte, versuchte er die Aufregungen des Tages im Schlaf aufzulösen. Morgen war Festtag, und Calais' Stadttore würden für den größten Teil des Vormittags geschlossen sein, damit für möglichst viele Teilnehmer gesorgt war. Er hoffte, noch vor ihrer Schließung nach Paris unterwegs zu sein, und wusste, dass ihm alles andere als eine erholsame Reise bevorstand.

Die meisten Europäer waren sich darin einig, dass Überlandreisen eine Qual waren, die man am besten im gestreckten Galopp hinter sich brachte. Je schneller die Reise, desto höher das Fahrgeld, denn hohes Tempo erforderte häufigen Pferdewechsel. Konzessionen an die Bequemlichkeit, gar an die Freude am Reisen gab es nicht: In gewissem Sinn willigte man in seine eigene Entführung von einem Ort zum anderen ein. Pausen wurden unregelmäßig gemacht, richteten sich nach den Be-

Zeitgenössische Karikatur

dürfnissen der Pferde, nicht der Passagiere. Für Mahlzeiten und hygienische Maßnahmen sorgte man während dieser Pausen – oder gar nicht. Die Kutsche rollte auch nachts, und man musste im Sitzen schlafen, in der Regel zwischen andere Fahrgäste gezwängt.

Und das Einschlafen war nicht etwa leicht. Selbst auf viel bereisten Routen bestanden die Fahrbahnen entweder aus von Wagenrädern zerfurchtem Schlamm, losem Untergrund mit spitzen Steinen, aufs Geratewohl hingeworfenem Schotter oder einer Kombination aus allem – Straßen, die aus heutiger Sicht allenfalls als Feld- und nicht als moderne Verkehrswege taugen würden. Jahrzehnte des Krieges hatten auch die Landschaft verändert: Straßen, die man über Jahrhunderte stolz in Stand gehalten hatte, waren von Marschkolonnen zertrampelt, von fliehenden Truppen aufgerissen und wegen der vom Krieg gebeutelten Staatshaushalte nicht repariert worden. Alles in allem kostete eine Reise durch Europa im Jahre 1819 mehr Anstrengungen als ein Jahrhundert zuvor.

Holmans Weiterreise nach Paris war typisch für die Zeit. Die Morgenkutsche war ein Cabriolet, so genannt wegen der Ähnlichkeit mit den nervös hüpfenden Bewegungen einer *cabra*, dem portugiesischen Wort für Ziege. Das leichte, zweirädrige Gefährt mit einem korbförmigen Fonds bot höchstens sechs Personen Platz. Wie sie gegen Mitternacht feststellen mussten, war es schon ob seiner Bauweise äußerst instabil. Als alle Passagiere auf einmal heraussprangen, kippte das Fahrzeug nach vorne, und die plötzliche Gewichtsverlagerung zwang die Pferde in die Knie. Die allgemeine Eile beim Aussteigen war nur zu verständlich: Es war der erste Halt nach zehn Stunden. Die Not der Pferde gab ihnen Zeit, zwei oder drei Häuser aus der Nachtruhe zu klopfen, bis sie endlich eine verschlafene Hausfrau fanden, die ihnen etwas kaltes Fleisch und Wein verkaufte. Bis dahin hatten sie sich von den sauren Äpfeln ernährt, die sie im Vorbeifahren von Bäumen am Straßenrand gepflückt hatten. Nur noch zweimal wurde auf der fünfunddreißig Stunden dauernden Reise Halt gemacht.

Kein Wunder, dass Holman sich in seiner ersten Nacht in Paris erholen musste. Ein einsames Abendmahl und ein früher Rückzug auf ein Hotelzimmer, dessen Pracht an ihn verschwendet war. Der steinerne Fußboden und die marmornen Tische gaben seiner Berührung nichts als ihre Kälte preis, und er hatte nicht nur gegen die Müdigkeit, sondern auch gegen einen ersten Anflug von Niedergeschlagenheit anzukämpfen. Alle Euphorie war von der Straße fortgerüttelt worden, zum ersten Mal bekam er diese ganz eigene Form der Einsamkeit zu spüren, die man nur in dicht bevölkerten Städten erlebt.

Um sie abzuschütteln, zog er um in Mr. Fetherstones Pension, ein längst nicht so vornehmes, dafür aber wesentlich freundlicheres Etablissement, wo er hoffte, im Gespräch die ersten Brocken Französisch zu erlernen. Er konnte sich gründlicher als gewünscht der neuen Sprache widmen, denn wegen eines Kälteeinbruchs mit Dauerregen waren Mr. Fetherstones zwanzig Pensionsgäste praktisch tagelang auf den Salon angewiesen. Wie zahllose Anfänger des Französischen vor und nach ihm stolperte auch er an der breiten Kluft zwischen der eigentlichen Bedeutung der Wörter und ihrem Gebrauch entlang. Wenn man ihm versicherte, *toute à l'heure* bedeute »sofort«, musste er die Erfahrung machen, dass der Ausdruck – zumindest im Gebrauch der Pariser – besser mit »möglicherweise irgendwann im Lauf des Tages« übersetzt wäre.

Er machte keine Anstrengungen, dem Wetter zu widerstehen und eine der großartigsten Städte der Welt zu erforschen. Schließlich war er kein Tourist, sondern ein Kranker auf der Reise in wärmere Breiten. Nach einer Woche fühlte er sich stark genug für die Weiterfahrt, aber die war gar nicht so leicht zu organisieren. Weil der Großteil des Verkehrs aus dem Ausland Paris zum Ziel hatte, betrachtete man Reisen über die Grenzen der Hauptstadt hinaus als ganz eigene Affären, zu denen man sich bei der Polizei registrieren und von der britischen Botschaft einen speziellen Reisepass beschaffen musste. Diesmal wählte er die langsamste Route, und die Sachen in dem Korb, mit dem er in die Kutsche stieg, sollten sein Standard-Reiseproviant werden: eine Flasche Wein, ein Vorrat an Obst und Rinderzunge – zähes aber festes Fleisch, das nicht so schnell verdarb. Die Reise ging nach Bordeaux, vier Tage Fahrt und Enge rund um die Uhr.

Er versuchte sich mit seinen Reisegefährten im Französischen zu üben, aber derlei Bemühungen endeten schnell in beiderseitigem Schweigen. Es war ein kleiner abgeschlossener Raum, die Passagiere saßen Knie an Knie, mindestens einer von ihnen paffte selbstvergessen eine Zigarre nach der anderen. Im Dauerregen blieben die Fenster geschlossen. Holman war erleichtert, endlich den Ruf »Voilà Bordeaux!« zu hören, aber den hatte wohl nur ein erster Blick auf die Vororte ausgelöst, denn es dauerte noch einmal drei Stunden, bis die Kutsche hielt und alle – außer ihm – ausstiegen. Plötzlich war er allein.

Mit möglichst diskreter Stimme rief er nach draußen. Er war müde und schwach und hätte eine Hand zum Aussteigen gebraucht, jemanden, der ihm wenigstens die grobe Richtung zu einem Unterstand wies.

»*Toute à l'heure*«, hörte er eine Stimme antworten, dann entfernten sich Schritte.

Später notierte er:

... was hätte ich tun sollen? Wäre ich hinausgesprungen, hätte ich nicht gewusst, wohin den nächsten Schritt setzen, und es regnete Bindfäden. In dieser offensichtlich aussichtslosen Lage musste ich sitzen bleiben, bis jemand sich bequemte, mir Hilfe zu leisten.

Die Kutschentür öffnete sich, aber nicht etwa, um Holman ins Freie zu entlassen. Fremde Hände schoben ihn zuerst auf die eine, dann auf die andere Seite, »als benötigten sie mich zur Balance des Gewichts.«

Nach einer Weile hörte ich um die Kutsche herum mindestens dreißig Leute, die sich in einem lauten und unverständlichen

Kauderwelsch unterhielten, das keiner Sprache, die ich jemals gehört hatte, zu ähneln schien; gleich darauf spürte ich, dass sich die Kutsche auf andere, ungewohnte Art fortzubewegen begann.

Außerdem hörte er Wasser plätschern, als rollten die Räder über stark durchtränkten Grund. Allerdings hatte er das paradoxe Gefühl, dass dem Gefährt die Räder abhanden gekommen waren – so sanft bewegte sich die Kutsche fort. Seine Rufe wurden schärfer.

»*Toute à l'heure!*«, blieb die einzige Antwort.

Etwa nach einer Stunde flogen die Türen wieder auf, und die Passagiere zwängten sich unbekümmert wieder herein, jeder auf seinen Platz. Keiner gab eine Erklärung ab.

Fünfzehn Minuten später, an der eigentlichen Kutschenstation, reimte er sich das Geschehen stückweise zusammen. Den ersten Halt hatten sie am Ufer der Dordogne gemacht, die man zu solch regenreichen Zeiten am besten mit dem Boot überquerte. Alle anderen Fahrgäste waren auf einer Fähre ans andere Ufer gebracht worden. Die Kutsche war zusammen mit der Ladung und Holman – den man aus pragmatischen Erwägungen zu einem Gepäckstück umfunktioniert hatte – auf einem flachen Floß hinübergetrieben, eine sechs Kilometer lange Reise flussabwärts. Sie hatten ihn tatsächlich als Ballast für den Gewichtsausgleich benötigt.

Holmans Blindheit, gepaart mit seinem Schweigen, hatte es den anderen allzu leicht gemacht, ihn zu übersehen. An die Beklommenheit Fremder war er aus England gewöhnt, aber jetzt wusste er, welche gravierenden Folgen die häufigste Ausdrucksform dieser Beklommenheit haben konnte: das bewusste Ignorieren. Von nun an übte er sich in der Kunst, auf möglichst subtile Weise seinen Status als menschliches Wesen zu demonstrieren, keine wortlose Geste der Höflichkeit zu vergessen, sich um eine Art der Liebenswürdigkeit zu bemühen, die jede Übersetzung erübrigte. Jahrzehnte später würden Reisegefährten, die ihm zum ersten Mal begegneten, mit Bewunderung feststellen, wie leicht und schnell seine Stimme in »den ernsten Tonfall uralter Freundschaft« zu wechseln vermochte. Diese Geselligkeit war ehrlich, aber sie war auch ein Mittel gegen das Verschwinden in der Unsichtbarkeit.

Bordeaux, nicht minder nass als Paris, war kein Ort, um sich zu erholen. Der einzige Besuch, den Holman dort machte, galt dem Freund eines Freundes und verschaffte ihm die erste Kostprobe eines Kummers, der zur Gewohnheit werden sollte: gut und durchaus ernst gemeinte Versuche seiner Mitmenschen, seine Sehkraft wiederherzustellen. Zuerst wurde er einem »berühmten Augenheilkundler dieser Stadt« vorgestellt, der zu seinem Glück in den Chor der früheren Diagnosen einstimmte, eine Operation sei verfrüht. Holman nahm die Nachricht mit Gelassenheit auf, aber sein ganz und gar nicht befriedigter neuer Gefährte schleifte ihn umgehend zur nächsten medizinischen Kapazität – der Gemahlin eines örtlichen Schirmmachers. Holman ließ die Untersuchung und alle Details ihrer todsicheren Kräuterkur gutwillig über sich ergehen, aber da die Behandlung einen langen Aufenthalt in der Stadt nötig gemacht hätte, durfte er sie höflich ablehnen. Die Straße nach Toulouse bot Aussicht auf ein ganz neues Verkehrsmittel, und er konnte nicht erwarten, es zu erproben.

Es war eine Kutsche, die – und das war wirklich eine Neuheit – am Ende eines jeden Reisetages Halt machte. Mehr noch, an den jeweiligen Etappenorten waren bereits Vorkehrungen für die Unterbringung getroffen, jeder Reisende durfte auf ein

Bett und ein Abendessen rechnen. Verglichen mit der bis dahin gewohnten kopflosen Eile klang das geradezu nach Luxus, aber in Wahrheit war es die preiswerte Alternative – das Unternehmen sparte Kosten, indem es die Zahl der Pferdewechsel reduzierte. Im entspannten Tempo brauchte man für die knapp zweihundert Kilometer nach Toulouse fünf statt zwei Tage, dafür war das Fahrgeld trotz Verpflegung und Unterbringung um ein Drittel geringer. Holman befürchtete, bei dem geringen Preis in unangenehmer Gesellschaft reisen zu müssen, aber der Besitzer versicherte ihm, unter den Fahrgästen sei auch ein französischer Offizier mit seiner Gemahlin.

Bei dem »Offizier« handelte es sich um den Stiefelmacher eines Kavallerieregiments – vielleicht ein ehrlicher Irrtum, weil sich in Bonapartes Armee sogar die Stiefelmacher mit prächtigen Dreispitzen schmücken durften. Seine Frau erwies sich jedenfalls als sehr angenehme Reisegefährtin, vor allem am Ende eines jeden Reisetags, wenn sie Holman bei der Hand nahm und auf sein Zimmer führte.

»Nachdem sie mir beim Einrichten geholfen und das Bett gewärmt hatte, erlaubte sie mir, sie auszusperren«, notierte er, ganz Gentleman. »Ich kann nicht sagen, wie dankbar ich dafür war.«

Mit ziemlicher Sicherheit war das ein keuscher Flirt, aber er bewegte Holman immerhin zu dem Eingeständnis, dass »die Aufmerksamkeiten des sanfteren Geschlechts mir seltsam willkommen in meinem gegenwärtigen gesundheitlichen Zustand sind«. Zwischen Kriegsschiffen, Schlosskirchen und Hörsälen hatte er nur selten die Annehmlichkeiten gemischter Gesellschaft erleben dürfen. Jetzt lernte er einen angenehmen Unterschied zwischen dem Verhalten männlicher und weiblicher Fremder kennen.

Er machte die Erfahrung, dass Männer ihm beinahe automatisch eine Art Eunuchenstatus zuschrieben. Als Blinder konnte er ja keine Bedrohung sein, war er doch nicht einmal in der Lage, die Reize einer Frau wahrzunehmen. Nicht wenige Frauen dagegen reagierten ganz anders. Die Gattin des Stiefelmachers sollte nur die erste einer ganzen Reihe sein, die sich ohne Furcht zu ihm hingezogen fühlte, fasziniert von seinem Vertrauen in ihre Berührungen, aufgeschlossen für seine erhöhte Aufgeschlossenheit. Die Sympathie, mit der sie ihm begegneten, hatte mit Mitleid nicht das Geringste zu tun. Auch andere Qualitäten – die Tatsache, dass er gut aussah, ein Offizier, ein Kriegsheld war, ein gebildeter und wortgewandter Mann mit dem Talent, Gedichte zu rezitieren – entgingen ihrer Aufmerksamkeit keineswegs. Bei Männern dagegen bewirkte seine Blindheit fast ausnahmslos eine andere Variante von Blindheit.

Die langsame, beschauliche Reise nach Toulouse markierte den eigentlichen Beginn von Holmans Genesung. Sich selbst neu zu entdecken ist eine der Freiheiten des Alleinreisenden, und mit den Ärzten aus Windsor im Rücken fühlte er sich ermutigt, ein paar seiner eigenen, unorthodoxen medizinischen Ideen in die Praxis umzusetzen. Zuerst die Ernährung. Wenn alle anderen den Tag mit dem typischen Kraftfrühstück aus Brot und Weinbrand begannen, verzehrte er frisches Obst. Und dann Bewegung. Die durchschnittliche Reisegeschwindigkeit der Kutsche übertraf nicht die eines flotten Fußgängers, also sprang er hinaus, wann immer das Wetter es gestattete, entrollte ein Stück Schnur, das er in der Tasche trug, verknotete das eine Ende an der Kutsche und hielt sich am anderen fest.

»Auf diese Weise folgte ich per pedes«, notiert er, »zur nicht geringen Belustigung der Dorfleute, die herzlich lachten, und von denen manch einer mir etwas zurief.«

Er konnte von Glück sagen, dass die Augenzeugen eher belustigt als besorgt waren, denn sein Heilprogramm – sparsame Ernährung, bewusste Anstrengung bis zur Erschöpfung – war so ziemlich das Gegenteil von dem, was man sich als zuträglich für einen gesunden Mann, geschweige denn einen Kranken auf Genesungsurlaub vorstellte. Aber er erzielte schnelle Erfolge, hatte einen guten Schlaf und besiegte die starken Kopfschmerzen, die ihn geplagt hatten. Am letzten der fünf Reisetage war er in bester Gemütsverfassung, erst recht, als die Frau des Stiefelmachers ihm als Ersatz für das Schnurende ihre Hand bot. Sie führte ihn fort von der schlingernden Kutsche zu einer Stelle, von der aus man, wie sie ihm versicherte, einen höchst anregenden Blick hatte – und wo sie ihm mit Berührungen und Worten klarzumachen versuchte, dass sie bei der Wahl des Gatten wohl einen Fehler gemacht hatte.

Über seine Reaktion schweigt Holman sich aus, er schreibt lediglich: »Die Luft an diesem Ort war so lind, duftend und erregend, dass ich wusste, ich hatte den Süden Frankreichs erreicht.«

Er beschloss, den Winter über in Toulouse zu bleiben. Im Februar erreichten ihn Neuigkeiten aus England: Der blinde und verwirrte König George III. war im Alter von zweiundachtzig Jahren verstorben. Holmans Abwesenheit bei dem pompösen, mondbeschienenen Staatsbegräbnis, zu dem Tausende erwartet wurden, konnte nicht unbemerkt bleiben. Die Naval Knights of Windsor marschierten an der Spitze der Prozession, und das Fehlen eines der Sieben Gentlemen war kaum zu übersehen.

Der März schmolz den Schnee, der April trocknete den Schmelzwasserschlamm und machte die Straßen nach Süden passierbar. Nach dem Dank an die, die einen »wunderlichen Kranken« wie ihn aufgenommen hatten, brach Holman zu den Ufern des Mittelmeeres auf. In der Kutsche befreundete er sich mit einem mitreisenden Herrn, der ihn prompt in seine Wohnung in Montpellier einlud. Dort platzten sie in eine äußerst missliche Situation.

Dieser neue, allzu großherzige Bekannte hatte die Wohnung während seiner Abwesenheit ein paar Freunden zur Verfügung gestellt – von denen einer, wie er jetzt erfuhr, während der Zeit gestorben war. Die anderen hatten einem heimischen Brauch folgend das Totenbett feierlich in Brand gesteckt und bei der Gelegenheit einen großen Teil des übrigen Inventars gleich mit verbrannt. Für Holmans Bekannten waren die Trauer um einen toten Freund, ein unbewohnbares Heim und eine gesalzene Rechnung vom Hauswirt übriggeblieben. Aber für Holman wurde das Unglück zu einem Glücksfall: Durch seinen plötzlichen Bedarf an einer Bleibe wurde die Gastfreundschaft einer Edelfrau, der Comtesse de M– geweckt.

Jedes Zeitalter hat seine stilistischen Trends und literarischen Eitelkeiten. Eines der Ärgernisse bei Berichten aus den ersten Jahrzehnten des 19. Jahrhunderts ist die damals verbreitete Mode, Eigennamen nicht auszuschreiben, als sei es etwas Ehrenrühriges, in den Memoiren anderer Menschen zu erscheinen. Holman hielt sich gründlich an diese Konvention, seine Bekanntschaften blieben entweder ganz in der Anonymität – wie die Frau des Stiefelmachers oder der Freund mit dem verbrannten Inventar – oder wurden hinter Initialen und Gedankenstrichen versteckt. Selbst seine Banker, die schwerlich etwas gegen Publizität einzuwenden gehabt hätten, fanden lediglich als »Messrs. G– & H–« Erwähnung.

Manche Leerstellen lassen sich ausschreiben, die Gesichter enttarnen, aber die Comtesse können wir – wie viele von Holmans diskret beschriebenen Freundinnen – nicht mit Sicherheit identifizieren. Wir wissen, dass sie ihn nicht nur in ihrer Villa, sondern gleich in ihrer ganzen Familie aufgenommen, ihm einen Platz in ihrem alltäglichen Leben gegeben hat. Es war eine spontane Vertrautheit, wie sie mit einem sehenden Mann undenkbar gewesen wäre, schon deshalb, weil kein Ehemann im Haus war. Die Familie bestand aus ihr selbst, zwei Töchtern und einem offenbar entfernt verwandten Herrn, einem Monsieur de C–.

Holman fühlte sich umgeben und durchdrungen von Schönheit. Er wandelte auf den duftenden Wegen des Terrassengartens der Villa, genoss die Kühle der Brunnen und entdeckte zu seinem Entzücken ein abgelegenes Dickicht, in dem die Nachtigallen nicht nur nachts, sondern den ganzen Tag über sangen. Und dann waren da die beiden Töchter, jung und lebhaft und ganz zweifellos heiratsfähig. Als die ältere von einem Ball heimkehrte, und aufgeregte Geschichten vom Tanzen und Flirten mit einem jungen Offizier aus ihr heraussprudelten, bekam Holman die Ehre, die sich anschließende Brautwerbung zu überwachen. Mit Freuden akzeptierte sie den Antrag des Offiziers, und Holman stand im Kreis der Familie, als der neue Verlobte zum ersten Mal seine Aufwartung machte. In diesem Idyll weiblicher Verbundenheit, jetzt auch noch verstärkt um die Freundschaft des Verlobten, einem Militärkameraden, beschrieb Holman sich als »überaus glücklich in dieser Familie«. Nicht *mit*, sondern *in* dieser Familie.

Das störende Element war Clementine, die jüngere Tochter der Comtesse, erst siebzehn und von solch atemberaubender Schönheit, dass Männer in ihrer Gegenwart zu stammeln anfingen und den Blick abwandten.

Eines Nachts erwachte Holman von Schritten direkt unter seinem Fenster. Sein erster Impuls war, Einbrecheralarm zu schlagen, aber es handelte sich um einen jungen Studenten aus Paris, der von Clementine besessen war, seit er sie auf der Wiese vor dem Nachtigallendickicht gelangweilt eine Ziege am Band hatte spazieren führen sehen. Weil er zu schüchtern war, die Comtesse oder Clementine selbst anzusprechen, schlich der junge Mann des Nachts auf dem Grundstück herum. Er wurde von niemandem bemerkt, geschweige denn zur Rede gestellt; über derlei Wunderlichkeiten schien sich hier niemand aufzuregen. Und wenn Monsieur de C– sich auf Gesellschaften in der Stadt die Nächte um die Ohren schlug, war Holman der einzige Mann im Haus.

Im Frühsommer kehrte Monsieur de C– von einer solchen Nacht zurück. Im Licht des dämmernden Morgens schlenderte er durch den Garten und sah den Pariser Studenten fast regungslos auf dem Rasen sitzen.

Als der junge Mann sich entdeckt sah, richtete er sich auf, zog ein langes Messer aus einer Scheide und stieß es sich in die Brust.

»*Mon Dieu! Mon ami*, warum haben Sie das getan!«, rief Monsieur de C–.

»Clementine! Clementine!«, war die einzige Antwort. Zumindest so lange, bis er ein paar Minuten später das Bewusstsein verlor und langsam verblutete. Da standen längst alle Bewohner des Hauses um ihn herum, und es floss aus ihm heraus: »Aah! Clementine! Ich sterbe für dich! Ich fühle, dass du nie die Meine sein wirst, und ich kann nicht ohne dich leben!«

Vielleicht ist der melodramatische Tonfall Holmans mangelndem Verständnis der Sprache geschuldet, aber ebenso gut könnte es der Originalton der Begebenheit gewesen sein. In jedem Fall war der Hausfrieden ein für alle mal zerstört. Mit einem Mal wurde das Fehlen eines tatkräftigeren, beschützenden männlichen Wesens im Hause evident. Auch wenn niemand Holman offen für seine Tatenlosigkeit kritisierte, war er einfühlsam genug um zu verstehen, dass seines Bleibens nicht länger war. Eine Woche später humpelte er wieder auf eine Kutsche zu – er humpelte, weil er sich eines der geschwächten Fußgelenke verstaucht hatte. Jedes Schlagloch in der Straße wurde zur schmerzhaften Heimsuchung. Als er in Nîmes aus der Kutsche stieg, konnte er kaum noch auftreten.

Nîmes war unerträglich heiß, und bis Holman sich wieder stark genug fühlte, nach Aix weiterzureisen, war es Hochsommer. Aix dürfte das Ziel gewesen sein, das seine Ärzte im Sinn hatten, als sie ihm einen Aufenthalt in Südfrankreich verschrieben. Hier leuchtete nicht nur das legendäre Sonnenlicht der Provence, es gab auch einen Ortsteil namens Fauxbourg, wo man sich um die Kranken kümmerte. Fauxbourgs Trümpfe waren die frische Luft – es lag am höchsten Punkt der Stadt – und eine Mineralquelle, die Holman der Quelle von Bath schon bald vorzog. Das Wasser sprudelte beinahe in Körpertemperatur daraus hervor, und über den tragenden Tiefen zu treiben, gab ihm das Gefühl, sich aufzulösen. Er machte das Wasser, dessen chemische Zusammensetzung er vergeblich zu erfahren versuchte, zum Mittelpunkt seines Aufenthalts.

Sonst gab es hier wenig zu tun. Die Anreise hatte zu lange gedauert, neun Monate auf der Straße, und jeder, der es sich nur einigermaßen leisten konnte, war vor dem Sommer in kühlere Gefilde geflüchtet. »Die Stadt ist leer und langweilig«, hielt er niedergeschlagen fest und beschloss, einen Abstecher in den nur zwanzig Kilometer entfernten Marseiller Hafen zu machen, sobald seine Gesundheit es ihm erlaubte. Auch dort mangelte es an sozialer Zerstreuung; es war kein Badeort, sondern ein Handelshafen, an dem sich durchaus zwielichtige Gestalten herumtrieben, kein Ort, den man aus Lust am Flanieren aufsuchte. Aber früh an jedem Morgen versammelten sich Menschen zu beiden Seiten des Hafens – rechts Männer, links Frauen –, um ein Bad im Meer zu nehmen. Wenn der klumpfüßige Lord Byron in Griechenland über den Hellespont gepaddelt war, schon damals ein Weltereignis, dann wollte Holman zumindest einmal ins Mittelmeer gesprungen sein.

Irgendwann in der Vergangenheit hatte er eine bei Seeleuten seltene Fähigkeit erlernt: das Schwimmen. Das Badeareal für die Männer war kein Strand, sondern eine Sandbank ein Stück weit draußen, wo das Wasser seicht war. Boote brachten ihre Passagiere zu einer Wassertiefe von ungefähr einem Meter und sechzig und ließen dann Strickleitern ins Wasser. Damit wollte Holman sich nicht aufzuhalten; er stürzte sich vom Deck aus kopfüber ins Meer. Ohne sich um die Untiefen zu kümmern, schwamm er ruhig aber entschlossen ins Meer hinaus.

Nach kurzer Zeit schon waren die Geräusche seine einzige Orientierung; gelegentliche Rufe erstaunter Badender, die vom Ufer herüberschallten, wurden mit jedem seiner Schwimmzüge leiser. Er war nackt, allein, erprobte die Grenzen seiner neu gewonnenen Ausdauer, erfreute sich am Nervenkitzel, war unendlich glücklich. Fast schon verloren, und fast schon frei.

Zu einer früheren Zeit hätte er vielleicht versucht weiterzuschwimmen, um zu erfahren, was ihm zuerst schwinden würde, die Sinne oder die Kraft. Aber an diesem Vormittag tat er nur noch einen letzten trotzigen Zug in die ungefähre Richtung Afrikas, bevor er langsam in einem großen Bogen zurückschwamm, den Stimmen entgegen.

Inzwischen war es September geworden. Sein einjähriger Urlaub, der in jeder Hinsicht ein Erfolg gewesen war, endete am einundzwanzigsten des Monats. Nicht nur, dass die Bäder in Aix ihm offenbar alle Schmerzen aus den Gelenken gespült hatten, »besonders meine Augen fühlten sich leichter an, und manchmal meinte ich, im unteren Bereich des linken einen Lichtblitz zu erkennen.«

Das Licht, oder die Phantasie davon, war schnell wieder verschwunden. Nach ein paar Wochen gestand er sich selbst das Offensichtliche ein: Weitere Genesungszeit würde seinen Zustand nicht entscheidend verbessern. Folglich war es an der Zeit, nach Windsor zurückzukehren und – dankbar für das heilsame Zwischenspiel – seine ritterlichen Pflichten wieder aufzunehmen.

Holman *war* dankbar. Aber er hatte beim besten Willen kein Heimweh. Die Reise hatte in ihm drei wirkungsvolle Kräfte wiedererweckt: die belebende Nähe der Gefahr, das fesselnde Eintauchen in Unbekanntes, die berauschende Gegenwart von Frauen. Jede dieser Qualitäten fehlte dem Leben in Windsor – und außerdem hatte er es überhaupt nicht eilig, seine restaurierte Konstitution wieder zweimal täglich an den Hundert Stufen aufreiben zu müssen.

Er war noch in Frankreich, als die Admiralität die Verlängerung seines Urlaubs bestätigte. Ob er parallel dazu ein Gesuch nach Windsor gesandt hat, oder nur die informelle Nachricht, dass seine Rekonvaleszenz noch nicht abgeschlossen war, ist nicht belegt. Er setzte seine Reise fort.

8 DER UNTERNEHMUNGSLUSTIGE BÜRGER

Italien gab es nicht. Nur einen Fleckenteppich aus schwachen, Krieg führenden Staaten, deren einzige Gemeinsamkeiten die italienische Sprache und die Erinnerung an das römische Weltreich waren. Sardinien, eine Insel, besaß inzwischen große Gebiete des Festlands – oder, exakter, der König von Sardinien war im Augenblick auch der König von Savoyen, Ligurien und dem Piemont. Die Österreicher stürmten durch das Land, um *ihrem* Reich so viele Gebiete wie möglich einzuverleiben. Machtkomplotte und die Begleichung alter Rechnungen schürten einen Hochofen des Chaos und blutiger Begierden. Bewaffnete Geheimbünde mit kryptischen Namen wie Carbonari (die Köhler) und Egregi Bravissimi Signori erwuchsen aus den Nachwehen der napoleonischen Herrschaft.

Diese Zeit markierte den Beginn des Risorgimento, des Wiedererwachens des italienischen Nationalbewusstseins, das dem Land vierzig Jahre später unter der militärischen Führung von Guiseppe Garibaldi die Einheit zurückgeben würde. Aber im Herbst 1820 war Garibaldi gerade mal ein Jüngling, Sohn eines Fischers, aufgewachsen in den Straßen von Nizza, denselben Straßen, durch die Holman jetzt mit dem Ausdruck der Enttäuschung auf dem Gesicht spazierte. Stadt war ein viel zu

Zeichnung, die Holman als aufmerksamen Reisenden darstellt

großes Wort – selbst als Blinder durchquerte man sie in zwanzig Minuten –, und während er spürte, dass es zumindest ein paar lohnende Ausblicke gegeben hätte, trieb ihn das allgegenwärtige Rattern und Hämmern und Wummern der Makkaroni ausstoßenden Maschinen – ein akustischer Hintergrund, den mancher Sehende gar nicht mehr hörte – beinahe in den Wahnsinn.

Er fand in Saint Rosalie, etwa zweieinhalb Kilometer außerhalb der Stadt, eine ruhigere Bleibe. Es war ein einzigartiges Ensemble aus zwei benachbarten Gebäuden, einer Villa und einer alten Kirche, die zu einem Weingut gehörten. Die Dame des Gutshauses war Madame Therese M, eine »hübsche feinfühlige kleine Frau«. Ihre Gastfreundschaft erschien ihm wie eine Wiederkehr der Zeit bei der Comtesse, als der Haushalt nur aus ihr und ihren zwei Töchtern bestanden hatte. Nur dass diesmal die vierte Person, eine Gouvernante, nicht nur weiblich war, sondern sogar Engländerin.

Holman, einziger Mann in dieser Ménage, beschloss, sich nicht gegen die Rolle des blinden Eunuchen zu wehren, weil sie das Arrangement vor dem Verdacht der Unschicklichkeit bewahrte.

Wieder vergingen die Monate wie ein einziges, nicht endendes Idyll. In der Zeit der Weinlese mischte er sich unter die vielen Helfer, nahm ein Messer zur Hand und quälte sich durch die Reihen, um Trauben von den Stöcken zu schneiden. An Madame Ms Namenstag standen er und die Töchter in aller Frühe auf, um sie mit dem traditionellen Regen aus Blumensträußen zu ehren. Am selben Abend zog Madame Ms Bruder seinen Stuhl nah an den der Gouvernante heran und begann anzüglich von *Ma belle voisine,* meiner schönen Nachbarin zu singen. Holman wurde wieder einmal Zeuge einer Brautwerbung.

Diesmal erweckte sie jedoch noch etwas anderes in ihm als nur die Freude für das Paar. »Ich glaubte schon, mich bis an mein Ende in diesem scheinbaren Paradies auf Erden ausruhen zu dürfen«, vertraute er seinem Schreibgerät an. »Aber da war noch etwas, das mich in meiner Lage vollkommen selig zu machen trachtete«, notierte er, zu ritterlich, um seine Begierden frei zu äußern.

Diesmal wartete Holman nicht bis zum Frühling. Bereits im Februar stand er an Deck des Kauffahrers *Providenzia Divina* mit Ziel Genua und spürte, dass die schwache Brise die Segel kaum zu füllen vermochte.

Die Reise stand von Beginn an unter einem schlechten Stern. Das Schiff segelte ohne Ladung und nur mit einer Handvoll Passagiere, weil die Nachfrage nach ziviler Beförderung drastisch gesunken war. In den fünf Monaten seit seinem Grenzübertritt war aus Italien ein gefährlicheres Land geworden. Neapel lag inzwischen im Krieg mit Österreich. Mailand und Piemont standen am Rand der Revolution, und die sogenannten Geheimgesellschaften bereiteten unverhohlen fast überall den Aufstand vor. Man hatte Holman nicht nur davon abgeraten, weiterzureisen, man hatte ihn mit größter Eindringlichkeit davon zu überzeugen versucht, dass solche Pläne der pure Wahnsinn seien. Schon deshalb, weil er selbst Uniform trug – auch wenn er sie seit neuestem mit einem breitkrempigen Strohhut krönte.

Eigentlich blieb ihm keine Wahl. Er war in Eile, und sein Stolz verbot es ihm, denselben Weg zurückzureisen und die Gastfreundschaft der vielen Menschen ein zweites Mal in Anspruch zu nehmen. Während seiner Seemannsjahre waren Schlachten ausgeblieben, obwohl er sie gesucht hatte. Er vertraute darauf, dass ihm dasselbe Pech diesmal als Glück begegnete. Sollte er in Feindseligkeiten verwickelt werden, konnte er immer noch auf einem der englischen Schiffe Zuflucht suchen, die im Tyrrhenischen Meer nicht schwerer zu finden waren als überall sonst im Mittelmeer.

Die *Providenzia* war kein englisches Schiff, und kein Mensch hätte sie dafür gehalten. Klein, mit nur einem Mast, eignete sie sich nur für kurze Fahrten unter der Küste, am besten bei Sonnenschein. Als gegen Mitternacht Wind aufkam und ein leichter Regen zu fallen begann, steuerte der Kapitän den nächsten Hafen an und stellte die Passagiere vor die Wahl, auf Maultieren weiter nach Genua zu reisen oder das Risiko einzugehen, an Bord zu bleiben.

Maultiere waren langsam und teuer, trotzdem entschieden sich nur zwei Passagiere für die Schiffsreise: Holman und eine fünfundzwanzigjährige italienische Dame, »die meine Phantasie mir als eine wunderschöne *houri* vorgaukelte.« Das Wort, das auf Persisch »dunkeläugige Frau« bedeutete, war mit Bedacht gewählt. In der Literatur sind Houris exotische Verführerinnen, aber sie sind auch sinnliche Jungfrauen, die der Koran jedem rechtgläubigen Mann verspricht, der nach dem Tode das Leben im Paradies erlangt. Diese Frau war verheiratet, aber sie reiste alleine und war schon verängstigt wegen der Verzögerung und des sich verschlechternden Wetters.

Der Regen blieb spärlich, aber der Wind wurde kälter und wühlte das Meer Stunde um Stunde stärker auf. Bei Einbruch der Nacht befahl der Kapitän wieder den Kurswechsel in Richtung Küste. Plötzlich rüttelte ein heftiger Ruck die Aufbauten des Schiffes durch und die Männer kamen an Deck gestolpert. Holman musste die aufgeregten Rufe nicht verstehen, um zu wissen, was passiert war – das Schiff schwamm nicht mehr, es lag auf Grund.

Bald konnte man Einzelheiten heraushören: Sie saßen auf den Felsen einer kleinen unbewohnten Insel fest, fern jeder Hilfe, in Gefahr zu sinken oder von der Strömung zerrissen zu werden. Es blieb keine andere Möglichkeit, als sich mit dem Anker noch fester an den Felsen zu ketten und Wasser zu schöpfen. Die beiden Passagiere wurden in die einzige Kajüte des Schiffes gebracht, wo sie auf weitere Anweisungen warten sollten. Und wo man sie in der Hektik der Ereignisse zwei Tage lang so gut wie vergaß.

In der fensterlosen Kammer hörten Holman und Signora Houri den Wind zu Orkanstärke, den Regen zu Wolkenbrüchen anschwellen. Zuerst versuchte er, respektvoll auf Abstand zu bleiben, warf seine Matratze auf eine Bank und ließ ihr den geräumigeren Fußboden, aber je länger die Stunden sich dahinschleppten, je näher die Katastrophe zu rücken schien, umso größer wurde die Angst der Frau, bis Holman irgendwann verstanden hatte, dass Trost mehr gefragt war als Schicklichkeit. Er zog seine Matratze neben ihre, und sie öffneten einander ihre Decken.

»Wir schlossen uns ab, um den Wind und den Regen auszusperren«, lautete seine taktvolle Umschreibung der Situation. »Ich hätte ein Herz aus Stein haben müssen, um ihr nicht allen Trost zu geben, über den ich verfügte.«

Sie lagen Seite an Seite, eine Nacht und einen Tag und noch eine Nacht lang. Von draußen war nichts zu hören als das unablässige Brausen des Sturms. Holmans verlor nach und nach das Gefühl für die Zeit. Das Nacht war, merkte er nur daran, dass Signora Houri in einen unruhigen Schlaf fiel, aus dem sie immer wieder erwachte, wenn das tiefe Knarren der Spanten aus dem Schiffsrumpf schall.

»Monsieur! Monsieur! Wir zerschellen auf den Felsen!«, rief sie dann. Er konnte nicht widersprechen, nur mit beruhigender Hand eine Antwort darauf geben.

Das Unwetter schien mit der Zeit etwas nachzulassen. Als die Signora kurz nach Anbruch des zweiten Tages durch ein Loch in der Segeltuchverkleidung der Kajüte spähte, stieß sie noch einen Schrei aus, einen so lauten diesmal, dass er den Kapitän auf den Plan rief. Sie hatte den Mast in Relation zur Insel gesehen, auf der sie gestrandet waren: Entweder die Bäume auf der Insel sind in Bewegung, rief sie, oder der Anker hat sich losgerissen und wir treiben frei. Der Kapitän, der nicht glauben wollte, dass eine verängstigte und ahnungslose Frau aufmerksamer als seine Mannschaft war, tat ihre Beobachtung zunächst als Unsinn ab – bis sie sich bestätigte. Der Anker hatte sich tatsächlich losgerissen. Ihnen blieb nichts anderes übrig als ihn einzuholen, in dem nach wie vor heftigen Sturm ein kurz gerefftes Segel zu setzen und zu hoffen, dass sie in freies Wasser kamen.

Die *Providenzia* brachte ihre Passagiere nicht nach Genua. Ohne weitere Zwischenfälle segelte sie unter Land, aber der verschreckte Kapitän setzte die Reise mit größter Vorsicht fort, fand bei jedem Hafen einen Vorwand, ihn anzulaufen: *Diese Stadt ist gut für Vorräte, in der Stadt gibt es preiswerte Segel zu kaufen.* Am sechsten Tag einer Reise, die eigentlich zwei Tage dauern sollte, gaben Holman und die Signora auf, suchten ihr Heil auf den Landstraßen, aber nicht ohne der Mannschaft als Geste der Dankbarkeit ein Fass Wein spendiert zu haben. Sie bestiegen gemeinsam eine Kutsche, doch in Genua war Holman wieder allein.

Tage später dümpelte er schon auf der nächsten Feluke durch den Golf von La Spezia, diesmal allerdings verrichtete er als vorübergehendes Mitglied der Mannschaft Knochenarbeit. Seit Tagen trieb das Schiff in einer Flaute, und als die Vorräte knapp wurden, beschloss man, nach Süden zu rudern. Holman, froh über Bewegung, ließ sich nicht davon abhalten, seine Schichten an den Riemen zu absolvieren.

Ohne es zu ahnen, reiste er in einer Luftblase des Friedens. In seinem Rücken, in Nizza und Genua, brachen gerade Revolutionen aus. Vor ihm lagen die neapolitanischen Staaten, in die gerade die Österreicher einfielen. Als er endlich wieder an Land war und man ihn über die laufenden Ereignisse informierte, entschied er sich klugerweise nach Rom zu reisen, wo die Anwesenheit des Papstes wenigstens vorerst Schutz vor den politischen Gewitterfronten versprach.

Aber erst einmal galt es, eine persönliche Krise zu überstehen, ein privates Drama, das sich vor einer Florentiner Bühnenkulisse entfaltete.

Holman war kein großer Freund der Oper. Sein Leben lang war Musik ihm ein beständiger Quell tiefster Freuden gewesen, aber für die Musik als Schauspiel war sein Gehör zu sensibel. Regelmäßig musste er erleben, dass einer der Akteure ein guter Sänger, aber dafür ein miserabler Komödiant war, oder ein ganz passabler Schauspieler und höchst mittelmäßiger Sänger. Die anderen Zuschauer mochten durch das Spektakel auf der Bühne, den Pomp der Aufführung von dieser Disparität abgelenkt werden, für ihn blieb sie unerträglich.

Aber an diesem Abend sollte Holman im Teatro del Cocomero bei einer Aufführung von Rossinis neuester Oper *Der Barbier von Sevilla* eine Offenbarung erleben. Ausnahmsweise fehlte es auf der Bühne an grellen Misstönen. Musik und Drama verschmolzen fugenlos, und er war bald gefesselt von dem Erlebnis. Ein Bariton trug die fröhlich-pompöse Selbstankündigung des Barbiers vor – *Figaro Figaro Fi-ga-ro!* –, der dem edlen Grafen (Tenor) bei seinem Triumph über den intriganten Doktor (Bass) im Kampf um die Liebe der Musikstudentin Rosina (Mezzosopran) beistand. Die wildesten Komplikationen entwickelten sich: Rasierseife wurde zum Wurfgeschoss, Leitern verschwanden aus strategischen Gründen, aber alle sangen sie aus voller Kehle weiter. Und Holman selbst verliebte sich nach und nach in Rosina, zumindest in die Primadonna, die ihr die Stimme lieh.

»Ich hätte alles dafür gegeben, ihr hübsches Gesicht und ihre Figur zu sehen«, erinnerte er sich später, absolut überzeugt von ihrer Schönheit.

Auf bisher unbekannte Weise sollte sein Wunsch ihm beinahe augenblicklich erfüllt werden. »Der Klang und die Ausdruckskraft ihrer Stimme ... schienen sich durch die Kraft der Zuneigung in meinem Kopf als naturgetreue Darstellung ihrer Person und ihrer Eigenschaften festzusetzen«, notiert er.

Die Flut der Empfindungen hatte begonnen sich zu verbinden, zu verschmelzen, eine ganz neue Qualität zu gewinnen. Es entstand mehr als das Bild vor dem geistigen Auge – es kam einem gesehenen Bild gleich. »Ich hörte, fühlte, sah oder *stellte mir vor zu sehen*, alles das, was Worte, Gesten und Handlungen vermitteln können«, lautete seine Beschreibung, bei der er mit Bedacht in kursive Schrift auswich.

Er erhob sich aus seinem Sitz, ohne sich um die Zuschauer um ihn herum zu kümmern, gebannt von den Bildern, die er mit solcher Gewissheit vor Augen zu haben meinte. Er beugte sich vor, verspürte einen unwiderstehlichen Drang, auf die Bühne zu stürmen. Wenn er die Vorstellung unterbrach, würde er sich mit ziemlicher Sicherheit eine Festnahme einhandeln, aber er sah keine andere Möglichkeit, dem Zustand ein Ende zu machen. Es mussten Trugbilder sein, aber sie waren so lebendig, dass er meinte, sie mit Gewalt zerschmettern zu müssen, um sich zu beweisen, dass er nicht sehen konnte. Stattdessen beherrschte er sich, blieb an seinem Platz stehen, bis der Impuls vorüber war. Dann setzte er sich wieder. Bald lösten die Bilder sich auf und verschwanden.

Ein Mensch braucht keine Augen, um sehen zu können. Solange der visuelle Kortex funktioniert, werden Impulse, die in seine Leitungsbahnen gelangen, als visuelle Daten transportiert, auch ein willkürlich erzeugter oder von einem anderen Sinn – dem Gehör, Geruchsinn, Geschmack, Tastsinn – fehlgeleiteter Input. Tatsächlich kann jeder Bereich des Gehirns das Phänomen der Synästhesie produzieren, eine Art neurologisches Crossover, das ihn mit nicht sensorischen Reizen überflutet. Bei manchen ist diese Fähigkeit angeboren, bei anderen wird sie durch Krankheiten oder halluzinogene Drogen erzeugt. Menschen, die solche Synästhesien erleben, sprechen oft vom »Geschmack der Farben« oder der »Form von Klängen«. Es ist auch nicht ungewöhnlich, dass Blinde, besonders wenn sie als erwachsene Menschen erblindet sind, eine Überempfänglichkeit für visuelle Synästhesien entwickeln, weil anderer kortikaler Input nicht zur Verfügung steht.

Die Episode im Theater war Holmans erstes Erlebnis dieser Art, aber nicht das letzte. Immer wieder einmal wurde er von solchen Blitzen heimgesucht: Ein Fremder sprach, und »ich hätte, wenn mein Sehvermögen mir den Gebrauch eines Pinsels gestattet hätte, sein Porträt zeichnen können, als hätte ich ihn wirklich vor mir gesehen.« So herrlich die Erfahrung solcher Phantombilder, so tief die Traurigkeit, in der sie einen zurückließen. Kein anderes Erlebnis hätte die Erinnerung an das, was er verloren hatte, so plastisch wachrufen können.

Es war leicht zu erkennen, wo das prachtvolle aber mittellose Herrschaftsgebiet seiner Heiligkeit des Papstes Pius VII. begann. Auf einmal waren die Straßen nur noch ein Krakelée aus hartgebackenen Schlammfurchen, und Holman nahm die Gewohnheit wieder auf, mit der Kutsche um die Wette zu marschieren. Diesmal schlossen seine Mitreisenden sich ihm an. Die Verbindung aus schönem Wetter und netter Unterhaltung beschwingte die Stimmung der Fußgängergruppe, die nur einmal getrübt wurde, als man an der vermodernden Leiche eines Hingerichteten, wahrscheinlich eines Straßenräubers, vorüberkam. Tote waren ein häufiger Anblick auf den Straßen der römischen Staaten, eine Warnung sowohl für die zahlreichen *banditi* als auch ihre Opfer.

Holman nahm den Schwung seiner Leibesübungen mit in die Stadt, stieg hinauf zur Trajanssäule, dem Palatin, dem Tarpejischen Felsen, kletterte sogar auf den Monte Testaccio (der eigentlich kein Berg sondern eine antike Schutthalde war), alles an einem Tag, bis dem gemieteten Führer die Puste ausging. Paris hatte ihn gleichgültig gelassen, vor allem deshalb, weil die Sehenswürdigkeiten dort weiter nichts als Sehenswürdigkeiten waren, Bauwerke zum Anschauen. Aber vieles von Roms Größe wollte nicht gesehen, es wollte heraufbeschworen werden, schon deshalb, weil viele der (inzwischen rekonstruierten) Monumente zu Holmans Zeit kaum mehr als Steinhaufen auf verwahrlosten Feldern waren. Er hatte die gleichen Möglichkeiten wie alle anderen, mit den Händen über vereinzelt herumliegende Säulenreste zu streichen und das gesamte Ensemble im Geist wieder zusammenzusetzen, oder über ein zertrümmertes, von Unkraut überwuchertes Fundament zu schreiten und sich vorzustellen, dass der Untergrund kein *campo vaccino*, keine Kuhweide war, sondern das Forum Romanum.

Ein paar der taktilen Erlebnisse mussten flüchtige Freuden bleiben. Das Berühren war in der vatikanischen Skulpturensammlung streng verboten, und Soldaten wachten mit Argusaugen über die Objekte. Er machte gleichgesinnte Kunstliebhaber zu Komplizen, bat sie, ihm Bescheid zu sagen, wenn die Soldaten den Rücken kehrten. Es gab auch akustische Freuden. Hatte der Beginn der Osterzeit das Florentiner Nachtleben zum Erliegen gebracht, so sorgte er hier für eine Fülle von Klängen – Kanonensalute, Straßenmusik und die öffentliche Darbietung von Chorälen. Die *A-Capella*-Gesänge taten es ihm besonders an.

Holman kannte keine Menschenseele in Rom, aber er hatte ein Empfehlungsschreiben für Dr. James Clark, einen emigrierten Schotten, mit dem er sich rasch befreundete, und dessen Freundschaft für ihn in den kommenden Jahren von großem Vorteil sein sollte. Sie hatten jede Menge Gesprächsstoff. Eigentlich war es erstaunlich, dass sie sich nicht eher begegnet waren, so parallel waren ihre Leben lange Zeit verlaufen.

Clark, etwas jünger als Holman, hatte sein Medizinstudium in Edinburgh unterbrochen, um zur Royal Navy zu gehen. Während Holman um seinen Posten auf der *Guerrière* kämpfte, war Clark zweiter Schiffsarzt auf der *Thistle* vor demselben Hafen stationiert. Nach dem Friedensschluss auf halben Sold zurückgestuft, hatte er seine lange unterbrochene medizinische Ausbildung wieder aufgenommen und im selben Jahr wie Holman in Edinburgh seinen Abschluss gemacht. Ein Jahr vor Holman war er auf Vergnügungsreise durch Südfrankreich gegangen und hatte dabei in den Mineralquellen, die für Holman so heilsam gewesen waren, Wasserproben untersucht und gesammelt.

Jetzt schrieb er über diese Mineralwässer ein Buch und richtete in Rom eine Praxis ein, die sich um Kranke englischer Herkunft kümmerte. Wie Holman war er ein Freund der frischen Luft und körperlicher Ertüchtigung und ein literarischer Mann, selbst kein Dichter, aber ein Bewunderer der Kunst. Die beiden kamen so gut miteinander aus, dass Holman sehr bald aus seinem Hotel in eine Pension nahe der Spanischen Treppe in der Nachbarschaft von Clarks Haus zog, ein Umzug, den der Doktor selbst angeregt und organisiert hatte.

Vielleicht vergaß Clark zu erwähnen, wie er von der Vakanz erfahren hatte. Dieses Zimmer war kurz zuvor Schauplatz des langwierigen, qualvollen Sterbens eines seiner Patienten gewesen – eines anderen jungen Engländers, der so arm war, dass seine Freunde Geld sammeln mussten, um ihn dorthin schicken zu können. Seine englischen Ärzte waren sich einig in der Meinung, er habe Tuberkulose im Endstadium und müsse im Bett bleiben; Clark hingegen stellte eine einsame Diagnose auf Magenbeschwerden und verordnete Bewegung statt Bettruhe. Zu seinem Unglück strafte sein Patient ihn Lügen, indem er zusammenbrach und große Mengen Blut spuckte. Anschließend sank er in ein monatelanges, qualvolles Siechtum, und als er kurz vor seinem Ende daraus erwachte und feststellen musste, dass er noch am Leben war, fing er zu weinen an.

Als es endlich überstanden war, ließ Clark aus sentimentalen Gründen eine Totenmaske von dem jungen Mann anfertigen, der ein verheißungsvoller Dichter gewesen war. Ein paar Wochen später zog Holman, der allem Anschein nach nichts über seinen Vorgänger unter dieser Adresse wusste, in das Zimmer ein. Sollte jemand in seiner Gegenwart den Namen erwähnt haben, dürfte er kaum etwas damit anzufangen gewusst haben: Erst das letzte Werk des Dichters hatte bescheidene Aufmerksamkeit gefunden, und zum Zeitpunkt seiner Veröffentlichung war Holman bereits auf dem Kontinent unterwegs. Erst später sollte Piazza di Spagna Nr. 26 zu einer vielbesuchten Pilgerstätte werden, einem sorgsam gepflegten Heiligtum zum Gedenken an John Keats.

Seine Zeit erlaubte es ihm nicht einmal ansatzweise, Rom in seiner ganzen Fülle kennenzulernen, deshalb wählte sich Holman drei herausragende Bauwerke aus – der Petersdom, das Kapitol und das Pantheon –, und machte sich daran, sie tastend vor seinem geistigen Auge erstehen zu lassen, besuchte sie immer wieder. »Ich glaube, durch die vielen Wiederholungen bekam ich eine fast so präzise Vorstellung von den Bauten, als hätte ich sie wirklich gesehen.«

Nur ein einziges Mal erlebte er auf einem seiner Erkundungsgänge eine Enttäuschung. Er hatte sich über Treppen und Leitern bis hinauf zur Spitze des Petersdoms gequält. Nicht nur bis zum Dach und hinein in die Kuppel, die sich darüber erhebt, sondern bis hinauf zu der kleinen kupfernen Kugel, die wie ein gelandeter Satellit über beidem thront. Es würde ein Leichtes sein, dachte er, auch noch durch die letzte Tür zu kriechen und zu dem Kreuz hinaufzuklettern, den absoluten Gipfel der größten Kirche der Welt zu erreichen.

Er war ohne Angst, konnte es kaum erwarten. Seine Blindheit machte ihn immun gegen Schwindel, und das führte er gerne vor. Aber die letzte Tür blieb ihm verschlossen – nicht aus Sorge um seinen Zustand, sondern weil er Engländer war. Als letzter hatte einer seiner Landsleute diesen Schritt getan und respektlos den Union Jack vom höchsten Punkt des Kreuzes flattern lassen.

Egal. Fern der Stadt, am südlichen Rand der Bucht von Neapel, wartete eine viel größere Herausforderung auf ihn. Holman erinnerte sich, dass in der Zeit vor dem Krieg »ein unternehmungslustiger Bürger mit einer Schnupftabakdose voll Asche vom Vesuv nach Exeter zurückgekehrt und wie eine Art Wundermann bestaunt worden war«. Und das zu einer Zeit, als der Vulkan ruhig, fast untätig war. Jetzt war er dabei, sich zu verwandeln, hatte angefangen, gefährlich zu donnern und zu brodeln – tatsächlich bereitete er sich auf den größten Ausbruch des Jahrhunderts vor.

Holman war mit seiner eigenen Verwandlung noch nicht fertig. Begonnen hatte er seine Reise als schwächlicher Kranker, eine Art menschliches Gepäckstück. Er war erblüht zum Auslandsreisenden, einem Touristen, dann einem aktiven, forschenden und fragenden Reisenden. Und jetzt war er bereit, einen Abenteurer aus sich zu machen.

Ihn zog noch ein anderer Grund nach Neapel. In Verbindung mit der Region hatte er einen Namen nennen hören, der ihm gut bekannt war, den eines alten Schiffskameraden, »bis vor ein paar Jahren ein sehr enger Freund«. Der englische Landsmann war tatsächlich sein alter Gefährte, und so freudig das Wiedersehen war, so geprägt war es von seltsamem beiderseitigem Mitleid. Während der Mann zu seiner Bestürzung den alten Freund erblindet sah, musste Holman nicht weniger betroffen erfahren, dass sein Freund vollständig taub war.

Die beiden wurden unzertrennlich – sie hatten eine Menge nachzuholen. »Wohl nur wenige Herren hatten die Wechselfälle des Lebens gründlicher auskosten dürfen als wir beiden«, schwärmte Holman, »oder mannigfaltigere Gefahren und Abenteuer erlebt, von denen so manches durchaus romantische Züge trug.«

Mit der so üblichen wie unerfreulichen Diskretion berichtet Holman von den Heldentaten des Mannes, ohne ihn beim Namen zu nennen; er bleibt der anonyme Mr. C–. In einem achtlosen Augenblick erweiterte er das Pseudonym auf »Mr. C-l-b-k«. Dieser Ausrutscher bringt uns einer exakten Identifikation nicht näher, zumindest aber erlaubt er es einem verzweifelten Biografen, dem Betreffenden einen menschlicher klingenden Namen zu geben. Auf diesen Seiten soll aus Mr. C-l-b-k Mr. Colebrook werden – eine willkürliche Auffüllung der Leerstellen, aber man möge diese Freiheit im Licht der Eventualität beurteilen, dass es ohnehin ein erdachter Name war. Den »Gefahren und Abenteuern«, von denen Holman erzählt, hängt eindeutig ein Hauch von Heimlichkeit an.

1815 war Colebrook, der mit einem amerikanischen Pass reiste, in Napoleons Lager vor Paris gefangen genommen worden. Als die Franzosen ihn als Spion ins Gefängnis schafften, brach zwischen den beiden Gruppen von Soldaten ein Streit darüber aus, welcher von ihnen die Ehre zustand, den Gefangenen zu erschießen. Der Konflikt eskalierte zu einem internen Feuergefecht, in dessen Verlauf eines der Kontingente, womöglich aus reiner Boshaftigkeit, dem Gefangenen die Flucht erlaubte. Später scheint Colebrook dem Stab des vom General zum Söldnerführer konvertieren Iren Sir Richard Church angehört zu haben, der (mit dem Segen George IV.) als Oberbefehlshaber der neapolitanischen Truppen in Sizilien diente. Aus bestenfalls undurchsichtigen Gründen plünderten ein paar von Churchs eigenen Soldaten Colebrooks Hotelzimmer in dessen Beisein und ließen ihm nichts als einen Paletot und ein einziges Paar Pantalonen.

Er war außerdem, in Holmans Worten, »bestens vertraut mit beinahe jeder europäischen Sprache«, eine Fähigkeit, die ihm mit zunehmender Taubheit – über deren Ursachen Holman kein Wort verliert – leider immer mehr abhanden kam.

Die Verständigung war schwierig, aber sie standen sich bald näher als je zuvor, beide dankbar für einen Freund, dessen eigene Krankheit ihn immun gegen jegliche Neigung zum Mitleid machte. Und schon gar nicht ließ sich etwas gegen die Kompatibilität der beiden Krankheiten sagen. Holmans Noctograph konnte das Unhörbare niederschreiben, während Colebrook einen helfenden Arm und ein wachsames Auge zur Verfügung stellte.

Zusammen besuchten sie den Königspalast im nahe gelegenen Caserta und fanden so großen Gefallen daran, durch die Anlagen zu schlendern, dass sie nicht auf die Mahnungen ihres Kutschers hörten und bis Einbruch der Dunkelheit blieben. Der Mann hatte guten Grund, nervös zu sein. Die österreichischen Besatzer sorgten für Frieden in Neapel, aber außerhalb der

Stadtgrenzen machten vermummte Soldaten und einheimische Banditen die Gegend unsicher. Im Dunkeln herrschte auf den Straßen Gesetzlosigkeit.

Als sie auf die Vororte zurollten, folgten finstere Gestalten der Kutsche. Nicht auf der Straße, sondern schräg hinter ihr: Drei Männer marschierten zielbewusst und schnellen Schrittes durch das Heidekraut. Ein paar Minuten hielten sie sich im Gleichschritt hinter der Kutsche, offensichtlich die Passagiere taxierend. Nach einer weiteren Minute streckte einer, für den Kutscher unsichtbar, die Hand zum Heck hinauf und suchte nach einem Halt für den Fuß, um sich hinaufzuschwingen.

Als Colebrook es gewahr wurde, zog er nicht etwa ängstlich den Kopf zwischen die Schultern, sondern fing an, aus vollem Hals zu brüllen – und nicht etwa vor Angst, er brüllte dem Angreifer ein Donnerwetter italienischer Flüche direkt ins Ohr. Was immer das war, es veranlasste den Räuber, auf der Stelle das Weite zu suchen.

Holman war voller Respekt für das mutige Auftreten seines Freundes, ein Respekt, der sich am nächsten Morgen noch steigern sollte. Er war nach dem Zwischenfall gleich schlafen gegangen, aber Colebrook hatte sich durch seine Taubheit nicht davon abhalten lassen, geschlagene zwei Stunden lang auf das Kleinlichste mit dem Kutscher um das Fahrgeld zu feilschen (der Kutscher bestand auf einer Gefahrenzulage). Dieser Mann war schon vom Temperament her nicht für die Opferrolle bestimmt.

Als Holman mit Robert Madden im Schlepptau den Vesuv in Angriff nahm, blieb sein tauber Freund zu Hause. Und als er strahlend über den Erfolg und voller Vorfreude auf neue Abenteuer zurückkehrte, teilte ihm Colebrook seine Absicht mit, das Haus zu schließen und selbst auf Reisen zu gehen. Er wollte nach

Norden, nicht nur raus aus Italien, sondern aus Europa überhaupt. Was hätte näher liegen können als der Entschluss, sich gemeinsam auf den Weg zu machen.

Holman hat auf seinen Fahrten viele Freundschaften geschlossen, aber das Reisen selbst war für ihn – das diktierte ihm schon sein Stolz – ein einsames Unternehmen. Zum ersten Mal gab es jetzt andere Überlegungen. Sein Vorstoß nach Süden war praktisch beendet, die gewährte Urlaubsfrist ließ ihm nicht die Zeit, sich länger auf dem Stiefel umzusehen. Es führte ihn also in dieselbe Richtung wie Colebrook. Und Colebrooks Gesellschaft, soviel war klar, würde die Reise beschleunigen. Holman zog es nicht nach Hause. Er wollte so viele Gegenden wie möglich bereisen.

Außerdem bestand die Gefahr, dass der taube Colebrook allein sich überanstrengte in dem Bemühen, bei jedem Disput über die Höhe einer Rechnung sein Gegenüber zu verstehen und sich ihm verständlich zu machen. Vor allem aber war man sich einig, dass eine gemeinsame Reise mindestens so viele Abenteuer versprach wie eine Vesuvbesteigung. Nicht in Hinblick auf Gefahren, sondern auf eine ganz eigene, schillernde, schräge, lachende Art und Weise.

»Man darf es als einen sonderbaren Umstand unserer Reisegemeinschaft betrachten, dass mir das Sehvermögen und ihm das Gehör fehlte«, räumte Holman ein. »Eine solche Konstellation ist nicht ohne Komik und bescherte unseren Mitreisenden manch vergnüglichen Augenblick. Ein ums andere Mal wurden wir zum Gegenstand von Witzen, über die wir im Allgemeinen mitlachen, und auf die wir nicht selten noch eins besser geben konnten.«

Es war das erste Mal, dass Holman einen Reisebegleiter akzeptierte. Und es sollte auch das letzte Mal sein.

So lernte Colebrook die Freuden des strammen Marschierens im Kielwasser der Kutsche kennen, und sie spazierten untergehakt durch die Pontinischen Sümpfe. Zurück in Rom schleppte Holman ihn in Skulpturengalerien, die er bei seinem ersten Aufenthalt noch nicht gesehen hatte, und machte ausgiebig Gebrauch von seinem neuen privaten Wächter. Eines Morgens, nachdem man ihm versichert hatte, die Luft sei rein, tastete er selbstvergessen eine Gruppe von Büsten berühmter Persönlichkeiten ab – Lord Byron, der Prinz und die Prinzessin von Dänemark –, bevor sie zu den nächsten Exponaten weitergingen. Und dort fasste seine tastende Hand mitten ins Verderben: Zweifellos war das ein Bein, das er da berührte – ein *lebendiges* Bein. Verbunden mit einem sehr lebendigen und überaus männlichen Unterleib.

Dicht hinter sich hörte er Gekicher, das sich schnell im Raum ausbreitete. Colebrook hatte ihn mit voller Absicht zu einem Modell geführt, das für ein Standbild posierte – Museumsangestellte bereiteten einen Gipsabdruck vom lebenden Objekt vor, und alle hatten den Spaß mitbekommen. Natürlich lachte Holman aus vollem Herzen mit.

Bester Laune rumpelten sie über Land. Das Reisen mit Colebrook hatte einen doppelten Vorteil: Er beschrieb ihm nicht nur die Landschaft, er hatte auch ein Gefühl für das, was sein Freund sehenswert fand. Jetzt bekam Holman mitgeteilt, wenn ihnen »eine schöne, im Männersattel sitzende Reiterin« begegnete, oder ein »hübsches, interessantes junges Mädchen« ihnen das Abendessen servierte. Eine Mitreisende war eine »verblühende Schönheit mit solch bezaubernden dunklen Augen«, dass nicht einmal Colebrook, selbst ein Charmeur vor dem Herren, ihrem Blick standzuhalten vermochte.

Andere kleine aber interessante Begebenheiten der Reise wurden Gegenstand stellvertretender Beobachtung. Holman konnte jetzt notieren, dass die Einheimischen in der Gegend von Susa »groteske Kleider trugen, Dreispitze, sehr lange Rockschöße, schwarze Bundhosen, und häufig ohne Schuhe und Socken herumliefen.« Während ein Mitreisender nach Turin sich seiner reichen Gemahlin und eines blühenden Pferdehandels brüstete, informierte Colebrook seinen Freund flüsternd über die schäbige Kleidung des Mannes.

Und mehr noch. Colebrook erwies sich als Meister im Umgehen politischer Krisenherde und lotste sie mit Geschick durch die Grenzkontrollen, von denen es viele gab; jede Region hatte ihre eigenen Zollkontrollen und hoheitsrechtlichen Gepflogenheiten. In Florenz musste Holman sich einen neuen Pass ausstellen lassen. Der alte, noch jungfräulich leer zu Beginn seiner Reise, war jetzt »über und über mit Stempeln und Gegenstempeln bedeckt, so dass die ursprüngliche Beschriftung inmitten der vielen Randbemerkungen kaum noch zu lesen war«.

Aber der größte Vorteil war, dass man ihn nicht mehr so leicht betrügen konnte. Fahrpreise waren eine flexible Angelegenheit, richteten sich in der Regel nach dem flink eingeschätzten Wert des Reisenden, seiner Leichtgläubigkeit oder ganz einfach nach dem Bedarf; Fahrkarten, Übernachtungen oder Abendessen zu festen Preisen hatten Seltenheitswert. Jeden Tag galt es neue Verhandlungen zu führen – um Kutschen, Zimmer, Mahlzeiten –, also entwickelten sie eine feste Strategie.

Colebrook nahm in Augenschein und signalisierte seine Billigung. Holman führte die Verhandlungen und bat darum, seinem tauben Freund die Bedingungen auf ein Blatt Papier zu schreiben. Wenn Verhandlungsobjekte verändert oder Preise nachträglich erhöht wurden (was nur zu häufig vorkam), zogen die beiden das Blatt hervor, das, in der eigenen Handschrift des Besitzers aufgesetzt, so etwas wie ein Vertrag war, auf den man pochen konnte. Das war nicht nur ein Schutz gegen skrupellose Geschäftsleute. Sie erfuhren von mindestens einem Mitreisenden, einem freundlichen und scheinbar gutmütigen Franzosen, dass er auf ihre Kosten zu verhandeln versucht hatte: *Verlangen Sie von denen das Doppelte und von mir nichts.*

Ein einziges Mal, als sie aus dem Savoy in die Schweiz reisten, versagte ihre Methode. Das Gasthaus war gefüllt mit ungebärdigen sardischen Soldaten. Die Männer streckten die Hände begehrlich nach dem Gepäck der Neuankömmlinge aus, rissen die Schnur von Holmans Koffer, kaum hatte er ihn auf den Boden gestellt. Die beiden verlangten ein abschließbares Zimmer für sich allein, und schnell. Aber die junge Frau, die sie bediente, weigerte sich nicht nur, irgendetwas schriftlich festzuhalten, sie schien gar nicht zu verstehen, was sie wollten. Holman versuchte es mit seinen wenigen Brocken Italienisch, seinem passablen Französisch, seiner eigenen Muttersprache. Bis Colebrook sich einschaltete, tonlos Sätze in jeder Sprache herunterrasselte, die er kannte. Ohne Erfolg.

Die Soldaten drängten sich um sie und schauten zu. Nach einer Weile angespannten Schweigens und einer Reihe von vergeblichen Handbewegungen, Berührungen, verstand Holman, warum die Soldaten in dem Gasthaus sich so rücksichtslos aufführten. Die junge Frau war taubstumm.

Die drohende Haltung der Soldaten verwandelte sich in Belustigung, als die drei bei ihrer Suche nach einer gemeinsamen Basis mit den Händen ein Feuerwerk improvisierter Gesten in die Luft wirbelten, und die Frau sich verzweifelt bemühte, Holman Zeichen auf den Arm zu schreiben, bis sie es irgendwann geschafft hatten, einander verständlich zu machen. Sie gab ihnen nicht nur ein abschließbares Zimmer, sie servierte ihnen sogar ein Abendessen und brachte sie am nächsten Tag sicher zu ihrer Kutsche.

Der bekannte Naturforscher François Huber hatte das unverwechselbare Auftreten großer Männer. Er strahlte Vitalität und Würde aus, Qualitäten, die durch sein stets nachdenkliches Gesicht sowie eine gewisse Ähnlichkeit mit George Washington noch unterstrichen wurden. In seinen Bewegungen wirkte er jünger als seine einundsiebzig Jahre; wenn er einem schweigend zuhörte, erschien er so steinalt wie eine Felsformation. Als Holmans und Colebrooks Kutsche vor seinem Landhaus außerhalb von Genf vorfuhr, spazierte er gerade allein und gedankenverloren durch seinen Garten. Verloren allerdings nur in seinen Gedanken – mit den Händen folgte er gelassen einer an den Blumenbeeten und Hecken entlang gespannten Schnur.

Huber war der berühmteste Blinde der Welt.

Mit fünfzehn, er hatte eben erst seine Begabung für die Naturwissenschaften entdeckt, war er als Folge einer schweren Scharlacherkrankung langsam erblindet. Er gab sein Studium nicht auf, als es keinen Zweifel mehr daran geben konnte, dass die Krankheit ihm das Augenlicht rauben würde, er beschleunigte es nur etwas, las soviel er konnte, solange er noch lesen konnte. Als es dunkel um ihn herum wurde, richtete er sein Interesse auf etwas, das scheinbar unerreichbar für das menschliche Auge war: das Geheimnis des Bienenstocks.

Über Tausende von Jahren durfte niemand guten Gewissens von sich behaupten, er wüsste, was in einem Bienenstock vor sich geht. Schlug man eine Öffnung hinein, hielten die Bienen augenblicklich in ihren Tätigkeiten inne und gingen zum Angriff über. Als entsprechende Technologien zur Verfügung standen, kam man auf den nahe liegenden Gedanken, einen Bienenkorb mit einer gläsernen Wand oder einem Sichtfenster zu konstruieren. Aber das funktionierte nicht – die Bienen scheuten das Licht und bauten ihre Waben oberhalb der Öffnung. Und so blieb alles, was außer dem Schwärmen und Bestäuben noch zu ihrem Leben gehören mochte, weiterhin im Dunkeln.

Huber löste das Problem, indem er alle herkömmlichen Vorstellungen von Beobachtung über Bord warf. Er baute einen Bienenstock, den man auf- und zuklappen konnte wie ein Buch. Beide Hälften hatten Glasscheiben auf den Innenseiten, aber der Korb war geschlossen und geschützt gegen das Tageslicht. Weil er inzwischen vollständig erblindet war, stellte er François Burnens an, einen seiner Diener, dessen Beobachtungsgabe er vertraute.

Er gab Burnens die Instruktion, den Stock aufzuklappen – immer nur ein paar Sekunden lang – und darin zu lesen wie in einem Buch, bevor die Bienen Schutz suchen konnten, und so viel wie möglich von dem Gesehenen zu behalten. Burnens klappte den Stock wieder zu, überließ die Bienen der Dunkelheit und berichtete seinem Herren, was er gesehen hatte. *Ich habe die Königin gesehen. Ich habe die Flügel der Bienen um sie herum gezählt, wie Sie mir aufgetragen haben.*

Die Methode der kurzen Einblicke und Beschreibungen setzten sie über Jahrzehnte hinweg fort. Im Lauf dieser Jahre legte Huber seine eigenen mentalen Karten an, bis er sich zu jeder Zeit in einen Bienenstock hineinversetzen konnte. Er machte seine eigenen Beobachtungen, ließ sie sich von Burnens bestätigen. Auf diese Weise verdichteten sich Beobachtungen zu Entdeckungen: wie die Bienen Wachs produzieren. Wo sie ihre Sinnesorgane haben. Wie die Luft in den Waben zirkuliert. Wie Insekten mit geometrischer Exaktheit Waben konstruieren. Seine Abhandlungen, mit bewusster Ironie *Neueste Beobachtungen zur Naturgeschichte der Bienen* betitelt, wurden in kürzester Zeit zum Fundament einer neuen Wissenschaft von der Bienenzucht.

Es war eine Pilgerfahrt für Holman und eine Freude für Huber, der von gemeinsamen Edinburgher Freunden von dem blinden Medizinstudenten gehört hatte. Huber sparte nicht mit Lob und Ermutigung, aber genau da lag schon im Keim ihrer Verständigung das Problem – Holman brauchte keine Ermutigung, weil er keinen Ehrgeiz hatte. Die Vorstellung von einer Lebensleistung gehörte zu seinem früheren Leben als Sehender; war es denn nicht schon Leistung genug, dass er seine Mobilität zurückgewonnen und sich seine Unabhängigkeit bewahrt hatte?

In der illustren Gegenwart des berühmten Mannes fühlte Holman sich zum ersten Mal in der Defensive. Er merkte, dass er sich nicht auf Huber konzentrierte, sondern auf »den Respekt und die Zuneigung, die seine gesamte Umgebung ihm entgegenbrachte«, vor allem aber die ständige Aufmerksamkeit der Madame Huber. Schon als sie beide siebzehn waren und Huber noch nicht blind, hatte er um sie geworben, und als seine Sehkraft nachließ, hatte er sich komplizierte Strategien ausgedacht, um die Wahrheit vor ihr zu verbergen. Natürlich misslang die Täuschung, aber Maria Aimée hielt zu ihm, auch noch, als ihr Vater die Verbindung untersagte. Sie wartete, bis sie volljährig war und aus eigenen Stücken mit ihm vor den Altar treten konnte. Die Ehe war, so kann man es überall nachlesen, von gegenseitiger Zuneigung geprägt, auch noch nach vierzig Jahren.

»Ein wahrer Glücksfall war für ihn die Wahl der Gefährtin seines häuslichen Glücks«, schrieb Holman. Man meint den Neid aus seinen Worten herauslesen zu können, vor allem wenn man weiß, welchen Groll er gegen die seiner Meinung nach spürbare Missachtung gegenüber den Frauen von Genf hegte, einer Stadt, in der beinahe jeder Mann »der einen oder anderen wissenschaftlichen Gesellschaft anzugehören schien«. Bald griff er zu seiner Standardmethode der Sublimation, er suchte Zuflucht bei der Poesie, diesmal bei Versen von Thomas Otway:

O Frau! Schöne Frau! Von Natur die Versuchung des Mannes –
Ohne Dich waren wir Barbaren.

Bis dahin war die Reise ein langsamer Aufstieg vom Meer hinauf in die Alpen gewesen, doch jetzt stiegen sie nach Österreich und in die Schwemmebene des Rheins hinunter. Es war ein sehr angenehmer Transit – man reiste in *chars*, besseren Sofas auf Rädern –, aber Holman versank immer tiefer in passive Nachdenklichkeit, die meiste Zeit schrieb er wortlos nieder, was Colebrook ihm schilderte.

Die Bauernmädchen von Bern mit ihren faszinierend kurzen, nicht einmal bis zu den Knien reichenden Unterröcken. Der schlecht gekleidete Kutscher, der kurz vor Lausanne noch einmal Halt machte, um sich einen prächtigen roten Rock über die Schultern zu werfen. Der Fesselballon in Straßburg, der wie ein Weinfass mit einem auf ihm reitenden Bacchus geformt war.

Sie waren jetzt in friedlichen Ländern unter ordentlichen Menschen. Die Flut fremder Worte bot den Ohren etwas Abwechslung, und es bestand nicht die Notwendigkeit, sie zu verstehen. Colebrook konnte die deutsche Schrift recht gut lesen und kannte auch den einen oder anderen Ausspruch. Wenn es hier überhaupt eine Gefahr gab, dann die, beim Essen zur Eile angehalten zu werden.

Die letzte Annehmlichkeit war der Umstieg aus der Kutsche in die *coche d'eau*, die »Wasserkutsche«. Jetzt trieben sie behaglich auf dem Rhein flussabwärts, und Holman musste nur noch den Beschreibungen der Landschaften lauschen, die an ihnen vorüberzogen. Es gab nichts zu ertasten, keine Geräusche als das Geplapper der Fahrgäste. Vom Ufer wehten nur spärliche Gerüche herüber.

Aber er hatte immer noch wenig Anlass, sich bei Colebrook zu beschweren. Als sie in Köln anlegten, war klar, dass ihre Reisegemeinschaft bald ein Ende haben würde. In Köln gab es Zeitungen mit alten und neuen Nachrichten aus der Heimat: Königin Caroline war krank. Königin Caroline war tot.

Caroline war die getrennt von ihrem Mann lebende Gemahlin George IV. und gleichzeitig seine Kusine. Ihre Heirat war ein Akt strategischer Staatsführung gewesen, die Ehe zerbrach in dem Moment, als die beiden feststellten, wie gründlich sie einander verabscheuten. Zwanzig Jahre lebten sie getrennt von Tisch und Bett, und die meiste Zeit machte der damalige Prinzregent sich keine Gedanken um eine Scheidung. Als er dann endlich die nötigen Schritte einleitete, war es zu spät – der alte König starb, und Caroline führte plötzlich nichts anderes mehr im Sinn als ihren Platz als rechtmäßige Königin von England einzunehmen.

Was folgte, war eine Seifenoper. Er beschuldigte sie der Unsittlichkeit und übersah dabei geflissentlich die lange Reihe seiner eigenen Mätressen. Am Tag der Krönung erschien sie vor der Westminster Abbey, um sich an der Seite des entfremdeten Gatten krönen zu lassen. Die Knights of Windsor bekamen den Auftrag, ihr den Zugang zur Kirche zu verweigern. Wenige Wochen nach dieser öffentlichen Demütigung starb sie an einer Magenkrankheit, und ihr Tod machte sie zur Märtyrerin für die Kräfte, die sich bereits jetzt gegen einen König formierten, der ihnen schon als Prinz zu verschwenderisch gewesen war. Die Begräbnisprozession der »verletzten Königin von England« artete in einen blutigen Aufstand aus.

Das war nicht die Zeit, einen bereits überzogenen Urlaub noch weiter in die Länge zu ziehen. Nachdem er bereits zwei königliche Beerdigungen und eine Krönung verpasst hatte, durfte Holman seine Rückkehr nicht länger hinauszögern.

Sie reisten wieder auf der Straße, machten auf dem Weg nach Utrecht und Amsterdam nur die nötigsten Pausen. Dort angekommen, würden sie sich trennen müssen. Auf sich allein gestellt, hatten sie weit mehr als zweitausend Kilometer auf dem Kontinent zurückgelegt. Aber jetzt reiste Holman weiter Richtung Westen, nach Harlem, an die Nordsee, zurück nach England, und Colebrook fuhr zurück nach Deutschland, um seine Reise nach Norden fortzusetzen.

In den Tulpenmeeren der Gegend um Amsterdam hakten sie sich zu ihrem letzten gemeinsamen Spaziergang unter. Colebrook war glücklich, die Hand des Freundes ein letztes Mal über ein Bildwerk zu führen – diesmal eines gärtnerischen Formschnitts, einer Gruppe von zu Stühlen und Tischen getrimmter Hecken. Beide berührten die Portale dicht beieinanderstehender Gebäude, wohl wissend, dass eine Tür in jedem Haus nur zu Hochzeiten oder Begräbnissen geöffnet wurde. Sie hatten das Glück, eine Tür geöffnet zu finden, und ein frisch vermähltes Paar trat auf dem Weg zum Hochzeitsmahl daraus hervor. Die Braut, erzählte man ihnen, brachte eine hübsche Mitgift an Windmühlen mit.

Als der Abschied schließlich kam, war er glücklicherweise kurz. »Zu unserem Glück blieb uns wenig Zeit für nutzloses Herzweh«, erinnert sich Holman, »denn das Schiff war zum Auslaufen klar, als wir am Kanal ankamen, und es galt die Regel, dass auf keinen gewartet wird.« Es reichte noch für ein paar rasche Abschiedsworte, dann musste er sich schon die Gangway hinaufhangeln, gar nicht einmal unglücklich darüber, wieder auf sich gestellt zu sein.

Die lange Wegstrecke hatte ihre Freundschaft gefestigt, nicht strapaziert, und sie hofften beide, dass ihre Wege sich wieder einmal kreuzen würden. Aber einen Reisebegleiter wollte Holman sich keinen mehr suchen, nicht mal einen, der Hilfe so gut gebrauchen wie geben konnte. Er hatte die Hilfe des Tauben in gleicher Münze zurückzahlen können, aber gegenseitige Abhängigkeit schmeckt anders als Unabhängigkeit. Colebrooks »einförmige Freundlichkeit und stets wache Sorge« um ihn war ein beständiger Trost. Aber Holman begann zu spüren, dass der Trost der Feind war. Die Passage von Belgien nach Kent dauerte zehn Stunden und war der Mannschaft des Packschiffs so vertraut, dass es ihnen nichts ausmachte, mitten in der Nacht vor dem Hafen von Ostende die Segel zu setzen. Die Reise an diesem Sonntag war Routine. Es ging ein lascher Wind, der erst bei Sonnenaufgang auffrischte. Der späte Morgennebel verdampfte und gab den Blick auf das Ufer frei, und wenige Minuten später tastete Holman sich auf den Pier von Margate hinunter, hatte wieder englischen Boden unter den Füßen. Er war etwas mehr als siebenhundert Tage fort gewesen.

9 EINMAL RUND UM DEN ERDBALL

Die Rückkehr nach Windsor ging zum Glück ohne weitere Dramen ab. Angesichts seiner guten Gesundheit beschlossen die Naval Knights leise murrend, Holman für die Überziehung seiner Urlaubszeit um die Kleinigkeit von fast zwölf Monaten nicht formal zu bestrafen – und übersahen dabei, welchen Präzedenzfall sie mit ihrem Schweigen schufen. Bekannte bestaunten seinen Spazierstock, der vom Aufstieg zum Vesuv viele Brandmale trug und dessen eiserne Spitze teilweise geschmolzen war. Sie verlangten lauthals alle Anekdoten, die sie kriegen konnten, und er gab sein Bestes, sie zufriedenzustellen.

Er nahm die alltäglichen Pflichten wieder auf. Die Hundert Stufen rauf. Durchs Dean's Cloister, das Canon's Cloister, im Trab über die Gebeine des Königs, vorbei am Sovereign's Stall und auf einen freien Sitz im Altarraum. Dann die mit sonoren Stimmen intonierte Flut von Worten. Nicht einmal mit dem Beben ihrer eigenen anschwellenden Klänge vermochte die Orgel das Keuchen ihres Blasebalgs zu übertönen. Die hohen, flötenden Stimmen der Chorknaben, die denselben Hymnen und Motetten wie schon vor Hunderten von Jahren Flügel verliehen. Zum Schluss noch die Segnungen und wieder zurück zu den Hundert Stufen geschlurft.

Holman in Sankt Petersburg 1822. Sein Begleiter könnte Colebrook sein.

Zweimal täglich, am Morgen und am Abend.

Nur die Anwesenheit war Pflicht. Es war allzu leicht, von Aufmerksamkeit in Nachdenklichkeit abzudriften, sich wieder in die Gesellschaft von Colebrook, dem blinden Huber, Signora Houri und der Comtesse zu träumen. Die von diesen Menschen bevölkerten Erinnerungen wollten nicht verblassen. Im Gegenteil, die Langeweile seines Alltags schien ihnen zusätzliche Kraft zu geben.

Einen Weg zurück dorthin gab es nicht, aber er durfte das alles noch einmal durchleben. Bald kam es »als Beschäftigung und zum eigenen Vergnügen« zu einer Veränderung, die er selbst nicht einmal richtig wahrnahm: Rede wurde zum Diktat. Statt seine Geschichten Freunden gegenüber auszuspinnen, erzählte er sie bezahlten, mit Federkiel und Tinte vertrauten Schreibern. In den langen Stunden zwischen den Gottesdiensten begann er einen schriftlichen Bericht zu sammeln und zu entwerfen. »Nur jemand, der selbst gereist ist«, schrieb (oder diktierte) er, »weiß die Freude zu schätzen, sich auf diese Weise an die kurzweiligen Erlebisse auf einer interessanten Reise zu erinnern, sozusagen alle Kämpfe noch einmal zu kämpfen.«

Zunächst einmal hatte er jede Menge Notizen. Auf seinen Reisen hatte er den Noctographen stets bei sich getragen. Aber mit den Vorräten an Karbonpapier hatte er haushalten müssen, deshalb waren viele dieser Seiten hastige Komprimierungen von Ereignissen, Bagatellen, die sogar seinem Elefantengedächtnis hätten verloren gehen können: der Preis Kölnischen Wassers in Köln (acht Franken pro Behälter), die Höhe der Pyramide des Cestius in Rom (sechsunddreißigeinhalb Meter). Die Gesamtheit seiner Erlebnisse war noch sensorisches Rohmaterial, ertastetes Wissen, das darauf wartete, in Worte gekleidet und zu fließenden Schilderungen zusammengefügt zu werden.

Er hatte Zeit im Überfluss, trotzdem diktierte er in einem Tempo, das an Übereile grenzte. Es war nur die »schlichte und aufrichtige Darstellung einer Reise«, aber wenn andere den anwachsenden Stoß Seiten lasen, gaben sie einer Vorstellung Ausdruck, die sich zweifellos in ihrem Kopf bereits gebildet hatte. Seine ihm »zum Teil zu wohl gesonnenen Freunde (zumindest befürchtete er das), weckten in ihm den Gedanken, dass sie im Falle einer Veröffentlichung beim Publikum sicher nicht nur auf Desinteresse stoßen würden.«

Mit der Vorstellung einer Leserschaft im Kopf wurde aus dem Fluss der Diktate ein reißender Strom. Das Manuskript wurde zu mehr als nur einem Katalog privater Heldentaten. Er spickte sie mit möglichst vielen Reisetipps, von allgemeinen Hinweisen für das Feilschen (»Erst einmal die Hälfte des Verlangten bieten, dann kann man immer noch steigern«) bis hin zu zeitlichen Besonderheiten (»Nach drei Nächten in Bozen tut man gut daran, am nächsten Morgen zeitig aufzubrechen«). Und in diese Mischung streute er, während sie gärte, großzügig passende poetische Zitate. Als er das Gefühl hatte, dass seine eigenen Fähigkeiten der Beschreibung nicht mehr ausreichten, um starke visuelle Szenen entstehen zu lassen, borgte er ungeniert bei veröffentlichten Berichten sehender Reisender aus. So enthielt sein Bericht von der Vesuvbesteigung zum Beispiel seitenweise wörtliche Passagen aus John Moores *View of Society and Manners in Italy* und Reverend E. Polehamptons *The Gallery of Nature and Art, or a Tour Through Creation and Science*. Diese Praxis, damals sehr verbreitet, war kein Plagiieren im strengen Sinn, da Holman den Autoren dankte und die Absätze in Anführungszeichen setzte. Es war eine reine Konzession an den herrschenden Geschmack, allerdings um den Preis, dass der Autor sich damit immer wieder die Rolle des Zuschauers in seiner eigenen Geschichte zuwies.

Trotz des Füllmaterials, seines anthologischen Charakters und des potentiellen Misstrauens in der Leserschaft fand das Manuskript problemlos einen Verleger. Der lange Krieg hatte das Volk der Briten eingeengt und gleichzeitig durch das bis dahin beispiellose internationale Ausmaß der Kämpfe dessen Bewusstsein für die Welt erweitert. Zum ersten Mal seit Jahrzehnten besaßen englische Männer und Frauen jetzt die theoretische Möglichkeit, auf den Kontinent und noch weiter zu reisen, auch wenn die hohen Kosten nur finanziell bemittelten oder spartanisch sparsamen Menschen eine solche Unternehmung gestatteten. Schon deshalb erfreuten sich Lehnstuhl-Reisen steigender Beliebtheit, und Reiseberichte aus beinahe jedem Landstrich der Erde verkauften sich gut – sogar solche, die von vorne bis hinten in Verse gesetzt waren, wie die *Memorials of a Tour on the Continent* von William Wordsworth. Ein Autor der Zeit räumt freimütig ein:

> *Nur wenige Leser können sich dem Reiz weiter Reisen entziehen; das trivialste Ereignis bekommt eine gewisse Bedeutung, wenn es sich mehrere Tausend Meilen weit fort ereignet hat, und beinahe jede Geschichte dieser Art wird auf Interesse stoßen, und wenn auch nur auf Grund der Tatsache, dass der Autor aus den Antipoden zurückgekehrt ist.*

Das alteingesessene Londoner Verlagshaus (und Antiquariat) F. C. & J. Rivington war bekannt für seriöse, risikolose Titel wie Shakespeare-Nachdrucke oder religiöse Sammlungen wie den *Christian Remembrancer*. Aber manchmal ließen sie sich auch zu dem einen oder anderen unkonventionellen Titel herab, wie zum Beispiel den *Memoirs of the Life of Elizabeth Carter* – der Autobiografie einer brillanten Linguistin, Dichterin und Gelehrten, die gegen das doppelt schwere Los ankämpfen musste, eine Frau und behindert zu sein. Und Holmans Manuskript schien in eine ähnliche Lücke kommerzieller Verwertbarkeit zu stoßen: kein reiner Modeartikel – dafür war es zu substantiell –, aber eindeutig mit einem Neugierfaktor, der zu seinen Gunsten sprach. Es wurde bereitwillig zur Publikation akzeptiert.

Die letzten Federstriche tat Holman am 1. Mai. Im Juni stand das Werk unter einem für die Zeit eher bündigen Titel in den Regalen der Buchhandlungen: *The Narrative of a Journey, Undertaken in the Years 1819, 1820 & 1821, Through France, Italy, Savoy, Switzerland, Parts of Germany Bordering on the Rhine, Holland, and the Netherlands.* Erst das Kleingedruckte des Untertitels enthüllte den einzigartigen Charakter des Werks:

Geschildert werden
EREIGNISSE
die der Autor, der seit langem unter
dem vollständigen Verlust der Sehkraft leidet,
persönlich erlebte;
mit vielen Informationen, die er auf
seiner Reise gesammelt hat.

Im Juli hatte sich das Buch schon so oft verkauft, dass es dem *British Critic,* einem führenden Literaturmagazin, eine siebenseitige Rezension wert war. Der anonyme Rezensent pries es als »Paradebeispiel dafür, wie viel ein wacher und tatkräftiger Geist erreichen kann« und hob einfühlsam Holmans gereimtes Motto (*Der Hindernisse gibt es vielerlei / Doch weder find ich sie, noch ruf ich sie herbei*) als den Schlüssel zum Charakter des Autors hervor. Es fehlten nicht die kritischen Standardeinwände (»Wir können es schwerlich als Führer für den erfahrenen Reisenden empfehlen«), aber der Artikel endet mit einer nachdrücklichen Empfehlung.

> *Der Ton der Zufriedenheit und der guten Laune, der ihm zugrunde liegt, bringt uns den Autor nahe, weshalb es uns mit großer Genugtuung erfüllt, ihn sicher zurück auf englischem Boden zu wissen.*

Solche lobenden Worte gingen jedem Schriftsteller runter wie Öl, aber Holman war gar nicht zugegen, um sie zu vernehmen. Er hatte den sicheren Boden Englands längst wieder verlassen und sich auf eine – wenn alles wie geplant verlief – der weitesten Reisen aller Zeiten begeben.

Als Holman im Alter von zehn Jahren Exeter verließ, hatte er sich geschworen, »nicht eher zu ruhen, bevor ich nicht einmal um den Erdball gereist war«. Irgendwo zwischen dem Vesuv und Windsor musste dieser Eid ihm wieder in den Sinn gekommen sein. Er verbarg diesen Ehrgeiz vor jedem anderen Menschen, auch vor Colebrook, und er tat gut daran. Hätte er laut verkündet, dass er um die Welt reisen wollte – noch dazu allein, wie er es jetzt bevorzugte –, hätte er damit einen Eklat hervorgerufen, wäre womöglich für geisteskrank erklärt worden.

So etwas wie einen privaten, unabhängigen Weltumfahrer gab es Anfang der Zwanzigerjahre des 19. Jahrhunderts noch nicht. Es gab Leute, deren Beruf sie um den Erdball geführt hatte – Seeleute, Händler, Diplomaten, Missionare, eine Handvoll Naturforscher –, aber noch niemand hatte eine solche Reise auf seiner eigenen Route, in seinem eigenen Tempo und allein um der Erfahrung willen unternommen (oder um darüber zu schreiben). Wenn es überhaupt den Präzedenzfall eines

Gentleman ohne einschlägigen Beruf gab, der sich in die Reihen der Weltreisenden eingereiht hatte, dann war das Jacques Arago, ein zweiunddreißigjähriger Franzose und notorischer Wandervogel.

Arago war das Faultier in einem Rudel äußerst tatkräftiger Brüder. Der Älteste, bereits einer von Frankreichs berühmtesten Wissenschaftlern, war Königlicher Astronom (mit dem Verdienst, den ersten Elektromagneten entwickelt zu haben). Der zweite war General in der mexikanischen Armee, und der jüngste ein bekannter Dramatiker, der mit Balzac zusammengearbeitet hat. Seit seinem zwanzigsten Lebensjahr war es Jacques zufrieden gewesen, mit wenig mehr als seinem Rucksack und einem Skizzenblock gemütlich durch Südeuropa und an der nordafrikanischen Küste entlang zu reisen. Er zeichnete nur zu seinem Privatvergnügen, aber die weit reichenden Beziehungen seiner Familie verschafften ihm einen Platz als Zeichner bei einer staatlich finanzierten wissenschaftlichen Expeditionsreise um die Welt, die 1817 unter dem Kommando von Louis de Freycinet in See stach. Als er vier Jahre später zurückkehrte, überraschte Arago alle damit, dass er nicht nur mit seinen Bildern sondern auch mit Worten ein begabter Chronist war. Sein Buch *Narrative of a Voyage Round the World in the Uranie and Physcienne Corvettes* war im letzten Jahr von Holmans Aufenthalt auf dem europäischen Kontinent auf Französisch veröffentlicht worden, und eine englische Übersetzung war in Vorbereitung.

In seinem erfrischenden Verzicht auf pathetische Selbstverherrlichung war es ein bahnbrechendes Werk. Arago legte es als »Folge von Briefen an einen Freund« an, erzählte im Plauderton, und weil ihm, wie er bekannte, die »überwältigende Menge von ungesitteten und ermüdenden nautischen Einzelheiten« in den meisten Reisebüchern langweilte, schrieb er seine

Seiten lieber mit kritischen Abhandlungen über verschiedene Kulturen voll. Über die Südseeinsulaner schrieb er: »Fast jeder hat Geschmack, und alle können leidlich gut spielen, aber sie haben nasale Stimmen.« Und über südamerikanische *gauchos*: »Ich kann mir nicht helfen, aber die Gegenwart eines dieser Männer erweckt eine Art Ehrfurcht in mir.« Ein kolonialer Tanz auf einer winzigen Insel im Indischen Ozean erntete das allerhöchste Kompliment: »Nahezu pariserisch.«

Mit gallischem Temperament ließ Arago seine Weltumfahrung wie einen erweiterten Europatrip erscheinen – das konnte man nur tun, wenn man in einer Phalanx erfahrener, von einer großzügigen Regierung abgesicherter Seeleute unterwegs war. »Ich habe auch eine Reise um die Welt gemacht, aber nicht als Seemann«, schrieb er. »Das Schiff trug mich, und ich ging mit ihm mit.«

Es war Holmans Traum, ihn zu übertrumpfen. Aragos Bekanntschaft mit fremden Kulturen musste oberflächlich bleiben, weil sie sich auf kurze Landurlaube in den von der Expedition angelaufenen Häfen beschränkte. Holman dagegen war mit der gründlichen Planung einer Reise von ähnlicher Länge, aber bisher beispielloser Breite beschäftigt. Jahre später schrieb ein Journalist ergriffen vor Ehrfurcht:

> *Wir sind allerdings der Meinung, dass der Gedanke zu solch einem Vorhaben bereits beim klarsichtigsten aller Sterblichen von größter Kühnheit gezeugt hätte; bei einem, der in »vollständiger Finsternis« lebte, war er geradezu phantastisch zu nennen; und doch wurde er geboren, organisiert, ins Werk gesetzt und auf eine Art und Weise vollendet, die Mr. Holman den Respekt seiner Zeitgenossen einbrachte und ihm die Bewunderung kommender Zeitalter sichern sollte.*

Um die Verwegenheit von Holmans heimlichen Reiseplänen besser würdigen zu können, sollte man sich einen Engländer im Jahre 1822 vorstellen, der einmal um den Erdball reisen wollte. Welche Reiseroute hätte er gewählt? Zunächst einmal wäre er, wie Aragos Expedition, Richtung Westen aufgebrochen, weil Passagen über den Atlantik für Privatpersonen leichter zu bekommen waren (während die Reisen ostwärts nach Indien und China von Handelsmonopolen kontrolliert wurden und für Leute, die in keinem offiziellen Auftrag reisten, so gut wie unzugänglich waren). Die erste Etappe der Weltreise war noch die leichteste: Man buchte einen Platz auf einem Passagierschoner und war vier Wochen später in Nordamerika. Von dort an waren Geduld und Findigkeit gefragt.

Die Überquerung des amerikanischen Kontinents auf dem Landweg war aussichtslos. Die bahnbrechende Expedition von Lewis und Clark lag noch nicht lang zurück (das Expeditionstagebuch wurde erst 1814 veröffentlicht), und es sollte noch ein ganzes Jahrzehnt dauern, bis die ersten Planwagentrecks zum Pazifischen Ozean zogen. Um nach Westen voranzukommen, musste man erst einmal nach Süden segeln. Man konnte in New York eine Passage nach Buenos Aires, der Hauptstadt des eben flügge gewordenen Staates Argentinien buchen (dessen Unabhängigkeit von Spanien erst seit einem Jahr offiziell war), aber von dort aus geriet die Weiterreise zum Glücksspiel. Der Großteil des regionalen Segelschiffverkehrs war auf den Atlantik beschränkt; niemand wagte leichtfertig die berüchtigte Umfahrung des Kap Horn in den Pazifik. Vielleicht fand man einen Kauffahrer mit Ziel Mexiko oder Nordkalifornien, der Passagiere als Superkargo an Bord nahm. Aber dann bot die gewaltige Ausdehnung des westlichen Ozeans die wunderbarsten Möglichkeiten.

Diese Gewässer wurden vor allem von amerikanischen Walfängern durchpflügt, die nicht für Passagiere gebaut und als Beförderungsmittel kaum geeignet waren. Entweder sie segelten auf Fangfahrt hinaus, ohne zu wissen, wie lange sie auf dem offenen Meer bleiben würden, oder sie waren bis zum Dollbord mit Walfleisch vollgeladen und liefen unter vollen Segeln in die falsche Richtung, heim nach Neuengland. Wenn man Glück hatte – und eine gut gepolsterte Brieftasche –, ergatterte man zur rechten Zeit einen Platz an Bord eines Schiffs, das mit Vorräten nach New South Wales (dem heutigen Australien) in See stach, damals eine britische Strafkolonie mit einer Bevölkerung von vierundzwanzigtausend, die sich am Rand des weitgehend unerforschten Inselkontinents zusammendrängten. Von dort aus bekam man leicht ein Schiff in Richtung Heimat: Gefangenentransportschiffe hatten auf der Heimreise in der Regel reichlich Platz. Meistens liefen ihre Kapitäne Rio de Janeiro in Brasilien an, um dann auf nördlichem Kurs über den Atlantik zurück nach England zu segeln. Aber unser hypothetischer Reisender hätte möglicherweise eines der Schiffe vorgezogen, die auf dem Weg nach Rio in Kapstadt anlegten, um auf diese Weise wenigstens einen Zipfel des schwarzen Kontinents zu fassen zu bekommen.

Das war der direkteste Weg einmal um die Welt, eine Umfahrung, für die man mindestens zwei Jahre veranschlagen musste. Selbst auf den Alleinreisenden ohne großes Gepäck würden auf dieser windschnittigen Route erhebliche Kosten zukommen: Fünfundzwanzig Pfund allein für die Koje auf der allerersten Etappe, über den Atlantik, eine Summe, die ungefähr dem Jahreslohn eines gut verdienenden Dieners oder Arbeiters entsprach. Die Kosten für die sich anschließenden Passagen waren schwieriger zu kalkulieren: Fahrpreise wurden in der Regel nirgends angeschlagen, sondern individuell ausgehandelt, aber sie hätten mit Sicherheit noch höher gelegen. Von dort an summierten sich die Kosten, erst recht, wenn unser hypothetischer Weltreisender sich in dem einen oder anderen Hafen länger aufhalten wollte. Arago hatte darüber geklagt, dass »für die nackten Wände eines Hauses mit zwei oder drei Zimmern« in Rio di Janeiro etwa fünfzehn Pfund Miete im Monat verlangt wurden. Rechnete man die Kosten für Vorräte, Führer, Dolmetscher und Beförderung über Land dazu, dann wird klar, dass selbst ein Guthaben von mehreren hundert Pfund für solch eine Reise nicht ausgereicht hätte. Und hier stellte sich das nächste Problem: das Risiko, so viel Geld bei sich zu tragen und sich damit zu einem Magneten für Banditen, Taschendiebe, Betrüger und andere kriminelle Elemente zu machen.

Ein alleinreisender Blinder mit solch einem dicken Notenbündel in der Tasche wäre eine gar zu leichte Beute. Für Holman waren das müßige Überlegungen, da er ohnehin nicht über derartige Summen verfügte. Während er auf Tantiemen aus seinem neuen Buch hoffte, lag sein Einkommen immer noch bei ungefähr drei Vierteln eines Leutnantssolds. Woher sollte ein Mann, der jährlich vierundachtzig Pfund ausbezahlt bekam, den Ehrgeiz nehmen, zum Weltenbummler zu werden – ob als Blinder oder Sehender? Holman, dem Sparsamkeit nicht fremd war – immerhin hatte er mit demselben Einkommen Edinburgh und die Europareise bestritten –, glaubte an einen Weg.

Er maßte sich allerdings nicht an, das Ganze Weltumseglung zu nennen, denn streng genommen wollte er nicht segeln. Wenn er seiner Unternehmung überhaupt einen Namen gab, sprach er von »einer Reise um den Erdball«. Den Weg würden ihm die Umstände diktieren, die Transportmittel wären improvisiert, die Besonderheiten würden sich erst unterwegs zeigen. Was er vorhatte, war weniger eine Expedition als vielmehr ein Akt der

Hingabe an Glauben und Schicksal. Aber er hatte auch eine Strategie.

Der Schlüssel lag in der Gegenrichtung, dem Weg über Land. Indem man in östlicher und nicht in westlicher Richtung aufbrach, konnte man theoretisch fast ein Drittel des Weges um die Welt nicht nur auf festem Boden, sondern sogar innerhalb der Grenzen eines einzigen Landes zurücklegen – des Reiches Alexanders I., des Zaren aller Russen. So groß das russische Kaiserreich war, es beheimatete eine bettelarme Bauernschaft, und Holman hatte vor, mit denselben Verkehrsmitteln zu reisen wie die Einheimischen, in einfachen Pferdekarren, auf den Kufen von Pferdeschlitten. Er würde einen dieser Bauern als seinen Kutscher anstellen und direkt nach Siberien hineinstoßen, das Land, das auf allen Karten in weißer Stille versank.

Seine Reisekosten musste er auf das nackte Minimum begrenzen, in Pensionen am Straßenrand übernachten und um niedrigste Fahrgelder feilschen. Außerdem gedachte er an einem Führer oder Dolmetscher zu sparen, traute sich zu, während der Reise die berüchtigt schwierige russische Sprache und später auch regionale Dialekte wie den der Tschuktschen oder der Jakuten zu lernen, denn wenn er sich der östlichsten Provinz Kamschatka näherte, würden Menschen russischer Sprache deutlich in der Minderzahl sein. Gut möglich, dass er zwei Jahre brauchte, um den Pazifischen Ozean zu erreichen, aber dort angekommen, konnte er von einer weiteren Raffinesse seines Plans profitieren.

Walfangschiffe jagten ihrer Beute nicht wahllos nach, sie beschränkten ihre Kreuzfahrten auf bestimmte Fanggründe, von denen man wusste, dass sich viele Wale in ihnen tummelten. Die hohe Konzentration von Fangschiffen dezimierte unweigerlich die Zahl der Wale in diesem Gebiet, also mussten ständig neue

Jagdgründe ausgekundschaftet werden. Dem erschöpften Grönland-Fanggrund war der Galapagos-Fanggrund gefolgt, und jetzt kreuzten die Schiffe durch den erst zwei Jahre zuvor entdeckten japanischen Fanggrund, den Gewässern um die winzigen Bonin-Inseln im Nordpazifik herum, fünfhundert Seemeilen südlich von Japan. Da Japan für Ausländer verschlossen war, ankerten Walfänger auf dem Weg in das Fanggebiet oder aus ihm heraus immer häufiger vor Kamschatka, um Vorräte zu laden. Holman war überzeugt, auf einem dieser Schiffe einen Platz zu bekommen – zumal sich erst drei Jahre davor eine andere neuerdings beliebte Versorgungsstation, die Sandwich-Inseln (die heute zu Hawaii gehören), dem Walfanggeschäft geöffnet hatte.

Von dort aus durfte er damit rechnen, ohne Probleme eine bezahlbare Koje für die Reise um Kap Hoorn herum in den Atlantik zu bekommen. Viele der vor Lahaina oder Honolulu ankernden Schiffe vermissten vor der Weiterreise den einen oder anderen den Versuchungen der Inseln erlegenen Matrosen. Wenn er entsprechende Vorkehrungen traf, könnte er in Buenos Aires oder Boston in eine Bank gehen, die Nachzahlungen von zwei oder drei Jahren abheben, die dort auf ihn warteten, und sich von dort aus auf das letzte Viertel seiner Reise um den Erdball machen. Oder er unternahm Exkursionen in das Innere Südamerikas und Afrikas, um dann über das Mittelmeer nach Europa zurückzukehren.

Eine solche Reise um die Welt würde wesentlich länger dauern – fünf oder sechs Jahre, dafür wäre sie erheblich billiger, weil er nicht die meiste Zeit in kostspieligen Hafenstädten und Schiffskajüten verbringen würde, sondern unter Einheimischen, nach deren Fasson er reisen und leben wollte.

Sein Plan hatte über das Ökonomische hinaus noch andere Vorzüge: Er erschien so vollkommen undurchführbar, dass er nicht auf nennenswerten Widerstand stoßen würde. Hätte es Holman nach Westen gezogen, wie Arago und die meisten anderen Weltreisenden, wären wohlmeinende Angehörige zweifellos eingeschritten, sobald sie die Dimensionen seines Vorhabens begriffen hätten. »Meine Gründe, einen so wesentlichen Teil meiner Pläne zu verheimlichen«, schrieb er später, »sind nicht so schwer zu erklären: Man rechne sie dem Widerstand zu, den liebe Freunde gegen beinahe jede meiner von ihnen angesichts meiner einschlägigen Deprivation als Donquichotterie gebrandmarkten Absichten geleistet haben.«

Ein östlicher Kurs über Land dagegen ließ sich tarnen. Sein früherer Reisegefährte Colebrook war nach Sankt Petersburg, der damaligen Hauptstadt Russlands, weitergereist. Das reichte Holman als Tarnung für die erste Etappe seiner Unternehmung vollkommen aus. Er würde Colebrook einen Besuch abstatten und dann nach Moskau weiterreisen und noch weiter, alles unter der Maske des exzentrischen Touristen, und bestenfalls einräumen, dass er »aus einer Laune heraus eine Fahrt ins Blaue machte«. Wenn der wahre Charakter seines Unternehmens offenbar würde, war er längst in der wilden Weite Sibiriens verschwunden, unerreichbar für jede wohlmeinende Intervention.

Ein ausgezeichneter Plan, der nur einen echten Haken hatte: So etwas war noch nie, nicht einmal ansatzweise versucht worden. Niemand – keine Expeditionsmannschaft und schon gar keine Einzelperson – hatte jemals eine Reise um den Erdball mit der Durchquerung ihrer größten Landmasse begonnen. Allein diese erste Etappe wäre eine gigantische Leistung für sich. An einer von der damaligen Zarin Katharina der Großen in Auftrag gegebenen und finanzierten »geheimen geographischen und astronomischen Expedition« nach Sibirien im Jahre 1785 hatten zwar auch ein paar Engländer teilgenommen, aber noch nie hatte ein Ausländer selbständig die ganze Ausdehnung Russlands durchreist, zumindest wusste Holman von keinem (auch wenn es der Zufall wollte, dass die Royal Society in London gerade einen Brief von einem Engländer erhalten hatte, der sich eines solchen Unternehmens rühmte). Um auf diesem Weg zum Pazifik zu gelangen, musste man eines der kältesten, rausten, am wenigsten vermessenen Gebiete der Erde durchqueren, ein so ödes Land, dass seine halbwegs bewohnbaren Gegenden seit fast zwei Jahrhunderten als gefürchtete Strafkolonien dienten.

Wie konnte ein einzelner Mann sich durch ein wegloses Ödland kämpfen, ohne zu erfrieren oder zu verhungern? Und wie sollte sich ein Ausländer durch Gebiete zaristischer Straflager kämpfen, ohne die Aufmerksamkeit der Offiziellen zu erregen – von der gefährlichen Aufmerksamkeit der kriminellen Population gar nicht zu reden –, noch dazu mit äußerst spärlichen Geldmitteln? Antworten auf diese Fragen zu finden würde schwierig genug sein, und Holman hatte das zusätzliche Problem, dass er sein Interesse hinter der Fassade des unbedarften Touristen verstecken musste. Allein die Planung einer solch beispiellosen Reise um die Welt war schwierig. Sie in die Tat umzusetzen, ohne dass jemand etwas merkte, würde eine *tour de force* werden.

Holman wollte es um jeden Preis versuchen. Am 19. Juli 1822, dem Tag der Auslieferung seines Buches an die Buchhandlungen, kletterte Holman im Londoner Hafen an Bord eines Kauffahrers, des Schoners *Saunders-Hill* mit Ziel Cronstadt im Finnischen Meerbusen, nicht weit von Sankt Petersburg. Diesmal hatte er weder um das Plazet der Mediziner, eine Urlaubsbewilligung noch sonst welche Genehmigungen nachgesucht. Auf Fragen hatte er munter und ungeniert erklärt, es handle sich mitnichten um eine Abenteuerreise. Er wolle lediglich einen Freund besuchen.

10 WAHRE GEFÜHLE UND KRÄFTE

Die Fahrt der *Saunders-Hill* wäre um ein Haar in einer Katastrophe geendet, noch bevor das Schiff englische Gewässer verlassen hatte. Schuld an der Havarie gegen Mitternacht des 21. Juli war ein schwerfälliges, voll beladenes Kohlenschiff, das etwas zu ungeduldig den günstigen, die Themse aufwärts blasenden Wind genutzt hatte. Das Krachen – splitterndes Holz, platzende Nähte, wie Violinensaiten reißende Taue – war so laut, dass Holman aus seiner Koje sprang und im Nachthemd an Deck stürmte. Er rechnete fest damit, dass das Schiff in zwei Teile zerbrochen war.

An Deck lief alles durcheinander. Die wenigen Handlaternen warfen kaum genug Licht, um den entstandenen Schaden ermessen zu können, und Holman dachte nicht daran, sich unter das allgemeine Getümmel und Geschrei zu mischen. Stattdessen legte er eine Hand auf die Reling und fühlte das Spiel beim Stampfen des Schiffs: Die Wucht des Aufpralls hatte den Anker losgerissen. Womöglich sanken sie, aber unmittelbarer war die Gefahr, in die Fahrrinne anderer Schiffe getrieben zu werden. Er tastete sich vor zum Ruder. Der Steuermann – dem gar nichts anderes übrig blieb, als Ruhe zu bewahren, wenn alle anderen durcheinander liefen – würde sicher nichts dagegen haben, ihn über ihre Position zu unterrichten. Aber es war kein Steuermann da. Das Steuerrad drehte sich frei.

Zum ersten Mal seit zwölf Jahren nahm Lieutenant Holman das Ruder eines Schiffs in die Hand. Er ergriff zwei Speichen und stellte das Rad gegen den Wind, wog blitzschnell seine Möglichkeiten ab. Das Beidrehen, den Bug so zum Wind zu stellen, dass das Schiff zum Stehen kommt, war unter diesen Umständen die navigatorische Standardmaßnahme.

Aber mit solch einem jähen Stopp hätte er noch mehr Belastung auf den beschädigten Schiffsrumpf gelegt – und woher sollte er wissen, dass er sie nicht in eine zweite Katastrophe steuerte?

Zum Glück schallte ein Ruf aus dem Geschrei panischer Stimmen heraus. »Steuerbord!«

Er erkannte Captain Courtneys Stimme, aus einiger Entfernung, offenbar war er noch vorn beim Begutachten des Schadens. Holman drehte das Rad gegen den Uhrzeigersinn.

»Backbord!«

Er ließ dem Bug seinen Lauf.

Die Kommandos aus der Distanz setzten sich fort, und Holman hielt den Kurs. Er fragte sich, warum der Kapitän sich auf knappe Kommandos beschränkte, nur »Steuerbord!« oder »Backbord!« – und nicht »Ruder zehn Grad Steuerbord!« oder »Backbord langsam!«

Der Kapitän verschaffte sich einen Überblick. Der gegnerische Havarist hatte ihren Anker nicht nur losgerissen, er hatte die Ankerkette gekappt und einen Teil ihrer Takelage mitgenommen. Die Gallionsfigur war bei dem Rammstoß abgerissen worden, aber eine unmittelbare Gefahr des Sinkens bestand nicht. Sie setzten Segel und hielten aufs Ufer zu. Erst jetzt kam der Kapitän nach achtern zum Ruder. Und hier begegnete er dem letzten Schock der Havarie: Er stand einem blinden Steuermann gegenüber.

Er hatte knappe Kommandos gerufen, weil er die Gestalt am Ruder für seine Frau gehalten hatte. In der Dunkelheit hatte er Holmans weiß flatterndes Nachthemd mit Mrs. Courtneys Kleid verwechselt.

Holman war froh, über den Irrtum lachen zu können. Und Captain Courtney war froh, dass er seinen Fahrgast am Ruder stehen und das Schiff mit flatterndem Nachthemd nach Gravesend ins Dock steuern lassen konnte.

Den Rest der Reise machten ihnen schwere Wetter zu schaffen. Am zehnten Tag knickte eine Bö das oberste Drittel des vordersten Masten ab. Am einundzwanzigsten Tag wurden sie von einem Orkan mit halsbrecherischer Geschwindigkeit in den Finnischen Meerbusen geblasen. Sie hofften, den schützenden Hafen von Cronstadt anlaufen zu können, als eine Kanone abgefeuert wurde, ein Schuss weit vor den Bug, aber trotzdem ein Warnschuss. Ein Wachtschiff der russischen Marine stoppte ihre Fahrt, um eine Sofortinspektion durchzuführen. Sie mussten in Sichtweite des Hafens in offener, aufgewühlter See Anker werfen. Captain Courtney warf beide Anker, falls die Kette des ersten riss. Sie riss.

Es war noch früh am Morgen, aber die Zolloffiziere, die an Bord gestolpert kamen, waren offensichtlich angetrunken. Die Tradition verlangte von jedem Kapitän eines einlaufenden Schiffs, dass er sie mit ein paar schnellen Schnäpsen empfing, und augenscheinlich hatten die Männer schon ein paar Begrüßungen hinter sich. Holman wusste, dass Captain Courtney nicht willens war, »ihrer Euphorie weiteren Stoff zu geben«, aber sie verlangten als erstes nach Brandy – nicht nur für die

John Dundas Cochrane, der »Fußreisende«

Herren Inspektoren, sondern für ihre ganze Mannschaft. Dann nahm das Abbetteln seinen Anfang. Es war kein Diebstahl, keine direkte Erpressung, eher die gezielte Würdigung von Gegenständen, Ausbrüche der Verzückung mit dem Ziel, solcherart bewunderte Objekte als Geschenke überreicht zu bekommen. Es war bekannt, dass sie Geringfügigkeiten wie Nadel und Faden so kostbar schätzten wie das weinende Kind die Puppe im Arm.

Diesmal war es mit dem Abbetteln schlagartig vorbei: Sie hatten Holmans Uniform gesehen. Damit hatten sie nicht gerechnet, ein britischer Marineoffizier war an Bord, obendrein einer von höherem Rang als sie selbst, und das auf einem Kauffahrer. Die Inspektoren befleißigten sich augenblicklich einer würdigeren, vor allem nüchterneren Haltung, und hatten ihr eigentliches Anliegen schnell vergessen. Sie verabschiedeten sich unter hastigen Ehrenbezeugungen, aber nicht, ohne noch einen letzten Brauch aufzurufen. Die Kanonenkugel, die sie der *Saunders-Hill* vor den Bug gesetzt hatten. Genau, die kostete natürlich extra. Den vollen Gegenwert einer frisch gegossenen, makellosen Kanonenkugel.

Holman wusste, dass es keine Kanonenkugel war. Man hatte dem Schuss anhören können, dass nur ein billiges Stück Füllmaterial abgefeuert worden war, kein richtiges Geschoss. Aber es war nicht der Augenblick für einen Protest. *Dobro pozhalovat v Rossii.* Willkommen in Russland.

Zwei Tage später hielt im Zwielicht der Abenddämmerung eine *droschki*, ein von einem Pferd gezogenes Mittelding zwischen Transportkarren und Kutsche, vor einem Haus in Sankt Petersburg. Holman kletterte heraus und klopfte, zweifellos so laut er konnte, an die Tür. Es handelte sich um das neue Heim eines »alten und besonderen« Freundes, den man nicht leise zur Tür rufen konnte.

Die Tür wurde geöffnet, und freundliche Hände legten sich auf seine. Sein alter Reisegefährte Colebrook hatte ihn schon erwartet.

Nach weniger als einem Jahr Aufenthalt in der kaiserlichen Stadt hatte der taube Mann rätselhafter Profession bereits so viele Kontakte geknüpft, dass er Holman in den gesellschaftlichen Trubel der britischen Diplomatenkreise einführen konnte. Sie aßen mit dem Generalkonsul zu Abend, mit einer Vielzahl von Botschaftsmitgliedern und schließlich mit dem Herrn Botschafter höchstpersönlich, Sir Charles Bagot, einem eleganten Burschen, gerade mal fünf Jahre älter als Holman, der mit einer Nichte des Herzogs von Wellington verheiratet war und wegen seiner dunklen, aristokratischen Erscheinung »Beauty« Bagot genannt wurde. Solchermaßen gesalbt, standen Holman plötzlich alle Türen dieser Auslandsgemeinschaft offen – und das waren einige. Mindestens dreitausend britische Bürger lebten und arbeiteten in Sankt Petersburg, die meisten dicht an dicht in einem Bezirk nahe an der Neva. Ähnliche Enklaven gab es für Deutsche und Franzosen, und alle waren bevölkert mit Kaufleuten und »Projektemachern«, die ihr Glück in der Gunst des Zaren suchten. »Sankt Petersburg ... kann man als eine Stadt der Fremden ansehen«, schloss Holman. »In dieser Stadt fällt es schwer, sich ein korrektes Bild von der Lebensweise und den Bräuchen des russischen Volkes zu machen.«

Er lernte einen Mann kennen, der zum Gedenken an seinen großen Plan, einen Kanal für den Schiffsverkehr vom Lagodasee zum Meer zu bauen, ausschließlich Salzwasser trank. Er lernte die Mitglieder des englischen Clubs kennen und brachte »genügend Eitelkeit auf, an ihren Vergnügungen teilhaben zu wollen«. Die Club-Mitglieder bekämpften das Heimweh, indem sie eine Kegelbahn nach Londoner Standards unterhielten, und Holman selbst, der die Distanz zu den Kegeln abschreiten musste, war so erstaunt wie alle anderen über die wackeren Partien, die er kegelte.

Seine schicksalhafteste Begegnung im Kreis der Exilengländer von Sankt Petersburg hatte er mit Sir James Wylie, einem medizinischen Abenteurer erster Güte. Der Sohn eines schottischen Gepäckträgers war ein intelligenter aber irgendwie auch ungehobelter junger Mann gewesen, der das Edinburgher Medizinstudium in nur zwei Jahren absolviert hatte, bevor er das Land unter undurchsichtigen Umständen verließ (unter anderen Missetaten soll er Schafe gestohlen haben). Ein paar Jahre später tauchte er in Russland wieder auf, tat als Regimentsarzt in der zaristischen Armee Dienst. Dank eines Luftröhrenschnitts, mittels dessen er einem erstickenden Edelmann das Leben rettete, begann sein Stern rasch zu steigen. Gerne gab er zum Besten, sich seine Beförderung damit verdient zu haben, »dass ich dem Grafen Kutaisoff den Hals durchgeschnitten habe.« Mit dreißig war er Leibarzt des unter Verfolgungswahn leidenden Zaren Paul, eines Sohns von Katharina der Großen.

Etwas von dem alten Spitzbuben hat er wohl noch in sich getragen, denn er war keinesfalls immun gegen die Intrigen im Palast. Zar Paul war als Staatsführer nicht annähernd so begabt wie seine Mutter und fiel im fünften Jahr seiner Regentschaft einem Mordkomplott zum Opfer – ironischerweise gerade mal vierzig Tage nach seinem Umzug in einen neu erbauten Palast, den er aus Angst vor Attentätern mit geheimen Fluchtwegen ausgestattet hatte. Trotz dieser Vorkehrungen hatten drei seiner Offiziere wenig Mühe, ihn im Schlaf zu erstechen. Als Wylie gerufen wurde, um die Obduktion der Leiche vorzunehmen, war er so klug, die Unzahl an Messerstichen zu übersehen und eine natürliche Todesursache zu konstatieren.

Was sich tatsächlich zugetragen hatte, war bald ein offenes Geheimnis, aber statt angeklagt zu werden, wurden dem Doktor noch mehr Ehrungen zuteil und sein Einfluss wuchs weiter. Und das lag daran, dass seine ethische Verfehlung ihren Grund in einem Wissen hatte, das er klugerweise für sich behielt: Der Mord war vom Sohn des Opfers und dessen Nachfolger, Zar Alexander I. sanktioniert. *Schwer zu bezwingen ist ein Mann, wenn er stille schweigen kann,* lautet ein russisches Sprichwort.

Zwei Jahrzehnte später war Zar Alexander jetzt ein ehrwürdiger Regent, der sicher auf seinem Thron saß und sich aus Furcht vor einer Abrechnung im Himmel immer mehr der Religion zuwandte. Der überaus geachtete Wylie, nach wie vor Leibarzt der kaiserlichen Familie, überwachte Dutzende von Projekten, von Hospitälern über neue medizinische Fakultäten bis hin zu Malariakliniken. Der Doktor mochte kein Ausbund an Tugend sein, aber niemand konnte bezweifeln, dass er die Qualität der Medizin in seiner Exilheimat verbesserte.

Holman wurde schnell sein Freund – und sein neuestes Projekt. Wylie war beeindruckt vom Esprit und Intellekt des blinden Mannes – schließlich hatte Holman es in Edinburgh länger ausgehalten als er selbst –, und er setzte seinen beträchtlichen Einfluss bald für die Suche nach Möglichkeiten der Heilung ein. Er rekrutierte jeden Arzt, der über den für das medizinische Äquivalent einer Galavorstellung bei Hofe nötigen Sachverstand verfügte, und sie untersuchten Holman, drückten, pressten, quetschten an nicht reagierenden Augen herum. Ihr gemeinsamer Nenner, wieder einmal: der Stoffwechsel. »Solange im Organ keine Veränderung vonstatten ging, versprach eine Operation wenig Erfolg.«

Auch wenn das Kolloquium nichts Neues gezeitigt hatte, war

es für Holman ein Meilenstein. Er hatte jetzt endgültig begriffen, dass alle Möglichkeiten der modernen Medizin ausgeschöpft waren. Wenn er noch leise Hoffnungen auf ein Wiedererlangen der Sehkraft gehegt hatte, trug er sie jetzt zu Grabe. Naturheilmittel würde er weiter über sich ergehen lassen, aber es weisen keine Berichte darauf hin, dass er noch einmal den Versuch einer ernsthaften Kur unternommen hätte.

Rom hatte sich am besten mit den Fingerspitzen erfahren lassen, Sankt Petersburg erschloss sich ihm durch den Gaumen. Als erstes erlebte er die Offenbarung frischen Kaviars, nicht in der eingesalzenen Version, der einzigen, die in England zu haben war. Ihr folgte eine regelmäßige, dankbar entgegengenommene Folge von nie zuvor erlebten Gaumenfreuden: Rentierzunge, ein fleischiger kleiner Fisch namens *navaga*, eine sonderbare Variante von Pfannkuchen, die Waffeln hießen, normale und doppelte Schnepfen, »letztere, zur rechten Jahreszeit im wahrsten Sinn des Wortes fett wie Butter, aber von der süßesten Sorte«. An Früchten: die *Moroschka*, »von außen ein Mittelding zwischen Himbeere und Maulbeere«, die Beeren der Eberesche, »denen ein äußerst angenehmer bitterer Geschmack eigen ist«. Äpfel, in Honig und Bier eingelegt und Passanten auf der Straße feilgeboten. Erbsenpudding, geronnen und gekühlt, scheibenweise von Karren verkauft.

Sie waren inzwischen ein gewohnter Anblick in der Stadt, Colebrook und der magere *anglijskij* Leutnant, der eine verriet seine Taubheit nur dadurch, dass er wenige Worte machte, die Blindheit des anderen zeigte sich vor allem darin, dass die beiden Männer untergehakt einherschlenderten.

Allein die Spaziergänge durch die Straßen offenbarten Holman eindrucksvoll die absolute Macht des Zaren. Er musste erfrischend wenig Tabaksqualm riechen und erfuhr, dass das Rauchen unter freiem Himmel verboten war. Etwas fehlte in der Geräuschkulisse – niemand, nicht einmal kleine Jungen schienen hier zu pfeifen. Auch das Pfeifen, zumindest in der Öffentlichkeit, war ein Vergehen. Die Gehsteige hatten an manchen Stellen Kanten, leichte Unterschiede in der Höhe, ein Ergebnis der Art ihres Zustandekommens. Bei seinem letzten Besuch in England hatte der Zar solche Gehsteige bewundern gelernt, also erließ er nach seiner Rückkehr kurzerhand eine Verordnung, die jeden Hausbesitzer verpflichtete, den an die Straße grenzenden Teil seines Grundstücks zu pflastern und an die Trottoirs seiner Nachbarn anzuschließen. Ein paar Wochen später hatte die Stadt Gehsteige.

Augenscheinlich ging öffentlicher Gehorsam jedoch mit privater Lästerlichkeit, wenn nicht offenem Betrug einher. Holman wunderte sich über das Paradox russischer Fabrikation. Um die Abhängigkeit von ausländischen Gütern zu verringern, erhob der Zar hohe Steuern und untersagte die Einfuhr mancher Güter. Damit wollte er einheimische Unternehmen motivieren, und tatsächlich quollen die Läden über mit russischen Waren – an denen das Etikett aber auch das einzig Russische war. Wer ausländische Erzeugnisse verteuerte, machte einheimische Produkte damit noch lange nicht erschwinglich. Es war für die »Hersteller« immer noch billiger, Waren aus Europa ins Land zu schmuggeln, ihr Warenzeichen draufzustempeln und damit alle an der Nase herumzuführen.

Holmans Aufmerksamkeit für das Zusammenspiel von Gesetz und Brauch hatte durchaus praktische Gründe. In diesem Land der offenen Geheimnisse musste er ein eigenes Geheimnis bewahren. Still und leise sammelte er so viele Informationen wie möglich über das restliche Russland, stellte persönliche

Nachforschungen an und bat Freunde, ihm Passagen aus einschlägigen Büchern vorzulesen – auch aus billigen russischen Romanen, solange sie nur mit ausführlichen Landschaftsbeschreibungen angereichert waren. »Ich war stets bemüht, meine tatsächlichen Pläne nicht preiszugeben«, erinnert er sich an diese Zeit. »Mehr noch, ich habe sie sorgsam zu verbergen versucht, indem ich ein besonders großes Interesse an den Landstrichen vorschützte, die ich nicht zu bereisen beabsichtigte.«

Auch wenn er ein schlechtes Gewissen hatte, weil er seine Freunde täuschte, war er sich mehr denn je der Notwendigkeit bewusst, seine Vorbereitungen heimlich zu treffen, »um fruchtlosen Streitereien vorzubeugen und zu vermeiden, dass man mich wilder und phantastischer Ansichten bezichtigte.« Wären dem guten Dr. Wylie die Augen aufgegangen, hätte Holman mehr als ein Spießrutenlaufen freundschaftlichen Abratens zu gewärtigen gehabt. Sir James hätte die Bedenken, das Mitgefühl und die medizinische Autorität gehabt, den Reisenden gegen seinen Willen zurückzuhalten, wenn er das Gefühl gehabt hätte, dass der Mann eine Gefahr für sich selbst war. Aber es gab leichtere Methoden, Träume oder Illusionen zu zertrümmern. Ein Wort von Wylie an den Kaiserlichen Palast, und Holman wäre gewaltsam zur nächsten Grenze eskortiert und des Landes verwiesen worden, eine höchst wirksame Maßnahme gegen einen Versuch, der noch gar nicht begonnen hatte.

»Ach! Wie wenig sie doch in der Lage sind, meine wahren Gefühle und Kräfte einzuschätzen«, schrieb Holman über seine Freunde, alte und neue. Unter seinen wenigen Habseligkeiten befand sich eine Reliefkarte von Russland, ein wertvoller Helfer, um sich über die Fingerspitzen mit den geografischen Gegebenheiten und den Entfernungen bekannt zu machen. In unbeobachteten Augenblicken, wenn er wusste, dass er allein war, führte er den Zeigefinger über die Route, die er tatsächlich zu nehmen gedachte: zuerst nach Südosten, nach Moskau, und dann immer weiter Richtung Osten, durch die tatarische Steppe, die sibirische Tundra und immer weiter.

Er hob den Finger vom östlichen Rand der Karte.

Der Winter kündigte sich mit Eisschollen an, die die Neva heruntertrieben und auch die letzten Schiffe aus dem Hafen scheuchten. Danach kam eine Zeit klirrender Kälte, gefolgt von solch ungeheuren Mengen Schnee, dass sogar auf den Straßen der Kaiserstadt Karren und Kutschen gegen Pferdeschlitten getauscht wurden. Die Brücken wurden eine nach der anderen zerlegt und eingelagert, bevor das Eis sie sich holen konnte.

Schließlich war die Neva zugefroren, und die Polizei machte sich an die alljährliche Arbeit, Straßen über den Fluss zu legen. Sie legten auf poliertem Eis breite, von umgesetzten Fichten flankierte Boulevards an, über die Nachtschwärmer schlittern mussten. Die winterliche Gesellschaft musste sich sputen, denn war das Thermometer erst tiefer als sechsundzwanzig Grad gesunken, waren öffentliche Amüsements und private Feste per Gesetz verboten. Schon zu viele Kutscher waren beim Warten auf ihre Herrschaften auf dem Kutschbock erfroren.

Deshalb war es still auf den Straßen am 5. Februar 1823, dem kältesten Tag eines nach allgemeiner Auffassung eher milden Winters: dreißig Grad unter Null. Holman führte täglich über Thermometerstände und Bewölkung Buch (*Schnee. Sehr trüb. Dito, mit Schnee. Dito.*) und hielt sich mit eifriger Beharrlichkeit an diese Übung. Er versuchte nach Kräften, sich an die Minustemperaturen zu gewöhnen.

Kälte und Schnee begünstigen Rheumatismus außerordentlich – und immerhin vermutete Holman in den Wintern von

Neuschottland den Hauptgrund für seine Erkrankung. Aber auf den gefrorenen Straßen dieser Stadt hatte er zu seiner großen Zufriedenheit noch keine über den üblichen Kanon hinausgehenden Schmerzen erleiden müssen. Die Kälte brannte in den Lungen, drang unter die Haut, aber das war manchmal angenehmer als der stygische Muff in Sankt Petersburger Häusern. Er musste feststellen, dass die Russen viel auf das Sprichwort *Wärme bricht keine Knochen* hielten. Sie schlüpften früh in ihren Winterpelz und die Wollsachen und trugen sie bis weit in den Frühling hinein. Und nur selten entfernten sie sich weit von ihren Öfen, die sie schürten wie Warmwasserboiler. Die Fenster hatten Doppelscheiben und blieben stets fest geschlossen. »Kurz gesagt: Stallgeruch ist dagegen ein zarter Duft.«

Draußen im Freien stützte sich Holman auf seinen Stock und lauschte dem trockenen Knirschen der Schritte im frisch gefallenen Schnee, dem Knacken, nicht Krachen wirklich festgefrorenen Eises. Kaum etwas gab ein Echo. Abstände und Umfänge ließen sich schwerer einschätzen, dafür waren die Klänge schärfer, ungetrübter von Schwingungen. Die Geräuschkulisse bekam klare Konturen in der Kälte.

So gewaltig sein Vorhaben sich vor ihm auftürmte, er konnte sich damit trösten, dass es nicht ganz unmöglich war. Man erzählte sich von einem anderen Engländer – auch er ein Offizier der Royal Navy – der bis Kamtschatka vorgedrungen war. Es handelte sich um Captain Cochrane, den Herren, der letztes Jahr von Ochotsk aus einen Brief an die Royal Society aufgegeben hatte, und dessen Großtaten jetzt nach und nach auch den Exilengländern in Sankt Petersburg zu Ohren kamen. Holman war es ganz recht, nicht der erste Alleinreisende zu sein, der Russland durchquerte – das geglückte Beispiel war ihm teurer als der Anspruch auf Vorrang. Und wenn man den Geschichten glaubte, die die Runde machten, dann war dieser Cochrane ein faszinierender Mensch und ebenso wenig ein Abenteurer wie er selbst.

John Dundas Cochrane war ein illegitimer Sohn der schwarzen Schafe einer der berühmtesten Familien Britanniens, der »Fighting Cochranes«. Sein Onkel, der Earl von Dundonald, war ein bekannter Erfinder, dem ein Verfahren zu verdanken war, das erst vor kurzem von der Royal Navy übernommen worden war, dem Einteeren der Schiffsrümpfe gegen Schiffswürmer. Ein anderer Onkel und drei Vettern ersten Grades hatten in der Marine Karriere gemacht und waren bis zum Admiralsrang aufgestiegen. Ein weiterer Vetter, jetzt Lord Cochrane, war zur gleichen Zeit oberster Befehlshaber der gerade gegründeten chilenischen Marine, später würde er noch die brasilianische und die griechische Marine befehligen. Der dunkle Fleck auf dem Ruf der Familie war die Karriere von Andrew Cochrane-Johnstone, einem der berüchtigtsten Halunken seiner Zeit, John Dundas' Vater.

Cochrane-Johnstone hatte der Königlichen Armee als Oberst vortreffliche Dienste geleistet, aber als man ihn zum Gouverneur von Dominika, einer der Westindischen Inseln, machte, erwies er sich als korrupt und liederlich in historischem Ausmaß. Er profitierte unverfroren vom Sklavenhandel, hielt sich einen Harem, ließ seine Truppen verkommen, bis sie meuterten, und veruntreute Gelder der Krone. Als es zur unvermeidlichen Anklage vor dem Kriegsgericht kam, entfernte man den zehnjährigen John Dundas still und leise aus der Konkursmasse und ruderte ihn zum Flaggschiff seines Onkels, des Admirals.

Allein das wäre für den nur halbherzig als Sohn akzeptierten Jungen (dem er auch nur den halben Nachnamen gegeben hatte, der Name »Johnstone« stammte aus der Ehe mit einer Frau, die nicht John Dundas' Mutter war) beschämend genug gewesen, aber Oberst Cochrane-Johnstone scherte sich nicht um die Schande und startete eine noch schändlichere Karriere. In Tortola wegen Betrugs verhaftet, konnte er entkommen und stieg auf Waffenschmuggel um, ein illegales Gewerbe, das zusätzliche Brisanz durch die Tatsache erhielt, dass die Gewehre, für die er Geld kassierte, überhaupt nicht existierten. Er flüchtete zurück nach England, wo er sich die Falschmeldung vom Tode Napoleons zunutze machte und an der Londoner Börse einen profitablen Aktienausverkauf lancierte (in den er Mitglieder seiner eigenen Familie mit hineinzog). Angeklagt und verurteilt, opferte er die Kaution und floh aus dem Lande. Er war noch Jahrzehnte später auf der Flucht.

Inzwischen hatte John Dundas sich größte Mühe gegeben, es seinen rechtschaffener gesonnenen Verwandten gleichzutun und die Marine zu seinem Berufsfeld gewählt. Auch er war die Sprossen der Rangleiter hinaufgeklettert, wenn auch nicht so kometenhaft wie seine Vettern. 1814 war er Kommandant geworden, ein Rang, der ihn in der Theorie berechtigte, den Ehrentitel Kapitän zu tragen, auch wenn die Marine ihm noch kein Schiff anvertraut hatte. Zu seinem Unglück brach genau in diesem Jahr der Friede aus und das Abwracken der Marine nahm seinen Anfang. Nach sechs weiteren Jahren vergeblichen Wartens auf ein Kommando begriff Captain Cochrane, dass seine Karriere in der Sackgasse steckte. Er quittierte den aktiven Dienst, lernte, mit halbem Sold auszukommen und erfand sich als Entdecker neu.

Den Anfang machte er, indem er der Admiralität vorschlug, ihm eine Erkundungsreise in das Innerste Afrikas zu finanzieren, auf der er den Niger-Fluss vermessen und die Lage der sagenumwobenen Stadt Timbuktu bestimmen wollte. Die letzte Expedition, die das versucht hatte, war im Jahre 1805 spurlos verschwunden, aber Cochrane hielt sich für findig genug, einem solchen Schicksal zu entgehen. Um möglichst wenig Aufmerksamkeit der als feindselig geltenden Eingeborenen auf sich zu ziehen, wollte er allein reisen, sich als Muslim verkleidet (obwohl er weder Arabisch noch irgendeine andere von Muslimen gesprochene Sprache sprach) einer Handelskarawane anschließen, »in einer dienenden Funktion« und »ohne sich von den Schwächen und dem schlechten Benehmen der anderen stören zu lassen«. Er hätte sich sogar freiwillig in die Sklaverei verkaufen lassen, wenn er »vor diese elende Wahl gestellt worden wäre, um dem Ziel näher zu kommen«, das ihm vorschwebte.

Wie er als Sklave geografische Vermessungen vornehmen, sich aus den Fesseln befreien und nach England zurückkehren wollte – das waren Fragen, die er in seinem Antrag nicht stellte, der zu seiner großen Empörung abschlägig beschieden wurde. Stattdessen bot die Admiralität ihm einen zweijährigen Urlaub zum normalen halben Sold, »und weil ein junger Schiffskommandant wie ich schwerlich eine Anstellung auf See und schon gar keine an Land bekommen würde, beschloss ich, auf Reisen zu gehen.«

Er war auf den gleichen Gedanken wie Holman gekommen, war Richtung Osten aufgebrochen, um auf dem Landweg um die Welt zu reisen. Aber ohne Windsor-Stipendium als Zuschuss zum Marinesold (in seinem Fall ungefähr fünfzig Pfund jährlich) war er noch ärmer als Holman; kommerzielle Beförderung, zum Beispiel auf einem Kauffahrer nach Sankt Petersburg, für ihn unerschwinglich. Stattdessen erstand er ein billiges Fährticket und ließ sich über den Kanal in die Normandie übersetzen. Am

Morgen des 14. Februar 1820 – seinem vierzigsten Geburtstag – schnürte er die Wanderstiefel, warf sich einen Rucksack über die Schultern und begann seinen Marsch die Seine aufwärts nach Norden. Die Admiralität hatte ihm die Unterschrift unter die eine Solomission verweigert, also machte er sich auf zu einer anderen, ohne Budget und Plazet.

John Dundas Cochrane zog aus, um als erster Mensch auf Schusters Rappen einmal um die Welt zu gehen. Und wenn er schon einmal dabei war, wollte er eines der ältesten Geheimnisse der Geografie lösen.

Irgendwo in den noch nicht vermessenen Weiten zwischen Russland und Amerika vermutete Cochrane eine Landbrücke von der Alten Welt in die Neue. Für alle Segelschiff-Expeditionen war ein solcher Weg bis dahin unauffindbar gewesen, aber Cochrane glaubte, ihn per pedes finden zu können. Natürlich musste man weit laufen, um von Frankreich nach Russland zu kommen, aber sowohl seine Finanzen als auch sein Sinn für das Dramatische diktierten ihm einen reinen Fußweg – er würde quer durch Europa und Russland wandern, die Landbrücke finden und weitergehen, bis er wieder an den Atlantik kam, ein Plan, der es ihm »ermöglichte, durch die Wildnisse, Wüsten und Wälder von drei Vierteln des Erdballs zu wandern«.

Er verfolgte sein Ziel mit solch unermüdlicher Energie, dass es kaum als Wandern durchging; Trab oder Dauerlauf wären passendere Bezeichnungen. Trotz eines verstauchten Fußgelenks, immer neuen Blasen und der Tatsache, dass »ungeheure Mengen Schnee fielen und sich überall ein äußerst winterliches Bild bot«, schaffte er die zweieinhalbtausend Kilometer von Dieppe nach Sankt Petersburg in genau dreiundachtzig Tagen. Inzwischen war er jedoch von einem Landstreicher nicht mehr zu unterscheiden (für den das Wort »Tippelbruder« ein gebräuchlicher Euphemismus war), und man ließ ihn erst weiterziehen, nachdem die britische Botschaft seine Identität bekundet hatte.

Obwohl er sich selbst bereits als der »Fußreisende« anpries, musste die Integrität seiner Unternehmung letztlich vor den schieren Entfernungen passen. Nach einigen Berichten ließ er sich bereits in Lettland von Kutschen mitnehmen, und je weiter er nach Osten vorstieß, desto kleiner wurden seine Skrupel wegen der Beförderungsmittel, solange sie kostenlos waren. Er tat auf einem Wolgaschiff Dienst, arbeitete den Transport als Koch und als Ruderer ab. Der Gouverneur von Kazan begleitete ihn persönlich in seiner Kutsche-Schlitten-Kombination vierhundertfünfzig Kilometer weit bis Perm. Ein Kanu brachte ihn auf der Lena gar mehr als tausend Kilometer flussabwärts bis zu der Stelle, wo der Fluss zwei Tagesreisen vor Yakutsk zugefroren war. »Die Einheimischen bestaunten mich und hatten in meiner scheinbar verzweifelten und hoffnungslosen Lage Mitleid mit mir«, schrieb er über die, die ihm auf seinem Weg weiterhalfen. »Sie schienen nicht zu wissen, dass die Elemente dem Menschen wenig anhaben können, solange er Geist und Körper in Bewegung hält.«

Obwohl er immer noch mehr einem Landstreicher glich als einem Entdecker, gewann er mühelos den Respekt (und die Uneigennützigkeit) der Landbevölkerung, denn er trug eine eindrucksvolle Kollektion von persönlichen Empfehlungsschreiben des Zaren bei sich. Mittels der Unterstützung gut situierter Freunde in Sankt Petersburg, wie ein Bericht wissen will.

> *Seine beabsichtigte Großtat bekam Unterstützung von höherer Stelle, als man hätte erwarten können. Er wurde nicht nur mit dem üblichen Reisepass ausgerüstet, sondern auch mit einem ge-*

heimen Brief an den Generalgouverneur von Sibirien und offenen Instruktionen an die zivilen Gouverneure und die Polizei »all der Städte und Provinzen, die auf seinem Weg zwischen Sankt Petersburg und Kamtschakta lagen, um ihn so weit wie möglich in dem Vorhaben zu unterstützen, seine Reise ohne Unterbrechungen fortzusetzen, ihm die Obhut und den Schutz des Gesetzes zu gewähren und ihm im Notfall auch mit Geldmitteln weiterzuhelfen.«

Warum wurden einem schäbigen und bettelarmen Ausländer diese Beweise zaristischer Gunst gewährt? Darüber zerbrachen sich andere den Kopf, nicht Cochrane, der sie als sein gutes Recht hinnahm – auch noch, als auf halbem Weg plötzlich ein Kosak eintraf, den der Zar ihm als persönlichen Leibwächter zur Seite stellte. Der Kosak trug die Vollmacht bei sich, nach eigenem Gutdünken über Pferde zu verfügen. Auf diese Weise erreichten die beiden den Polarkreis, in den sie sich auf Hundeschlitten, Flößen, sogar über einen eisigen Schwimmparcours durch den Fluss Okita vorarbeiteten.

Cochrane verschenkte seine Schneeschuhe. Von Natur aus kein großer Mann, war er nach Jahren entbehrungsreicher Reisen so leicht geworden, dass er in keiner noch so hohen Schneewehe mehr versank. Schließlich passierten sie den letzten russischen Vorposten und betraten das halbautonome Gebiet der Tschuktschen, sibirischen Nomanden, die den Esquimeaux der amerikanischen Arktis ähnlich wenn nicht verwandt waren. Im Juli 1821 erreichte er die Küste des Ostsibirischen Meeres und machte sich auf die ernsthafte Suche nach einer interkontinentalen Landbrücke.

Holman kannte nicht alle Einzelheiten von Cochranes Reise – wie weit er dem sich selbst zuerkannten Titel Unehre gemacht, in welchem Ausmaß er die Protektion des Zaren genossen hatte. Er hatte lediglich gehört, dass ein Offizierskamerad und Landsmann mit spärlichen Geldmitteln eine große Strecke zu Fuß gegangen war. Und dass Cochrane, aus Gründen, über die er nichts wusste, seine Weltumgehung plötzlich abgebrochen hatte und auf dem gleichen Weg zurückkehrte. Seine mutmaßliche Route sollte ihn irgendwann im Sommer 1823 durch Moskau führen, und Holman beschloss, ihn dort zu begrüßen, wenn er eintraf. Er hoffte, in dem Captain eine reichhaltige Quelle des Wissens und der Ermutigung und einen neuen Freund zu finden.

Es floss ein Fluss auf dem Fluss. Die Neva war noch zugefroren, aber das Eis wurde jeden Tag dünner. Inzwischen schmolzen die wärmer werdenden Tage bei Temperaturen über Null den Schnee auf den offenen Flächen, und eine Schicht Wasser begann über dem Eis zu fließen. Die dreispurige Straße aus Eis gab es noch, aber in der zweiten Märzwoche konnte die von Holman gemietete Droschke sie nicht mehr benutzen, weil die Pferde bis zum Bauch im Schneematsch versanken.

Eilig hackten die Menschen sich ihre Eisvorräte für den Sommer aus der Schicht und lagerten sie unter Sägemehl tief in ihren Kellern. Bald würde der richtige Fluss sich sein Recht verschaffen, aufbrechen und die Floße aus Eis davontragen. Die Fahrbahnen verschwanden als letztes – der Verkehr hatte sie zu den kompaktesten Bereichen der Eisfläche zusammengepresst. Die meisten trieben in großen Stücken davon, komplett als Landschaft, ein zu schmalen Inselstreifen geschmolzener Boulevard.

Als der Frühling kam, schienen Holmans Möglichkeiten auf einen kleinen zivilisierten Umkreis beschränkt. Russland war unermesslich groß und eine große Wildnis. Sogar die neue

Straße nach Moskau war streng genommen keine Straße nach Moskau. Sie sollte es eines Tages werden, aber zu der Zeit reichte sie gerade mal hundertzwanzig Kilometer weit, bevor sie in einem Hinderniskurs aus Viehwegen und nicht überbrückten Bächen verschwand.

Drei Tage später hastete Holman zur Kutschenstation, nicht rechtzeitig zur fahrplanmäßigen Abfahrt. Eine paar Freunde, die zum Abschied gekommen waren, mussten die Kutsche gewaltsam zurückhalten. Auch diesmal reichte die Zeit nur für ein kurzes aber herzliches Lebewohl für »meinen schätzenswerten Freund« Colebrook, und sein Täuschungsmanöver machte die Trennung noch schmerzlicher. Colebrook war fest davon überzeugt, ihn in ein paar Monaten wiederzusehen. Dabei hatte Holman nicht vor, jemals in diese Stadt zurückzukehren.

Er zwängte sich in seinen Sitz, und die Abschiedsrufe der Freunde verloren sich in Peitschenknallen und Hufgeklapper. Die Kutsche, ein ungelenkes Vehikel mit riesengroßen Rädern, das sich Eilpostwagen schimpfte, rollte die unvollendete Straße nach Moskau entlang.

Sieben Wochen später machte Holman sich einen Spaß daraus, seine Hand durch den Sprung der Großen Zarenglocke im Kreml zu schieben. Es war die größte Glocke der Welt, einhundertsechzig Tonnen Bronze, so schwer, dass sich der Boden unter ihr senkte. Nach offizieller Lesart war sie durch einen Unfall zerbrochen, als einer ihrer Tragebalken in Brand geraten war. Aber Holman tastete die Streifung des Bruchs ab, die glatt, nicht gezackt war, für ihn ein klarer Beweis, dass der Bruch auf einen Fehler beim Guss zurückzuführen war.

Er dachte nicht daran, darauf aufmerksam zu machen. Er hatte in Moskau schon genug Entrüstung mit seinen Recherchen hervorgerufen. Als man ihn in die Schatzkammer führte, in der die Throne der Kaiser aufbewahrt wurden, war er so frei, in dem uralten Sessel des Boris Godunov (1551–1605) Platz zu nehmen. Als er dem gewaltigen Mörser Peters des Großen gegenüberstand, der fünf Meter langen Zarenkanone, gab er einem neben ihm stehenden Sergeanten seinen Mantel und legte sich selbst der Länge nach ins Rohr. Solche Aktionen waren sein Protest gegen den allgegenwärtigen Ordnungssinn, seine Art, Zeichen in die Zeit zu setzen.

Moskau, alt und zugleich modern, war ein Ort klarer Abgrenzungen, hier war alles und jeder eingezäunt, abgepuffert und verwahrt. Die Stadt selbst, nach den Feuersbrünsten und Zerstörungen der napoleonischen Besetzung im Jahre 1813 immer noch im Wiederaufbau, war von einer doppelten Mauer umschlossen, in dem Streifen zwischen innerer und äußerer Mauer waren Gärten angelegt. Auch den Kreml, das geistliche und administrative Zentrum, und das chinesische Viertel mit seinem auf ein paar überfüllte Straßen begrenzten Markt trennten Mauern von der übrigen Stadt ab. Den Tatarenturm umschloss ein einfacher Graben. Nur ein Blinder konnte übersehen, wo das Wohngebiet des Adels begann – es hieß Beloigorod, die Weiße Stadt, wo die Backsteinwände der Häuser schneeweiß verputzt, die eisernen Dächer einheitlich dunkel gestüncht waren.

Holman machte die Erfahrung, dass Moskaus feine Gesellschaft ihm weit offen stand, weil er als Offizier zum Adel gerechnet wurde. Sein fließendes Französisch, die bevorzugte Sprache in den Häusern der Oberschicht, und ein reicher Vorrat an Neuigkeiten aus England und vom Kontinent machten ihn noch begehrter. Er wurde mit Einladungen überhäuft und hätte bis in alle Ewigkeit Gast in den Häusern der weißen Stadt bleiben können, aber er wollte sich lieber mit einer anderen Form von Eleganz umgeben. Er wusste, dass der vor ihm liegende Weg ihm eine bestimmte sensorische Wohltat auf lange Zeit vorenthalten würde, also zog er in eine Pension, in der Berufsmusiker wohnten. Andere mochten das ständige Üben als Kakofonie erleben, für ihn war es eine tiefe Freude, eine Art klingender Einrichtungsgegenstand. Besonders genoss er die Glissandoklänge der direkten Nachbarin, einer Harfinistin.

Wer nach Sankt Petersburg ging, wollte sein Glück machen, nach Moskau ging man, um zu überleben. Unter den Bedürftigen der Stadt waren Heerscharen von Bauern, denen die Polizei gestattete, als Dorfgemeinschaften für ihr Heimatdorf zu betteln, in der Regel, weil es niedergebrannt worden war. Viele dieser Menschen blieben und trugen so zum Anwachsen eines ohnehin schon großen Heeres von Dienstleistenden bei, das Hausdiener geradezu absurd billig werden ließ. Bei einem solchen Überfluss war es für manchen Arbeitgeber gar nicht so einfach, sich Arbeiten für sein Dienstpersonal auszudenken. Mancher Diener fand sich plötzlich in einer hauseigenen Komödiantentruppe wieder, und das nicht etwa, weil er ein talentierter Mime war, sondern allein wegen seines komischen Aussehens. Man schaffte in seinen Hausorchestern Arbeitsplätze, in dem man Trompetenpartien aufteilte: Mancher musizierende Diener musste ein ganzes Konzert hindurch immer nur ein und denselben Ton spielen. Überbesetzung bedeutete auch, dass Abendgesellschaften mit einer atemberaubenden Effizienz bedient wurden, die nach Holmans Geschmack zu wenig Zeit für Gespräche ließ; nicht selten riss man ihm den Teller schon unter der Nase weg, »wenn ich nur die Gabel hinlegte, um den einen oder anderen Gast anzusprechen.« Er selbst hielt sich in seiner Pension einen persönlichen Diener als Vollzeitkraft und zahlte ihm monatlich fünf

Rubel – etwa den Gegenwert von zwei Mahlzeiten –, aber selbst diese Ausgabe sollte ihn bald reuen. Der Mann besserte sein Einkommen offensichtlich damit auf, dass er seinen Herren zu teureren Händlern führte und dafür Provisionen kassierte.

Abendgesellschaften und Faulenzertourismus verloren schnell an Reiz. Aber so sehr es ihn drängte, endlich aufzubrechen, er wollte sich unbedingt den Rat von Captain Cochrane holen, der noch auf sich warten ließ. In seinem zweiten Moskauer Monat ließ Holman etwas Druck aus dem Kessel, indem er eine gereinigte, extrem gekürzte Version seiner Reisepläne zum Besten gab – tatsächlich sollte es wohl eher ein Test auf die Glaubwürdigkeit seiner Tarngeschichte sein. Er beabsichtige, falls er geeignete Transportmittel fand, sich über die Wolga nach Kazan vorzuwagen, dem Zentrum des islamischen Russland und Heimat der größten Population an Tataren, den muslimischen Abkömmlingen mongolischer Invasoren im 13. Jahrhundert. Und dann vielleicht noch ein paar Wochen weiter östlich herumziehen, ungefähr dort, wo die Region beginnt, die man *Sibir* nennt, das »schlafende Land«.

Sibirien! »Jeder ließ es sich angelegentlich sein, mir klarzumachen, wie verrückt und absurd eine solch gefährliche, uninteressante und unangenehme Reise sei«, musste Holman erfahren. »Der Name ... schien in den Köpfen der Menschen ausschließlich Gefühle des Schreckens zu erwecken.«

Und das sollte auch so sein. Der Gedanke, freiwillig dort hinzugehen, grenzte für die russische Seele an Beleidigung. Seit Jahrhunderten zog die absolute Macht der Zaren ihre Stärke aus der Vorstellung von Sibirien als seinem Fegefeuer für Straftäter, kriminelle wie politische, ein weit wirksameres Abschreckungsmittel als die Androhung der Todesstrafe. Eine Hinrichtung tötete einen Menschen. Die Verbannung nach Sibirien verdammte eine ganze Familie, einschließlich der noch nicht geborenen Generation, zu einem Leben der Fronarbeit oder einer anderen niederen Existenz unter klimatischen Bedingungen, die selbst für frostgestählte Moskauer nicht zu ertragen waren. Es gab keine Grenzposten, nicht einmal Grenzen. Allein die geografischen Bedingungen, die Distanzen und die Schwierigkeiten, sie zu überwinden, bildeten für jede Rückkehr eine natürliche Barriere.

Holman hegte keine Pläne für eine Rückkehr, aber das behielt er für sich. Außerdem zählte er auf den Rat des vielleicht größten Überlebenskünstlers in Sibirien, eines Mannes, mit dessen Ankunft jetzt täglich zu rechnen war. Endlich, am letzten Tag des Mai, stampften die Schritte abgetretener Stiefel auf der Treppe in die musikalische Geräuschkulisse seiner Pension. Der Fußreisende machte dem Blinden Reisenden seine Aufwartung.

John Dundas Cochrane war ein frappierend kleiner Mann – so klein, dass er aufrecht in der Zarenkanone sitzen konnte, nachdem er wie Holman hineingeklettert war. Aber seine winzigen Schritte waren getrieben von einer flinken, nervösen, scheinbar unermüdlichen Vitalität, und er gab eine farbenfrohe Erscheinung ab. Anders als Holman, der noch die Uniform der Royal Navy trug, kostümierte er sich jetzt wie ein russischer Bauer aus dem Bilderbuch, in grauer Bluse und gelben Hosen aus Nanking-Baumwolle, um deren Bund er eine breite seidene Schärpe trug. Er hatte sich das Haar wachsen lassen, seine hageren Gesichtszüge waren eingerahmt von schmutzig-blonden Löckchen. Aber noch viel auffälliger war die blutjunge schöne Frau an seinem Arm – die frischgebackene Mrs. Cochrane. Er war vierundvierzig. Sie war vierzehn.

Er erklärte Holman, dass ein regionaler Beamter namens

Ushinsky ihn auf der Halbinsel Kamtschatka mit seiner Tochter bekannt gemacht hatte. In einem der entlegensten Landstriche der Erde, so fern der Heimat wie überhaupt nur möglich, hatte er die Liebe gefunden. Dem Nachnamen nach zu urteilen war die Familie zumindest teilweise slawischen und nicht einheimischen Ursprungs, und das Töchterlein war gesittet, von zartem Antlitz und glücklicherweise sehr klein. So konnte er sich mit dem Einverständnis des Vaters seiner »Leidenschaft hingeben und sie mit einer Vermählung krönen – soviel zu meinem Reiseglück.«

War das der Grund für den Abbruch seiner Weltumgehung? Nein, nicht der Hauptgrund. Cochrane hatte noch eine Geschichte zu erzählen. Angeblich war er bis in die arktischen Küstenregionen der einheimischen Tschuktschen vorgedrungen und stand kurz vor dem Beweis einer Landbrücke zwischen Russland und Amerika – wie sollten zwei so große Landmassen sich um das geografische Äquivalent einer Haaresbreite verpasst haben? Aber als er nach einem Führer fragte, der ihn über das Eis begleiten sollte, wurde seine kaiserliche Rückendeckung, die ihm so viele Türen geöffnet und Wege geebnet hatte, zum Bumerang.

Wenn der Zar ein so großes Interesse an der Reise dieses Mannes hat, ließen die Tschuktschen ihm durch einen Dolmetscher ausrichten, *dann wird er gewiss nichts dagegen haben, für dessen Durchreise zu bezahlen.* Sie hatten gesehen, dass er Raucher war und boten ihm an, ihn gegen fünfzig Säcke Tabak, im Voraus zahlbar, passieren zu lassen. Und dabei handelte es sich nicht etwa um bescheidene Tabakbeutelchen, wie er eines bei sich trug, sondern um eine ausgewachsene Exportladung in einem Gegenwert von zirka fünftausend Pfund. »Das kann kein großer Herrscher sein, der nicht einmal ein solch bescheidenes Geschenk macht und sich um den Wohlstand aller seiner Untertanen kümmert«, schloss der Häuptling.

Cochrane, der unter größten Mühen fünfzig Pfund Tabak durch die Wildnis geschleppt hatte, um für solche Anlässe gewappnet zu sein, war enttäuscht, um nicht zu sagen wütend. Dass man einen unmöglichen Preis für eine unmögliche Aufgabe verlangt hatte, und der Häuptling der Tschuktschen einen abgefeimten Witz auf seine Kosten gemacht hatte, ist ihm offenbar nicht in den Sinn gekommen. Aber dieser Rückschlag bedeutete nur, dass der *Fußweg* nach Amerika ihm versperrt war; mehrere Schiffe luden Vorräte für die Fahrt zur gegenüberliegenden Küste, unter ihnen eine portugiesische Brigg und ein amerikanisches, ausschließlich mit Sandwich-Insulanern bemanntes Schiff. Warum suchte er dort nicht um einen Platz an Bord nach?

Cochrane wusste noch eine dritte Geschichte zu erzählen. Während er am Rand des Kontinents auf und ab spaziert war, hatte er von einer russischen Seeexpedition erfahren, die eine Vermessung der Küste von Alaska vornahm. Nach seinem vergeblichen Versuch, auf die Expedition mitgenommen zu werden, übte er sich in theatralischer Selbstlosigkeit und Ehrerbietung: »Man will mir nicht erlauben, mit ihnen zu handeln«, schrieb er, »und ich will nicht gegen sie handeln, deshalb kann ich überhaupt nicht handeln.«

Mit einem Wort, Cochranes wahre Motive für den Abbruch seiner Unternehmung waren zwischen konfusen Anekdoten verloren gegangen. Holman ritt nicht auf der Sache herum und versuchte stattdessen, interessante Tatsachen für seine eigene Reise zu erfahren. Seine Weltumrundungspläne verschwieg er, aber er erzählte Cochrane, dass es sein Plan sei, als erster seinen Spuren zu folgen.

Man muss Cochrane zugute halten, dass er auf diese Neuigkeit nicht mit Hohn oder lautem Gelächter reagierte. Er war schlechter Laune. Statt des triumphalen Empfangs bei seiner Rückkehr nach Moskau hatte er eine gleichgültige Stadt vorgefunden, eine Stadt »ohne Gastfreundschaft, von unersättlicher Geldgier, mit unzähligen Bettlern«. Statt wieder in den Palästen der Weißen Stadt willkommen geheißen zu werden, sah er sich gezwungen, eine exorbitante Summe für ein schmutziges Hotelzimmer zahlen. Die Frischvermählten mussten drei Wochen auf die nächste Postkutsche nach Sankt Petersburg warten, und offensichtlich war es für ihn keine erfreuliche Aussicht, seine kamtschatkische Kindsbraut bis dahin bei Laune halten zu müssen. Als er seine Freunde besuchte, drängten sie ihn, sich möglichst bald mit dem Neuankömmling zu treffen, der »eine der bemerkenswertesten Persönlichkeiten in Moskau« sein sollte, Lieutenant Holman von der Königlichen Marine, ein armer erblindeter Knight of Windsor. Und jetzt tat dieser umnachtete Mensch so, als sei Sibirien das geeignete Ziel für einen touristischen Ausflug.

Cochrane hatte unter Frostbeulen und Schneeblindheit gelitten und wäre beinahe Hungers gestorben, er war von Banditen überfallen worden und mit dem Kanu festgefroren, Pferde waren unter ihm verendet. Es war so bitterlich kalt gewesen, dass er seine Lagerfeuer in Hufeisenform angelegt hatte, um von Flammen umgeben zu sein, und regungslos schlafen musste, wenn er nicht verbrennen wollte. Die Reise war eine Tortur von heroischen Ausmaßen gewesen, und ihre Einmaligkeit der einzige Gegenwert – außer der Absicht, ein Buch über die Abenteuer zu schreiben, hatte er zu Hause keine große Perspektive. Es hätte ihm nicht an Gründen gemangelt, Holman mit ganzer Inbrunst vor der Reise zu warnen, aber er verzichtete darauf. »Ich verbrachte ein paar vergnügliche Tage mit ihm«, berichtet er über seinen neuen Freund, »und verglichen mit seiner Entschlossenheit, sich ebenfalls auf den Weg zu machen, wollte die Umsetzung meines Plans, Sibirien zu durchqueren, mir wie eine Bagatelle vorkommen.«

Einen wichtigen Umstand konnte Cochrane bestätigen: Überlandreisen auf Art der Einheimischen waren phantastisch billig, erst recht, wenn noch die Großzügigkeit der Dorfleute hinzukam. Er behauptete, seine Reisen innerhalb Russlands hätten ihn insgesamt nur wenig mehr als ein britisches Pfund gekostet – ein lächerlicher Betrag, zweifellos eine Untertreibung und trotzdem ermutigend. Er schwärmte beinahe von den Früchten minimalistischen Reisens. Bald darauf würde er schreiben:

> *»Gehen Sie los«, sagte ich, »wandern Sie mit den primitiven, beinahe unmenschlichen Wilden! – gehen Sie und seien Sie den wilden Tieren Kamerad! – gehen Sie und sinnen Sie nach über das Wesen Mensch, egal in welchem Element, welchem Klima ... Nur mit Geduld, Beharrlichkeit und Demut, damit, dass man sich auf die unterste Stufe des Menschseins begibt, kann man darauf hoffen, solch ein Martyrium sicher oder gar befriedigt zu überstehen.«*

Cochrane hatte allerdings nicht nur Ermutigendes im Köcher. Seine eigenen leidigen Erfahrungen heraufbeschwörend erklärte er, es sei nicht möglich, einfach so nach Sibirien hineinzumarschieren. Man brauche einen offiziellen Schutzbrief vom Minister des Inneren, ein Dokument, das sehr schwer zu beschaffen sei. Holman müsse nach Sankt Petersburg zurückreisen, um es zu beantragen.

Zu seinem Erstaunen widersprach ihm Holman höflich aber bestimmt. Er sagte, er habe sich nach Genehmigungen erkundigt und dabei erfahren, dass ein solches Empfehlungsschreiben nicht erforderlich sei. Sie kamen überein, gemeinsam weitere Erkundigungen einzuziehen, und spazierten am folgenden Tag untergehakt zuerst zu den Amtssitzen des Generalmajors Werewkin, des Stadtkommandanten von Moskau, und des Generalgouverneurs Balk-Polieff. Beide Amtsträger begrüßten Holman als guten Bekannten – er hatte mit ihnen zu Abend gegessen, voller Bewunderung einer Privatvorstellung der ältesten Tochter des Gouverneurs beigewohnt, mit dem Kommandanten zusammen die Geburt eines Sohnes gefeiert. Beide mussten eingestehen, dass Holman, technisch gesehen, weitgehend Recht hatte. Sibirien diente als Gefängnis, aber es besaß denselben rechtlichen und administrativen Status wie jeder andere Teil des Zarenreichs. Einem russischen Bürger mochte es untersagt werden, von dort fortzureisen, aber die Bewegungsfreiheit von Ausländern war in keiner Weise eingeschränkt. Wenn er im eigenen Transportmittel zu reisen beabsichtige, müsse er eine Postlizenz beantragen, die dann für alle Reiseziele gültig sei.

Wer nennenswerte Entfernungen mittels Pferdegespannen zurücklegen wollte, kam nicht mit einem Gespann aus. Tatsächlich gab es viele Karren- oder Kutschenbesitzer, die keine eigenen Pferde hielten. Sie bedienten sich eines Systems von Tausenden über ganz Russland und große Teile Europas verteilter Poststationen. Das waren Deponien und Durchgangsstationen für Postsendungen, aber sie hatten noch eine andere Bestimmung. Manche Station bestand nur aus ein paar Pfählen oder einem Pferch. Eine Postlizenz gab Durchreisenden das Recht, die müden Pferde auszuspannen, frische einzuspannen und weiterzufahren. Die zurückgelassenen Tiere wurden gefüttert, gestriegelt und für den nächsten Austausch vorbereitet, vorausgesetzt alle Regeln wurden eingehalten. Solche Postpferde führten kein beneidenswertes Leben; sie hatten keinen festen Herren, und ihre Austauschbarkeit trieb sie quer durch Europa und dessen größtes Kaiserreich einem frühen Tod entgegen.

Cochrane war dabei, als sein neuer Gefährte um die weitreichendste zu vergebene Postlizenz nachsuchte. Man teilte ihnen mit, dass sie bis nach Irkutsk reichte, der neuen Hauptstadt Ostsibiriens. Und von dort aus konnte der ruhelose Reisende eine Erweiterung in jede gewünschte Himmelsrichtung beantragen. Holman berechnete die Entfernung von Moskau nach Irkutsk, rechnete die Entfernung von Werst im Kopf in Kilometer um. Es waren 5.707 Kilometer, etwas mehr als die gesamte Breite Nordamerikas. Dort angekommen, hätte er erst zwei Drittel der gesamten Strecke quer über den Kontinent zurückgelegt.

Ob er eine Lizenz wollte, die sein Fahrzeug bis nach Irkutsk brachte? Es würde ihn etwas mehr als zweihundert Rubel kosten, ungefähr neun britische Pfund. Ein überschwänglicher Holman, der keinen Karren, weder Kutsche noch Schlitten besaß – und schon gar nicht mit so etwas umgehen konnte –, sagte ja.

Schlussendlich, Gelächter.

Seit Tagen dachten Cochrane und Holman darüber nach, was man anstellen musste, um dieser stoischen Kindsfrau echte Gefühle zu entlocken. Beide dachten, Mrs. Cochrane, gepflückt aus der arktischen Tundra, wo die größte Stadt aus exakt zweiundvierzig Häusern bestand und nur zweimal im Jahr die Post zugestellt wurde, müsse von Moskau verzaubert sein.

Sie selbst – Holman als »sehr ansehnlich« vorgestellt, eine Beschreibung, die er ausnahmsweise einmal nicht nachprüfen durfte, auch nicht mit der diskretesten Berührung – war zweifellos bezaubernd. Das einzige von ihr überlieferte Porträt zeigt einen selbstgefälligen Teenager mit einem Gesicht zart wie Porzellan und den Proportionen einer Puppe, einem unglaublich langen Schwanenhals und Wespentaille.

Es ist vielleicht bezeichnend, dass ihr Porträt überliefert ist, nicht aber ihr Vorname. Cochrane hat seine Abenteuer in zwei umfangreichen Bänden niedergelegt, von dessen Seiten seine junge Braut gleich nach dem Hochzeitstag fast vollständig verschwindet. In seiner Erzählung bleibt er beharrlich in der ersten Person Singular (*ich trat hinaus in die belebten Straßen Moskaus*); und selbst Cochranes Familienberichte aus späteren Jahren verschweigen ihren Taufnamen. Ein bezauberter Holman konnte sie beim besten Willen nicht »ungehobelt oder unbeholfen in ihrem Verhalten finden ... Ihre Eltern hatten Beziehungen zum zivilisierteren Teil des Reiches gehabt und sie war dementsprechend erzogen worden.«

Aber der schöne Schein täuschte über ein zutiefst zurückhaltendes, fast lethargisches Naturell hinweg. So sehr sie sich bemühten, vermochten weder Holman noch Cochrane mit irgendetwas Eindruck auf sie zu machen. Gemeinsam stiegen sie mit ihr auf einen der hohen Türme des Kreml, um ihre Begeisterung für die schiere Höhe oder den Anblick der sich zu ihren Füßen ausbreitenden Stadt zu wecken. »Natürlich erwarteten wir, dass sie ihrer Bewunderung mit großen Gefühlen Ausdruck gab; es schien ihr zu gefallen, was sie sah, sie war jedoch alles andere als überwältigt«, beobachtet Holman. Sie nahmen das Mädchen mit zu ihrem allerersten Theatererlebnis, und zu ihrem großen Erstaunen brach sie während der Vorführung eines musikalischen Schwanks mit dem Titel *Die Papageien* in schallendes Gelächter aus. Aber »von der staunenden Verwunderung, mit der wir eigentlich gerechnet hatten, bekamen wir nichts zu sehen.«

Cochrane kam bald zum Geschäftlichen. Da Holman jetzt im Besitz einer Postlizenz war, musste er doch eigentlich Interesse an der *povozka* haben, in der das Paar aus Kazan angereist war. Eine Povozka war ein offener Wagen, leicht gebaut, um mit einem kleinen Gespann auszukommen, kein Dach, keine gepolsterten Sitze, nicht einmal gefederte Achsen. Natürlich würde er einen Kutscher benötigen – eine Kombination aus Fahrer und Reiter, der das Fahrzeug vom Rücken eines der eingespannten Pferde aus lenkte – und der Zufall wollte es, dass der Tatare, der die Cochranes ganz von Tobolsk bis nach Moskau kutschiert hatte, noch in der Stadt war und geheuert werden konnte. Er war ein grimmig aussehender Zeitgenosse mit gewaltigem Rauschebart, der einen gegürteten Kaftan und hohe Stiefel trug, aber für Holman war er nur ein Sturzbach murmelnder Flüche und eine Duftmischung aus Pferdegestank, *kvass* (einem natürlich kohlensauren, fermentierten Getränk aus Roggen) und russischem Leder (das Holmans Nase von europäischem Leder unterscheiden konnte). Wenn Cochrane den Namen des Kutschers kannte, erwähnt er ihn nicht, und auch Holman nennt seinen neuen Gefährten einfach nur den »Tataren«, wobei der Titel sowohl über seine Volkszugehörigkeit als auch über sein Temperament Auskunft gab (im englischen Denken galt ein Tatar als jähzornig und unkontrollierbar). Glücklich übernahm Holman sowohl das Gefährt als auch den Angestellten und schrieb: »Und auf einmal war ich beinahe komplett für meine Reise ausgerüstet.«

Beinahe, aber nicht ganz. Es wartete noch ein Ritual auf ihn. Bei der Rückkehr in seine Pension vergewisserte er sich, dass er allein im Zimmer war und verriegelte die Tür. Das Packen erforderte ein hohes Maß an Konzentration, und »die Gegenwart und Hilfe einer zweiten Person hätte mich nur noch mehr abgelenkt und in Verwirrung versetzt.« Er musste seine Habseligkeiten und Vorräte ja nicht nur sicher verstauen, sondern sich später an ihren Platz erinnern, sozusagen eine dreidimensionale Gedächtniskarte anlegen, die in jeden Winkel seiner Gepäckstücke reichte. Auf den Tataren konnte er sich beim Wiedererkennen der Gegenstände nicht verlassen, weil ihnen die gemeinsame Sprache fehlte, und außerdem hielt er einige Dinge lieber im Verborgenen.

An erster Stelle das Geld. Er steckte ein Bündel Banknoten, ausschließlich Fünf-Rubel-Scheine, in eine Ecke. Die Münzen verteilte er auf fünf Stoffbeutel, tat jeweils hundert vom selben Nennwert, von Silberrubeln bis hinunter zu Zwanzig-Kopeken-Stücken, in einen Beutel. Banknoten wollte er nur im Notfall verwenden und darauf bestehen, dass man ihm in Hartgeld herausgab, weil er die Münzen mit den Fingerspitzen erkennen konnte. Eine finanzielle Transaktion mit ihm hatte etwas von Taschenspielerei; eine Hand glitt unbeirrt in die Tiefen seines Gepäcks, und abgezähltes Geld kam zum Vorschein oder verschwand.

Er packte sechs Flaschen Branntwein und die gleiche Zahl passabler französischer Weine ein, auch wenn er letztlich keine einzige davon zu trinken beabsichtigte. Sein Lieblingsgetränk war Tee (»Wenn ich von den Anstrengungen der Reise erschöpft bin, empfinde ich ihn immer als besonders angenehm und belebend.«). Ein Vorrat an Teeblättern und Zucker zusammen mit einem Geschirr aus Kessel und Bechern machte ihn »ziemlich unabhängig von der zufälligen und unzureichenden Versorgung durch die Poststationen, wenn man vom kochenden Wasser einmal absieht.« Er packte auch ein paar Essensvorräte mit ein, aber wenige. Konserven waren knapp, teuer, schwer und schwierig zu öffnen (man benutzte dazu einen

Hammer), und getrocknete Speisen wie Dörrfleisch und Pemmikan waren nicht sein Geschmack. Stattdessen zog er es vor, »sich in jeder Stadt mit einem Vorrat an Brot und Fleisch einzudecken, der bis zur Ankunft in der nächsten reichte.«

Am Abend vor der Abreise merkte er sich sorgfältig die Reihenfolge zahlreicher fest verstöpselter Fläschchen und kleiner Gläser, allesamt gut gepolstert, damit sie nicht brachen. Zum ersten Mal war er mit eigener Reiseapotheke unterwegs. Ein Moskauer Arzt namens Lyall hatte Hollman gedrängt, die Medikamente mitzunehmen, nachdem er von dessen Ausbildung als Mediziner erfahren hatte, »nicht nur mit Blick auf mein eigenes Wohl, falls mich eine Krankheit in einem Land befiele, wo man nach medizinischem Beistand möglicherweise vergeblich sucht, sondern auch, um anderen bei Bedarf damit helfen zu können.« Nicht die Kälte stellte in Sibirien die größte Bedrohung für das Leben dar, erklärte ihm der Doktor, sondern der erschreckende Mangel an medizinischer Versorgung. Unter solchen Umständen war ein blinder Arzt besser als gar keiner. In dem Bewusstsein, dass die geringste Verwechslung katastrophale Folgen haben konnte, legte Holman die Tinkturen, Salben und Opiate sehr sorgfältig in seinen Koffer.

Fast zur selben Stunde machten sich der Fußreisende mit Ziel London und der Blinde Reisende mit Ziel Sibirien auf den Weg in diametral entgegengesetzte Himmelsrichtungen, als wären sie Teilnehmer an einem Langstreckenwettbewerb. Cochrane behauptet, die letzten Minuten in Moskau damit verbracht zu haben, »Mr. Holman sicher auf den Weg zu bringen«. Holmans Erinnerung klingt anders: Er sei derjenige gewesen, der gerade noch rechtzeitig an der Postkutschenstation ankam, um dem Captain zum Abschied die Hand zu schütteln, seiner jungen Braut Glück und ihnen beiden *bon voyage* zu wünschen. Bald darauf saß er auf der hintersten Bank von Cochranes alter Povozka und hörte den Tataren in einer unbekannten aber interessanten Mundart die Pferde antreiben. Endlich war er unterwegs.

Für mich war das eine ganz und gar neue Situation, deren Seltsamkeit durchaus meinen Gefühlen entsprach. Ich hatte mich aus freien Stücken in die ungewöhnlichsten Umstände begeben, eine einsame Reise von mehreren Tausend Meilen, durch das vielleicht wildeste Land der Erde, dessen Bewohner man schwerlich dem Kosmos der Zivilisation zurechnen durfte; als einzigen Helfer einen tatarischen Kutscher, dessen Sprache meinem Ohr vollkommen fremd war. Und trotzdem gab ein Gefühl glücklicher Zuversicht mir Kraft.

Ein nicht ganz berechtigtes Gefühl. Nach nicht einmal einer Stunde wurde klar, dass der Kutscher sein unverständliches Gebrabbel schon lange nicht mehr an die Pferde richtete. Beim Landhaus eines Bekannten hatte Holman den ersten Halt geplant, aber der Tatar fand den Weg nicht. Sein Passagier konnte ihm erst recht nicht weiterhelfen, und beiden fehlte die Sprache, um Passanten nach dem Weg zu fragen. Also fuhren sie eine Straße ihres eigenen kleinen Babels nach der anderen ab. Ein ungewöhnlicher Zufall wollte es, dass sich ein neben ihnen her reitender Mann aus heiterem Himmel auf Englisch an sie wandte – ein Neffe des Mannes, den Holman besuchen wollte. »Schon beglückwünschte ich mich dafür, endlich auf dem rechten Weg zu sein, aber ach! ... unser neuer Wegweiser hatte sich ebenfalls verirrt, und nachdem er uns eine ganze Weile lang von einer Straße in die nächste geführt hatte, bekannte er freimütig, dass er den Weg nicht wusste.« Gerade mal ein paar Meilen außerhalb von Moskau waren sie im dunkler werdenden Wald und hatten jegliche Orientierung verloren. Erst nach ein paar Stunden kam ein Bauer vorbei und rettete sie.

Holman seufzte und lehnte sich in seinen Sitz zurück. Auf solche Weise konnte man keinen Kontinent erobern.

11 DAS SCHLAFENDE LAND

Die Reise über die Wolga begann mit dem Rumpeln und Klappern zwanzig schwerer, zur Erde polternder Holzstangen. Unter den Rudermännern herrschte der Brauch, vor dem Ablegen die langen Riemen in die Luft zu werfen, um die göttliche Aufmerksamkeit auf ihre Fahrt zu lenken. Da keins der Ruder zerbrochen war – ein Zeichen, dass sie auf Schutz hoffen durften –, nahmen sie die Hüte ab, schlugen das Kreuz und setzten sich an ihre Ruderplätze im Boot.

Es war die private Barke des Prinzen von Georgien, und Holman war der Ehrenfahrgast. Nach Wochen mühseligen Vorwärtsholperns auf fürchterlichen Straßen, einer Tortur in der ungefederten Povozka, die »mein Gehirn ... jeden Augenblick aus seinem Gehäuse zu sprengen drohte«, hatte er Nischni Nowgorod (nur etwas über sechshundert Kilometer östlich von Moskau) erreicht und durfte feststellen, dass sein Ruhm ihm vorausgeeilt war. Der Prinz ließ sich mit der Post das *Petersburg Journal* schicken, hatte darin vom phantastischen Blinden Reisenden gelesen und es sich nicht nehmen lassen wollen, ihm alle nur möglichen Ehren angedeihen zu lassen: ein stattliches Abendessen, frischen Proviant, eine malerische Flussfahrt. Es spielte keine Rolle, dass Holman die Landschaft nicht aus eigener Anschauung genießen konnte – der Sohn des Prinzen erbot sich mit Freuden, sich an seine Seite zu setzen und ihm auf Französisch eine laufende Beschreibung der Ausblicke zu liefern. Sie legten bei einem Kloster am Flussufer an, wo Mönche feierlich kegelten, als handelte es sich um einen Ritus und kein Spiel. Der Abt, anscheinend auch er ein Freund vergeblicher Gesten, überreichte seinem außergewöhnlichen Gast ein Landschaftsporträt mit Kloster als Geschenk. Was blieb Holman übrig, als die Oberfläche des Stichs bewundernd abzutasten, ihn zusammenrollen und wieder in den Kahn zu klettern, gerade rechtzeitig, um des Prinzen ergriffene Schilderung des Sonnenuntergangs anzuhören.

Nach so viel respektvoller Behandlung wurde sein Empfang in Kazan ein paar Wochen später zum ernüchternden Schock. Dort hieß man ihn nicht willkommen, der Vizegouverneur setzte ihn nur mit knappen Worten darüber in Kenntnis, dass er einen Polizisten zur Überwachung seiner Aktivitäten abzustellen gedachte. »Ich fühlte mich von diesem Herren mit sehr viel weniger Respekt behandelt, als ich gewöhnt war«, klagt Holman über den Vizegouverneur, der ihm während ihres kurzen Gesprächs nicht einmal einen Stuhl angeboten hatte. »Ich konnte mich des Verdachts nicht erwehren, dass dieses Verhalten einen Grund hatte, ganz besonders deshalb, weil kein Geringerer als der Generalgouverneur von Moskau mir mein Empfehlungsschreiben ausgestellt hatte.« Er schob die kaum verhohlene Feindschaft auf Machtkämpfe und freute sich später über einen zweiten Brief, der bei seiner Ankunft auf ihn wartete. Ein Moskauer Freund nahm kein Blatt vor den Mund: Holmans Freunde waren in zwei Lager geteilt; die einen rechneten damit, dass er in Kazan umkehren würde (zerrütet von seinen Erlebnissen), die anderen trauten ihm zu, noch etwas weiter zu reisen. Mit einem Lächeln setzte Holman seine Reise fort.

Inzwischen war er meistens bei Nacht unterwegs, weil das viele Vorteile hatte. Ausgeruhte Pferde waren leichter zu bekommen, und der Kutscher war bei Dunkelheit gezwungen, Furchen, Schotter und ähnliche Annäherungen an Straßenbeläge eine Idee langsamer und sanfter zu befahren und damit das Risiko ein wenig abzumildern, allein vom Aufrechtsitzen blaue Flecken und Knochenbrüche davonzutragen. Die Anstrengung, ja Brutalität dieser Art des Reisens hat in der Moderne keine Entsprechung. Während Holman sich darüber lustig machte, dass ihm das Hirn aus dem Schädel zu platzen drohte, ließen spätere Reisende sich ausführlicher über die Torturen der Beförderung durch Einheimische aus. Fast sechs Jahre später schrieb ein amerikanischer Abenteurer, der dieselben Gegenden in einem ähnlichen Gefährt durchquerte:

Eine schlechte, holprige Straße ... rüttelt einem Mann binnen weniger als vierundzwanzig Stunden die Seele aus dem Leib. Wir hatten noch keine sechzig Meilen zurückgelegt ... und ich war so erschöpft, dass ich kaum noch aufrecht sitzen konnte; Kopf und Rücken schmerzten auf das Heftigste, und ich war so sensibel für Stöße geworden, dass jedes Ruckeln wie ein Schlag mit einem Knüppel schmerzte.

Holmans nächtliche Fahrten minimierten auch die »Sturheit und Düsterkeit« seines Tataren, der seine Arbeit zunehmend misslauniger verrichtete, nicht zuletzt deshalb, weil sie jetzt durch seine Heimat fuhren, in der Cochrane ihn seinerzeit engagiert hatte. Hatten sie erst den Ural überquert, das Gebirge, das Europa von Asien trennt, die Schwelle nach Sibirien, würden sie sich beide auf fremdem Terrain bewegen.

Kazan war nur der Anfang einer rätselhaften Reihe verdächtiger Empfänge gewesen. Eines Abends, im winzigen Ort Malmyche, hielt ihn der Postmeister einer Station fest und bestand auf einem Verhör. Da niemand aufzutreiben war, der Englisch sprach, schickte er nach einem des Französischen mächtigen Bürger der Stadt. Nach ein paar Stunden erschien der Mann, überschäumend, schwankend und lachend ertränkte er Holman in einer Flut unverständlicher Worte. Der Mann betrieb die örtliche Schnapsbrennerei; er sprach in der Tat fließend Französisch, aber nur in der relativen Nüchternheit der Morgenstunden, bevor die berauschenden Dämpfe und viele Kostproben bei der Arbeit ihn in einen fröhlichen Wirrkopf verwandelt hatten. Rundherum Hände schüttelnd verabschiedete sich Holman und fuhr weiter, und später erfuhr er, dass der Postvorsteher »auf den Gedanken gekommen war, ich könnte ein Spion sein, und als man ihm von meiner Blindheit berichtete, wollte er nicht glauben, dass ein Blinder eine Reise machen konnte, wie ich sie ganz offensichtlich machte.«

Der Fairness halber sei erwähnt, dass diese Reisegesellschaft ein immer unsäglicher werdendes Bild bot, je mehr Meilen sie zurücklegte. Sowohl Holman als auch der Tatar sahen übermüdet aus – Holmans Entscheidung, keinen Vorrat an Konserven mitzunehmen und stattdessen zu essen, was es gab, wenn es etwas gab, hatte zu einer gefährlichen Mangelernährung geführt –, manchmal gab es tagelang nichts als Brot. Die Povozka, bereits ausgiebig gebraucht, bevor er sie erworben hatte, blieb mit zermürbender Regelmäßigkeit liegen; seit Moskau hatten sie bereits zwei Achsen durchgeritten, und Holman hatte ein Drittel seines Stauraums opfern müssen, um eine Ersatzachse mit an Bord zu nehmen. Auf den eisernen Beschlägen der Räder schimmerten noch die jüngsten Hammerschläge der Hufschmiede, Spuren provisorischer Reparaturen. Und als der Tatar anfing, über die spärlichen Mahlzeiten zu klagen, gestattete ihm Holman, vom üblichen Kutschersitz auf dem Rücken eines der Pferde auf den bequemeren Platz an seiner Seite zu wechseln. Ein flüchtiger Beobachter hätte daraus den Schluss ziehen können, die Equipage sei ohne Fahrer unterwegs, und der düster vor sich hin murmelnde, schlaff die Zügel haltende Geselle sei der müdere der beiden Passagiere.

Es war Hochsommer, als sie den Ural, die Schwelle nach Sibirien, überwunden hatten, ein Meilenstein, der Holman fast trunken vor Siegesfreude machte. »Ich wähnte mich schon im Besitz übernatürlicher Kräfte, als müsste ich nur mit dem Zauberstab winken, und jedes Hindernis, jede Schwierigkeit wäre aus dem Weg geräumt.« Solch euphorische Gefühle wurden schnell gedämpft durch ernüchternde Begegnungen mit unfreiwilligen Weggefährten, frisch verurteilten Verbannten, die unter noch viel größeren Entbehrungen dieselbe Reise machten. In Ekaterinenburg warteten sie auf die nächste Reparatur an der Povozka, als er mit ansehen musste, wie diese Menschen nach einem regelrechten Fahrplan durch die Stadt getrieben wurden. Männer, ungefähr hundert in einem Zug, an Dienstagen. Frauen, in Zwanzigergruppen, an Freitagen.

Das Marschtempo, zu dem beide Gruppen getrieben wurden, schien darauf ausgerichtet, sie zu Krüppeln zu machen, wenn sie nicht vorher an Erschöpfung zugrunde gingen. Wenn jemand aus der Gruppe nicht mehr konnte, zwang man einen Bauern am Wegrand, für ein Stück Wegstrecke seinen Karren zur Verfügung zu stellen. Und sonst »lässt man sie einfach auf der Straße liegen«, beobachtete Holman, »und nicht wenige von ihnen erlöst die gnädige Hand des Todes von weiteren Qualen.« Ihn erschreckte diese sinnlose Grausamkeit, besonders deshalb,

»weil Frauen, die die Reise überleben, durch die Strapazen oder Krankheiten in der Regel so hinfällig sind, dass sie keine Kinder mehr gebären können.« Die meisten Frauen hatten sich keines Verbrechens schuldig gemacht. Sie folgten nur ihren Ehemännern in die Verbannung.

Die Reise wurde zu einem Wettrennen. Schon im Spätsommer war die Luft empfindlich kühl. Nach einem kurzen Herbst würden lange vor dem kalendarischen Winterbeginn Frost und Schneestürme über das Land hereinbrechen. Um möglichst viel Strecke zurückzulegen, solange es das Wetter noch erlaubte, hetzten sie die Pferde in einer unaufhörlichen Tages-und-Nacht-Jagd nach Tomsk, das noch tausend Meilen entfernt war. Holman engagierte einen zweiten Mann, der sich mit seinem Kutscher ablöste, aber bald musste er die Zügel ganz in die fremden Hände einer Reihe von willkürlich angeheuerten Kutschern geben. Der Tatare war nicht mehr nur schwerfällig und ermattet, er war ernsthaft erkrankt, stöhnte vor Bauchschmerzen. Holman fühlte, drückte, tastete, diagnostizierte eine Lebensmittelvergiftung und führte die Behandlung gleich selbst durch, indem er den Tataren krumenweise mit trockenem Brot fütterte, bis der Mann neben ihm auf der Bank zusammensackte, sanft entschlummert. Die Povozka schlingerte, gierte und rumpelte ostwärts.

Der furchterregendste Teil der Reise stand ihnen bevor, die Durchquerung des Wege verschluckenden Sumpflands, das als Barabasteppe bekannt war. Wenn die Russen Sibirien fürchteten, erblassten die Sibirer beim Namen Baraba: Hunderte von Kilometern nichts als Sumpf, stehende Gewässer und übel riechende Düsternis, ein so bösartiges Land, dass kaum jemand unbeschadet daraus hervorkam. Selbst Holman, der gut gemeinte Ermahnungen gerne in den Wind schlug, beherzigte die Warnungen vor diesem Gebiet, in dem man »neben dem Risiko, an Sumpffieber, Pestilenz oder Insektenstichen zu versterben auch jederzeit damit rechnen durfte, beraubt und ermordet zu werden.«

Nur Desperados und die Ärmsten der Armen fristeten ein Leben in dieser stinkenden Wildnis, verweilten in der Nähe der Rauchschwaden Insekten vertreibender Frischholzfeuer, und trotzdem waren ihre Gesichter auf Dauer vernarbt von den unzähligen Stichen und Bissen. Außerhalb der Rauchschwaden war die Luft verdüstert und erzitterte unter winzigen Flügelchen: Stechfliegen und Mücken und Moskitos in solcher Hülle und Fülle, dass umsichtige Reisende neben der Rosshaarmaske vor dem Gesicht Kettenhemden um Hals und Schultern trugen. Und trotzdem galoppierten sie dahin, weil die Insekten ihre Pferde zum Wahnsinn trieben. Es war tödlich, das Wasser zu trinken, und das Land versank häufig unter einem schwammigen Morast, war nur über Plankenwege passierbar, auf denen die Wagen so heftig schwankten, dass man davon eine Art Seekrankheit bekam.

Holman und der Tatare hatten weder Masken noch Kettenhemden. Stattdessen wickelten sie sich die Gesichter in Mull und hofften, dass die sintflutartigen Regenfälle, die ihre dachlose Povozka unter Wasser setzten, die schlimmsten Insekten und aerogenen Krankheiten vertrieben. Nicht nur Malaria und Typhus waren unwillkommene Reiseandenken an diese Gegend, es gab auch eine »Krankheit, die nur in dieser schrecklichen Steppe vorkommt ... ein Geschwür, das irgendwo am Kopf, meistens an der Wange beginnt und so lange wächst, bis es platzt, und nicht selten den Tod zur Folge hat.« Das Schaukeln und die Langeweile wurden abwechslungsreicher durch ängstliche

Selbstinspektionen unter aufgeweichtem Mull, die keine bedrohlichen Beulen, nur immer wieder frische, höllisch juckende Stiche zum Vorschein brachten.

Am Ende seiner Kraft, bis auf die Knochen durchgefroren, besessen von dem Gedanken, sich irgendwie eine ordentliche Tasse Tee aufzubrühen, aber sonst bei guter Gesundheit war Holman der Barabasteppe entkommen. Von so viel Glück konnte der Tartare nicht sagen. Anders als sein Arbeitgeber, der sich ohne Rücksicht auf irgendeine Sehkraft den Verbandmull dick um den Kopf wickeln konnte, hatte er die Augen nur mit einer dünnen, durchsichtigen Schicht bedecken dürfen. Reizungen machten sich bemerkbar. Als sie die Vororte von Tomsk erreicht hatten, litt er unter Sehstörungen und hatte schmerzhaft entzündete Augen.

Er musste nicht nach einem Arzt suchen. Im Umkreis von Tausenden von Kilometern war keiner besser geeignet, eine schwere Augenentzündung zu diagnostizieren als Holman, kannte keiner bessere Therapien als er. Ohne Rücksicht auf die Klassenschranken zwischen Herrn und Knecht nahm er ein Einzelzimmer und machte dem Tataren ein möglichst bequemes Lager auf dem Boden. Dann begann er, systematisch seine Reiseapotheke auszupacken.

Nach ein paar Tagen Ruhe und Pflege durch seinen Herrn schien die Gefahr dauerhafter Blindheit abgewendet. Der Tatar hatte auf einem Auge die funktionale Sehkraft wiedererlangt, das andere, nach wie vor schmerzhaft empfindlich gegen Licht, heilte unter dicken Verbänden. Ein brauchbares Auge für sie beide schien Holman ausreichend, und sie setzten ihre Reise fort.

Natürlich ging die Povozka wieder zu Bruch. Der Tatar versuchte sich selbst an einer Reparatur, und dabei verschlimmerte sich der Zustand seines kranken Auges. Als das Tempo sich aufgrund des klapprigen Gefährts und unwegsamer Hügel quälend verlangsamte, wollte Holman seinen Kutscher dazu überreden, an seinem alltäglichen Ertüchtigungsprogramm teilzunehmen. Als der sein Angebot mit unverständlichem Gemurmel verschmähte, angelte er in der Manteltasche nach dem Stück Schnur und schwang sich über die Wagenseite.

Sie hatten Sibirien zur Hälfte durchquert, näherten sich dem Grenzland zur Mongolei. Holman fand es aufregend, dass eine aus China kommende Handelskarawane ihren Weg kreuzte, ein langer Zug von Karren, jeder von einem einzigen Pferd gezogen und voll beladen mit Tee. Er stand wie gebannt von der Zeitlosigkeit dieser friedlichen Prozession, dem uneiligen Klappern der Hufe, dem exotischen Duft der Teekisten, der vorüberwehte. Keinen Gedanken verschwendete er an den Anblick, der sich den Händlern bot: ein haarsträubend klappriger, von drei Pferden gezogener Wagen, kaum geeignet, einen Bauern zum Markt zu schaukeln, kutschiert von einem einäugigen Muslim in offensichtlich erbärmlichem Zustand, der an einer Schnur einen blinden Engländer hinter sich herzog.

Nach sechs weiteren Wochen hatten sie Irkutsk erreicht – und kamen aus dem Staunen nicht mehr heraus. Berichte über die abgeschiedenste Stadt der Welt zu hören war eine Sache, sie zu erleben eine ganz andere. Irkutsk, östlicher als Singapur in einer Flussbiegung nahe der Grenze zur chinesischen Mongolei gelegen, war ein Paradebeispiel für Widersinn, wenn nicht unfassbar. Nachdem sie Tausende von Meilen durch die entlegendsten Gebiete gereist, kaum einmal durch ein Dorf mit mehr als ein paar Hütten gefahren waren, kam es ihnen völlig verrückt vor, in eine große Stadt zu kommen, mit fünfzehntausend Einwohnern so groß wie Holmans Heimatstadt Exeter, eine

Metropole mit einer Kathedrale, einem Theater, einem Orchester, einem Kunstmuseum und einer großen Zahl imposanter Villen. Hier tummelten sich jede Menge freiwillige Exilanten, Händler, die dorthin gezogen und mit Pelzen und dem Grenzhandel mit China reich geworden waren. Manch einer hatte sein Geld genommen und war so schnell er konnte nach Moskau zurückgekehrt, aber die meisten dieser Neureichen hatten es nicht übers Herz gebracht, die Quelle ihres Reichtums wieder zu verlassen. Sie waren geblieben und trugen ihren Teil zu einer Orgie der Verschwendung bei. Sie stellten sich nicht einfach nur eine Villa hin, nein, es war eine Sache der Ehre, dass diese Villa so viele Fenster wie nur möglich hatte – nirgendwo anders im Zarenreich hatten die Villen so viele Fenster. Zum einen war Glas ein teures Importgut, zum anderen isolierte es schlecht, deshalb kostete es ein Vermögen, ein solches Domizil zu heizen. Die Winter waren so kalt, dass der Frost manch eine Fensterscheibe zerspringen ließ – und so den Kreislauf des Geldausgebens von neuem ankurbelte.

Hier erlebte Holman den seltsamsten Empfang von allen. Bei der ersten Villa, vor der sie anhielten, bedachte der Diener sie mit einer Schimpfkanonade und schlug ihnen die Tür vor der Nase zu. Auf weiteres Klopfen erfolgte keine Reaktion, bis der Tatar mit den Achseln zuckte und seinen verwirrten, wankenden Herren zurück zur Povozka führte. Holman, der inzwischen »über so gute Kenntnisse der russischen Sprache verfügte, dass sie mir hin und wieder nützlich waren«, meinte die Kernaussage der Zurückweisung durch den Diener verstanden zu haben: *Macht, dass ihr weiterkommt! Betrunkenes Pack!*

Eine sonderbare Reaktion auf einen harmlosen Besuch, aber Holman schüttelte die Zurückweisung ab und fuhr weiter zum »Weißen Palast«, der größten Villa der Stadt. Sie war das Heim von Alexander Stepanowitsch Lawinski, des Generalgouverneurs von Ostsibirien, der höchsten Autorität eines Gebiets, das zweimal so groß wie ganz Europa war. Diesmal wurde Holman mit solcher Aufmerksamkeit begrüßt, dass er zunächst vermutete, sein Ruhm sei ihm wieder einmal vorausgeeilt. Forsche Beamte brachten ihn zum Gouverneur persönlich, der ihm erwartungsvoll und in aufrichtiger Herzlichkeit die Hand schüttelte. Das war umso erstaunlicher, als sich sehr schnell herausstellte, dass Lawinski nicht die leiseste Ahnung hatte, wer Holman war.

Trotzdem wartete der Generalgouverneur schon seit einer ganzen Weile auf die Begegnung mit dem Neuankömmling. Wie er ihm (auf Französisch, der Sprache, die sie beide sprachen) mitteilte, trafen seit ein paar Wochen an Holman adressierte Briefe ein, und da einer der Umschläge Geld enthalten hatte, war die Angelegenheit Gegenstand staatlicher Ermittlungen geworden. Lawinski hatte höchstpersönlich Befragungen aller Verbannten befohlen, um zu erfahren, ob es einen Gefangenen gab, der sich »Holman« oder so ähnlich nannte. Man hatte niemanden gefunden, was seine Neugier erst richtig angestachelt hatte. Und jetzt, da der Adressat – zweifelsfrei ein Gentleman – vor ihm stand, freute er sich auf die Gesellschaft. Holman verließ das Haus mit »einer sehr persönlichen Generaleinladung seiner Exzellenz zu seinen öffentlichen wie auch zu seinen privaten Abendessen« und der Verheißung einer wichtigen Freundschaft.

Das war umso erfreulicher, als es in seine Pläne passte. Es war Ende September, die Nächte waren bereits frostig, aber statt weiterzuhasten, um vor Einbruch des Winters noch so weit wie möglich zu kommen, beschloss er, eine Weile in Irkutsk zu bleiben. Die chinesische Mongolei lag auf der anderen Seite des Baikalsees, eine lange und stürmische Überfahrt, gefährlich bei milder Witterung und zu dieser Jahreszeit unmöglich. Alle dafür geeigneten Boote waren längst an Land geholt. Aber wenn der See Mitte des Winters erst zugefroren war, konnte man ihn in wenigen windigen und eisigen Stunden mit dem Pferdeschlitten überqueren.

Die chinesische Grenze war offiziell nicht für Fremde geöffnet, aber er würde schon eine Lücke finden. Und dann würde er dieselbe Strategie verfolgen wie schon in Russland, so schnell voranstürmen, dass jede Zurückweisung seine Reise nur beschleunigte. Und wenn er kein Loch in der Grenze fand, wären die Halbinsel Kamtschatka und die pazifische Küste der nächste Fluchtpunkt, wo Cochrane seine Prinzessin gefunden hatte, und wo Holman versuchen würde, eine Koje auf einem Walfänger mit östlichem Kurs zu ergattern. Aber wenn man sich nach Kamtschatka durchkämpfte, kratzte man am nördlichen Polarkreis, gelangte in Breiten, die nur zwei Jahreszeiten kannten: die Zeit des Schnees und die Zeit des Schmelzwasserschlamms. Über Schnee kam man zügiger voran.

Holman zahlte den Tataren aus, wünschte ihm Glück und richtete sich ein. Nicht, um den Winter auszusitzen, sondern um auf seinen Höhepunkt zu warten.

Generalgouverneur Lawinski erwies sich als »intelligenter, gebildeter Mann von höchster Integrität« und mit derselben Leidenschaft für frische Luft wie Holman. Lange, mit Gesprächen gefüllte Spaziergänge wurden zum Grundstein ihrer Freundschaft. Trotz sinkender Tagestemperaturen fand Holman großen Gefallen an diesen Exkursionen. Später aber öffnete sich ihm der Weg zu einer weiteren, ganz besonderen Freundschaft. Zu einer Person, die ihre Verbundenheit nicht ganz so öffentlich zeigen durfte.

Sie bewohnte die Villa, vor der sie zuerst vorgefahren waren, und deren Tür der brüllende Diener ihm vor der Nase zugeschlagen hatte. Neugierig gemacht durch diesen groben Empfang, war er ein zweites Mal dort erschienen – und mit den ergebensten Entschuldigungen überhäuft worden. Er erfuhr, dass der Portier ihn abgewiesen hatte, weil er Holmans englischen Akzent für nachgeahmt und ihn für einen Betrüger gehalten hatte, der seine Herrin berauben wollte. Die Dame des Hauses war für ihren märchenhaften Reichtum so gut bekannt wie für ihre Fremdartigkeit, weil auch sie Engländerin war. »Der Eklat, an den wir uns oft amüsiert erinnerten, hat unsere zukünftige Freundschaft noch gefestigt«, schreibt Holman.

Er erinnert sich an sie beharrlich als Mrs. B. – aber in diesem Fall dürfen wir den Schleier seiner Diskretion lüften. Sie war Mrs. Bentham, früher die Kindsbraut eines britischen Abenteurers. Mit vierzehn hatte sie Mr. Bentham geheiratet, war nach dieser – nach allen Berichten – Liebesheirat vollkommen freiwillig mit ihrem Ehemann aus London fort und nach Sibirien gezogen. Es folgten blühende Jahre. Ihr sehr viel älterer Ehemann hatte als einfacher Pferdehändler angefangen und mit seinen Geschäften ein Vermögen angehäuft, bevor ihm vom Zaren Ländereien und ein Adelstitel geschenkt worden waren. Zwei Jahre vor Holman hatte John Dundas Cochrane die Gastfreundschaft der Benthams genießen dürfen. Auf seine ambivalente Art beschrieb er sie als ein faszinierendes Paar:

Von all den methodischen Menschen, die sich ihre Originalität im Hinblick auf Benehmen, Lebensart und Ansichten bewahrt haben, sind diese beiden zweifellos die außergewöhnlichsten, die ich jemals auf ihrer eigenen Achse, in ihrem eigenen Orbit beobachten durfte: Sie scheinen zwischen Licht und Dunkelheit zu existieren, sich für das, was um sie herum passiert, weder zu kümmern noch zu interessieren. Mr. Bentham lebte seit vierzig Jahren in Sibirien, genoss in vollen Zügen genau die sprichwörtliche Reputation, die er sich mit seiner Ehrbarkeit auch dann verdient hätte, wenn er für immer ein Bürger Londons geblieben wäre ... Und was Mrs. Bentham betrifft, so war sie gerade lange genug in Sibirien, um ihre Muttersprache zu vergessen, aber noch nicht lange genug, um die Sprache ihrer Wahlheimat zu lernen.

Die Bemerkung, sie habe »ihre Muttersprache vergessen« war kein sehr zartfühlender Seitenhieb. Natürlich hatte sie ihr Englisch nicht verlernt, es war fünfzehn Jahre lang die vertraute Sprache des Ehepaars gewesen. Cochrane spielte damit auf das langsame Verlöschen ihres Dialekts an, der ihm immer noch ihre Herkunft aus dem ärmsten Teil Londons verraten hatte. Mrs. Bentham war als Cockney zur Welt gekommen.

Jetzt war sie gerade mal dreißig, »sehr jung und hübsch«, nach Meinung Holmans, dem nicht entgangen war, dass ihre Schönheit und Jugend seit langem schon Misstrauen erweckten. »Viele glaubten, sie sei gegen das Einverständnis ihrer Freunde aus England fortgebracht worden«, schrieb er, »und in diese Richtung zielten auch die häufigen Fragen einiger russischer Adliger.« Mr. Bentham war vor zehn Monaten gestorben, das war auch der Grund, weshalb ihr Diener sie so nachdrücklich beschützt hatte: Sie war eine reiche Witwe, das formelle Trauerjahr neigte sich dem Ende zu. Noch zwei Monate und sie durfte die düsteren Kleider ablegen, die schwarze Garderobe, die man Trauerkleidung nannte, und wieder ein normales Leben führen. Bis dahin verlangte man von ihr, dass sie als Trauernde in teilweiser Abgeschiedenheit lebte – das heißt, sie durfte ihrer

Freude über die Anwesenheit eines englischen Gentleman mit einem reichen Vorrat an Geschichten aus der Heimat nicht zu deutlich Ausdruck geben.

»Sie war von freundlichster Aufmerksamkeit mir gegenüber«, erinnert sich Holman. Aber diese Aufmerksamkeiten mussten unauffällig gewährt werden, und mit Sittsamkeit.

Das Herannahen des Winters begrenzte die Stunden plaudernder Spaziergänge, aber Holmans Freundschaft mit Generalgouverneur Lawinski wurde noch fester. Inzwischen nannten sie sich bei den Vornamen, für sie beide eine ungewohnte Vertraulichkeit. Aber den eindeutigsten Beweis wachsender Nähe lieferte Holman Anfang Oktober, nach einem überaus entspannten Sonntagsessen. In der Überzeugung, dass Lawinski ein sehr einfühlsamer Mensch war, der »mehr oder weniger tief in die verschiedenen Schattierungen meines Charakters« hineinschauen konnte, wagte Holman schließlich den Sprung. Es fiel ihm von Tag zu Tag schwerer, den spleenigen Exzentriker zu spielen, und schließlich fasste er das Vertrauen, jemandem von seinem geheimen Plan »einer Reise rund um den Erdball« zu erzählen.

Er zweifelte nicht daran, dass Alexander dieser Offenbarung freudig Beifall spenden würde. Sein Vertrauter zeigte jedoch eine ganz andere Reaktion.

Sie saßen in einem der Salons des Weißen Palastes, womöglich vor einem knisternden Kaminfeuer, und auf einen Schlag war die Atmosphäre drinnen frostiger als draußen. Mit steifer Förmlichkeit ergriff Lawinski nicht als Freund, sondern als seine Exzellenz der Generalgouverneur das Wort. Er setzte Holman davon in Kenntnis, dass er, auch wenn es ihm erlaubt war, sich in Sibirien frei zu bewegen, nicht die Freiheit hatte, das Land zu verlassen. Wenn er den Weg nach Kamtschatka überlebte, war dort zweifelsohne das Ende der Reise. Man würde ihm nicht gestatten, an Bord eines Schiffs zu gehen, egal unter welcher Flagge, egal mit welchem Zielhafen, zumindest nicht ohne eine schriftliche Eilerlaubnis des Zaren persönlich.

Holman verschlug es zunächst einmal die Sprache. Niemand, nicht Cochrane, auch nicht die Mächtigen in Moskau, hatten ein solches Verbot erwähnt. Aus welchem Grund auch? Er hatte ihnen seine Unternehmung als Ausflug ins Blaue vorgestellt, nicht als Durchreise mit fernem Ziel. Er hörte geduldig zu, während Lawinski wieder leiser wurde, seiner offiziellen Mitteilung die von Herzen kommende Bitte folgen ließ, sich um Himmels Willen nicht weiter vorzuwagen.

»Ich versicherte ihm, dass meine Entschlossenheit auf sehr ernsthaften Überlegungen basierte«, erinnert sich Holman, »und ich nicht Willens war, sie erschüttern zu lassen.« Ob er als Generalgouverneur denn nicht über offizielle Kanäle um eine solche schriftliche Erlaubnis des Zaren nachsuchen konnte, wenn sie denn erforderlich war? Lawinski erklärte sich einverstanden, und dabei beließ man die Angelegenheit.

Der Rest der Gesellschaft von Irkutsk überschlug sich in dem Bemühen, den *anglijskij* Gentleman zu zerstreuen. Er erhielt Einladungen zu Tanzabenden, Ausritten, sogar zu einem großen Kostümball, dem man ein folkloristisches Kolorit gab, indem man tunguskanische Nomaden und mongolische Stammesleute in ihren Trachten dazu einlud. Man stellte Holman vor den Heiligen Innozenz und ließ ihn dessen mumifizierte Hand küssen, angeblich eine todsichere Therapie gegen Blindheit. Man geleitete ihn auf eine feierliche »Besichtigungsrunde« nach der anderen – durch Missionsschulen, Findlingsheime, das Hospital für die Sträflinge.

Holman und Mrs. Bentham verbrachten einen stillen Weihnachtstag miteinander. Die Russen begingen den Tag am 6. Januar, und für die junge Witwe war es eine große Freude, das Fest am 25. Dezember feiern zu dürfen, wie es in England Brauch war. Das Thermometer zeigte vierundzwanzig Grad unter null und sank weiter. »Die Kälte war so schneidend, dass wir das Gesicht nicht zur Tür hinausstrecken konnten, ohne Gefahr zu laufen, uns die Nasenspitze abzufrieren«, schrieb er. Er löcherte den Generalgouverneur weiter mit Fragen: Wie stand es um seine offizielle Genehmigung zur Weiterreise? Der Zar, versicherte man ihm, denke noch über die Angelegenheit nach.

Am Tag nach Neujahr, inzwischen streifte die Temperatur die Dreißig-Grad-Marke, kam ein einzelner Schlitten nach Irkutsk hereingefahren und hielt schleudernd vor dem Weißen Palast. Vom Fahrgastsitz erhob sich ein Bündel hart gefrorener Felle und schlurfte auf steifen Beinen ins Vestibül. Diener eilten herbei, pellten die Felle ab, unter denen ein eindrucksvoll hochgewachsener Mann in prächtiger Uniform zum Vorschein kam. Der Neuankömmling entbot dem Generalgouverneur einen forschen Gruß und stellte sich vor als Alexej Kolowin, Feldjäger Seiner Kaiserlichen Hoheit, gekommen, um ohne Aufsehen eine sensible Angelegenheit zu regeln.

Die meisten Russen reagierten auf das Wort »Feldjäger« – ein deutscher Terminus, der an einen Waidmann denken lässt – mit einer Mischung aus Ehrfurcht und Grauen. Die Feldjäger waren das private Korps des Zaren, eine Hyperelite von einhundertfünfzehn Mann, seine Leibwächter und Eilboten für vertraulichste Nachrichten. Feldjäger standen über dem Gesetz – sie mussten weder Tempobeschränkungen beachten noch für Schäden geradestehen, die sie bei ihren Höllenfahrten anrichteten. Ein Feldjäger, der einen kaiserlichen Erlass überbrachte, war furchterregend genug, aber noch größer war die Gefahr, wenn er ohne Dokumente kam. Von einem Feldjäger ohne Papiere musste man annehmen, dass er dem Willen des Zaren auf inoffiziellen Wegen Geltung verschaffte. Und dann gab es gegen seine Handlungen auch keinen Einspruch.

Dieser Feldjäger war ohne Papiere gekommen. Er teilte Lawinski mit, dass es um eine vertrauliche Angelegenheit ging, von der niemand wusste, und dass sie auch geheim zu bleiben hatte. Dann kam er zur Sache.

Kolowin kleidete seine Worte in den Ton höflichen Mitgefühls. Seine Kaiserliche Hoheit habe von Holmans verzweifelter Lage gehört und seiner allergrößten Sorge um dessen Wohlbefinden Ausdruck gegeben. Es gehe nicht an, dass eine hochangesehene Persönlichkeit wie der Blinde Reisende allein in den düstersten Teilen des Reichs unterwegs sei. Deshalb schickte der Zar persönlich seinen vertrauten Boten über Tausende von Meilen her und stellte ihn Holman als persönliche Eskorte zur Verfügung. Der Engländer musste Sibiriens, wenn nicht ganz Russlands inzwischen doch gründlich überdrüssig sein und konnte es sicher kaum erwarten, so schnell wie möglich nach Europa zurückzukehren.

Theoretisch war der Generalgouverneur Lawinski von weit höherem Rang als dieser bessere Briefträger – Feldjäger Kolowin war streng genommen nicht einmal Offizier. In der Praxis jedoch wusste er nur zu gut, dass dem Ansinnen des jungen Mannes Folge zu leisten war.

Lawinski bemühte sich, die Nachricht schonend zu überbringen. Diskret informierte er seinen Freund von der Ankunft des Geheimboten und machte ihm klar, dass der Feldjäger keine Dokumente mitgebracht hatte, die Holman berechtigten, weiter nach Osten zu reisen. Holman zog es vor, diesen Punkt geflissentlich zu überhören, in der Hoffnung, dem Zaren sei lediglich daran gelegen, dass er auf wärmeres Wetter wartete oder das Land über eine andere Route verließ – vielleicht über Odessa im Süden und weiter nach Konstantinopel. Er spürte, dass der Generalgouverneur mit etwas hinter dem Berg hielt. »Etwas war unausgesprochen geblieben«, erinnert er sich, »weil seine Feinfühligkeit ihm nicht erlaubt hatte, es mir zu sagen.« Holman wollte ohnehin nicht aufbrechen, bevor der Baikalsee zugefroren war und ihm ermöglichte, durch die chinesische Grenze zu schlüpfen. Bis man ihm endlich zu verstehen gab, dass er unter dem persönlichen Schutz des Feldjägers abzureisen habe, und zwar sofort.

Es galt, seinen Traum von der Reise rund um den Erdball zu begraben und Abschied zu nehmen.

Am schwersten fiel ihm der Abschied von Mrs. Bentham, weil er wusste, wie gerne sie mit ihm gegangen wäre, wenn sie die Wahl gehabt hätte. Sie wünschte sich nichts sehnlicher, als nach England zurückzukehren, aber sie hatte einen zehnjährigen Sohn, dem man gerade beibrachte, ein perfekter russischer Herr zu werden (Cochrane bezeichnet den Jungen als »verzogen«), und der Erfolg ihres verstorbenen Mannes fesselte sie an die Stadt. Nach russischem Gesetz erbte sie seinen beträchtlichen Besitz, hatte aber nicht das Recht, ihn zu veräußern – tatsächlich erwartete man von ihr, dass sie ihn für ihren zukünftigen Gemahl verwaltete, oder für ihren Sohn. Sibirien zu verlassen hätte bedeutet, ihre Familie zu verlassen, oder bettelarm zu sein, oder beides.

Wie gewöhnlich ertränkte Holman seine romantischen Impulse in Versen.

Der Fremde muss gehen – O, das Bild soll ihn quälen
Wird er von der erfahrenen Mühsal erzählen,
Seufzend erzählen, welche Zartheit er fand,
Als er allein an den Ufern der Angara stand.

Er nahm seinen Platz auf dem Schlitten ein. Außer dem Feldjäger und dem Kutscher hatten sie noch einen Passagier, einen jungen mongolischen Leibeigenen, der zu seinem Herren zurückgebracht wurde (Russland sollte die Leibeigenschaft erst neununddreißig Jahre später abschaffen), und genug Gepäck, um die Zugkraft von vier Pferden auf die Probe zu stellen. Dann stürmten sie davon, in einem Tempo, wie es nur ein Feldjäger anschlagen lassen konnte. Trotz Schnee und Frostgraden ließ er die Pferde über eine Strecke von achtzig Kilometer durchgaloppieren, bis eins von ihnen tot zusammenbrach. Der Kutscher spannte den Kadaver aus, der bereits steif zu frieren begann, und weiter ging die Jagd in nur leicht verringertem Tempo. Holman wurde darüber aufgeklärt, dass er als Beförderter die »Kosten für alle toten Pferde zu tragen hatte.«

Es zeigte sich, dass der Feldjäger zu Menschen genauso grausam wie zu Tieren war. Bei dem Höllentempo und dem Zustand der Straßen war es unvermeidlich, dass der Schlitten sich mindestens einmal am Tag überschlug und Vorräte und Passagiere durch die Gegend kullern ließ. Und jedes Mal zog Kolowin seinen Säbel, drosch mit der flachen Klinge erbarmungslos auf den Kutscher ein und beschuldigte ihn mit sich überschlagender Stimme der Unachtsamkeit. Aber unter gar keinen Umständen wollte er dem armen Mann gestatten, langsamer als mit der höchstmöglichen Geschwindigkeit zu fahren. Wozu diese überwältigende Eile? Irgendwann reimte Holman sich eine Erklärung zusammen: Kolowin wollte zweifellos seine Vorgesetzten mit der raschen Erledigung seiner Mission beeindrucken, aber noch wichtiger war ihm ein Posten in Paris, der bald zur Ausschreibung stand. Er durfte sich berechtigte Hoffnungen auf diesen Posten machen – aber er musste rechtzeitig in Moskau sein, um die Bestallung annehmen zu können. Und weshalb hätte ein von jeglicher Verantwortung für seine Handlungen befreiter junger Mann unter diesen Umständen nicht versuchen sollen, einen neuen Geschwindigkeitsrekord auf gefrorener Steppe aufzustellen?

Holman wusste gar nicht mehr, wie kalt es war. Das Quecksilber in seinem Taschenthermometer war beinahe festgefroren. Er hatte sich bis zu völliger Bewegungsunfähigkeit vermummt, trug zusätzlich zur normalen Kleidung zwei Paar Wollsocken, Innenschuhe (aus Wildziegenleder) und Überschuhe (aus gegerbtem Fell), einen dicken Pelzmantel für die Beine und einen »dick wattierten Übermantel«, über den er eine riesengroße Decke aus Wolfsfellen geworfen hatte. »Trotz all der Kleider und Vorkehrungen konnte ich meine Gliedmaßen nicht warm genug halten.« Da er die Welt am besten mit dem Tastsinn erfuhr, wurde die Taubheit in den Gliedmaßen zu einer Art zweiten Blindheit. Und die Bedrohung durch Frostbeulen hatte ihren ganz eigenen Schrecken.

Erst spät nachts suchten sie sich eine Unterkunft – meistens weit nach Mitternacht –, und Holman musste gegen seinen Willen einsehen, dass das Reisen mit einem Feldjäger auch Vorteile hatte: Die verängstigten Bauern, so abgemagert sie selbst waren, überboten sich darin, gutes Essen und ein warmes Lager zur Verfügung zu stellen. Aber sie schlugen nach wie vor ein irrwitziges Tempo an, und nach einer Woche fühlte sich Holman »ausgesprochen unpässlich« und stark geschwächt. Am nächsten Morgen weigerte er sich weiterzureisen und bestand auf einer Pause. Wutschäumend gewährte Kolowin ihm einen Tag. Am nächsten Morgen gingen die Torturen weiter, tausend Meilen und noch einmal tausend Meilen lang, und wurden zum bitteren Alltag. Der Feldjäger hetzte die Pferde bis zum Umfallen, prügelte den Kutscher, und schon setzte sich der frostbereifte Schlitten, »schwer beladen und sehr sehr wackelig«, knarrend wieder in Bewegung.

Kolowin probierte verschiedene Strafmaßnahmen aus und kam dabei auf die Idee, den Kutscher dadurch zu quälen, dass er ihm befahl, die Mütze abzunehmen und seinen Kopf den Elementen preiszugeben.

Einen Augenblick zum Verschnaufen sollte es geben. Während sie in Omsk Vorräte aufluden, durfte Holman zu einer nahe gelegenen Zeltsiedlung kirgisischer Nomaden spazieren, wo er sich an saurem Käse gütlich tun, sich dankbar an das gemeinsame Feuer setzen und sich einen kleinen Flirt mit einem kirgisischen Mädchen gestatten durfte. »Die junge Frau jedoch, die wohl sehr hübsch und sehr zurückhaltend war, schützte zumindest Sittsamkeit vor und senkte den Kopf, und da bedurfte es schon gehöriger Anstrengungen, ihr wenigstens einen halben Kuss zu rauben.«

Außerdem begegnete er einem anderen gestrandeten englischen Reisenden, einem auf halben Sold gesetzten Offizier der Royal Army, den er Lieutenant L – nennt. Der Leutnant war mit einer Gruppe persischer Diplomaten gereist, die auf der Rückreise in ihr Heimatland waren, und auf diese Weise bis nach Astrachan am Kaspischen Meer gekommen, wo er einen kurzen Spaziergang machte und bei der Rückkehr feststellen musste, dass man ihn verlassen hatte. Seit dem Tag zog er mittellos die Wolga hinauf, hatte kürzlich ein bisschen Anerkennung als Lehrer gefunden, aber noch immer fehlten ihm die Mittel zur Heimreise nach England. Sein Landsmann, der nur zu genau wusste, dass der Feldjäger keinen zweiten Passagier dulden würde, konnte ihm nur alles Gute wünschen.

Inzwischen war Holman mit einiger Bestürzung klar geworden, dass es Kolowin ziemlich egal war, ob die ihm Anbefohlenen mit dem Leben davonkamen oder nicht. Nach wie vor konnte der junge mongolische Leibeigene kaum gehen vor Frostbeulen, und Holman wusste von sich, dass er »ernstlich geschwächt war« und sich sein Zustand »mit jedem Tag verschlimmerte«. Je näher sie Moskau kamen, desto größere Eile schien der Feldjäger zu haben. Seine Gleichgültigkeit war umso verwunderlicher, als Holman ihm gerade erst das Leben gerettet hatte. Sie hatten eines Nachts in einem geheizten aber schlecht gelüfteten Zimmer geschlafen und nicht gemerkt, dass sie von Kohlendioxidgasen vergiftet wurden. »Glücklicherweise erwachte ich mitten in der Nacht von einem schrecklichen Kopfschmerz, gelangte mit einiger Mühe zur Tür und riss sie auf«, notierte er. »Sonst hätte wohl kaum einer von uns den nächsten Morgen erlebt.«

Er gab seine letzte Gastrolle in Moskau. Kolowin sperrte seinen Schutzbefohlenen in ein Hotel, gestattete ihm aber einen eskortierten Ausgang zum Bankhaus Gillibrand & Holidays, damit er Geld abheben konnte. Ein höchst verwunderter Mr. Gillibrand kam herbeigeeilt, um ihn zu begrüßen. Er erklärte ihm in saloppem aber schnellem Englisch (um den anwesenden Feldjäger zu verwirren), dass man sich in der Stadt die tollsten Geschichten über das Schicksal des Blinden Reisenden erzählte. Eine davon wollte wissen, er sei bereits durchgereist, in Ketten gelegt. In einer anderen hieß es, man halte ihn in Moskau gefangen.

Holmans erzwungene Abreise aus Sibirien in Gewahrsam des Feldjägers Kolowin

Letzteres entsprach mehr oder weniger der Wahrheit, wie Holman sehr bald erfahren sollte. Zurück im Hotel wurde ihm mitgeteilt, weitere Ausgänge würden nicht gestattet und er habe auf seinem Zimmer zu bleiben, bis der Polizeiminister zu einer privaten Vernehmung eintraf. Er stand praktisch unter Hausarrest. Außerdem war ihm untersagt, mit irgendjemandem Kontakt aufzunehmen oder etwas niederzuschreiben.

Was das betrifft, hat ein Blinder alle Vorteile der Nacht auf seiner Seite. An dem Abend wartete er, bis Kolowin die Lichter gelöscht hatte und zu Bett gegangen war. In der Dunkelheit packte er heimlich seinen Noctographen aus und schrieb eine Botschaft.

RUNDSCHREIBEN

Der Gefangene Holman bittet um Ausgang, um seine Moskauer Freunde mit der Tatsache bekannt machen zu können, dass er gerade erst in der Obhut eines Feldjägers aus Sibirien zurückgekehrt ist. Da sein Beschützer ihm nicht gestattet, seine Freunde zu besuchen, bittet er darum, die Betreffenden davon in Kenntnis zu setzen, dass man ihn im Hotel de L'Europe in der Twerskaja besuchen kann, aber nur drei Tage lang. Sollte es sich ergeben, dass er länger in Moskau bleiben muss, wird nach diesen drei Tagen niemandem außer seinem Arzt und seinem Bankier mehr erlaubt sein, ihn hier zu besuchen.

P.S.: Wie er soeben erfährt, gilt diese Ausnahmegenehmigung auch für einen Schneider, womit der Gefahr vorgebeugt wäre, sans culotte *an der Grenze erscheinen zu müssen.*

Mit Hilfe von Mr. Gillibrand, dem erlaubt worden war, ihm Geld zu bringen, schmuggelte er diese Nachricht am nächsten Tag hinaus. Kurz darauf erschienen die ersten Freunde, und widerwillig gestattete man ihnen kurze Besuche, jedes Mal unter schärfster Überwachung und der Bedingung, dass die Unterhaltung auf Russisch oder Französisch, keinesfalls aber auf Englisch geführt wurde. Aber die Besucher gaben nur ihrer Freude darüber Ausdruck, dass Holman noch am Leben war, und wünschten ihm schnelle Genesung – ohne Frage sehe er fiebrig und erschöpft aus. Trotz des ironischen Tons seiner Nachricht hatte Holman ernsthafte Hoffnungen gehegt, mit der Bekanntgabe seiner Gefangenschaft einen diplomatischen Sturm zu entfachen. Wo blieben die Emissäre von »Beauty« Bagot, dem britischen Botschafter, die seine unverzügliche Freilassung forderten?

Sie blieben aus. Die britische Botschaft hatte keine Büros in Moskau. Dafür gab es eine neue, geheimnisvolle Erscheinung in seinem Zimmer. Von seinen Besuchern erfuhr er hinter vorgehaltener Hand nähere Einzelheiten: Es war ein ständig anwesender, schweigender, in Schwarz gekleideter Mann mit einer Brille auf der Nasespitze, der den Gesprächen lauschte und Namen notierte. Später konnte er hören, wie derselbe Mann in seinen Sachen herumwühlte, seine Papiere inspizierte und einfach im Schlafzimmer sitzen blieb. Holman hatte vor allem Ruhe nötig, aber der dunkel gekleidete Mann (»So dunkel wie seine Erscheinung konnte sein Inneres ja schwerlich sein«) teilte offenbar ein verbreitetes Missverständnis über Blinde – dass in ihrer Gegenwart Schweigen so gut war wie Unsichtbarkeit. Holman ärgerte das über die Maßen, denn er war sich des Mannes durchaus bewusst und hätte ihn mit einem Kissenwurf treffen können, wäre ihm danach gewesen.

Am übernächsten Morgen war Holman noch immer zu schwach für einen Transport. Ein Arzt an seinem Bett bescheinigte ihm, er habe »bei absoluter Ruhe hinter geschlossenen Türen« liegen zu bleiben. Man gab ihm trotzdem den Befehl, seine Sachen zu packen. In wenigen Stunden sei Abreise. Er ignorierte das Ultimatum, und kurz darauf erschien der Vertreter der Polizei. Die anschließende Szene erinnerte Holman so sehr an eine Farce, dass sie ihn dazu inspirierte, sie in dieser Form niederzuschreiben, komplett mit *dramatis personae* (ihm als dem »Gefangenen«) und Bühnenanweisungen.

Auftritt der verschiedenen Personen.

Agent der Polizei. (Zum Arzt.) Ist es für diesen Herrn denn gar nicht möglich, seine Reise fortzusetzen?

Arzt. Möglich schon, aber ich kann nicht dazu raten.

Agent der Polizei. Aber wenn man ihn gut einpackt, und er seine Medizin dabei hat, wird er doch wohl nicht so arg leiden müssen.

Arzt. Er hat hohes Fieber, und ist auch sonst nicht wohlauf, deshalb würde ich es nicht für ratsam erachten, ihn in diesem Zustand auf Reisen zu schicken.

Feldjäger. Aber wie sollte das schöne Wetter draußen ihm denn schaden?

Arzt. Er ist von seiner jüngsten Reise so erschöpft, dass er unbedingt Ruhe braucht.

Feldjäger. Das Sitzen im Schlitten kostet keine große Anstrengung, und wir können Pausen einlegen, wann immer er sich nicht wohl fühlt.

Gefangener. Ja, ich darf Pause machen, wenn es Euch gerade gefällig ist, aber welchen Trost, welche ärztliche Hilfe könnte ich mir an einer Raststation neben der Landstraße schon holen? ... Heute kann ich unter keinen Umständen reisen, aber vielleicht morgen, wenn ich mich besser fühle, weil es mir ja erst recht kein Trost ist, in Moskau als Gefangener gehalten zu werden.

Agent der Polizei. (Zum Gefangenen.) Es will mir nicht einleuchten, warum Ihr nicht heute schon aufbrechen könnt, denn wenn Ihr warm angezogen seid und Euch Hände und Gesicht kräftig mit Spiritus einreibt, dürfte einer Erkältung in ausreichendem Maße vorgebeugt sein.

Gefangener. Ihr könnt mir verschreiben, was Euch gefällt, mein Herr, aber Ihr werdet mich nicht dazu bringen, dass ich dieses Hotel heute verlasse, wo ich jeden Komfort genieße, und mich freiwillig dem Risiko aussetze, in einer der elenden Poststationen am Straßenrand bettlägrig zu werden.

Agent der Polizei. Aber der Herr Gouverneur erlaubt nicht, dass Ihr bleibt.
Gefangener. Dann muss er mich zur Abreise zwingen.

Der Herr Gouverneur hatte nicht die leisesten Skrupel, genau das zu tun. Am nächsten Tag wurde Holman mit Gewalt zum Schlitten gebracht und auf eine Matratze gelegt, die nun den größten Teil des Laderaums einnahm. In horizontaler Lage zog man ihn eine Woche lang Richtung Westen, bis die Straßen schneefrei waren und der Feldjäger den Schlitten gegen einen klapprigen Bauernkarren eintauschte.

Der brachte sie bis an die russische Grenze. Dort setzte Kolowin seinen Gefangenen aufrecht hin, gab ihm seinen Pass, und »wir trennten uns, indem wir uns gegenseitig zur Befreiung vom anderen beglückwünschten.«

Ein winziges, aus Weidenruten geflochtenes Wägelchen mit Platz für einen Passagier stand gleich hinter der Grenze bereit. Holman kletterte auf wackligen Beinen hinein und kauerte sich zusammen, Ausmaße und Bauweise des Gefährts erinnerten ihn an eine Wiege. Und so ließ er sich, von Erschöpfung überwältigt, vom Schwanken der Pferde wiegen. In tiefem Schlaf reiste er nach Polen ein.

12 EIN EHRENSALUT AUF ALLE GEBRECHEN

Nachdem er sich in einem »ungemütlichen Zimmer« in Krakau ein paar Wochen lang erholt hatte, war Holman gerade genug genesen, um sich dem Dilemma zu widmen, vor das seine Ausweisung ihn stellte.

Polens bessere Gesellschaft blieb ihm fast vollständig verschlossen. Angesichts der verdächtigen Umstände seiner Ankunft wurde er nicht mehr als Gentleman angesehen; vielleicht nicht als Verbrecher, aber zumindest als verdächtige Gestalt. Es kaufte ihm niemand ab, dass er freiwillig nach Sibirien gegangen war – sicher hatte der Zar ihn dort hingeschickt und wieder herausgeholt.

Ihm blieb nichts anderes übrig, als Richtung Heimat zu reisen, aber selbst das erwies sich als gar nicht so einfach. Er bemühte sich um ein Visum über die nächstliegende Grenze, nach Österreich, das ihm vom österreichischen Konsul mit der Begründung verweigert wurde, er hätte es in Sankt Petersburg beantragen müssen. Holman, der auf dem Rücken liegend durch Sankt Petersburg gekarrt worden war, konnte nur mit den Achseln zucken und eine Lawine von Protestbriefen losschicken. Nach einem Monat wurde ihm endlich die Weiterreise nach Wien gestattet.

Autorenporträt Holmans 1825 mit leerem Globus

Er musste feststellen, dass auch in Wien Fremde nicht gerade mit offenen Armen empfangen wurden, schon gar nicht, wenn sie in Wolfsfelle gehüllt waren und sich mit einem Stock an Hauswänden entlangtasteten. Man brachte ihn geradewegs auf das nächste Polizeirevier, wo er eine Aufenthaltsgenehmigung für drei Tage ausgestellt bekam. Nach Ablauf der drei Tage sollte er sich mit einem Beweis seiner Honorigkeit wieder vorstellen – entweder es bürgte ein Einwohner der Stadt für ihn, oder er brachte den Nachweis über ausreichende Geldmittel.

Das war ein Problem. Er hatte so gut wie kein Geld mehr, und der Kreditbrief, den Gillibrand & Holidays ihm auf seine Bitte hin voraussenden sollten, war nirgends zu finden. Was noch schlimmer war, sein einziges Empfehlungsschreiben, das ihm Zutritt zur österreichischen Gesellschaft hätte verschaffen können, war an eine Person gerichtet, die eben erst verstorben war – genau gesagt am Tag vor seiner Ankunft. Solche Schreiben waren nicht nur gesellschaftliche Nettigkeiten, sie waren Garantien, die ihn als Mann der Ehre auswiesen, es ihm erlaubten, Kreditlinien zu eröffnen und ihn vor Anzeigen wegen Landstreicherei schützten. Holman hatte seine Sammlung solcher Schreiben pedantisch geordnet (in geografischer Reihenfolge, weil er sie ja schwerlich selbst lesen konnte), und kaum einmal war er von irgendwo aufgebrochen, ohne sich mit Nachschub für die nächsten Ziele auszustatten. Aber die schwarze Wolke, die in Krakau über seinem Kopf schwebte, hatte diese Strategie durchbrochen, und jetzt stand er zum ersten Mal vor der Aussicht, insolvent zu sein.

Er nahm es mit einem Schulterzucken. Er war, das musste er eingestehen, »der Ängstlichste unter den Sterblichen«, wenn Ungewissheit ihn erregte, »aber kaum hat die Erregung sich aufgelöst, ob nun zum Guten oder dem Gegenteil, gewinnt meine Seele ihre Ruhe zurück.« Er scherte sich nicht um die Drei-Tages-Frist, trug sein letztes Geld in die Oper, besuchte die Sehenswürdigkeiten der Stadt, zählte ganz zurecht darauf, dass Freigebigkeit und Sichtbarkeit die Staatsgewalt besser zu beschwichtigen vermochten als Sparsamkeit und Kopfeinziehen. Nach einer Woche traf endlich der Kreditbrief ein, und er konnte weiterreisen – aber nicht, ohne vorher um eine Audienz bei Sir Henry Wellesley, dem britischen Botschafter in Wien (und Bruder Lord Wellingtons) ersucht zu haben. Holman wollte von seiner merkwürdigen Behandlung in Russland berichten und in Erfahrung bringen, ob womöglich eine größere diplomatische Angelegenheit dahinter steckte. Es schien ihm keine andere Erklärung dafür zu geben, dass man »einem einzelnen bescheidenen und mit einem Gebrechen behafteten Individuum ... dem kein Vergehen, weder ein politisches noch ein moralisches, nachzuweisen war, das nicht einmal an der Schwelle zu einer Beschuldigung gestanden hatte, zu dieser grausamen Jahreszeit eine Reise ohne Pausen über fünftausend Meilen durch das wildeste Land der Erde« zugemutet hatte.

Sir Henry Wellesley mochte nicht spekulieren – ganz sicher nicht öffentlich, und auch nicht privat gegenüber Holman. Aber die Episode schien einem Verdacht, den britische und amerikanische diplomatische Kreise seit geraumer Zeit hegten, neue Nahrung zu geben: Russland hatte im Land hinter Irkutsk irgendetwas zu verbergen.

Am 20. Juni 1824, zwei Jahre und einen Tag nach seinem Aufbruch, legte Holman in Hull an, überwältigt von Freude, wieder in seinem Heimatland zu sein. »Glückliches England! Land der Freiheit, der Tugend und der Schönheit«, schwärmt er. »In deinen geliebten Gefilden keine dieser willkürlichen Maßnahmen, die ich dort zu erleiden hatte.« Aber noch während er in Windsor auspackte, erfuhr er zu seinem Erstaunen von zwei Entwicklungen, einer erfreulichen und einer beunruhigenden.

Die gute Neuigkeit: *Narrative of a Journey*, sein erstes Buch, hatte sich recht gut verkauft, gut genug, um eine zweite Auflage nötig zu machen, und die Kritiker waren wohlmeinend gewesen. »Was mutet absurder und unwahrscheinlicher an als die Geschichte eines vollständig Blinden, der sich auf die große Runde macht«, schrieb einer von ihnen. »Aber Mr. Holman hat diese Leistung und noch mehr Wundertaten vollbracht.« Die weniger gute Neuigkeit: Es war ein zweites, sich noch besser verkaufendes Buch erschienen, das eine bösartige Verbalattacke gegen ihn enthielt.

John Dundas Cochrane, im Jahr zuvor mit seiner Kindsbraut nach England zurückgekehrt, hatte seine *Narrative of a Pedestrian Journey Through Russia and Siberian Tartary* veröffentlicht. Neben eitlen Geschichten von Entbehrung und Tapferkeit fand sich auch ein hochmütiges, herablassendes Porträt des Blinden Reisenden. Um seine Meinung noch nachhaltiger zum Ausdruck zu bringen, hatte Cochrane diesen Abschnitt als Exzerpt im *Monthly Magazine*, einem populären zeitgenössischen Magazin, vorabdrucken lassen.

Welches Ziel er damit verfolgt haben mag, ohne Helfer nach Sibirien zu ziehen, weiß ich nicht. Natürlich steht es ihm frei, dorthin zu reisen wie an jeden anderen Ort der Welt, sieht er dort doch überall gleich viel; aber selbst für einen, der Gebrauch von seinen Augen machen kann, gibt es dort so wenig zu sehen, dass ich nicht einmal zu ahnen vermag, welchen Zweck er mit diesem Versuch verfolgt.

Nachdem er Holman in den Farben der Verirrung geschildert hat, holt Cochrane zu einem Präventivschlag gegen zukünftige Veröffentlichungen des Mannes aus.

Wenn sich die Inhalte seines Tagebuchs, mögen sie noch so interessant verfasst sein, aus Hörensagen speisen, da sie nun einmal nicht auf eigenen Anblicken basieren können, wird er mehr als genug damit zu tun haben, die ihm zugebrachten Informationen festzuhalten, und die nur von Verbannten oder Verbrechern stammen und folglich nicht sehr glaubhaft sein können.

In immer heftigeren Tiraden schießt Cochrane ein Sperrfeuer an Einwänden ab. So umfangreiche Notizen müssten zwangsläufig dem Zugriff der Behörden und damit der Zensur anheimgefallen sein. Seine unterentwickelten Kenntnisse der russischen Sprache würden ihn für Unehrlichkeiten und handfeste Lügen taub machen. Und das Ganze gipfelte in einer Anklage, die Holman für den Rest seines Lebens verfolgen sollte:

Wer würde noch behaupten wollen, Sibirien sei ein wildes, ungastliches, gar unbezwingbares Land, wenn selbst ein Blinder es sicher durchqueren kann?

Ein hinterhältiger Schlag. Die Wildheit war in den Monaten zwischen seiner und Holmans Expedition nicht gezähmt worden. Aber auf solche Weise ließ sich seine Verachtung für den Blinden Reisenden wirksam verbrämen: Er bezeichnete ihn nicht als Glücksritter, sondern als Vorboten des Endes allen Glücksrittertums. Holmans spätere Abenteuer sollten diese Behauptung eines nach dem anderen Lügen strafen, aber seine Kritiker bezogen sich beharrlich auf den zuerst von Cochrane geprägten Satz. *Es ist nicht beeindruckend, weil es von einem blinden Mann geleistet wurde – eben weil er blind ist, ist es nicht beeindruckend.*

Holman konnte es nicht fassen, seine Freundschaft so lautstark und öffentlich verraten zu sehen. »Ich vermag mich nicht in den Geisteszustand hineinzuversetzen, der Captain C. dazu trieb, diese Passage zu Papier zu bringen«, schrieb er, »die sich aus Anerkennung und Sarkasmus mit einer Prise gekünstelten Mitleids zusammenzusetzen scheint.«

Zu einer direkten Konfrontation mit Cochrane kam es nicht. Er war ein paar Monate vor Holmans Ankunft zu seiner nächsten fußgängerischen Großtat aufgebrochen, einem Marsch quer durch Südamerika. Holman zog es deshalb vor, ihm in dem Forum zu antworten, das er für seine Attacke benützt hatte, auf den Seiten des *Monthly Magazine.*

> *So beträchtlich meine Behinderung sein mag, werter Herr Herausgeber, erlauben Sie mir bitte, Ihnen zu versichern, dass ich von niemandem Mitleid erwarte oder auch nur benötige, und auch wenn ich die Anteilnahme von meinen Freunden um nichts in der Welt zurückweisen würde, so fühle ich, dass sie mir, wenn sie nicht mit mehr Taktgefühl vorgebracht wird, als Mr. Cochrane zur Verfügung zu stehen scheint, kälter ins Herz fahren würde als die frostigen Stürme des sibirischen Winters.*

Wo Cochrane mit Hohn aufwartete, griff Holman zu freundlicher Ironie. »Wie Captain C. selbst einräumt, gibt es [in Sibirien] nicht viel zu sehen«, schrieb er, »folglich dürften meine Ansichten doch annähernd so befriedigend wie seine gewesen sein.« Und in Anspielung auf die Bemerkung, seine umfangreichen Notizen müssten zwangsläufig der Zensur anheim gefallen sein, erinnert er an ein »Prinzip, dass ihm möglicherweise nicht in den Sinn gekommen ist – sie in tragbarer und unsichtbarer Form, nämlich in der Höhle meines Schädels aufzubewahren.« Seine noctographierten Notizen waren allenfalls Bruchstücke, der Großteil seiner Berichte entstammte seinem Gedächtnis, und seine Angaben waren noch von niemandem widerlegt worden. Und zum Rest der Beschuldigungen:

> *Captain C. behauptet zum Beispiel, ich hätte meine Informationen vom Hörensagen, dabei hat er mir eben erst unterstellt, der Sprache nicht mächtig zu sein, in der dieses Hörensagen kommuniziert wird; zweifellos ein Paradoxon!*

Der freundliche Witz seiner Replik, gepaart mit den sich rasch verbreitenden Gerüchten über seine Gefangennahme und Ausweisung, machten aus Holmans nächstem Buch einen der am ungeduldigsten erwarteten Titel des Jahres 1825. Die zweibändige Ausgabe von *Travels Through Russia, Siberia, Poland, Austria, Saxony, Prussia, Hanover, etc, etc,* im April in großer Eile in die Druckwerkstatt geschafft, war eine leicht lesbare Reiseerzählung, zuweilen fesselnd, manchmal überfrachtet mit Details. Wie zum Beweis seines Beobachtungsvermögens fügte Holman eine Tabelle zur Temperaturumrechnung, eine Anleitung zum Gebrauch des russischen Abakus, sogar ein paar Verse aus dem Gebetsbuch der Königin Mary von Schottland hinzu, das er in der kaiserlichen Bibliothek des Zaren entdeckt hatte. Und es blieb noch Platz für einen letzten Hieb gegen Cochrane: »Physisch blind, wie der Autor nun mal ist, kann er gar nicht anders als mitfühlend für die geistige Umnachtung des Captain C sein.«

Um die einzigartige Mischung aus Respektlosigkeit und Unversöhnlichkeit noch zu unterstreichen, arbeitete man in das Frontispiz eine visuelle Pointe ein. Zweifellos war sie von Holman gebilligt, wenn nicht auf seinem Mist gewachsen – hätte man sie gegen seinen Willen gebracht, wären seine sehenden Freunde eingeschritten. Es zeigt ihn in vollständiger Marineuniform, den Blick leer aber freundlich in die Ferne gerichtet. Durch ein Fenster sieht man ein Schiff, vermutlich die *Guerrière*, in einem arktischen Sturm um einen Eisberg herumsegeln. Seine rechte Hand ruht locker auf einem Globus, der in einem hübschen Gestell ruht, aber vollständig leer ist.

Der Zusatz, der dem Buch den Status als Bestseller praktisch garantierte, stand auf der Seite hinter dem Frontispiz. Ein einziger Satz: *Seiner allerhöchsten Majestät dem König gewidmet.*

Einer Persönlichkeit des öffentlichen Lebens widmete man nicht mal eben schnell ein Buch. Es war Tradition, dem Adel dafür zu danken, dass er für einen Text geradestand (die König-James-Bibel ist nicht Gott gewidmet sondern König James), deshalb trugen solche Widmungen noch einen Hauch von Rückendeckung durch ihren Adressaten. Die Erlaubnis, eine Arbeit einer Person aus der königlichen Familie zu widmen, unterlag einem strengen Reglement, und deren Rang in der höfischen Hierarchie galt als Gradmesser dafür, wie arriviert der Autor war. Für die Öffentlichkeit war es die Krönung der Anerkennung für Jane Austens *Emma*, dass sie das Buch dem Thronfolger widmen durfte. Dagegen trug Holmans erstes Buch lediglich eine Widmung an Prinzessin Augusta, der Gemahlin des zehnten Kindes von George III. Cochrane verzichtete auf jedes öffentliche Gutsagen und widmete sein Buch einem sibirischen Exgouverneur, den er persönlich kannte.

Holmans *Travels* wurde eine seltene Ehre zuteil: Dem Autor wurde gestattet, es dem König höchstpersönlich zu widmen. Die meisten nahmen eine solche Erlaubnis zum Anlass für überschwänglichste Lobeshymnen, aber Holmans Widmung kam von Herzen und war direkt. »Die Kraft meiner persönlichen Anstrengungen war zu beschränkt, um es mir zu gestatten, mich bei Eurer Majestät mit mehr als einem Herzen voller Treue und Dankbarkeit zu bedanken.«

Die Kritiker beeilten sich mit ihrem Lob. »Ungeachtet seiner Blindheit«, schrieb der *British Critic,* »wird kein Leser es bereuen, ihn begleitet zu haben.« Der *Literary Chronicle* benutzte Ausdrücke wie »von allerhöchstem Interesse« und »ein wunderbares Werk«. Die *Literary Gazette* schwärmte seitenlang und fürchtete am Schluss immer noch, nicht die richtigen Worte gefunden zu haben, »der Leserschaft diese außergewöhnliche Arbeit nahe zu bringen«. Offensichtlich doch. Das Publikum griff nicht nur zu, auch für das frühere Werk *Narrative of a Journey* wuchs die Nachfrage wieder, und man musste eine dritte, später noch eine vierte Auflage in Druck bringen. Statt die Leistungen seines Rivalen zu diskreditieren, hatten Cochranes Attacken die beste Werbung für ihn gemacht. Holman war jetzt eine Berühmtheit.

Trotz der öffentlichen Aufmerksamkeit, die seine Gefangenschaft in Russland dadurch erfuhr, gab es immer noch keine offizielle Erklärung, und damit waren Mutmaßungen Tür und Tor geöffnet. Manche zogen den Schluss, Holmans allenthalben bekannte Freundschaft mit dem tauben Colebrook, einem Mann mit undurchsichtigen aber realen Verbindungen zum britischen Geheimdienst, könnten ihn in Sankt Petersburg von Beginn an verdächtig gemacht haben. Andere wollten wissen, Holman sei ohne es zu wollen in Mithaftung für Cochranes Fehltritte genommen worden – der Fußreisende habe eine ungenannte Straftat begangen, und die Leute des Zaren hatten den anderen seltsamen Reisenden irrtümlicherweise für seinen Komplizen gehalten. Solchen Vermutungen trat Holman in seinem Buch entschieden entgegen: »Wir haben zu keiner Zeit, wie behauptet wird, an einem Strang gezogen.«

Holman selbst vermutete professionelle Sabotage, veranlasst

von dem Mann, der keine Mühe gescheut hatte, ihn in Worten zu attackieren: John Dundas Cochrane. Darauf weist er in seinem Buch ausdrücklich hin, wenn er zum Beispiel behauptet, der Zar, »großmütig und gütig«, hätte »die harten Maßnahmen, die hinterher gegen mich ergriffen wurden«, niemals ergriffen, »wären seine Gefühle nicht beeinflusst, sein Vertrauen nicht durch Missdeutungen erschüttert worden!« Er rundete diese Beschuldigung mit einem Zitat aus dem Vierten Akt von Othello ab:

Nein, hängt mich, wenn ein Erzverleumder nicht,
Irgendein schmeichelnder, geschäft'ger Schuft,
Ein glatter Schurk', um sich ein Amt zu fischen,
Die Lügen ausgedacht.

Eines wird aus Cochranes Texten deutlich, nämlich dass er erstaunliche Beziehungen zu Russlands Machtelite besaß, oder zumindest, dass die Leute es glaubten. In Frankreich war er als verarmter, völlig mittelloser Privatmann zu seiner Wanderschaft aufgebrochen. Und als er aus Sankt Petersburg abreiste, vertraute die Regierung ihm ein »geheimes Schreiben an den Generalgouverneur von Sibirien« an, wahrscheinlich mit dem Befehl, ihm alle Ehren angedeihen zu lassen. Draußen in Kamtschatka stellte der Zar ihm einen Kosaken als Wache zur Seite – in seinem Fall nicht, um ihn zurückzuholen, sondern um ihm weiterzuhelfen. Der Zar hatte ihm zudem das außerordentliche Privileg gewährt, nach Belieben über Pferde zu verfügen, und bei mehreren Gelegenheiten »ließ Seine Kaiserliche Majestät sich später von Sir Charles Bagot berichten, ob ich wirklich Geld brauchte, und versicherte ihm, dass ich in einem solchen Falle auf Unterstützung des kaiserlichen Schatzamts rechnen durfte.« Diese Zeichen allerhöchster Gunst, gepaart mit der Tatsache, dass sein letzter Aufenthalt in Russland dazu diente, »dem Hof in Sankt Petersburg meinen offiziellen Bericht zu übergeben«, lassen es als durchaus glaubhaft erscheinen, dass zumindest Cochrane selbst an seine Bedeutung für den Zaren glaubte. Und wenn das so war, wäre dieser letzte Rapport die ideale Gelegenheit gewesen, um einen letzten Gefallen zu erbitten.

Aber der Zar hatte weit höhere Motive als die läppischen Rivalitäten zweier wanderlustiger Engländer. Die Wahrheit war, dass Russland wirklich etwas zu verbergen hatte: seine wachsende Präsenz auf dem nordamerikanischen Kontinent. Andere Nationen wussten, dass das Zarenreich auf der anderen Seite des Pazifischen Ozeans Pelzhandelsniederlassungen unterhielt, aber inwieweit man daraus Landansprüche ableiten würde, um ein russisches Amerika zu schaffen, musste sich erst noch zeigen. *Promyschlenniki*, Pelzjäger, zogen nach Osten bis zum Snake River in Idaho, und richteten sich so weit südlich wie in Fort Ross, zwei Tagesritte nördlich von Yreba Buena (dem heutigen San Francisco), auf Dauer ein. Weniger bekannt waren Russlands Anstrengungen, auf ähnliche Weise auch auf den Hawaii-Inseln Fuß zu fassen. Oder Ehen zwischen russischen Jägern und den Aleuten in der Gegend von Kodiak, Alaska, zu fördern, ein Trend, der einen Anspruch auf Souveränität nur untermauern konnte. Das alles geschah zwar im Namen privater Unternehmen – der Russisch-Amerikanischen-Gesellschaft, die vom Zar ein Monopol erhalten hatte –, doch es machte die nordamerikanische Regierung nervös. Spanien hatte seinen Kolonisten in Alta California verboten, mit den Russen Handel zu treiben. Die Briten hatten zwei Inspektions-Expeditionen in den Nordwest-Pazifik geschickt (Captain Cook im Jahre 1778 und George Vancouver im Jahre 1793), um zu demonstrieren, dass auch sie diese Gebiete im Auge hatten.

Im Gegenzug war Russland still und leise dazu übergegangen, Angehörige anderer Nationen aus dem russischen Amerika fernzuhalten, ihnen zu verbieten, von Kamtschatka nach Alaska überzusetzen. Der Fall von Holman als auch der von Cochrane weisen starke Ähnlichkeiten mit dem Schicksal von John Ledyard auf, einem Amerikaner, der mit Captain Cook auf dessen letzter Reise gesegelt war (und den einzigen Augenzeugenbericht von Cooks Tod geliefert hatte). Wie Cochrane hatte auch Ledyard davon geträumt, als erster Mensch einmal um die Erde zu wandern (seinem Freund Thomas Jefferson wird nachgesagt, ihn auf diese Idee gebracht zu haben). 1784 war er von Stockholm aus Richtung Osten aufgebrochen, begleitet nur von zwei Hunden. Als er drei Jahre später in Irkutsk eintraf, wurde er wie Holman ohne Begründung gefangen genommen und über die gesamte Ausdehnung des Zarenreichs zurück zur Grenze geschafft und nach Polen ausgewiesen.

Die Russen ließen Ausländer anstandslos durch Sibirien reisen. Sie ließen sie nur nicht auf den anderen Kontinent weiterziehen, wo sie womöglich über die wahre Staatskunst der Russisch-Amerikanischen-Gesellschaft geplaudert hätten.

In diesem Zusammenhang darf man Cochranes verwirrende, widersprüchliche Begründungen für den Abbruch seiner Fußreise um die Welt als den Versuch werten, das Gesicht zu wahren. Alles spricht dafür, dass der vom Zaren abgestellte Kosak ein Bewacher war, der dafür zu sorgen hatte, dass seine Heldentat in Kamtschatka ihr Ende fand. Es mag als Beweis der Gunst des Zaren gewertet werden, dass er ihn weiter vordringen ließ als jeden anderen Ausländer, aber noch weiter wäre es in keinem Fall gegangen. Und was die Gefangennahme und Ausweisung seines Rivalen anging, so scheinen die Einzelheiten dieser Maßnahme maßgeschneidert auf Cochranes Nutzen zu sein. Schließlich war Holman zu einem Zeitpunkt aufgehalten worden, als er sich anschickte, Cochranes Rekord in Richtung Osten zu brechen. Und man hatte sich größte Mühe gegeben, ihn nicht einfach hinauszuwerfen, sondern ihn genau zu seinem Ausgangspunkt zurückzubringen, als wäre Russland das Spielbrett für Mensch-ärgere-dich-nicht und Holman gerade rausgeflogen.

Aber der wirkliche Wettbewerb der beiden Rivalen wurde nicht in Sibirien ausgetragen sondern in den Salons der Londoner Intelligenzija. Welche der beiden Abenteurer leistete mit seinem Buch den substantielleren Beitrag zur Anreicherung des kollektiven Wissens? In dieser Hinsicht zog Cochrane den Kürzeren. Sein Werk war, in den Worten eines Kritikers, »ein nie versiegender Fluss an Informationen, *fait divers* (vielfältigen Fakten), Statistiken und ... zur allgemeinen Bildung«, aber letztlich bleibt es ein Zwiegespräch Cochranes mit sich selbst. So selten er seine junge Frau erwähnt, er erwähnt sie immerhin, während fast alle anderen Menschen unter Sammelbegriffen zusammengefasst werden. Es ist häufig von den »Kamtschatkern« die Rede, ohne dass auch nur einer von ihnen als Einzelperson geschildert wird. Sich selbst dagegen zeichnet Cochrane in allen eitlen Details, schwärmt von seinen langen goldenen Locken, dem modischen Mantel, der seidenen Schärpe und erklärte: »War ich denn wirklich ein solcher Geck geworden, dass ich mich selbst nicht mehr kannte?«

Wenn er den Blick einmal auf anderes wendet, lässt er so ziemlich jegliches Beschreibungstalent vermissen. Von den Dörfern Kamtschatkas erfahren wir, dass sie aussehen wie jedes andere Dorf in Russland. Die Kulturen der Kirgisen und Kalmücken mögen noch so verschieden sein, ihre Heimatländer Tausende von Meilen von einander entfernt liegen, nach Cochrane »unterscheidet sich der eine Volkscharakter nicht wesentlich vom anderen, weil sie sich hinsichtlich ihrer Faulheit, dem Schmutz, in dem sie leben, und ihrer Unterwürfigkeit wie ein und das selbe Volk gerieren.«

Das Buch des blinden Mannes war paradoxerweise eine wesentlich detailreichere, besser beobachtete, lebendigere Lektüre, randvoll mit aufrichtiger Bewunderung für die Einheimischen und ihre Art zu leben. Holman berichtet von einem Kartenspiel, dessen Namen er mit dem Wort »Naseln« übersetzt, und bei dem »der Verlierer mit einem harten Schlag auf seine forunkulöse Nase bezahlen musste, bevor als Trost für den malträtierten Zinken ein Glas Branntwein serviert wurde.« Er zieht die Schuhe aus, stürmt neugierig eine muslimische Moschee und verkündet, die Tataren seien »im allgemeinen zivilisiertere Zeitgenossen als ihre russischen Herren«. In bewegenden Worten beschreibt er seine Begegnung mit einem vom Schneesturm gepeitschten »Trupp Verbannter auf ihrem Marsch ... Arme Kreaturen, paarweise mit Handschellen an eine lange leichte Kette gefesselt, die durch den ganzen Zug lief; die Ketten waren wesentlich schwerer gewesen, bis der derzeitige Zar ihr Gewicht reduzieren ließ.«

Das Buch wurde nicht nur als packende Abenteuerliteratur gelesen, sondern als quasi wissenschaftliche Darstellung einer Forschungsreise, so gehaltvoll, dass sie dem Autor einige der höchsten Ehrungen seiner Zeit zuteil werden ließ. Zuerst wurde Holman als Mitglied in die Linné-Gesellschaft gewählt, einer naturwissenschaftlichen Organisation, die das internationale System der Taxonomie koordinierte, sämtliche Lebewesen nach Ordnung, Stamm, Gattung und Spezies katalogisierte. War das schon eine hohe Ehre, so folgte im Jahr darauf gar eine noch größere Auszeichnung: Aufnahme in die Royal Society of London, eine Gesellschaft zur Förderung des Wissens von der Natur.

Von Christopher Wren gegründet und während langer Jahre von Isaac Newton geleitet, war die exklusive Royal Society die vornehmste der Naturphilosophie gewidmete Organisation (der Begriff *Naturwissenschaft* war damals noch nicht in allgemeinem Gebrauch). Auf ihre Weise war sie eine Aristokratie des Geistes. Die Mitgliedschaft beinhaltete nicht nur das Recht, seinem Namen die hochgeachteten Initialen F.R.S., Fellow of the Royal Society, beizufügen, sie stellte einen auch ganz regulär in die Gesellschaft von Männern wie Sir Humphry Davy (Entdecker des Kaliums und Jods, erster Forscher, der Natrium aus Salz isolierte) und Sir John Herschel (Entdecker Tausender von Sternen und der Mann, der den Begriff *Photographie* einführte).

Sollte Cochrane in Südamerika Nachricht von Holmans Erhebung erreicht haben, dürfte es ihm die Zornesröte ins Gesicht getrieben haben – denn bei aller Erbitterung gegen den Blinden Reisenden, sein Groll gegen die Royal Society war noch um einiges größer. Seit Jahren schickte er ihnen Papiere, die nach seinem Dafürhalten wissenschaftliche Arbeiten waren, und wartete auf Veröffentlichung und Lob und die verdiente Mitgliedschaft. Da es sich jedoch in erster Linie um wirre geografische Spekulationen handelte, hatte die Society sie ignoriert und damit seinen öffentlichen Zorn auf sich gezogen. Als seine *Narrative of a Pedestrian Journey* in die zweite Auflage ging, fügte er ihr einen langen, verbitterten, mit Abschriften seiner Eingaben versehenen Anhang an, in dem er die Gesellschaft der »Ignoranz gegenüber den Konventionen des Anstands« beschuldigte und düster darüber sinnierte, ob seine »Ideen womöglich von einem oder mehreren Mitgliedern des gelehrten Gremiums gestohlen und nutzbringend verwandt worden« sein könnten.

Ob Cochrane seine lautstarken, publicitysüchtigen Angriffe auf Holman, die so spektakulär nach hinten losgingen, jemals bereut hat? Seine Korrespondenz schweigt sich darüber aus, und bald darauf schweigt er ganz. Vor der Abreise nach Südamerika hatte er angekündigt, alleine zu Fuß über die Anden gehen zu wollen. Aber da hatte er den Unterschied zwischen der Tundra und den Dschungeln des tropischen Regenwalds noch nicht gekannt. Wenn er tatsächlich losmarschiert war, dürfte er nicht weit gekommen sein.

Die letzten Nachrichten über ihn kamen aus Venezuela, wo er zum Unternehmer wurde, im Bergbau spekulierte, von Simon Bolívars Schwester Anteile an einer Mine kaufte. Aber der Mann, der sich damit gebrüstet hatte, »in einem der übelsten Winkel der Westindischen Inseln gebacken worden zu sein, in fast zehn Jahren [Marine]dienst kein einziges Mal Kopfweh bekommen zu haben«, war anfälliger gegen tropisches Klima, als er gedacht hatte. Bei aller Unermüdlichkeit, gegen die Malaria kam auch er nicht an; im August 1825, im Alter von fünfundvierzig Jahren, starb er am Fieber.

Seine zu Hause in London als blasiert verrufene kamtschatkische Frau, noch keine zwanzig, brach nach Russland auf. Dort fanden, laut Cochranes Verleger, »ihre Schönheit und ihre Fertigkeiten, aber auch die Besonderheit ihrer Situation recht bald ihre Bewunderer.« Danach verschwindet sie aus der Familienchronik der Cochranes, ohne einen Vornamen hinterlassen zu haben.

Die Versuche des Fußreisenden, den Blinden Reisenden in Diskredit zu bringen, waren allerdings nicht gänzlich erfolglos geblieben. Außerhalb der intellektuellen Zirkel Londons verfehlten seine Verleumdungen ihre Wirkung nicht, und daran konnte auch die Zeit nichts ändern. Thomas Giordani Wright, ein neunzehnjähriger Arzthelfer aus Newcastle, las Holmans Buch und zuckte die Achseln. In seinem privaten Tagebuch des Jahres 1825 gibt er seiner Unzufriedenheit Ausdruck:

> *Holmans »Reise durch Sibirien« hat während der letzten Stunde meine Gedanken beschäftigt, und dafür, dass es von einem blinden Reisenden geschrieben wurde, scheint es mir ein sehr vergnügliches Buch zu sein. Trotzdem hat es etwas Unfassbares, ans Absurde Grenzendes, wenn man sich vorstellt, dass die Begebenheiten von einem Tagebuchschreiber erzählt werden, der für ihre Betrachtung absolut unzulänglich ausgestattet war; von Anblicken, Zeremonien und Galaabenden zu lesen, versehen mit lithographischen Illustrationen, während das Unglück des Schreibenden einem nicht eine Sekunde lang aus dem Sinn geht, hat für mich etwas unangenehm Unbeschreibbares, Unglaubliches ... die Umstände, Anekdoten und all die aus dem Hörensagen notierten Erinnerungen können nicht so authentisch sein, dass es gerechtfertigt wäre, sie der Öffentlichkeit vorzulegen. Dass diese Bände Ihrer Majestät gewidmet sind, ist natürlich ein Ehrensalut auf alle Gebrechen.*

Der junge Wright hatte zweifellos Cochranes Verdammung gelesen und nachgeplappert. Aber solch eine Art von Ablehnung aus dieser Feder war kein Beweis persönlicher Herablassung gegenüber Holman oder den Blinden im Allgemeinen. Sie stimmte vollkommen mit der dominierenden ästhetischen Philosophie der

Zeit überein, die den Damen und Herren der Kultur vorschrieb, wie sie die Welt gefälligst zu verstehen hatten. Seit Generationen hatte man der schöngeistigen Gesellschaft beigebracht, in der Natur drei Qualitäten zu unterscheiden: das Schöne, das Erhabene und das Malerische.

Das erste war einigermaßen leicht zu erkennen: Das Schöne bezeichnete die elegante Symmetrie und harmonische Proportion der Formen, wie sie in der Antike definiert worden waren. »Soweit der Blick des Menschen und sein Geschmack einen Standard für Schönheit festlegen kann, wurde er von den griechischen Bildhauern festgelegt«, schrieb der vielgelesene Ästhet Uvedale Price 1797. »Dieser Standard hat in den meisten zivilisierten Gegenden Europas Gültigkeit.« Von den drei Qualitäten war das Schöne am engsten mit der Berührung verbunden (oder dem Wunsch nach Berührung), und das notwendigerweise im persönlichen Maßstab, denn »in dem Maße, in dem das Format eines schönen Objekts zunimmt, sich Größe und Herrlichkeit annähert, entfernt es sich von der Anmut.«

Größe und Herrlichkeit bildeten die Sphäre des Erhabenen. Price erklärt diese als die einschüchternde wenn nicht gar beängstigende Erfahrung großartiger Kräfte im großen Maßstab. »Je stärker irgendein großes oder schreckliches Objekt der Natur den Geist bedrängt (vorausgesetzt der Geist ist in der Lage, es mit Ehrfurcht aber ohne entmutigende Angst wahrzunehmen), desto erhabener seine Wirkung.« Der Ozean war »zu allen Zeiten ein großartiges Objekt«. Felsen und Klippen waren »erhabener, wenn Fluten gegen ihre Füße brandeten, jeglichen Zugang verwehrten, den Rückzug abschnitten.« Viele Künstler versuchten, das Erhabene auf Leinwand zu bannen, deshalb stellen zahllose Gemälde aus der Zeit unter Namen wie *Das Schiffswrack, Lawine in den Alpen* oder *Holzfäller im Kampf gegen*

Wölfe die Gewalt der Natur dar. Solche Betrachtungen galten als erbauend, als »Griff nach der Unendlichkeit«.

Die dritte Qualität füllte die Lücke zwischen der Intimität des Schönen und der Gewaltigkeit des Erhabenen. Das Malerische leitete sich aus der Vielfalt ab, der Art und Weise, wie die Natur Einmaligkeit durch Abweichung vom Ideal kennzeichnet – den von Zufall und Zeit geschmiedeten Unterschieden. »Die Schönheit und das Malerische gründen tatsächlich auf sehr gegensätzlichen Qualitäten«, schrieb Price. »Das eine auf Glätte, das andere auf Rauheit; das eine auf graduelle, das andere auf jähe Veränderung; das eine auf Ideen von Jugend und Frische, das andere auf Vorstellungen vom Altern, sogar des Verfalls.« *Malerisch* war das passende Etikett für Szenen und Objekte, die nicht im klassischen Sinn schön und trotzdem visuell ansprechend waren: die moosige Rinde eines Eichenstamms, ein Apfelschimmel. Auch die Erzeugnisse nicht europäischer Ästhetik (eine Eingeborenenhütte oder Kopfschmuck) gehörten typischerweise in diese Kategorie.

Die Aufteilung der Welt in diese drei visuellen Qualitäten war keine akademische Abstraktion. Es war ein beliebter Zeitvertreib, besonders unter Menschen, die mit ihrer hoch entwickelten Sensibilität beeindrucken wollten. Wenn Henry und Catherine in Jane Austens *Northanger Abbey* spazieren gehen, »folgte unweigerlich ein Vortrag über das Malerische, der in seinen Belehrungen so deutlich war, dass sie bald begann, Schönheit in allem zu sehen, was er bewunderte.«

Auch die nicht visuellen Sinne mochten zur Wahrnehmung des Schönen beitragen – man kann eine Blume riechen, eine Statue berühren, das Lied eines Vogels hören –, aber sie spielten nur eine Nebenrolle im Konzert des Geschmacks. 1756 schrieb Edmund Burke in einem Essay *Über das Erhabene und Schöne*:

Auch Gerüche und Geschmäcker haben ihren Anteil an den Ideen von Größe, aber es ist nur ein kleiner, seiner Natur nach schwacher, in seinen Funktionen begrenzter. Ich möchte nur bemerken, dass weder Gerüche noch Geschmäcker große Gefühle hervorrufen können, mit Ausnahme von extremer Bitterkeit und unerträglichen Gerüchen.

Als Thomas Giordani Wright, ein junger Mann mit vornehmen Ambitionen, über die »unangenehmen, unbeschreiblichen, argwöhnischen Gefühle« schrieb, die Holmans Arbeiten hervorriefen, gab er der Empfindung Ausdruck, dass Blindheit ebenso sehr eine emotionale wie eine physische Behinderung war. Holman mochte vielleicht fähig sein, bestimmte Besonderheiten zu unterscheiden, aber einen Ort als Ganzes zu erfassen und zu würdigen war ihm offenkundig unmöglich. Diese Überzeugung klang so plausibel, dass Holman es für nötig befand, sich in seinem nächsten Buch zu verteidigen:

Ich werde ständig danach gefragt, also kann ich die Frage, was der Sinn des Reisens für einen Blinden ist, gleich hier und ein für allemal beantworten. ... Das Malerische an Landschaften, das ist wohl richtig, bleibt mir verschlossen, und Kunstwerke sind für mich reine Konturen der Schönheit, nur einem meiner Sinne zugänglich, aber vielleicht erfordert gerade dieser Umstand eine noch größere Lust an der Neugier, die sich deshalb ja zu einer viel genaueren, suchenderen Prüfung der Details verpflichtet sieht als die eines Reisenden, der sich womöglich mit einem oberflächlichen Blick zufrieden gibt.

Nach *Travels Through Russia* schrieb er nicht mehr direkt und unbeirrt über seine Blindheit. Seine zukünftigen Arbeiten waren gerade wegen der spärlichen Hinweise auf seinen Zustand bemerkenswert, aber auch wegen des trotzigen Gebrauchs visueller Termini – einschließlich Vokabeln wie *malerisch* und *erhaben*. Außerdem wies er darauf hin, dass die Lektüre seiner Erlebnisberichte einen Vorteil bot: Er war immun gegen diese übermäßig romantisierenden, rosaroten, in den Schriften sehender Reiseautoren überhand nehmenden Ausschweifungen beschreibender Prosa, weil es ihm nicht gegeben war »Panoramen der Erbauung und Sehnsucht zu entwerfen«.

> *Die üppige Atmosphäre des Ostens, die Wolken und Bäume in ihre ganz eigenen herrlichen Töne färbt – romantische Schluchten und hochmütige Berge – wogende Seen und jungfräuliche Flüsse, auf denen noch kein Schiff gesegelt ist – finstere Wälder und dürre Steppen –, das alles sind phantastische Ausblicke, die keine Bildseiten in meinen Werken füllen.*

Holmans frischer Ruhm hatte eine entmutigende Doppelwirkung, er befreite ihn, fesselte ihn aber auch. Nach und nach würden Tantiemen fließen (auch wenn er auf die endgültige Abrechnung noch Jahre warten musste), und er durfte sich darauf freuen, eine hübsche kleine Reserve von mehreren Hundert Pfund oder mehr anzusammeln. Nicht ausreichend, um sich auf Dauer ein vornehmeres Leben in England einzurichten, aber genug, um Träumen vom nächsten Versuch einer Reise um die Welt Nahrung zu geben.

Es war angenehm, in der Kutsche von Windsor nach London zu fahren und sich unter die illustre Gesellschaft im Hauptquartier der Royal Society am Strand mischen zu dürfen (das Gebäude war ihm bekannt, weil dort auch die Marinebehörde untergebracht war), aber mit jedem Besuch wuchs seine Ruhelosigkeit. Regelmäßige Unterrichtungen der Mitglieder, eine Sammlung von Landkarten und ein Ausstellungsraum mit Mitbringseln von Expeditionen, die durch die Gesellschaft finanziert wurden, sorgten dafür, dass es keinen besseren Ort gab, um sich über geografische, ethnografische und technologische Neuigkeiten auf dem Laufenden zu halten. Und dort erfuhr er, dass in der Welt neue und interessante Entwicklungen vor sich gingen.

In Nordamerika hatte gerade ein fünfundzwanzigjähriger Mann namens Jedediah Smith, inspiriert durch die Lektüre der Tagebücher von Lewis und Clark, die große Kontinentalscheide überquert und einen Weg durch die Rocky Mountains entdeckt, der auch für Pferdegespanne passierbar war. Zum ersten Mal »erscheint es möglich, mit einem Pferdewagen quer über den nordamerikanischen Kontinent zu reisen«, stand in der *Missouri Gazette* zu lesen. In Südamerika sprossen selbständige Staaten wie Pilze aus dem Boden – Guatemala, Chile, Kolumbien, Honduras –, alles Territorien, die jetzt offener für Reisende zu sein schienen als während der Kolonialzeit, in der Spanien das Wissen über seine Kolonien eifersüchtig bewacht hatte. In Afrika war John Dundas Cochranes alter Traum, als erster Europäer Timbuktu zu finden, zum Ziel eines förmlichen Wettrennens geworden. Die Französische Geographische Gesellschaft hatte die hübsche Summe von zweitausend Francs in bar für den Nachweis der erfolgreichen Mission ausgesetzt, und mehrere Abenteurer waren bereits zu ihren Versuchen aufgebrochen (ein Schotte namens Alexander Gordon Laing gewann die Ehre, nicht aber den Preis, denn er starb auf der Rückreise im Jahre 1826).

In seinem Buch hatte Holman eingeräumt, bei seiner Russlandreise mit falschen Karten gespielt zu haben. Es war kein absichtsloser Besuch in Sankt Petersburg gewesen, gefolgt von einem spontanen Abstecher nach Sibirien, sondern eine vom ersten Tag an geplante Reise um die Welt. Für die Erzählung seiner Reise ein notwendiges Bekenntnis, ohne das sein Widerstreben gegen die Abreise aus Irkutsk unerklärt geblieben wäre. Aber bei den Herren Visitors des Travers College, den Sachwaltern der Naval Knights, war das gar nicht gut angekommen. Sie begannen bereits zu bereuen, Holman ausgewählt zu haben.

Ein Naval Knight war per Definition »alt oder krank«, Kriterien, denen ein junger Mann, der kräftig genug ist, über ein Drittel des Erdballs zu reisen, wohl kaum entsprach. Von außen betrachtet schien Holman die Privilegien des Ordens zu missbrauchen und jenem Absentismus zu frönen, der die Military Knights auf die leere Hülse reinen Mäzenatentums reduziert hatte – eben jener Form der Korruption, gegen die man die Naval Knights hatte aufmarschieren lassen. Er war bei weitem nicht der erste Naval Knight, der von dem vorgeschriebenen Leben abgeschiedener Devotion abwich, aber er war der erste, der das ganz öffentlich tat.

In Form einer brüsken Abmahnung erinnerten die Visitors ihn daran, dass seine Ernennung mit Pflichten verbunden war, und dass er »Beschränkungen unterliege, zeitlichen wie räumlichen«. Er möge sich fortan nur einer Profession zuwenden und in der Saint-George's-Kapelle seine Gebete sprechen. Weitere Urlaube würden nur im Falle medizinischer Indikation gewährt.

Holman dachte darüber nach, diese Entscheidung anzufechten, verwarf den Gedanken jedoch als wenig sinnvoll. Nach Samuel Travers' Regelwerk waren die Naval Knights den Visitors unterworfen, einem Gremium, das sich aus zwei Männern zusammensetzte, die zu der Zeit andere bedeutende Positionen in Windsor bekleideten: dem höchsten Kleriker oder Dekan von

Windsor Castle und dem Propst des angrenzenden Eton College. Die Möglichkeit eines Einspruchs war nicht vorgesehen.

Wenn Holman einen neuen Versuch einer Reise um die Welt starten wollte, musste er dabei noch heimlicher vorgehen als beim ersten. Und diesmal würde er mindestens einen willigen Mitverschwörer brauchen, jemanden, der ihm einen glaubwürdigen Vorwand für die Reise liefern konnte.

Glücklicherweise hatte seine frisch erworbene Prominenz ihn in einen gerade erst gegründeten Zirkel von Männern eingeführt, die bereit und in der Lage waren, diese Rolle zu spielen – Männer, die sowohl mächtig als auch den Grillen der Wanderlust zugetan waren. Diese Institution mochte von außen betrachtet wie ein simpler Speiseclub erscheinen, in Wirklichkeit aber verfügte er über erlauchtere Mitglieder als die Royal Society. Es handelte sich um den exklusivsten Club der ganzen Welt.

Captain Sir Arthur de Capell Broke war zwanzig Jahre alt, von adliger Abkunft, und steckte voller Träume vom Entdeckertum. Er war sehr stolz auf seine ausführlichen Reisen nach Skandinavien und schrieb an dem Buch *A Winter in Lapland*, als ihm die »Idee kam, einen behaglichen Speiseclub zu gründen, dessen Mitglieder ausschließlich Reisende waren.«

> *Wenn wir die Welt in so viele Teile unterteilen, wie der Club Mitglieder hat, wäre jeder Teil von mindestens einem Mitglied repräsentiert, und der Club als Gesamtheit hätte fast jeden Teil der Erde besucht.*

Dieses Parlament der Entdecker bekam den Namen Raleigh Club, zu Ehren Sir Walter Raleighs. De Capell Broke, einer von

Holmans Fürsprechern in der Royal Society, legte großen Wert darauf, den Blinden Reisenden als eines der Gründungsmitglieder (und voraussichtlich als Repräsentanten Sibiriens) zu gewinnen. Die Männer kamen alle vierzehn Tage in einem Gasthaus mit dem Namen Thatched House zusammen, und sehr schnell entwickelte sich der Brauch, exotische Getränke zu sich zu nehmen und jedes Abendessen zum Anlass zu nehmen, »alle seltenen ausländischen Wildarten, Fische, Früchte, Weine etc. vorzustellen, als Mittel zur Verfeinerung der Mahlzeiten, nicht nur, was den Luxus der aufgetischten Dinge betraf, sondern auch der Erkenntnisse halber, die diese Dinge ermöglichten.« De Capell Broke ließ ein Mahl servieren, dessen Zutaten er höchstpersönlich aus dem hohen Norden mitgebracht hatte: Rentierfleisch, schwedischen Weinbrand, lappländische Moltebeeren. Es folgten Festessen, bei denen aus Weizen vom Toten Meer gebackenes Brot und aus Mexiko importierter Schinken auf dem Speiseplan standen.

»So wurden die ausgezeichnetsten Reisenden Londons zusammengebracht«, schrieb der Earl of Albermarle, der »einzige Repräsentant Babylons«. Das Konzept ging auf, und bald versammelte sich im Thatched House ein illustrer Zirkel von Abenteurern und Berühmtheiten. Da war Admiral Thomas Cochrane – John Dundas' Vetter, der Mann, der Bolívars Armeen geführt (und später das Vorbild für Romanhelden wie Horatio Hornblower und Captain Jack Aubray abgegeben) hatte. Da gab es den Arktisentdecker Sir John Franklin, der zwanzig Jahre später auf seiner letzten Expedition ums Leben kam. Dann war da Francis Beaufort, führender Meereskundler der Royal Navy und Erfinder der Beaufort-Skala, dem Standard-Messinstrument für die Windstärke. Es gab den Orientalisten Henry Collebrooke, einen der hervorragendsten westlichen Gelehrten des Sanskrit und der hinduistischen Kultur, und Baron Broughton, einen engen Freund Lord Byrons, der mit dem Dichter durch Griechenland und die Türkei gereist war. Holman war froh, eine alte Freundschaft neu beleben zu können: Ein weiteres Mitglied des Raleigh war Basil Hall, einst mit ihm zusammen Mittschiffsmann am nordamerikanischen Stützpunkt, inzwischen aufgestiegen zum Kapitän und bekannt als einer der ersten Europäer, die in Korea gewesen waren.

Doch als noch schicksalhafter sollte sich eine neue Freundschaft erweisen, die Holman 1825 bei einem der Abendessen in Thatched House schloss. Captain William Fitzwilliam Owen, beschrieben als »herrisch und großzügig, streitsüchtig und offen, dem weiblichen Geschlecht mehr zugetan als dem Wein«. Auch wenn er bei weitem nicht das berühmteste Mitglied des Raleigh Club war, zählte Captain Owen zweifellos zu den angesehensten. Im Grunde war er der größte Entdecker seiner Zeit.

Zu seiner Zeit verdankte die Weltkarte Captain Owen mehr als jedem anderen seiner Zeitgenossen. Auch wenn seine Leistung lediglich in einem bescheidenen Kreis von Wissenschaftlern und Seefahrern Anerkennung fand, denn er führte bei seinen Entdeckungen nicht den dicken Pinsel. Es waren präzise Kalibrierungen, erschöpfende Messungen von Landmasse und umgebenden Meeren. Owen war Englands Meister der neuen Wissenschaft der Hydrographie, der Vermessung von Küstenlinien und schiffbaren Gewässern.

Trotz der Tatsache, dass die Royal Navy inzwischen ein wachsendes Weltreich schützte, einer globalen *Pax Britannica* Nachdruck verlieh, hatten Schiffe außerhalb des Ärmelkanals nur vage Vorstellungen von ihrer Position und erst recht von ihren Zielen. Ein Teil des Problems war die Tatsache, dass sie sich auf unvollkommene Navigationsinstrumente verlassen mussten (der Chronometer, unerlässlich für die Berechnung geografischer Länge, war noch nicht in allgemeinem Gebrauch), und selbst präziseste Berechnungen waren wertlos, wenn man sie auf Kartenmaterial übertrug, das alles andere als präzise war. Erst 1814 räumte der Chefkartenmacher der Marine »die große Unzulänglichkeit unseres nautischen Wissens in fast allen Teilen der Welt, besonders aber vor den Küstenlinien unseres eigenen Herrschaftsgebiets« ein. Er trug ein Inventar aller planetarischen Gewässer zusammen, die wenn überhaupt unzureichend vermessen waren: der größte Teil des Mittelmeers. Fast alle afrikanischen Gewässer. Alle westpazifischen Küsten von Kamtschatka bis nach Van Diemens Land (dem heutigen Tasmanien), einschließlich der gesamten chinesischen Pazifikküste. Der größte Teil Südamerikas. Selbst die Küsten von Irland und Schottland waren durch Karten dokumentiert, die ans frei Erfundene grenzten, wovon eine beklagenswerte Zahl an Schiffswracks beredtes Zeugnis ablegte.

Der Frieden gab schließlich die Ressourcen für genauere maritime Vermessungen frei. Kapitäne, darauf bedacht, im Zuge der Außer-Dienst-Stellungen der Nachkriegszeit ihre Kommandos nicht zu verlieren, stürzten sich begierig auf die Hydrographie. Unter ihnen war Captain Owen der Star, der dank eines ungewöhnlichen Temperaments, in dem Dreistigkeit und Akribie sich die Waage hielten, das Gebiet bald beherrschte.

William Fitzwilliam Owen war ein ganz und gar unorthodoxer Mensch, und das seit dem Augenblick seiner Geburt, 1774 in Manchester, England. Er kam unehelich zur Welt, aber seltsamerweise blieb die Identität der Mutter im Dunkeln, nicht die des Vaters. Als Kind war er nach Indien geschafft worden, vermutlich war seine Mutter einem Offizier dorthin gefolgt.

Er war vier Jahre alt, wuchs in großer Armut in Madras auf, als er einem Kapitän der Royal Navy zufällig beim Spielen auffiel. Er erkannte den Jungen auf den ersten Blick als einen Sprössling von Lieutenant William Owen, einem inzwischen verstorbenen Freund und Offizierskameraden. Es heißt, der Kapitän habe den owenschen Genpool deshalb auf den ersten Blick erkannt, weil er selbst einen der unehelich geborenen Söhne seines verstorbenen Freundes großzog.

Die Mutter bestätigte dem Kapitän die Vermutung, drückte ihm das Kind in den Arm und tauchte im Gewimmel der Straße unter. Am nächsten Tag segelte der Junge an Bord der HMS *Cormorant*, im Logbuch als Kapitänsmaat verzeichnet. Sowohl er als auch sein neuer Halbbruder Edward wurden später Admiräle. Owen kehrte noch mehrmals nach Madras zurück, aber seine Mutter sah er nie wieder. Er wusste nicht einmal mehr ihren Namen.

Der junge Owen war ein außerordentlich intelligenter Junge, mit einer Begabung für Mathematik und Sprachen. Aber er wollte sich nicht einfügen. Seine uneheliche Geburt und die Kindheit als Gassenjunge waren starke Stigmata, und eine chronische Hautkrankheit trug nicht gerade zu seiner Integration bei. Vermutlich war es gewöhnliche Akne, aber alle, die wussten, welch ein Leichtfuß sein Vater war, vermuteten eine angeborene Syphilis. Leicht entstellt, mit zarten Gliedern und einem Ziegengesicht (das er später mit einem Backenbart noch akzentuierte), wurde Owen in einer Reihe von Internaten und später, als er wieder zur See fuhr, in den Quartieren der Leutnants gemieden.

Doch seine Unbeliebtheit verbitterte ihn nicht. Sie machte ihn zu einem entschlossenen Einzelgänger ohne Berührungsängste und ohne Furcht, sich im Angesicht konventioneller

Weisheiten zu bewegen. »Der besondere Wesenszug dieses exzentrischen Mannes«, schrieb ein Marinehistoriker, »war die völlige Hingabe an eine gestellte Aufgabe: Wenn er etwas anpackte, tat er das mit ganzer Kraft.«

Nirgends wurde das deutlicher als auf seinen hydrografischen Expeditionen. Damit beauftragt, den Teil des Sankt-Lorenz-Stroms in Kanada zu vermessen, der als Thousand Islands bekannt war (später eine berühmte Salatsauce), kehrte er nach gerade mal vier Monaten mit einer umfassenden und detailreichen Landkarte mit den Küstenlinien jeder einzelnen Insel zurück – er kam bei seiner Zählung auf 1.768 –, auch wenn sie gerade mal einen Hektar groß war. Zu den Sondervergünstigungen für Vermesser gehörte das Recht, von ihnen entdeckten Orten einen Namen zu geben, eine Aufgabe, der Owen sich mit großer Freude und beinahe poetischer Sensibilität widmete. Die Tausend Inseln schmückten jetzt Namen wie Old Friends Isles, Amateur Isles und natürlich Hydrographer Isles. Die Old Friends Isles trugen nicht etwa die Namen von alten Gefährten (von denen er wenige besaß), sondern von seinen früheren Schiffen.

Trotz zunehmender Eigenarten – inzwischen feuerte er von seinem Schiffen Raketen ab, um seine Theorien von geografischer Länge zu überprüfen – war Owen die logische Wahl, als das größte Einzelprojekt in der Geschichte der Küstenvermessungen zu vergeben war. 1821 ernannte die Admiralität ihn zum Kommandeur eines Geschwaders, dem »die große afrikanische Vermessung« anvertraut wurde, der erste systematische Versuch, die Küsten und Seewege dieses Kontinents kartografisch zu erfassen. Es war eine so beängstigend große Aufgabe, dass die Admiralität sich einer List bediente, damit er sie in Angriff nahm. Sie erteilten Owen lediglich den Befehl zur Vermessung der Ostküste, obwohl sie schon wussten, dass sie ihn gleich nach seiner Rückkehr wieder losschicken würden, um auch die Westküste zu vermessen.

Die List hätten sie sich sparen können. Owen erfuhr von ihrem Plan, während er noch in Afrika war, und nachdem er die Küste im Osten (einschließlich des südlichen Arabien und der Inseln des Indischen Ozeans) vermessen hatte, verlegte er das Geschwader aus freien Stücken an die Westküste.

Die Arbeit war langwierig und gefährlich, es reichte nicht, einfach nur unter der Küste zu liegen. Potentielle Häfen mussten auf ihre Eignung als Ankerplatz untersucht werden, mit der Gefahr, Leck zu schlagen, mit der Notwendigkeit, neugierigen Eingeborenen mit Diplomatie zu begegnen. Die Schiffe waren mit Kanonen bestückt, aber aus Angst, die Rückschläge könnten die empfindlichen Messinstrumente beschädigen, ließ Owen sie nicht abfeuern. Das größte Risiko bestand an den Flussmündungen, von wo aus man Erkundungstrupps flussaufwärts in das Landesinnere schicken musste, um zu sondieren, ob die Flüsse schiffbar waren. Die von Owen neu benannten Orte bezeichneten auf ebenso bunte (Flusspferdspitze, Elefanteninsel) wie tragische Weise (Fluss der Diebe, Mörderbucht, Sarginsel, Grabinsel) ihre Entdeckungen. Feindliche Angriffe, karge Nahrungsrationen und besonders die Malaria forderten ihren Tribut. Bald wimmelten die sich entfaltenden Karten von Namen, die an Männer erinnerten, die ihre Erstellung mit dem Leben bezahlen mussten.

Die Vermessung kostete viereinhalb Jahre Zeit und genau die Hälfte der vierundvierzig Offiziere in Owens Stab das Leben, ein Tribut, der einen der Vermesser zu der Äußerung veranlasste, die Karten seien »mit Blutstropfen gezeichnet und koloriert«. Aber die Ergebnisse – über zwanzigtausend Seemeilen verlässlich für die Navigation niedergelegte Küstenlinien – veränderten die Handelswege, öffneten neue Märkte und machten Captain Owen zu einem Helden, der nicht aus falscher Bescheidenheit, wohl aber aus der ihm eigenen Gleichgültigkeit gegenüber Lob versuchte, die Ehre weiterzugeben. »Die afrikanische Vermessung«, schrieb er, »die in den Annalen dieser Welt ihresgleichen sucht, ist dank des Einsatzes der unter meinem Befehl stehenden Offiziere vollbracht.«

Als er wieder in London war, freute sich Captain Owen, den unerschrockenen Reiseautoren, die Berühmtheit der Stunde Lieutenant Holman kennenlernen und zum Freund gewinnen zu dürfen. Owen schrieb selbst an einem Manuskript über seine Abenteuer, aber im Januar 1827 musste er es zur Seite legen. Er hatte den Befehl bekommen, eine zweite Expedition nach Afrika vorzubereiten – diesmal sollte er es nicht vermessen, sondern besiedeln.

Das Parlament hatte eine neue, dauerhafte Anwesenheit am strategisch wichtigen Golf von Guinea sanktioniert, an der Westküste nicht weit vom Äquator und der Mündung des Kongo in den atlantischen Ozean. Die autarke Siedlung sollte von Grund auf neu errichtet werden, in einigem Abstand zu jeder anderen europäischen Niederlassung, sogar ein Stück entfernt vom afrikanischen Kontinent. Zwanzig Meilen vor der Küste sollte sie entstehen, auf einer so entlegenen Insel, dass selbst die an der Küste lebenden Pygmäen- und Bantustämme, die sie aus dem Meer ragen sehen konnten, so gut wie nichts über ihre Bewohner wussten.

Europäer hatten der Insel den Namen Fernando Po gegeben, nach dem portugiesischen Seefahrer, der sie 1471 auf seiner Suche nach einem Seeweg nach Indien zufällig entdeckt hatte. Obwohl Spanien sie für sich beanspruchte, war sie jahrhundertelang ein weißer Fleck auf den Karten geblieben. Die gelegentlichen Versuche der Spanier, sie wenigstens vorübergehend zu besiedeln, waren spektakulär gescheitert; sechsundvierzig Jahre zuvor hatten sie die Insel zum letzten Mal verlassen. Ohne endgültig auf ihren Anspruch zu verzichten, waren sie nur zu gerne bereit, sie den Engländern langfristig zu überlassen.

Owen bekam den Auftrag, die Expedition nach Fernando Po anzuführen, den Aufbau einer Siedlung aus wildem Urwald zu leiten und ihr erster Gouverneur zu werden. Es war eine gewaltige Verantwortung, und keine, die er sich gewünscht hätte. Er hatte genug von Afrika und Spaß am Schreiben seiner Memoiren gefunden. Andererseits hielt er sich für außerordentlich geeignet für diese Aufgabe und fühlte sich dem politischen Hintergrund des Projekts leidenschaftlich verpflichtet. Seine Vermessung des Kontinents hatte ihn den Sklavenhandel aus erster Hand erleben lassen. Diese Erfahrung hatte ihn zu einem glühenden Abolitionisten werden lassen.

Fernando Po sollte zum Hauptquartier für den entscheidenden Schlag gegen den Sklavenhandel werden. Owen würde nicht nur die Kolonie befehligen, sondern auch eine kleine Flotte, die Jagd auf Sklavenschiffe machen, sie beschlagnahmen und ihre Fracht zurück in die Freiheit schicken sollte. In England war der Sklaverei 1807 ein Ende gesetzt worden (auch wenn man sie in den Kolonien noch bis 1833 tolerierte), und jetzt versuchte man, dem Menschenexport auf die amerikanischen Kontinente und anderswohin den Wind aus den Segeln zu nehmen, den Nachschub bereits an der Quelle zu kappen.

Nach Schätzungen wurde etwa jeder fünfte Sklave über den Golf von Guinea ausgeschifft, und die langen Jahre der Patrouillenfahrten gegen Sklavenschiffe im Atlantik hatten gelehrt, dass man sie zu einem viel früheren Zeitpunkt ihrer Reise abfangen musste. Es war herzzerreißend nach tausend Meilen Seereise ein Schiff zu kapern und zu wissen, dass man wenig tun konnte, um die unmenschlichen Bedingungen für seine menschliche Fracht zu verbessern, bis man wieder in Afrika war – nach einer langsamen Fahrt gegen Passatwinde und die vorherrschenden Strömungen, während der unweigerlich mehr von ihnen getötet wurden, als es bei nicht unterbrochener Reise der Fall gewesen wäre.

Man wusste so gut wie nichts über Fernando Po, aber 1821 hatte ein britischer Geograf sie zum »einzigen Vorposten an der afrikanischen Küste« erklärt, »von dem aus man Ausschau nach Sklavenschiffen halten und den Handel unterbinden konnte.« Im selben Jahr gab die Royal Navy dem Parlament gegenüber der Überzeugung Ausdruck, die Besiedlung der Insel sei ein Kinderspiel, »ein lächerlich einfaches Unternehmen«.

Owen verlor keine Zeit, der Mission seinen eigenen ikonoklastischen Stempel aufzudrücken. Für sein neues Flaggschiff, die Fregatte HMS *Eden*, verlangte er einen Vorrat an Marine-Chronometern, ein Instrument, das noch nicht häufig bei der Berechnung geografischer Länge zum Einsatz gekommen war. Er rüstete das Schiff auch mit einer anderen neumodischen Apparatur aus, einer elastischen Pumpe, die angeblich Wasser vom Ufer herbeischaffen konnte (und die sich als unbrauchbar erweisen sollte). Und eine ganz persönliche Verschrobenheit leistete er sich auch noch: Zu der 135 Mann starken Besatzung des Schiffs gehörte auch sein Freund, Lieutenant James Holman, R.N., K.W., F.R.S., an Bord in keiner bestimmten Funktion außer der, als Chronist der Mission zu dienen.

Wie hatte sich Holman, gerade noch so gut wie festgekettet an den Boden des Travers College, die Genehmigung zu einer

Reise nach Äquatorialafrika verschafft? Offenbar hatte er die Visitors in einer Art rhetorischem Höhenflug davon zu überzeugen vermocht, dass die Reise für sein Wohlergehen unerlässlich sei, so »seltsam und paradox« es sich auch anhören mochte. Paradox schon deshalb, weil Fernando Po vor einem Abschnitt der afrikanischen Küste lag, der gemeinhin als das »Grab des weißen Mannes« bekannt war.

Europäer fielen auf so ziemlich allen Teilen des Kontinents der Ruhr oder der Malaria zum Opfer, aber die nordwestliche Ecke Afrikas galt als besonders tödlich. Statistiken der Admiralität zeigten, dass dort stationierte Seeleute fünfmal häufiger an Krankheiten verstarben als andere, die näher der Heimat eingesetzt wurden. Unter Europäern in Freetown, Liberien, dem nächstgelegenen Stützpunkt gegen den Sklavenhandel, verzeichnete man eine horrende Sterberate von jährlich vierzig Prozent. Als Holman behauptete, ein Besuch im Golf von Guinea sei nachgerade eine Therapie, und optimistisch erklärte, »ich verspreche mir eine Verbesserung meines allgemeinen Zustands nach einem kurzen Aufenthalt dort«, schlug er praktisch die Erfahrungen von Jahrhunderten in den Wind. Zu seinem Glück erhielt diese Argumentation Unterstützung durch einen erst kürzlich im *Quarterly Review* erschienenen Artikel, in dem Fernando Po als ein heilsames Beinahe-Paradies beschrieben wurde:

> *Im gegenwärtigen Zustand der Insel produzieren die wilden Eingeborenen die besten Jamswurzeln der Welt, und es scheint dort Federvieh im Überfluss zu geben. Vom Atlantik herüber weht immer eine frische Brise über die Insel, man findet überall geeignete Ankerplätze und fließendes klares Wasser im Überfluss.*

Es war der Satz von der »frischen Brise«, der das Parlament davon überzeugt hatte, Owen auf diese Expedition zu schicken. *Malaria* heißt wörtlich übersetzt schlechte Luft, was auf den vorherrschenden Glauben zurückging, die Krankheit entstehe unter besonderen atmosphärischen Bedingungen, besonders den stinkenden Gasen, die aus Dschungeln und Sümpfen aufsteigen. Da Fernando Po zwanzig Meilen vor der Küste lag, vermutete man, dass die Insel gegen die gefährliche Luft des Festlands auf natürliche Weise geschützt war. Es wurde erwartet, dass Owens Leute sie sehr schnell in eine Art Lazarettinsel verwandeln würden, auf der die »aus den Kerkern der Krankheiten und des Todes« befreiten Sklaven sich von ihrer Gefangenschaft erholen konnten, bevor man sie in ihre Heimatländer zurückbrachte. Holman hatte sich seinen Sonderurlaub vom Dienst in Windsor damit verdient, dass er sich freiwillig als der erste Patient zur Verfügung stellte.

Sollten die Visitors im Travers College Misstrauen gegenüber seinen Motiven gehegt haben, dürfte ein Blick auf die Landkarte sie beruhigt haben. Die meisten Schiffe machten einen großen Bogen um das Grab des weißen Mannes, und die wenigen, die die entlegene Insel anliefen, waren konfiszierte Sklavenschiffe auf dem Weg zum Kriegsgericht der Admiralität. Als Ausgangspunkt für eine Weltumrundung schien Fernando Po noch ungeeigneter zu sein als Sibirien.

Die HMS *Eden*, nicht weniger eigenwillig als ihr Kommandant, war gewiss kein Ruhekissen für abergläubische Seemannsseelen. Zum einen hatte sie ihre Karriere auf dem Meeresgrund begonnen. Im Jahre 1816 hatte die Admiralität das neu erbaute Schiff im Hafen von Plymouth zwischen den Gefangenenschiffen festgemacht und absichtlich versenkt, um »die Wirkung von

Seewasser auf die Trockenfäule« zu untersuchen. Nach vier Monaten war sie wieder flottgemacht und für absolut seetüchtig befunden worden, in den folgenden Jahren allerdings wurde sie von einer sonderbaren Serie nicht kriegsbedingter Unglücke heimgesucht. In Bombay erkrankte ein großer Teil der Mannschaft an Cholera. Vor der Küste der Sultanate von Oman kam es zu einer Häufung unerklärlicher, plötzlicher, als Herzanfälle diagnostizierter Todesfälle, obwohl es sich bei den Opfern um kräftige, an tropische Hitze gewöhnte Deckarbeiter handelte. In Trincomalee verstarb ein Leutnant am Biss eines Schakals.

Aber dies war eine Seereise für Optimisten. Begleitet vom Frachtschiff *Diadem* segelte die *Eden* am 1. August 1827 los, beladen mit allem, was man für den Aufbau einer Kolonie aus dem Nichts zu benötigen glaubte. Sechzehn komplette Häuser, vorgefertigt und in Einzelteile zerlegt. Eine Mannschaft englischer Zimmerleute, die sie aufstellen und anschließend die Errichtung weiterer Gebäude aus einheimischen Hölzern überwachen sollten (man erwartete, dass ihnen befreite Sklaven dabei mehr als bereitwillig zur Hand gehen würden). Tonnenweise verschiedenste Saaten. Schafherden und Rindvieh, die wiederkäuend auf dem offenen Deck standen, gezähmt vom Stampfen des Meeres. Die Pferde und Esel dagegen wurden bei schwerer See in Gurte aus Segeltuch geschnallt und hochgezogen, sodass sie in der salzigen Luft schaukelten.

Die dreimonatige Reise führte sie über Madeira, wo sie sich einen großzügigen Vorrat des berühmten Rotweins der Insel zulegten. Sie gingen in Freetown vor Anker, der Hauptstadt des neugegründeten Staates Liberien, um noch mehr Siedler an Bord zu nehmen: hundert Arbeiter und über hundertfünfzig Handwerker der verschiedensten Sparten. Sie segelten unter der Küste in Richtung Süden bis zum Niger-Delta, um dann westlichen Kurs auf ihre neue Heimat zu nehmen, voller Vorfreude auf die historische Mission, die auf sie wartete.

Sie sollten in der Tat Geschichte schreiben, aber nicht so, wie sie sich es vorgestellt hatten. Die Beschreibung des *Quarterly Review* der Insel Fernando Po war ein Kunstprodukt gewesen, eine Manifestation abolitionistischen Wunschdenkens. Den reinigenden Dauerwind gab es nicht. Die Insel war alles andere als immun gegen Malaria – die Krankheit trat hier in höherer Konzentration als auf dem Festland auf. Die Mission der *Eden* würde als die tödlichste Expedition aller Zeiten in die Annalen der Royal Navy Eingang finden.

13 DAS GRAB DES WEISSEN MANNES

Zweifellos nahm man Fernando Po die Rolle des Paradieses ab. Die Insel war sogar noch schöner, als es sich irgendjemand an Bord der *Eden* hätte erträumen können. Mannschaft und Passagiere schauten voller Ehrfurcht auf ein Eiland mit so dramatischen Konturen, dass es eher den Sphären der Mythologie als der Geografie anzugehören schien. Den fesselndsten Anblick bot der zentral gelegene vulkanische Gipfel, der sich fast dreitausend Meter hoch aus dem Meer erhob, vergleichbar mit einigen der majestätischsten hawaiischen Vulkane, aber schroffer abfallend, auf eine Grundfläche von wenigen Meilen Durchmesser gedrängt. Beim Näherkommen meinte man Inseln in Inseln zu sehen: In einem schweren Ring schwebten Wolken um den Fuß des Berges, die ihrerseits umschlossen waren von einem Baldachin dichten Urwalds, der zum Rand der Insel hin, wo er in einer Galerie steiler grüner Klippen auf das Meer traf, leicht abfiel. Es war eine verlockend üppige und zugleich entmutigend abgelegene, ganz eigene Welt außerhalb des afrikanischen Kontinents.

Holman machte sich audführliche Notizen von den ersten Eindrücken seiner Reisegefährten. »Ein üppiges, in den verschiedensten Färbungen und Schattierungen in den kaum gerippten Busen des Ozeans und die zurückweichenden Wolken gekleckstes Laubdach … formte ein Bild von solch bunt-belebter natürlicher Schönheit, dass wir es einhellig als das gelobte Land priesen.« Er fügte eigene Sinneseindrücke hinzu: der einzigartig vielfältige Geruch echten Urwalds, reich bevölkert mit Papageien, Kuckucke, der grünen afrikanischen Taube und zahlreichen Arten, die nur auf dieser Insel vorkamen und der Entdeckung harrten. Die Luft war erfüllt von intensiven Düften und Vogelgesang.

Mit dem ersten Landgang ließ man sich Zeit. Eine volle Woche blieben sie vor der Küste liegen, Captain Owen sandte lediglich Spähtrupps aus, die einen geeigneten Platz für die Kolonie finden sollten. In der Zwischenzeit versuchte man freundschaftliche Beziehungen zu den Eingeborenen anzubahnen, denen sie sogleich den Namen Fernandiner gaben. Sie mussten nicht nach ihnen suchen – Minuten nachdem der Anker ins Meer gerasselt war, umringten Einbäume das Schiff –, doch mit den Menschen in Kontakt zu kommen war eine andere Sache. Die Fernandiner waren damit zufrieden, an den Schnäbeln ihrer Boote zu stehen und Eisenschrott gegen Jamswurzeln, Fische, Affenhäute und Kalebassen mit Palmwein einzutauschen. Aber um nichts in der Welt wollten sie an Bord der britischen Schiffe kommen. Sie waren nicht sehr neugierig auf Weiße; ihre Urgroßeltern hatten die Spanier sterben und davonsegeln sehen. Und im Schnittpunkt der Sklavenrouten hatten sie allen Besuchern gegenüber eine natürliche Wachsamkeit entwickelt.

Selbst in sicherem Abstand wussten die Fernandiner genauso zu faszinieren wie ihre Insel. Ihre eigentliche Hautfarbe war kaum zu identifizieren, weil jeder Quadratzentimeter Haut (ausgenommen der Bauch, der voller Tätowierungen war) mit ockerfarbenem Lehm gefärbt war. Ihre Bekleidung war äußerst spärlich, allerdings sah man die Männer, die um die Lenden nur einen grob gewebten Schurz trugen, nie ohne einen kunstvollen Hut auf dem Kopf.

Die aus Palmwedeln geflochtenen Hüte galten in dieser Kultur ganz offensichtlich als äußerliches Zeichen von Individualität. Keine zwei glichen sich in Größe, Form oder Machart, aber an jedem von ihnen prangte mindestens ein Pfund wenn nicht ein ganzes Kilo an schmückendem Behang – Perlen, Schildkrötenpanzer, Papageienfedern und Tierschädel. Backenbärte und Schnauzbärte waren zusätzliche Dekorationen, geflochten und zurechtgestutzt und mit dicker Pomade aus Palmöl in die kunstvollsten Formen gebracht. Sie trugen einfachste Waffen, Schlingen und mit Feuer angespitzte Stöcke, und sahen trotzdem einigermaßen Furcht erregend aus. Die Mannschaft begann ihnen Namen zu verpassen: Flaschennase, Chamäleon, Langfinger.

Am dritten Tag ließ sich ein Fernandiner schließlich dazu bewegen, an Bord der *Eden* zu kommen, ein junger Bursche, fasziniert von einem Fernglas und dem Klingeln der Glocke. Jetzt war der Damm gebrochen, von nun an musste man sie höflich auffordern, nicht an Bord zu kommen, statt sie einzuladen. Zur gleichen Zeit kam Captain Owen zu dem Schluss, dass direkt gegenüber ihrem Ankerplatz der geeignetste Ort für eine Siedlung war. Mit großem Glück hatten sie einen der besten Ankerplätze in ganz Westafrika angesteuert. Nahe am Ufer war eine Süßwasserquelle.

Sie stellten eine Flagge auf. Hunderte von Macheten schwingenden Händen rangen, von bewaffneten Patrouillen bewacht, dem Dschungel Boden ab. Die Beziehungen zu den Fernandinern hatten einen guten Anfang gehabt, aber Captain Owen war sorgsam darauf bedacht, eventuellen Missverständnissen vorzubeugen, um den guten Willen nicht aufs Spiel zu setzen. Ihm war völlig klar, dass die Eingeborenen nicht nur befriedet werden wollten, sondern dass man sie zu aktiven Mitarbeitern beim Erhalt der Siedlungen machen musste. Lange bevor eine Ernte gesät, gepflanzt, eingeholt wäre, würden die Nahrungsvorräte aufgebraucht sein. Wenn es den Fernandinern einfiele, sie in der Zwischenzeit nicht zu ernähren, müssten sie verhungern.

Holman war kein offizieller Teilnehmer an der Mission. Mit Captain Owen war er sich insgeheim darüber einig, dass ihm die *Eden* die Flucht aus England ermöglicht hatte. Sobald sich eine Gelegenheit ergab, möglicherweise anlässlich einer Versorgungsreise zum afrikanischen Festland, konnte er weiterziehen. Aber Diplomatie war oberstes Gebot, und Owen verfügte bei aller Exzentrizität über eine sachliche Einschätzung der Dinge. Er wusste von der geradezu verblüffenden Fähigkeit des Blinden Reisenden, sehr schnell Beziehungen zu anderen Menschen zu finden, auch zu Menschen, deren Sprache er nicht beherrschte.

Owen teilte Holman die heikle Aufgabe zu, zusammen mit einem der Leutnants den ersten Kontakt mit dem »König der Insel« herzustellen – der in Wirklichkeit (wie sie später erfuhren) nur einer von mehreren regionalen Häuptlingen und trotzdem die für ihr Überleben entscheidende Persönlichkeit war. Begleitet vom einzigen Dolmetscher der Mission, ruderten Holman und Lieutenant Morrison zu einer entfernten Bucht und gingen an Land.

Von Beginn an war der Empfang von unheilvollen Fiaskos begleitet. Als der Dolmetscher, ein gebürtiger Afrikaner namens Anderson, nicht einmal den Namen des Häuptlings verstand, begriff Holman, dass der Mann alles andere als ein Dolmetscher war. »Sein fernandinisches Vokabular umfasste nicht mehr Wörter als ein Papagei in einem Monat lernen kann, und überhaupt waren seine Englischkenntnisse so unzulänglich, dass ein zweiter Dolmetscher vonnöten gewesen wäre, um das, was er auszudrücken versuchte, in unserer Sprache zu erklären.«

Mit improvisierten Gesten schaffte es Holman, dem Stammesführer für den nächsten Tag zu einem Essen an Bord der *Eden* einzuladen. Dann zog er sich eilig zurück, ließ Anderson allein die Nacht im königlichen Kraal verbringen, in der Hoffnung, der Leutnant möge noch das ein oder andere Wort der einheimischen Sprache aufschnappen. Statt harmonische Beziehungen anzubahnen, hatte die diplomatische Abordnung ohne es zu wollen die tödlichste Schwäche der Mission preisgegeben.

Das Roden und Bauen ging weiter. Owen, Meister im Auffüllen leerer Landkarten, bewies einmal mehr seine Freude am Benennen von Orten. Der Berg, der alles überragte, bekam den Namen Mount Clarence, zu Ehren des Herzogs von Clarence, des Bruders des Königs und ersten Lord der Admiralität (und zukünftigem König William IV.). Auch die Siedlung wurde Clarence getauft, und ihre Straßen wurden nach anderen Marineoffizieren benannt: Nicholas, Burk, John. Die Treppe, die von den Klippen hinunter zum Landeplatz führte wurde, poetisch, Jakobsleiter genannt, weil auf ihr die glücklichen Sklaven auf ihrem Weg zurück in die Freiheit heraufgeklettert kommen würden.

Der imposanteste Bauplatz war der für das Governor's House, das von einem Steilufer aus auf den Ankerplatz schauen sollte, die Bucht, die später den Namen Clarence Cove bekam. Es war als freistehendes Bauwerk geplant, mitten in einer großen, ebenen Fläche, die Owen in einen öffentlichen Park umgestalten lassen wollte. Besonders großen Spaß machte es ihm, mit seiner Namensgeberei einen kleinen Scherz zu verewigen: Der Park, bis dato nur eine Schlammwüste, war auf den Karten bereits als Paradies verzeichnet und »sollte einmal der Garten Eden werden.«

Aber immer noch grämte es den Mann, dass er keinen ordentlichen Dolmetscher hatte. Die Fernandiner kamen ihm freundlich und kooperativ vor, besonders nachdem Owen das Land unterhalb von Clarence in aller Form mit einem großzügigen Vorrat an Axtköpfen, Fischhaken und gestreckten, flugs zu Messern geschliffenen Fassringen erworben hatte. Eisen war der von den Eingeborenen am meisten begehrte Rohstoff, und bald entwickelte sich auf dem Marktplatz ein reger Handel: Gegen drei Zoll Eisenringe ließen sich vier Hühner, zwölf Jamswurzeln oder eine Gallone Palmwein eintauschen. Aber bröckchenweise, von Handzeichen unterstützte Kommunikation nährte ein wachsendes Gefühl der Unsicherheit und, zumindest in einem Fall, des blanken Schreckens. Eines Nachmittags erwischte der Waffenmeister der *Eden* einen Fernandiner dabei, wie er einen Axtkopf stehlen wollte. Auf frischer Tat ertappt floh der Mann über die Bordkante zu seinem Einbaum, nur um von seinen eigenen Leuten eingefangen und festgehalten und mit den Paddeln windelweich geprügelt zu werden. Dann zwang man ihn, »blutbedeckt am ganzen Körper«, ins Wasser zu springen und sich zu waschen, bevor sie ihm erlaubten, in sein Boot zurückzukehren.

Aber damit war die Tortur noch nicht beendet. An Land angekommen, wurde der Mann an den Rand des Marktplatzes gezerrt, wo ihn eine schnell anwachsende, zornige Menge umringte. Einer der Männer der *Eden*, ein Brite namens Jeffery, hatte das Pech, in der Nähe zu stehen. Er drängte sich durch das Knäuel von Eingeborenen, weil er den Grund des Aufruhrs erfahren wollte, »als man ihn zu seinem Erstaunen festhielt und seine Hände an die des blutenden Eingeborenen fesselte«, notierte Holman. »Diese Vorgehensweise versetzte Mr. Jeffery in größte Angst, weil er vermuten musste, der Gefangene sei von unseren Leuten so zugerichtet worden, und die Eingeborenen seien im Begriff, sich an ihm zu rächen.«

Während Jeffery versuchte, seine Hände zu befreien, wurde ganz offensichtlich eine Hinrichtung vorbereitet. Erstaunlicherweise reagierten die Fernandiner nicht, als er sich von seinen Handfesseln befreite. Sie richteten ihre ganze Aufmerksamkeit auf den Dieb, der jetzt mit Händen und Füßen an einen Baum gefesselt wurde. Die Versammelten gingen alle im selben Moment auf die Knie, und nur ein einziger blieb stehen: ein besonders wild aussehender Krieger, der ein Messer zückte und langsam und mit feierlichen Bewegungen begann, dem Gefangenen den Hals durchzuschneiden. Mutig trat Jeffery vor und hielt des Henkers Arm fest. Die darauf folgende Verwirrung gab Captain Owen Zeit, auf den Plan zu treten und den Leuten mit Handzeichen klarzumachen, dass er wünschte, dass man den Mann am Leben ließ.

Der Dieb verschwand im Urwald. Der eindrucksvolle Messerschwinger hieß seitdem Cut Throat. Owen und Holman durften über die wahre Bedeutung des Zwischenfalls rätseln. Warum hatte man auch Jeffery gefangen genommen? Auf jeden Fall mussten die Siedler bessere als nur bruchstückhafte Kenntnisse der einheimischen Sprache gewinnen. Versuche, von den Küstenbewohnern der Insel zu lernen, waren erfolglos geblieben, die Zurückhaltung wirkte vorsätzlich.

Vielleicht würden die Einwohner im Landesinneren freigebiger mit ihrem Wortschatz sein. Owen suchte sich aus den Reihen der Mannschaft »einen fleißigen und intelligenten jungen Mann« namens Matthew Ellwood, der bereit war, sich allein in die Berge zu wagen und dort um Gastfreundschaft und

Unterricht zu bitten. Nach einer Woche war er wieder da, ohne ein gekrümmtes Haar, aber unerleuchtet – die Sprache blieb das große Geheimnis. Während seiner Abwesenheit war der Friede noch fadenscheiniger geworden. Der Marktplatz war von Fernandinern überschwemmt, die mit immer mehr Dreistigkeit nach Eisen verlangten. Soldaten wurden als Wachposten abgestellt, aber furchtlose Eingeborene schlichen sich von hinten an einen von ihnen heran, rissen ihm das Bajonett aus der Scheide und schleuderten es in den Fluss. Die Soldaten antworteten mit Musketensalven – noch waren es Warnschüsse, aber wirkliche Gewalt schien der unvermeidbare nächste Schritt zu sein.

Ellwood meldete sich freiwillig für einen zweiten Versuch in den Bergen. Nach zwei Tagen beschloss Holman, ihm nachzugehen. Als einzigen Begleiter wählte er einen Afrikaner, Anderson, das war der Mann, der sich als Dolmetscher versucht hatte. Auf der Lichtung hinter dem Marktplatz drängten sich Fernandiner um sie herum. Holman ergriff aufs Geratewohl einen Arm, um sich in das Innere der Insel führen zu lassen.

Er hatte in Clarence erfahren, wie willenlos ein Fernandiner sich herumführen ließ, selbst der wildeste Krieger. Man nahm ihn bei der Hand, oder beim kleinen Finger, und er vertraute sich einem an wie ein kleiner Junge. Diesen Vorgang kehrte er jetzt einfach um.

Es war dann doch keine so angenehme Erfahrung, wie er gehofft hatte. Der von ihm erwählte Mann verstand die Berührung als eine Art Beförderung und benahm sich auf einmal recht anmaßend, tönte lauthals von seiner großen Verantwortung. Ein paar Eingeborene, die meisten Frauen, drängten sich um ihn, was den Mann nur noch hochmütiger machte. Die Gruppe wuchs noch an, während sie weiterzogen, die Ebene verließen und in ansteigendes Gelände kamen.

Selbst als sie zwei Bäche überqueren mussten und der Pfad nicht nur holprig und steil, sondern auch nass und immer rutschiger wurde, wuchs die Zahl ihrer Begleiter noch an. Holman hatte das Gefühl, von Hunderten umgeben zu sein, die sich plappernd über ihn lustig machten und bei jedem falschen Schritt laut lachten.

Auch an den Berghängen war das Land dicht bewachsen, und der jüngste Regen hatte einen Nährboden für die verschiedensten Gerüche geschaffen – schwarzer Pfeffer, Knoblauch, Muskat, Kautschukbäume, Palmen. Aber für Holman war der überwältigende Duft an diesem Tag nichts anderes als ein Gemisch aus Erde und Schweiß, dem Ranz, Mief und Gestank menschlichen Lebens. Es war nicht der reine Lehm, mit dem die Fernandiner sich Haare und Haut einschmierten, es war eine Paste aus mit Palmöl und Mineralpigmenten vermischtem Lehm. Anders als die überwiegend ockergelb gefärbten Menschen am Meer waren die in den Bergen variabler in der Kolorierung. Anderson gab Holman Beschreibungen der Menschen, die um sie herumwuselten: Sie waren braun, dunkelrot, manche hellrot, fast rosa, andere aschgrau. Als die Körper gelber wurden – gelb war die Farbe der herrschenden Klasse – konnte der König nicht mehr weit sein. Und da Anderson es nicht geschafft hatte, den Namen des Königs in Erfahrung zu bringen, war Holman nichts anderes eingefallen, als ihn schlicht und einfach Seine Gelbe Majestät zu taufen.

Noch in der Dunkelheit waren sie von Stimmen umgeben, die erst leiser wurden und sich zerstreuten, als sie ins Dorf kamen, zu so später Stunde, dass nur Matthew Ellwood sie in Empfang nahm. Als Holman erschöpft in einer Hütte lag, vor sich ein Getränk, das Ähnlichkeit mit Tee hatte, begann Ellwood zu erzählen. Es war nicht wie geplant verlaufen. Der König hatte ihn nicht wie einen Gast empfangen, sondern eher wie ein Opfer, eine Art Geisel. Bis auf eins hatte Ellwood alle Eisenstücke, mit denen er handeln wollte, abgeben müssen. Ohne dass sie ihm Nahrungsmittel dafür gegeben hätten.

In der Enge der Hütte hörte Holman zu und rechnete. Er lauschte einer sehr jugendlichen Stimme. Tatsächlich war Ellwood erst achtzehn. Hinter dem breiten Essex-Akzent konnte Holman die rauen Londoner Vorstadtstraßen hören. Ellwood stammte aus der armen Gemeinde West Ham, war als überzähliger Junge Zweiter Klasse angeheuert worden.

So eifrig der junge Ellwood darauf bedacht war, sich nützlich zu machen, so weltfremd war er. Vielleicht hatte er zu dick aufgetragen, als Bescheidenheit gefordert war, oder auf andere Weise den rechten Ton nicht gefunden. Jedenfalls war es nun an Holman, die Situation zu entspannen.

Bei Tagesanbruch erschien eine Delegation von Häuptlingen, entweder um ihnen Gesellschaft zu leisten, oder um dem Status der Gefangenschaft Nachdruck zu geben. Sie taten nichts, aber ohne die Anwesenheit des Königs konnte sowieso nichts entschieden werden. Es verging eine Stunde, dann noch eine. Die Verzögerung mochte Ellwood und Anderson nervös machen, Holman zog daraus seinen Mut. Er hatte verstanden, dass der König sich auf die Audienz vorbereitete, ein Zeichen dafür, dass er Wert auf Förmlichkeit legte.

Endlich hielt der König Einzug, das Haar glitzerte in frischem Ölglanz, die mit Lehm gefärbte Haut leuchtete in frischem Gelb. Holman erhob sich. Mit all der in den Jahren in Windsor Castle erworbenen Gemessenheit und Würde fasste er in seine Tasche und zog zwei Messer daraus hervor. Er präsentierte sie als Paar, machte aus ihnen ein Symbol für Gleichheit und Freundschaft und überreichte sie feierlich dem Monarchen.

Eine Woche später wurden Holman und seine zwei Gefährten aus einem Einbaum gefischt, der im Hafen von Clarence schwamm. Die Eingeborenen, die sie aus den Bergen zurückbringen mussten, hatten sie in das kleine Boot gesetzt und in den Schatten der *Eden* gerudert. Als der Einbaum gegen den Schiffsrumpf stieß, waren die Bewacher ohne Erklärung über Bord gesprungen. Ihre Paddel hatten sie mitgenommen.

Holmans improvisiertes Schenkungsritual hatte die Tonart ihres Aufenthalts im Königsdorf verändert. Sie waren danach gut, sogar mit Respekt behandelt und freundlich verabschiedet worden; von Anzeichen für eine Gefangenschaft war nichts mehr zu spüren gewesen. Und trotz der Zurückhaltung ihrer Gastgeber hatten sie auch linguistische Fortschritte gemacht. Holmans fein gestimmtem Ohr war nicht entgangen, dass die Fernandiner bewusst zu verhindern suchten, dass man ihre Sprache verstand. Um ihre Syntax zu verstecken, bezeichneten sie jedes Ding mit möglichst vielen verschiedenen Wörtern. Und ganz nebenbei hatten sie die Gunst der Stunde klug genutzt und Englisch zu lernen versucht, und das in einem rasantem Tempo.

Trotzdem hatte Holman vom Leben der Eingeborenen genug gehört, um das erste fernandinisch-englische Glossar zusammenzustellen. Er hatte nicht nur »unterschiedliche Dialekte und Idiome innerhalb der verschiedenen Stämme« identifiziert, sondern in einer wichtigen Unterscheidung, die sich für weitere Verhandlungen als wertvoll erwies, außerdem verstanden, dass man sich »seltsamer Formen des Zählens bedient – so geht zum Beispiel ein Stamm, nachdem er von eins bis fünf auf übliche Weise zählt, weiter zu zehn und zwanzig, während ein

Cut Throat, der fernandinische Krieger, mit dem sich Holman anfreundete

anderer, nach dem er in Einerstufen bis zehn voranschreitet, gleich bei zwanzig weiterzählt.« Außerdem kam er zu dem Schluss, dass der eine oder andere Versuch, linguistische Äquivalente zu finden, in die falsche Richtung zielte – so durfte man die europäische Vorstellung von einem »König der Insel« getrost vergessen. Selbst für Seine gelbe Majestät war die korrekte Bezeichnung *kokalako*, regionaler Führer, und solche Ämter waren nur ein Teil in der Gleichung der Macht. Es konnte sich auch auszahlen, De-facto-Anführer wie Cut Throat zu respektieren, der, wie Holman beobachtet hatte, »von den Eingeborenen, mit denen wir uns auseinandersetzten, der einzige war, der uns um nichts bat.«

Captain (inzwischen auch Gouverneur) Owen dankte seinem treuen Freund auf seine ganz eigene Weise. Ein paar Wochen später, als die Lage sich weitgehend entspannt hatte, lud er Holman auf eine Rundreise um die Insel ein, auf der er die letzten Leerstellen auf der Landkarte vermessen wollte. Sie gingen an Bord ihres kleinsten Schiffes, einer wind- und dampfgetriebenen Barkasse mit Namen *African*, und tuckerten los auf eine gemütliche Runde im Uhrzeigersinn, legten an, um erstaunte Fernandiner mitzunehmen, jagten ein verdächtiges Schiff (das statt Sklaven nur harmlose Fracht an Bord hatte) und ließen den lieben Gott einen guten Mann sein. Es stellte sich heraus, dass der bis dahin unerforschte südliche Teil der Insel »mit seinem felsigen Steilufer, den zahlreichen malerischen, aus den Bergen herabstürzenden Wasserfällen von großer Erhabenheit war.«

An einem besonders ruhigen Morgen trieb die *African* an einer flachen Meeresbucht vorüber, offenbar der Mündung eines der größeren Flüsse der Insel ins Meer. Sie hatte ein ungewöhnliches Merkmal, »ein außergewöhnlich großer Fels ragte nahe dem Strand aus dem Wasser.« Die elegante Art und Weise, wie das Wasser an diesem massiven Brocken vorbeifloss, als wäre er kein Hindernis, erinnerte Owen an seinen Freund. Er gab dem Fluss den Namen Holman River und nannte seinen Markstein Holman's Rock.

Matthew Ellwood, der kluge und mutige überzählige Junge, war das erste Todesopfer. »Er litt an einem Wechselfieber, das er sich auf unserer kurzen Reise ins Landesinnere geholt hatte«, notierte Holman traurig. »Am dritten Tag nach unserer Rückkehr legte er sich auf sein Bett und erhob sich erst am Tag vor seinem Tod noch einmal davon.« Dr. Burn, der Schiffsarzt der *Eden*, beobachtete das Fieber und wusste bald, dass es Malaria war. Und von nun an beschäftigte die Siedlung nur noch eine Frage: Wie ansteckend war der Stamm?

Malaria ist eine Krankheit von bemerkenswerter Dramatik. Nach einer Inkubationszeit von Tagen oder Wochen beginnt sie ihren Kreislauf durch eine Reihe von Stadien. Das kalte Stadium lässt den Kranken erscheinen wie einen in arktischer Kälte Erfrierenden: klappernde Zähne, unkontrolliert zitternde Glieder. Das Fieberstadium ist von gnädiger Kürze, dauert in der Regel nicht länger als einen Tag, aber in dieser Zeit können die Körpertemperaturen lebensbedrohlich ansteigen. Spitzen von gehirnbackenden zweiundvierzig Grad sind nicht selten. Darauf folgt das sehnlich erwartete nasse Stadium, in dem der Körper sich gründlich ausschwitzt; die Temperaturen fallen rapide auf normale Werte zurück, und der Kranke liegt nahezu bewegungslos vor Erschöpfung, aber ansonsten in relativ normalem Zustand auf seinem Lager. Bis der Kreislauf von vorne beginnt.

Entscheidend ist die zeitliche Abfolge des Kreislaufs. Tritt das Fieberstadium jeden dritten Tag auf, hat man es mit dem »gutartigen Tertianfieber« zu tun, tritt es jeden vierten Tag auf, handelt es sich um ein »gutartiges Quartanfieber«. In beiden Fällen kann der Patient, wenn er die periodischen Schocks und Belastungen verkraftet, auf vollständige Wiederherstellung hoffen, auch wenn er ein Leben lang mit der Wiederkehr der Anfälle rechnen muss. Anlass zur Sorge besteht bei einem diffusen Verlauf – wenn das kalte Stadium gar nicht einmal so frostig ist, das Fieber keine solchen Spitzen erreicht, dafür aber bei wechselnder Stärke andauert. Bei einem Verlauf ohne nasses Stadium handelt es sich um das »bösartige Tertianfieber«, den hartnäckigsten, tödlichsten Erregerstamm.

Ellwoods Anfällen fehlte das nasse Stadium. Man sperrte ihn in eine Kajüte auf der *Eden*, wo er in seinem letzten Delirium versuchte, die Feuer unter seiner Haut zu löschen. Holman fiel die Aufgabe zu, den Nachruf auf den jungen Mann zu schreiben:

> *In einem Zustand geistiger Umnachtung zog er heimlich sein Hemd aus, zwängte sich durch das Bullauge über seiner Koje und stürzte sich ins Meer; man fischte ihn schnell wieder heraus, aber das Delirium hielt an, bis der Tod eintrat. Um fünf Uhr heute Nachmittag wurde er im Paradies beerdigt.*

Ellwoods Tod machte aus dem Garten Eden einen Friedhof und sandte eine Schockwelle der Angst durch die Kolonie der mehr als zweihundert Europäer, die inzwischen auf der Insel lebten. Die trostreiche Überzeugung, Fernando Po sei von den Malariagebieten rund um die Insel herum isoliert, wurde mit Ellwood zu Grabe getragen.

Viele suchten Zuflucht in einer Ernährungsweise, die als neuestes, wissenschaftliches Gegenmittel gegen die Malaria galt: Man hielt sich die »schlechte Luft« vom Leib, verschanzte sich hinter seinem privaten Schirm aus Rauch (indem man eine

Zigarre nach der anderen qualmte), man hielt den Körper rein und ungastlich für fremde Elemente (und schüttete zu diesem Zweck regelmäßig große Mengen Brandy in sich hinein). Holman, der Tabak nicht ausstehen konnte und nur selten zu Alkohol griff, hatte seine eigene Theorie der Vorbeugung, die er zunächst für sich behielt.

Es fehlte an der Zeit, sich lange mit dem Problem aufzuhalten. Der Frieden mit den Fernandinern blieb stabil und die Bautrupps machten schnelle Fortschritte. Man unternahm die ersten ernsthaften Patrouillenfahrten, und als das Jahr 1827 näherrückte, dümpelten in der Clarence Bay schon fünf gekaperte Sklavenschiffe an ihren Ankern.

Am Weihnachtstag versammelten sich alle Einwohner von Clarence und begingen den Tag der förmlichen Übernahme der Insel. Zum Klang der Hörner, Flöten und Trommeln schritt Owen der Prozession voran, und Holman hatte den Ehrenplatz zu seiner Rechten bekommen. Cut Throat und seine Gefolgsleute waren als geladene Gäste unter den Zuschauern, erhoben sich und grüßten die britische Flagge, bevor Owen mit lauter Stimme die von ihm selbst verfasste Proklamation verlas. Es war ein bemerkenswert unimperialistisches Dokument, das alles besiedelte Land beanspruchte, aber den Fernandinern »absolute Sicherheit und unangetasteten Besitz« garantierte, wenn sie zum Beispiel ihre Jamswurzeln innerhalb der Stadtgrenzen lagern wollten. Dann folgten ein Kanonensalut, ein letztes »Rule Britannia« und ein Festessen, zu dem alle geladen waren.

In einer großen Geste der Egalität bestand Owen darauf, dass jeder Anwesende die Proklamation unterzeichnete. Deshalb trägt das Original, das heute im Marinemuseum in Greenwich liegt, nicht nur die Unterschriften von Owen und Holman, sondern auch die Zeichen Hunderter befreiter Sklaven. Jeder hatte neben die Transkription seines verwestlichten Namens ein ordentliches Kreuz gemalt: Tom X Longpipe, Pea X Soup, Never X Fear.

Nachdem er seine Pflichten an Land erfüllt hatte, wollte Holman sich auch an der eigentlichen Mission der Siedlung beteiligen, der Jagd auf Sklavenschiffe. Auch wenn er nie aktiver Abolitionist gewesen war wie Owen, empfand er Abscheu gegen Knechtschaft jeglicher Art und war der tiefen Überzeugung, dass »der Anblick armer Afrikaner, mit Gewalt aus ihren Heimen gezerrt, zur Verbannung verurteilt und wie Vieh auf Marktplätzen in fremden Ländern feilgeboten, ein zutiefst bedrückender und demütigender« sei. Mit Owens Segen ging er auf ein Patrouillenschiff, das vor der Bucht von Biafra zwischen Kap Formosa und der Mündung des Kamerun Position bezog, »wo wir damit rechnen durften, dass hier unmenschlicher Handel betrieben wurde.«

Sie geisterten so unauffällig wie möglich dort umher, spähten in die zahlreichen Flussmündungen, in denen Sklavenhändler sich leicht verbergen konnten. Als sie an einem windstillen Tag endlich ein verdächtiges Schiff entdeckten, gingen sie auf die Verfolgungsjagd, fuhren die langen Riemen aus und ruderten mit voller Kraft einen Abfangkurs. Zu ihrer Enttäuschung mussten sie feststellen, dass es sich bei der Beute um die HMS *Clinker* handelte, eine Brigg, ebenfalls gegen Sklavenhändler im Einsatz, nicht minder misstrauisch gegen Owens Schiff. Um ein Haar hätten sie das Feuer aufeinander eröffnet.

Die Fortsetzung der Patrouillenfahrt brachte sie zum Old Calabar River (im heutigen Nigeria), berüchtigt als eine der Hauptarterien des Sklavenhandels aus dem Inneren des Kontinents. Sie tarnten das Schiff, indem sie die auffälligen gelben

Flanken mit »einem nicht gerade harmlosen Pigment« einfärbten – einer Mischung aus Schwarzpulver und Wasser, die den Schiffsrumpf praktisch schwarz färbte und gleichzeitig für den kleinsten Funken anfällig machte.

Die Maskerade erwies sich als nutzlos. Kaum waren sie in Sichtweite des nächsten Dorfes gesegelt, wurden sie Zeuge großer Aufregung. »Bewaffnete Männer verschiedener Hautfarbe und Nationalitäten liefen in alle Richtungen durcheinander, um Vorkehrungen gegen unsere Landung zu treffen, wie wir vermuteten«, schrieb Holman. »Aus Furcht, gekapert zu werden, waren die Sklavenschiffe flussaufwärts gesegelt, fort von der Stadt.«

Sie wechselten die Taktik und schickten Späher in Einbäumen den Old Calabar hinauf. Die Männer kamen mit wenig verheißungsvollen Meldungen zurück: Tatsächlich lagen weiter flussaufwärts drei Sklavenschoner und eine Brigg im Wasser, aber sie versteckten sich nicht. Sie lagen auf der Lauer, schwer bewaffnet und auf beiden Flussufern von nicht minder gut bestückten Batterien flankiert. Darüber hinaus hatte keines der vier Schiffe auch nur einen einzigen Sklaven an Bord. »Man brachte sie nicht an Bord, bevor das Schiff klar zum Ablegen« war.

Holman und seine Kameraden waren nicht nur in der Minderzahl und unzureichend bewaffnet, ihnen fehlte jede rechtliche Grundlage für das Kapern der Schiffe.

Widerwillig gab die Mannschaft jeden Gedanken an eine weitere Verfolgung auf. Sie ankerten vor Duke's Town, benannt nach einem Häuptling vom Stamm der Efik, einem halb zivilisierten Führer namens Ephraim, der Englisch sprach und sich abwechselnd Duke und King nennen ließ. Dort wurden sie gleich in eine Auseinandersetzung verwickelt, die ein anderes britisches Antisklavenschiff, die HMS *Kent*, betraf. Tags zuvor hatte der Kapitän eines Sklavenschiffs, ein Franzose namens Fernard, sich nicht erst die Mühe gemacht, sein Schiff ins Landesinnere zurückzuziehen, sondern kurzerhand die Pistole gezückt und den zweiten Maat der *Kent* erschossen. Jetzt verlangte der Kapitän der *Kent*, dass Fernard, der sich zu den Efik geflüchtet hatte, den britischen Behörden ausgeliefert wurde.

Holman wurde zum Verhandlungsführer erkoren und suchte um eine Audienz bei Ephraim höchstpersönlich nach. Der Herzog-König trug lediglich einen schlichten Lendenschurz aus Baumwolle am Leib, seinen Kopf aber zierte ein weißer, von goldenen Litzen strotzender Kinnriemenhelm. Er erwies sich als außerordentlich großzügiger Gastgeber, ließ Champagner eines ausgezeichneten Jahrgangs servieren und führte Holman voller Stolz auf einen Rundgang über sein Anwesen, zu dem sechzig Ehefrauen und ein »English House« gehörten, komplett mit Kronleuchter – ein Holzhaus, Balken für Balken aus Liverpool eingeführt, zusammen mit den Zimmerleuten, die es zusammengesetzt hatten.

Aber bei aller Freundlichkeit »war klar, dass er den Mörder schützen wollte, wie es überhaupt seine Politik war, die Sklavenhändler zu schützen, weil deren Geschäfte ihm mehr einbrachten als alle anderen Händler zusammen.« Auch als Holman ihm klarzumachen versuchte, dass Captain Owen wahrscheinlich »eine Fregatte schicken, den Hafen blockieren, jeglichen Handel über den Fluss unterbinden, vielleicht sogar die Stadt niederbrennen lassen« würde, übergab man Captain Fernard nicht der Justiz. Die Drohung machte Ephraim sichtlich nervös, aber auch damit ließ sich seine Loyalität den Sklavenhändlern gegenüber nicht brechen, die ihm das importierte Haus spendiert und es bis unters Dach mit großzügigen Geschenken vollgestopft hatten. Nicht einmal den Namen des französischen Schiffs wollte er preisgeben.

Das mit hochexplosivem Schwarzpulver getünchte Patrouillenschiff brachte einen desillusionierten Holman zurück nach Fernando Po. Die Rundreise hatte ihm gezeigt, dass der Kampf gegen den Sklavenhandel so nah an der Quelle beinahe aussichtslos war, zumindest unter den herrschenden Bedingungen. Schiffe der Royal Navy konnten sich, so groß und schwerfällig wie sie waren, nur gegenseitig entdecken. Die Sklavenhändler waren flinker, hinterhältiger, durch keinerlei Regularien behindert, und hatten die Unterstützung der regionalen Führer. Er zog einen Schlussstrich unter dieses Abenteuer, indem er melancholisch anmerkte, man habe mit der Unternehmung »den Sklavenhändlern Gelegenheit gegeben, über unseren Fehlschlag und ihr Glück zu frohlocken, was meiner Meinung nach sehr bedauerlich ist.«

Bei seiner Rückkehr war Clarence in ein seltsames Klima versunken. An der Küste von Calabar war es durchgehend glühend heiß gewesen, aber Fernando Po erlebte innerhalb nur eines Tages die verschiedensten Wetterlagen. In einem Augenblick war es mild mit angenehmen Temperaturen um die fünfundzwanzig Grad im Schatten. Dann frischte plötzlich der Wind auf, der Luftdruck fiel jäh, kündigte einen unmittelbar bevorstehenden, stets mit heftigen Blitzen bewaffneten Gewittersturm an. Innerhalb einer Stunde erreichte der Wolkenbruch Hurrikanstärke, peitschte blitzschnell aufschießende und wieder erlahmende Tornados und Wasserhosen auf. Eine Stunde später war es vielleicht schon wieder ruhig und still und alles aalte sich im warmen Sonnenschein.

Eine Wasserhose wirbelte gefährlich nah an Holmans Schiff vorüber, aber seine Sorge galt ernsteren Angelegenheiten. Die Lebensmittel wurden bedrohlich knapp, und die Malaria höhlte nach und nach die Arbeitskraft aus.

Das Krankenhaus, eines der ersten festen Gebäude in Clarence, war noch nicht einmal fertig, als es sich schon mit Menschen füllte, die an jenem »intermittierenden Fieber« litten, dem Ellwood erlegen war. Owen konnte die Krankheit nicht aufhalten, und auch gegen den Hunger konnte er herzlich wenig tun. Das Nadelöhr der Bürokratie wurde zu seinem Hauptfeind – wenn er die Sklaven aus den Klauen der Händler befreit hatte, konnte er sie nicht einfach nach Afrika zurückschicken. Zuerst musste er sie und die gefangen genommene Schiffsbesatzung vor einen internationalen Gerichtshof, den Court of Mixed Comission bringen, der seinen Hauptsitz in Sierra Leone hatte und dort über jeden Kaper nach Recht und Gesetz entschied. Und zwischen den außerordentlichen Sitzungen des Gerichtshofs war er – oft für die Dauer von Monaten – für Aufenthalt, Ernährung und Sicherheit der Menschen verantwortlich, die er befreien wollte. Inzwischen war die nicht einheimische Bevölkerung – weiße Siedler, angeworbene Afrikaner und gerettete Sklaven – auf ungefähr siebenhundert angewachsen, viel mehr, als die Fernandiner mit Jamswurzeln und Geflügel ernähren konnten. Saaten von Kohl, Kürbissen, Rüben und Zimtäpfeln mühten sich noch, Wurzeln zu schlagen.

Owen beauftragte Holman, wieder in das Reich des Herzog-Königs Ephraim nach Old Calabar zu reisen. Nicht etwa, um es bei der Suche nach dem verbrecherischen französischen Sklavenhändler niederzubrennen, sondern um so viele Nahrungsmittel wie möglich und dazu Vieh und Zugtiere einzukaufen. Holman besuchte Ephraim noch einige Male, er übernachtete sogar in seinem englischen Haus. Der Häuptling selbst zog eine traditionelle strohgedeckte Lehmhütte vor, die er gleich daneben hatte errichten lassen.

Inzwischen hatte Holman verstanden, dass Ephraim nicht

nur von den Sklavenhändlern bezahlt wurde, sondern ihr aktiver Komplize war. Die Sklavenhändler bestellten bei ihm eine bestimmte Anzahl von Menschen. Er gab die Aufträge an seine eigenen Dörfer weiter, wo man dann gezwungen war, Sklaven unter den eigenen Mitbewohnern auszusuchen. Als erste legte man die Delinquenten in Ketten, dann diejenigen, die eines Verbrechens oder Vergehens nur verdächtigt wurden. War die Quote damit noch nicht erfüllt, übergab man Dienstboten und zum Schluss alle die, die nicht beliebt genug oder mächtig genug waren. Unter diesen Umständen durfte man von Ephraim nur ein Mindestmaß an Unterstützung für Fernando Po erwarten, er verkaufte ihnen nur wenige Nahrungsmittel, und die auch noch zu exorbitanten Preisen. Es war ernüchternd mitzuerleben, wie tief Afrikaner in die Versklavung von Afrikanern verwickelt waren, »dass die Sklaverei, die er in seinem eigenen Land erduldet, wo alles auf seine Unterdrückung ausgerichtet ist, ihrem Wesen nach schlimmer ist als die, die er unter fremder Herrschaft erleidet.«

Auf der Rückreise mit einer bescheidenen Ladung kränklicher Rinder segelte zu Holmans Verwunderung erst eine, dann eine zweite Kanonenkugel knapp über ihren Bug hinweg. Sein Schiff wurde verfolgt und unter Beschuss genommen. Bald »legte sich ein feindliches Schiff längsseits, in der Absicht, uns unter schweres Feuer zu nehmen und im Pulverqualm zu entern.« Der Rauch verzog sich und gab den Angreifer als ein anderes britisches Patrouillenschiff zu erkennen. Auf die Entfernung hatten sie die Ladung für Sklaven gehalten.

Unterdessen spielte Fernando Po seine Rolle als »Lazarettinsel«, aber nicht wie ursprünglich beabsichtigt. Tödliche Fieberanfälle waren bald so alltäglich, dass unter den Arbeitern bereits bittere

Witze die Runde machten: *Trupp Nr. 1 schaufelt Gräber wie üblich, Trupp Nr. 2 zimmert bis auf weiteres Särge.* Anderson, ihr erster Dolmetscher, verschwand im Dschungel, einer von vielen Afrikanern, die lieber unter Fernandinern leben wollten als unter kränklichen Weißen, deren Todesrate weit höher lag als die der Menschen nicht europäischer Abstammung. Die Malaria tötete nicht mit absoluter Sicherheit, aber viel fehlte nicht. Als Mr. Glover, der oberste Zimmermann, der Krankheit erlag, brach einer seiner »kräftigsten und gesündesten Arbeiter« in einen Weinkrampf aus – nicht vor Trauer, sondern in der Gewissheit der nächste zu sein. »O, meine arme Frau, meine armen Kinder!«, jammerte er. »Ich werde euch nie wieder sehen!« Binnen einer Woche war er seinem Chef ins Paradies gefolgt.

Holman war davon überzeugt, dass diese Art vorauseilender Todesangst und Verzagtheit »tödlicher als die Krankheit selbst« war, und dass man sie mit einer gesunden Einstellung und dem puren Überlebenswillen besiegen konnte. Er wusste, wovon er sprach: Zwei Wochen lang hatte er selbst gegen die Symptome ankämpfen müssen und sie vor den anderen versteckt.

Viele verschanzten sich in Wolken von Zigarrenqualm hinter Brandyflaschen. Holman trug eine ungewöhnliche Bitte an Owen heran, der immer noch an Bord der *Eden* wohnte: Er wollte auf dem Oberlicht über der Kajüte des Kapitäns schlafen. Es mochte für Owen irritierend sein, die Gestalt des Freundes hingestreckt auf dem Glasdach zu sehen, aber Holman wollte so viel Zeit wie möglich an der frischen Luft verbringen. Der betreffende Teil des Decks war »leidlich geschützt« durch eine abschüssige Persenning, die wenigstens teilweise Deckung gegen die kleinen Hurrikane bot, die noch immer mindestens einmal täglich über Clarence Cove hinwegfegten.

Mit den Temperaturen stieg die Todesrate. Dem Segelmacher der *Eden* oblag die Pflicht, die Toten in ihre Hängematten einzunähen. Er musste sich sputen, denn die Verwesung setzte schon Minuten nach der Wandlung vom Leidenden zum Toten ein. Holman half, wo er konnte, und hielt sich ansonsten viel an der frischen Luft auf, beschäftigte seinen Geist mit amüsanten Dingen und klagte nicht.

»Auf dem Oberlicht des Kapitäns hab ich so manchen Tornado überstanden«, erinnert er sich. »Obwohl um mich herum viele Menschen starben, blieb ich guten Mutes, und diesem Umstand verdanke ich die Wiederherstellung meiner Gesundheit, die von Tag zu Tag Fortschritte machte.«

Bald fühlte er sich kräftig genug, Owen zu seinem nächsten Auftritt vor dem Court of Mixed Commission zu begleiten, wo im Lauf von mehreren Tagen über drei gekaperte Schiffe und 365 abgefangene Sklaven befunden werden sollte. Danach segelte Owen mehrere Hundert Seemeilen in entgegengesetzter Richtung, nahm Kurs auf die winzige Insel Ascension im Südatlantik. Es war ein trockener und überwiegend kahler Felsen, früher eine Versorgungsstation für Schiffe, die keinen Wert auf Kontakt mit afrikanischen Häfen legten.

Während Owen so viele Vorräte an Bord nahm, wie er bekommen konnte, erforschte Holman die Insel und zog leise Erkundigungen ein. Holmans Gründe, gerade auf diese Reise mitzukommen, blieben zwischen den beiden unausgesprochen. Er hoffte ein Schiff mit anderem Ziel zu finden, das ihm als Sprungbrett für die ersehnte Reise um die Welt diente.

Es war ein Zeugnis der Freundschaft, dass der bekanntermaßen rastlose Blinde Reisende über ein Jahr lang an Owens Seite geblieben war und nach Kräften geholfen hatte. Holman war für die Kolonie inzwischen wertvoller denn je, schien er doch einer der wenigen Weißen zu sein, die es geschafft hatten, immun gegen das Fieber von Fernando Po zu werden. Aber wer hätte besser gewusst als der leidenschaftlich unabhängige Kapitän, was es für ein Segen ist, seinen eigenen Weg gehen zu dürfen?

Auf nord-nordöstlichem Kurs segelten sie von der Insel Ascension fort. Drei Tage später, zwischen drei und vier Uhr nachmittags, überquerte das Schiff den Äquator. Holman, geweckt durch »die Neuheit der Umstände«, hielt das für einen günstigen Augenblick, seine letzten Vorkehrungen zu treffen. Er trat in die Kajüte des Kapitäns und legte ihm höflich eine beeidigte Bestätigung seines Einkommens bei der Marine vor: den halben Sold für den Zeitraum eines Jahres. Owen wäre nicht verpflichtet gewesen, ihm das Geld auf der Stelle auszuzahlen – die Bewilligung solcher Gesuche unterlag seinem Gutdünken –, aber er tat es.

Am nächsten Tag »veränderte das Wetter sich nachhaltig ... der Wind wurde unsteter, die Wolken hingen tief, ein dichter Dunst stand vor dem Horizont.« Holman erkannte dies als Anzeichen dafür, dass sie sich der afrikanischen Küste näherten. Wenn er weiterreisen wollte, war jetzt die Gelegenheit. Bei Sonnenuntergang holte die *Eden* die *Young Nicholas* ein, einen Holländer auf der Fahrt nach Brasilien, die Laderäume nur zur Hälfte mit Salz gefüllt. Holman handelte ein schnelles Geschäft mit dem Kapitän des Frachters aus und sammelte seine wenigen Habseligkeiten zusammen. Es blieb gerade noch Zeit für ein letztes Lebewohl zu seinem »lieben und geschätzten Freund«. Dann verschwand er über die Reling.

Captain Owen segelte zurück zur Insel Fernando Po, inzwischen berüchtigt als einer der Brandherde im Grab des weißen Mannes. Bis 1829 blieb er auf seinem Posten, kämpfte pflichtbewusst seine heroischen aber aussichtslosen Schlachten gegen den Sklavenhandel und die Krankheit. Der letzte und bitterste Sieg seiner Karriere war es, dass er die Siedlung Clarence trotz der verheerenden Sterblichkeit vor dem Zusammenbruch bewahren konnte. Ein Jahr nach Holmans Abschied übergab er Fernando Po einem zivilen Gouverneur, und danach versuchte er in einer letzten gewaltigen Anstrengung, seinen Männern das Leben zu retten. Er sammelte die Überlebenden und segelte die *Eden* in der Hoffnung, der verpesteten Luft zu entkommen, geradewegs aufs Meer hinaus. Aber es war zu spät. Von ursprünglich 135 Besatzungsmitgliedern kamen – Owen und Holman eingeschlossen – nur zwölf mit dem Leben davon.

14 MEIN GEFÄHRLICHER UND NEUARTIGER KURS

Im Nachhinein erwies die *Young Nicholas* sich als keine glückliche Wahl für die Überfahrt nach Amerika. Bei dem holländischen Salzfrachter handelte es sich um eine Galiote, eine spezifisch niederländische Bauart, deren beide Enden sich wie sichelförmige Hörner steil nach oben wölbten. Holman, der in einem bettlosen Kabuff am äußersten Ende untergebracht war, musste wochenlang versuchen, in einer absurden Schräglage Schlaf zu finden. »Während ich in der Luft tanzte, wurden die anderen in der Mitte der Wölbung kaum aus der Horizontalen gebracht.« Als Matratze diente ihm ein zusammengerolltes Segel, als Kopfkissen eine Tasche mit Kleidern. Verständlicherweise verbrachte er so viel Zeit wie möglich an der frischen Luft, leistete den Wachoffizieren auf dem relativ stabilen Mitteldeck Gesellschaft, während die Galiote auf ihrem Kurs zum Wendekreis des Steinbocks durch schwere See pflügte. Es »wehte gehörig« und regnete viel. Nach drei Wochen spürte er »Schmerzen im Hals, begleitet von Fieber, die Symptome einer schweren Erkältung, die ich mir während der nächtlichen Stunden an Deck geholt hatte.«

Als sie in Rio de Janeiro vor Anker gingen, war klar, dass er etwas Ernsteres als eine Erkältung hatte. Er konnte nicht gleich an Land gehen, musste mit dem Ausbooten warten, bis ein Zimmer für ihn gefunden war. Trotz seines Zustands konnte er es kaum erwarten, Bekanntschaft mit Rio zu schließen. Er lag am offenen Fenster in der Rua Dirieto, nicht weit vom Palast Kaiser Pablos I., und berauschte sich an der Geräuschkulisse der Stadt.

> *Jede Gruppe von Trägern, die schwer beladen vorbeikommt, singt ihre eigenen nationalen Lieder, die dem doppelten Zweck dienen, im Gleichschritt und auf die Arbeit konzentriert zu bleiben. Zu diesen Klängen gesellt sich eine Vielzahl von Schreien, von hübschen schwarzen Obstverkäuferinnen in einer schier endlosen Variation der Tonfälle ausgestoßen ... Zusammen mit dem Geplapper der zu ihrem Vergnügen umherspazierenden Ausländer, dem Geschnatter der auf Anstellung wartenden Sklaven, den gelegentlichen Protesten der von Warenballen humorlos vom Gehsteig gestoßenen Passanten sorgten sie für einen durchaus disharmonischen Lärmpegel.*

Ein Arzt bestätigte die schlimmsten Vermutungen: Aus dem Fieber war eine Lungenentzündung geworden. Selbst wenn man ihn in einen Flecken brasilianischen Sonnenlichts legte, wurde sein ganzer Körper von innerer Kälte durchgeschüttelt. »Heute war der Husten wesentlich schlimmer«, schrieb er, »er macht mir so zu schaffen, dass ich ganz erschöpft davon bin, vor allem, weil ich nicht den Mut finde, stärkende Nahrung zu mir zu nehmen, um zu Kräften zu kommen.« Schlaf fand er selten, weil die horizontale Lage für ihn »schwerer zu ertragen war als jede andere«.

Die Schwere seiner Krankheit war für Holman ein Grund mehr, sie zu verstecken. Er befand sich an einem entscheidenden Punkt. Es kamen regelmäßig Besucher, und er wusste, dass sie ihn nicht weiterreisen lassen würden, wenn sein Zustand sie nur genug in Besorgnis versetzte. Sie würden sich darum reißen, ihn zu umsorgen, ihn in gut gemeinter Gefangenschaft mit nicht enden wollenden Aufmerksamkeiten zu halten. Der Arzt hatte ihn bereits dazu verurteilt, sein Zimmer unter keinen Umständen zu verlassen, dabei wusste er nur zu gut, dass genau das Gegenteil ihm die größten Hoffnungen auf Genesung machen würde.

Er saß möglichst aufrecht und bemühte sich, die Hustenanfälle zu unterdrücken und einen möglichst gesunden Eindruck auf seine Besucher zu machen, während er mit ihnen redete. Immerhin erhielt er eine Reihe von Einladungen, die man gewiss keinem Schwerkranken gemacht hätte. Eine Gruppe Wissenschaftler brach zu einer Expedition mit dem Ziel der exakten Vermessung der Höhe des Mount Corcovado auf – bei der sie ihn mit Freuden dabei hätten. Der Direktor der Kaiserlichen Britisch-Brasilianischen Bergwerksgesellschaft wollte in ein paar Tagen zu einer Inspektionsreise zu den Gongo-Soco-Goldminen in den Minas-Gerais-Bergen hoch im Norden des Landes aufbrechen. Ob der Herr Leutnant nicht Lust hätte, mit ihm zu kommen?

Die Vermessungsexpedition sagte er ab, umso begeisterter akzeptierte er die Einladung zur Reise nach Gongo Soco. Es bedeutete mindestens einen halben Monat auf dem Rücken eines Maultiers, sich über Hunderte von Meilen durch spärlich besiedeltes Land oder sogar völlige Wildnis quälen, aber Holman sagte sich, dass ein Sattel für ihn bequemer als ein Bett wäre. Und noch wichtiger – es war ein willkommenes Mittel, sich aus der Zivilisation zu befreien. Während andere Reisende sich an zunehmend europäisierte Ballungsräume klammerten (mit einzelnen Tagesausflügen in die Folklore), hatte Holman in Sibirien und auch auf Fernando Po das aufregende Gefühl kennen- und lieben gelernt, sich über die Grenzen der Landkarten hinauszuwagen. Der Klang fremder Sprachen und der Genuss exotischer Speisen reichte ihm als Ablenkung von seiner Behinderung längst nicht mehr aus. Fortan würden ihn seine Reisen im Normalfall zu kurzen Besuchen in Städten und dann auf schnellstem Weg in die Wildnis führen.

Eine Woche später saß Holman auf einem Maultierrücken und hörte die Geräuschkulisse Rios hinter sich langsam leiser werden. Dem zufälligen Beobachter wäre nicht aufgefallen, wie fest er die Zügel ergriffen hatte, oder wie oft seine beherrschte Haltung von einem plötzlichen Zusammenzucken gestört wurde. Unter der Jacke versteckt hielt er seine einzige Konzession an die Lungenentzündung: eine Schicht Brandpflaster, eigentlich für Verbrennungen zweiten Grades gedacht, klebte auf seiner Brust. Er hatte einem Arzt erlaubt, ihn nicht nur zu brennen, sondern die Brandblasen ein paar Tage lang unbedeckt zu lassen, eingedenk der Theorie, durch die offenen Wunden würde er etwas von den Säften in seinen Lungen ausschwitzen. Heimlich hatte er sich kurz vor seiner Abreise die Bandage angelegt, die bereits »wie ein rotglühendes Bügeleisen« auf der Haut brannte.

Auf staubigen Wegen betrieb Holman seine Rekonvaleszenz, aalte sich in über dreißig Grad Hitze und nahm nichts weiter zu sich als ein bisschen Rizinusöl, ein Abführmittel. Hinter der Stadt Qualos wurde der Pfad so steil, dass alle absteigen und neben den Tieren hinaufsteigen musste – bis auf Holman. So leid es ihm tat, dem unter ihm schwankenden, die Hufe spreizenden Maultier die Last seines Gewichts aufbürden zu müssen – er war noch nicht in der Lage, mehr als ein paar Schritte zu gehen. Seine Lungenentzündung war im Abklingen, die Blasen auf der

Brust heilten sauber ab, aber an ihre Stelle waren einfache Erschöpfung und der Fluch aller Reisenden in dieser Gegend getreten, Sandflöhe, deren Larven schmerzhaft unter der Haut hervorbrachen. Die winzigen, zeckenartigen Wesen, zu klein für das bloße Auge, wimmelten durch die Kleider zu den Körperteilen, wo die Haut am dünnsten ist (Fußgelenke, Armbeugen, Schritt), um sich dort einzugraben und zu sättigen. Der Befall mit dem Ungeziefer war etwas so Alltägliches, dass Reisenden vor dem Zubettgehen eine *panela* ausgehändigt wurde, eine Schale mit heißem Wasser, in die man die Füße in der Hoffnung stellte, die Parasiten damit zu vertreiben. Dann erschien ein Diener, suchte die Haut nach befallenen Stellen ab und stach die Larven gekonnt mit einer Nadel aus.

Nach siebzehn Tagen erreichten sie Gongo Soco, einen absurden Flecken England mitten im tropischen Regenwald. Die Minengesellschaft, die einheimische Arbeitskraft billig aber nicht effizient genug fand, war auf die Idee gekommen, Profis aus den Zinn- und Kupferminen in Cornwall im Südwesten Englands zu holen. Die umgesiedelten »Cornishmen« hatten ihre Familien mitgebracht und eine Siedlung aus dem Boden gestampft. Das schmale Tal war gesäumt von Urwaldbäumen, die so gewaltig waren, dass auf den Stumpen gefällter Bäume ganze Familie picknicken konnten, aber ein Flecken mit hübschen weißen Cottages und grünen Rasenflächen, Gemüsebeeten und gestalteten Gärten wurde von täglichen Kommandos Macheten schwingender Jungen frei von jedem Wildwuchs gehalten. Pflichtschuldigst bewunderte Holman, dass alles sehr rasch »einen typisch englischen Anschein« bekommen hatte. Er drang ohne den Vorteil des Laternenscheins mehrere Hundert Meter tief in eine Goldmine vor – gegen Klaustrophobie war er ebenso immun wie gegen Schwindel –, aber auch das war nur ein Höflichkeitsbesuch, seinen Gastgebern, den Minenarbeitern, zu Gefallen. Aufregender war da schon das Angebot, sich einem weiteren Maultiertreck anzuschließen, diesmal einem, der sich durch ein *Sertao* schlängelte, der brasilianischen Sammelbezeichnung für »von jeglicher Kultur unbeleckte Orte im Landesinneren.«

Er saß noch nicht richtig auf seinem Maultier, als er schon das Gefühl hatte, in einer vom Glück verlassenen Gesellschaft zu reisen. Schon der Aufbruch war mit drei Uhr nachmittags seltsam spät angesetzt, und so musste man bei Sonnenuntergang natürlich dem Tageslicht nachjagen, als man einen so steilen Anstieg hinaufhastete, dass der Sturz vom Maultier nur mit festestem Zupacken vermieden werden konnte. Bei Einbruch der Dunkelheit hatten sie sich verlaufen. »Einige gingen nach rechts, andere nach links, einige blieben stehen«, berichtet Holman. »Und so machten wir die Verworrenheit noch verworrener, bis es dunkel war.«

Das nächtliche Unterhaltungsprogramm ging weiter. Einer der Männer, der ganz sicher war, den Weg zu kennen, landete kopfüber in einem Bach. Der Maultierführer, ein junger Mann, musste eingestehen, dass er eigentlich noch nie in dieser Richtung unterwegs gewesen war. Niemand hatte an Decken oder Unterlagen oder Futter für die Maultiere oder überhaupt an Lebensmittel gedacht, abgesehen von einem Huhn und etwas gemahlenen Maniokwurzeln. Sie würden sich auf der nächsten Ranch, an der sie vorbeikamen, Vorräte kaufen müssen. Holman sah in solcherlei Missgeschicken keinen Grund zur Klage, nur »kleine Abwechslungen, die das Blut flüssig halten und die Nerven stimulieren«, und verlor weder seinen Schalk noch seine Zuversicht. Das Fehlen von Betten und einem Frühstück, notierte er, machte aus dem morgendlichen Abbruch des Lagers einen bemerkenswert effizienten Vorgang. Wenn ein lahmendes Maultier starrsinnig versuchte, ihn abzuwerfen, vermutete er, das Tier müsse auf eine viel versprechende Goldader gestoßen sein und wolle ihn darauf aufmerksam machen. Und wenn sein nächstes Maultier keinen Schritt weitergehen wollte, griff er mutig zum hier üblichen Heilmittel:

> *Bei solchen Gelegenheiten pflegen die Maultiertreiber dem leidenden Tier eine Flasche* Cachaça *zu verabreichen (dem gewöhnlichen Rum des Landes), eine unübertreffliche Medizin. Den ersten Teil dieser bemerkenswerten Dosis schüttet man der Kreatur in die Ohren, den Rest in den Hals.*

Andere Widrigkeiten nahm er nicht so leicht. Die Nachwehen der Lungenentzündung hatten immer noch verheerende Auswirkungen auf seinen Appetit, seine bevorzugte Mahlzeit war ein halbes Dutzend gekochte Eier, von denen er nur die Dotter aß. Immer mehr Sandflöhe gruben sich ein, und es gab noch Furcht erregendere Gegner zu bekämpfen. Besonders lernte er das ferne Brummen fürchten, auf das unweigerlich der Schrei folgte, der seine Welt über Kopf gehen ließ: »*Marabundas, Marabundas!*«

Eigentlich war es der Warnruf vor besonders gefährlichen Insekten jeder Art, aber auf dieser Reise kündigte er den nächsten den Himmel verdunkelnden Wespenschwarm an. Im selben Augenblick wurde Holman abgeworfen; alle Maultiere rollten sich instinktiv auf den Rücken und schlugen wild mit den Hufen. Er konnte sich nur hinlegen und sich so klein und still wie möglich machen, denn seine Reisegefährten hatten ihn schon beim ersten Anblick des Schwarms allein gelassen. »Die tapfersten Reisenden schämen sich nicht, beim ersten Hinweis auf die unwillkommenen Gäste das Weite zu suchen«, schrieb er. »Und das mit gutem Grund, denn die winzigen Angreifer verursachen die schrecklichsten Qualen.«

Die eigenartigste Prüfung für Holman war es, durch eine glühende Welt gehen zu müssen. Damals wie heute war es die brutalste und effektivste Methode, den Urwald zu roden, ihn in Brand zu setzen, nicht selten auf mehreren Kilometern Länge. Da die Feuer völlig unkontrolliert waren, kam es nicht selten vor, dass die ganze Gesellschaft sich plötzlich in Rauch gehüllt wiederfand, zu beiden Seiten des Wegs auf nicht absehbare Distanz von Flammen flankiert. Sie konnten sich nur Stofffetzen vor den Mund binden und weiterziehen, ohne sicher sein zu können, weiter vorne nicht in die Falle zu laufen.

Die Effekte brennender Wälder faszinierten und ängstigten ihn. Während die anderen die Entfernung zu den sich nähernden Flammen abschätzen konnten, brachte das Chaos aus Lärm und Hitze sein Raumgefühl durcheinander.

> *Das ferne Knistern trockener Bambusstangen, die von den Flammen erfasst werden, hat etwas Grauenvolles. Sie bersten in rascher Folge gegen das Ohr, wie Sperrfeuer aus Schusswaffen unterschiedlichen Kalibers ... das gebündelte Donnern mit seinem in den Tiefen des Waldes schallenden Widerhall erinnert an die Lärmwellen gegeneinander anstürmender Armeen in einer Schlacht.*

Sie waren jetzt weit genug vorgedrungen, um auf die eingeborenen Botokuden zu stoßen, deren Siedlungen systematisch im Feuerqualm untergingen. Die brasilianische Regierung hatte erst kürzlich eine neue, aufgeklärtere Politik gegenüber diesen Jägern und Sammlern des Regenwaldes beschlossen. Zuvor hatte man sie lange Zeit ohne einen einzigen Beweis als Kannibalen angesehen und zum Abschuss freigegeben. Das Töten hörte erst auf, als christliche Missionare auf den Plan traten, und flackerte als »gerechter Krieg« wieder auf, nachdem sie sich als resistent gegen alle Missionierungsversuche erwiesen hatten. Später waren sie massenhaft von den Bergwerksgesellschaften gejagt worden, denen man das Recht zugestanden hatte, jedem eingefangenen Mann zwischen zwölf und zwanzig Jahren Sklaverei aufzuerlegen. Diese Praxis wurde als unökonomisch aufgegeben, weil sie schlechte Arbeiter waren. Es war kosteneffektiver, feste Sklaven zu kaufen, an denen in Brasilien kein Mangel herrschte.

Jetzt ließ man sie nach Belieben wandern, und sie zogen sich immer weiter in den Urwald zurück. Gerne hätte Holman seine unglücklichen Maultiertreiber verlassen und sich ihnen angeschlossen, aber die Regenzeit »kam mit Riesenschritten näher ... deshalb musste ich den Plan dieses höchst interessanten Ausflugs aufgeben.« In Wahrheit war das Wetter die geringere Sorge. Sein Gesundheitszustand verschlechterte sich rapide.

Er zog mit seinem Treck weiter, der in einem Bogen nach Rio zurückkehrte. In der Stadt musste er eine »sehr ruhige Woche« in privaten Quartieren verbringen, im Bett liegen bleiben, sich möglichst schnell wieder von Erschöpfung, einem leichten Hitzschlag, Wespenstichen, Rauchvergiftungen und »den von den giftigen Insekten an den Füßen hinterlassenen Wunden« erholen. Dann war es Zeit, sich der Frage zu stellen, die ihm schon lange im Kopf herumging. Wohin sollte er von hier aus weiterreisen? Und, noch wichtiger: womit?

So eine improvisierte Reise um die Welt, erst recht eine in die entlegensten Winkel des Planeten, wie sie Holman vorschwebte, war schwer zu realisieren. Für solche Reisen gab es per definitionem keine Tickets zu kaufen. Die Einladung auf die Expedition nach Fernando Po war ein Freundschaftsdienst des unkonventionellen Captain Owen gewesen. Die Überfahrt auf dem holländischen Schiff verdankte er einer zufälligen Begegnung, einem spontanen Entschluss, der ihn wohl von Afrika fortgebracht hatte, aber in die falsche Himmelsrichtung: nach Westen, nicht nach Osten.

Andere Kauffahrer wären vielleicht bereit gewesen, ihn als Supercargo mitzunehmen, aber solche Schiffe hielten sich an die bewährten Handelswege. Außerdem kassierten sie kräftig, und er reiste, wie er sich eingestehen musste, »unter extrem limitierten pekuniären Bedingungen«. Er war mit Kreditbriefen über ungefähr einhundert Pfund an Bord der *Eden* gegangen. Zuhause in England sollten sich auf seinem Konto Tantiemen sammeln, aber wenn seine Verleger typisch für ihre Zeit waren, dann durfte man getrost damit rechnen, dass sie nur sehr schleppend zahlten, wenn überhaupt. Der meistverkaufte Autor der Nation, Sir Walter Scott, war in den Bankrott getrieben worden durch den Zusammenbruch seines Verlagshauses, eines von mehreren, die in den Nachwehen des Bankenkollaps von 1826 ins Trudeln gerieten oder verschwanden. Aus Windsor Castle war auch keine Hilfe zu erwarten. Die Sachwalter der Naval Knights dürften sein Jahressalär eingefroren haben, solange er sich mit seiner Abwesenheit ihrem Willen widersetzte. Dadurch gerieten seine Reisepläne auch noch unter Zeitdruck – er durfte nur so lange ausbleiben, dass sie ihn nicht verstießen. Wenn er sich an ihre mürrischen Gesichter erinnerte, schätzte er ihre Geduld auf maximal fünf Jahre. Ein Viertel dieser Frist war bereits in Anspruch genommen.

Als er dalag, krank und erschöpft in einem fremden Bett in

der Rua d'Ouvidor, musste er sich eingestehen, dass ein rascheres Fortkommen mehr Glück und Kraft erforderte, als er bis dahin gehabt hatte – seine Mittel würden aller Voraussicht nach vor Erreichen des Ziels zu Ende gehen. Die Reise um die Welt war ihm einst wie der größte aller Träume vorgekommen. Jetzt erschien sie ihm wie eine perfide Methode, seine Kraft zu verbrauchen und ihn in einen einsamen Tod in Armut und Vergessenheit zu steuern. Dass er mit dem Gedanken spielte, auf die Umrundung zu verzichten, wird schon an der Wahl des nächsten Reiseziels deutlich: Argentinien, immer noch die falsche Richtung, aber im Linienverkehr erreichbar. Er kaufte sich eine Fahrkarte, sobald er wieder laufen konnte.

Schon am nächsten Tag machte er die Fahrkarte Hals über Kopf wieder zu Geld. Bei Tagesanbruch war die Nachricht gekommen, dass die HMS *Falcon* im Hafen von Rio vor Anker ging, unterwegs nach Südafrika. Am Vormittag war Holman an Bord und bat um eine Unterredung mit dem Kapitän. Sie wurde ihm verweigert. Als ein Leutnant ihn nach seinem Begehr fragte, antwortete er: eine Koje und einen Stuhl und einen Platz am Tisch in der Messe, bis zum Kap der Guten Hoffnung.

Das war eine unverfrorene Bitte, und eine unzulässige dazu. Schiffe der Royal Navy akzeptierten grundsätzlich nur Passagiere, die zum Funktionieren des Systems erforderlich waren: Diplomaten auf Missionen, Soldaten (und ihre Familien) auf der Reise zu neuen Einsatzorten, Kranke und Verwundete auf dem Weg in die Heimat. Sie waren kein Beförderungsmittel für Wandervögel, auf halben Sold gesetzte Leutnants. Ein in einem obskuren Hafen gestrandeter Seemann mochte an das Mitleid des Kapitäns appellieren und mitgenommen werden, aber das war dann ein kleiner Rettungsakt. Holman bat genau um das Gegenteil. Der Leutnant befahl ihm, an Land zu gehen und auf das Gutdünken des Kapitäns zu hoffen.

Die *Falcon* war mit nur zehn Geschützen ein kleines Schiff. Die Quartiere waren eng, selbst nach Marinestandards. Einen Passagier unterzubringen und zu verpflegen war nicht einfach. Es hätte viele Gründe gegeben, Holmans Anliegen zurückzuweisen, umso erfreuter war er, als er am nächsten Tag einen neuen Besucher empfangen durfte – den Kapitän höchstpersönlich. Captain Pole lud ihn nicht nur ein, mitzukommen, er bot ihm sogar einen Platz in seiner Kabine und an seinem Tisch an, falls es Holman recht sei; auch die Herren Leutnants würden ihn gern in der Offiziersmesse und ihren Unterkünften begrüßen. Mit anderen Worten, er würde der Ehrengast auf dem Schiff sein.

So schuf man ein Präzedenzfall. Obwohl er sich bemühte, das Privileg nicht über die Maßen zu strapazieren, billigten die Schiffe der Royal Navy dem Blinden Reisenden fortan einen Sonderstatus zu, wann immer er einem von ihnen begegnete. Er wurde an Bord willkommen geheißen, und man ließ ihm zumindest die Höflichkeiten angedeihen, die einem Offizier auf der Rückreise nach England zustanden – und bei großzügiger Auslegung durfte man einen Weltumsegler durchaus als solchen bezeichnen. Es handelte sich also um keinen reinen Akt der Wohltätigkeit. Seine Anwesenheit an Bord war ein Glücksfall für die Moral. Er war nicht nur eine außerordentlich angenehme Gesellschaft – sondern auch eine nahezu unerschöpfliche Quelle der Unterhaltung. Zusätzlich zu seinen eigenen Abenteuern, die er mit der Ausdruckskraft des routinierten Geschichtenerzählers zum Besten gab, erlaubte es ihm sein eidetisches Gedächtnis, auf einen großen Vorrat an Poesie, Prosa, sogar Witzen zurückzugreifen.

Jedes Mitleid mit ihm war in der Regel nach ein paar Tagen verflogen. Seine Bekannten an Land vergaßen dauerhaft, dass er blind war, aber nirgends verlor sich dieses Handicap schneller als auf See. Sobald er Deckplanken unter den Füßen hatte, war er voller Zuversicht, immerhin hatte er den größten Teil seines Lebens als Sehender auf Schiffen verbracht. Es war eine begrenzte, geordnete Welt, alles war an seinem Platz und es galt eine Maxime: *Eine Hand für das Schiff, die andere für dich.* Auf einem Schiff müssen sich die Besatzungsmitglieder bei Seegang festhalten können. Und schon nach kurzer Zeit fiel Holmans leichter aber beharrlicher Zugriff auf Reling und Taue keinem mehr auf. Viele Leute erinnerten sich nur noch vage daran, dass er blind war:

> *Manchmal wurde ihre Erinnerung durch eine ungewöhnliche Bewegung meiner Hand geweckt, mit der ich befühlte, was sie mir reichten, eine Tasse Tee zum Beispiel. Andere erinnerten sich vielleicht an eine Behinderung, irrten sich aber im Sinnesorgan und brüllten mich an wie einen Schwerhörigen; das scheint überhaupt ein weit verbreitetes Phänomen zu sein, dass beinahe jeder, der mir nicht sehr nahe steht, seine Stimme hebt, wenn er mit mir spricht.*

Ein weiterer Faktor, der Holmans große Akzeptanz erleichterte, war seine langjährige Erfahrung auf See. Jahrhundertelang war jedes Schiff der Royal Navy mit einer bestimmten Zahl an »Witwenmännern« gefahren – Phantomseeleuten, die nur in den Büchern existierten, und deren Heuer und Provisionen in einen Fonds für Offizierswitwen eingezahlt wurden. Als Faustregel galt, dass auf fünfzig echte Besatzungsmitglieder ein Phantom-Seemann kam. Die Tradition ging zu Ende (sie wurde 1832 abgeschafft), aber die meisten älteren Seeleute waren daran gewöhnt, ihr Schiff mit mindestens einer dieser virtuellen Personen zu teilen. Da war ein Blinder Reisender doch wesentlich unterhaltsamer.

Holman schuf seine eigene Tradition. Er heilte seine Schiffskameraden von der Neigung, in ihm einen gebrechlichen Kranken zu sehen, indem er jede Reise mit einem Spektakel begann. Sobald das Schiff auf offener See war, begab er sich zum Hauptmast, zog seine Jacke aus und stellte den Gehstock beiseite. Dann kletterte er los. Einfach so zum Spaß am Takelwerk des Schiffs hinaufzuklettern war eine Übung, die man Skylarking nannte, normalerweise die Domäne abenteuerlustiger Mittschiffsmänner. Es war ein gefährlicher Zeitvertreib, auf manchen Schiffen nicht gerne gesehen, auf anderen strikt verboten. Einmal das Rollen des Schiffs falsch abgeschätzt, und man hatte für seine eigene Seebestattung gesorgt.

Holman kletterte bis zum höchsten Punkt, wo es mindestens so schwankte wie auf dem Rücken bockender Pferde. Dann stieß er einen Triumphschrei aus, winkte den Zuschauern auf dem Deck zu und verbrachte einen einsamen Augenblick im imaginären Flug.

Südafrika war der Preis eines Krieges – eigentlich zweier Kriege. 1797 hatte England den Holländern in einem kurzen, einseitigen Feldzug, den man später den vierten Englisch-Holländischen Krieg nannte, das Kap der Guten Hoffnung abgenommen. 1805 hatte es die angrenzende Siedlung Kapstadt besetzt, damit Napoleon dort keinen strategischen Steigbügel für den Sprung auf den Kontinent fand. Doch es war kein ersehnter Preis. Die Region hatte riesige Flächen bebaubaren Landes und das am wenigsten gefährliche Klima ganz Afrikas, aber dort lebten zwei

Gruppen von Menschen, die sich wohl niemals mit einer britischen Regentschaft anfreunden würden: auf der einen Seite die weißen Afrikaander, die sich selbst stolz als Eingeborene bezeichneten, deren Wurzeln in dem Land bis in das Jahr 1688 zurückreichten, und deren Sprache das sogenannte Kapholländisch war, ein Dialekt, der sich gerade zum Afrikaans entwickelte; auf der anderen Seite die Stämme, mit denen sich die Afrikaander seit Generationen in einer Serie von »Grenzkriegen« erbitterte Gefechte lieferten – Völker, deren Grenzlinien nur vage definiert waren (Xhosa, Zulu, Bantu, Nguni, Bathoso, Khoisan) und deren Sprachen und Dialekte (Ngqika, Gcaleka, Mfengu, Thembu, Bomvana und Mpondomise) noch nicht vollständig verstanden wurden. Statt sich in dieses spannungsgeladene Vielerlei der Kulturen einzumischen, beschlossen die englischen Kolonialherren, sie sich selbst zu überlassen, und betrachteten Südafrika lieber als neuesten Vorposten gegen den Sklavenhandel und als Hafen, von dem aus man die Chinatee-Schiffe überwachen konnte, die Holmans Schiffskamerad Basil Hall als »turmhoch aufragende Festungen auf der Suche nach westlichen Winden, die sie um den halben Erball wehen sollten« beschrieb.

Holman wäre liebend gerne mit solch einer hochaufragenden Festung gesegelt. Zuerst aber wollte er möglichst weit auf das Territorium der Afrikaander und der Stämme vordringen, so tief wie nur möglich in den afrikanischen Kontinent. Er brauchte also ein geeignetes Transportmittel für die Reise über Land. Auf seinen bisherigen Reisen hatte er sich auf bereits vorhandenen Pfanden bewegt: mit öffentlichen Verkehrsmitteln, Mietkutschen, von anderen Personen geplante Expeditionen. Zum ersten Mal wollte er sich weit über die Reichweite solcher Verkehrsmittel hinauswagen. Kaum war er in Südafrika angekommen, brachte er sich selbst das Reiten eines Pferdes bei.

In Brasilien war er auf einem Maultier geritten, aber sein neues Projekt war wesentlich komplizierter. Dort waren es Packtiere gewesen, am kurzen Strick geführt und gemächlich schreitend. Das Reisen zu Pferde ist ein aktiver, kein passiver Vorgang: Selbst das zahmste Reitpferd erwartet vom Reiter eine ständige Folge von Hilfen und wird beim geringsten Widerspruch nervös. Und kaum ein Pferd lässt sich von vorgespieltem Selbstbewusstsein täuschen.

Am Stadtrand von Kapstadt trabte Holman auf einem geliehenen Pferd über die unterschiedlichsten Terrains. Es forderte ihm immense Konzentration ab, doch er gab nicht auf, und allmählich gelang es ihm immer besser, den Hufschlag wie ein Echolot zu nutzen, ähnlich dem scharfen metallischen Klang seines Gehstocks auf Stein. Ein anderer Reiter blieb zwar in Sichtweite, aber das war etwas anderes als geführt zu werden – wie ihm auf dramatische Weise demonstriert wurde. Als sie an einem Wirtshaus vorbeikamen, sprang ein Rudel bellender Hunde auf sie zu, Holmans Pferd machte vor Schreck einen Satz und stob in wildem Galopp durch das Unterholz davon. »Ich hatte nur noch eins im Sinn: im Sattel bleiben und fest die Zügel ziehen ohne den Kopf nach rechts oder links zu wenden.« Eine beängstigend lange Zeit verging, bis sein Reitkamerad ihn gefunden hatte, völlig desorientiert und weit ab vom Weg. Das war eine Kunst, die mit Sicherheit viel Übung erforderte. Holman kapitulierte nicht und wurde mit der Zeit immer sicherer, bis er stundenlang ohne Zwischenfälle reiten konnte. Auch wenn er noch einen Führer brauchte, der ihm den Weg zeigte, kam er während des eigentlichen Ritts nun ohne dessen Hilfe aus.

In der Gewissheit, »sich im Sattel halten zu können, wenn er mal drinsaß«, nahm Holman Kurs auf die Wildnis. Er ritt aus Kapstadt hinaus in das Landesinnere, durch ein Gebiet, das von den Buren (kapholländisch für Bauern) landwirtschaftlich bebaut wurde, bis er zu einer Grenzstation namens Caffre-Drift kam. Dort heuerte er einen jungen Burschen an, der mit ihm reiten sollte – ein Mitglied eines der nördlichen Stämme, die sich Khoi Khoi (»Menschen-Menschen«) nannten, aber von den Afrikaandern Hottentotten genannt wurden, kapholländisch für Stotterer, wegen der vielen Klicklaute in ihrer Sprache. Holman und der Junge dürften kaum ein gemeinsames Wort gefunden haben, aber sie wateten zusammen durch den Great Fish River und ritten heraus aus dem Schutz der Kronkolonie in die unkultivierten, von den Weißen nur Kaffernland genannten Stammesgebiete.

Das war der allgemein gebräuchliche Name, keine exakte kulturelle Bezeichnung: *caffre*, oder Kafir (abgeleitet von dem arabischen Wort für Heide) war das Etikett, das allen Stämmen angeheftet wurde, mit denen die Weißen nichts Rechtes anzufangen wussten. Tatsächlich war er im Land von Gaika, dem Häuptling der Xhosa (Holman war es leid, dass die Weißen jeden Häuptling einen »König« nannten). Er stattete Gaika einen Höflichkeitsbesuch ab und musste feststellen, dass er »so verrückt nach Rum war ..., dass Würde und Anstand sich bei ihm inzwischen mit brutaler Gier vermengt hatten.« Nachdem er selbst Zeuge von Gaikas trauriger Gewohnheit werden durfte, seine Frauen für Alkohol feilzubieten, ritt er weiter.

Noch wenige Monate zuvor wäre es ausgesprochen gewagt gewesen, durch dieses Gebiet zu reisen, das Schauplatz einer ganzen Serie brutaler Überfälle von Kriegern aus dem benachbarten Land der »Zoolah« geworden war – die noch in einem, wie Holman es ausdrückte, »sehr unsteten Zustand« waren. Ihr Anführer, der charismatische und zweifellos hochbegabte Shaka Zulu, war erst im Jahr davor von seinen Halbbrüdern ermordet worden, nicht zuletzt deshalb, weil er nicht von diesen Überfällen lassen wollte. Anscheinend hatte der kürzliche Tod seiner Mutter Shakas ohnehin instabile Persönlichkeit völlig aus den Fugen geraten lassen. Er zelebrierte das Morden als Akt des Trauerns, vervielfachte seinen Schmerz, indem er den Befehl gab, alle schwangeren Frauen töten zu lassen. Er ließ sogar Kühe schlachten, um die Kälber zu lehren, was es bedeutete, die Mutter zu verlieren. Als nächstes verbot er sämtliche Handlungen, die er auch nur im Entferntesten mit Mütterlichkeit in Verbindung brachte: Milchtrinken, das Aussähen von Saaten. Es brach ihm das Genick, dass er einmal zu oft den Befehl zu einem Überfall auf das Kaffernland und die Kronkolonie gab. In seinem Blutrausch hatte er vergessen, auf die traditionelle Ruhezeit seiner Krieger Rücksicht zu nehmen.

Holman musste leiden auf diesem offenen Weideland, aber nicht wegen jemand anderem. Was blieb ihm übrig, als die Pferde zu reiten, die es zu mieten oder auszuleihen gab, und da konnte auch mal ein Riesenpferd dabei sein, »groß wie ein Preisochse«, mit dem selbst ein sehender Reiter seine liebe Not gehabt hätte. Tapfer brachte er das Ross in leichten Galopp – ein sicheres Tempo –, aber als das Tier abrupt stehen blieb, wurde Holman über seinen Hals katapultiert und schlug hart auf dem Boden auf. Er war sofort bewusstlos.

Mit blutüberströmtem Kopf kam er wieder zu sich, die Nase aufgescheuert und mit so unerträglichen Kopfschmerzen, dass er – dem Schmerzen nicht fremd waren – davon überzeugt war, sein letztes Stündlein – oder, wie er es ausdrückte, »das Ende all meiner Abenteuer« – sei gekommen:

> *Als der Wanderer, der ich nun mal bin, muss ich eingestehen, dass meine* amour propre *tief gekränkt war bei dem Gedanken, nach der langen Zeit, fern jeder menschlichen Behausung am*

Wegrand mein Leben auszuhauchen ... Der Sklavenjunge, mein Gefährte, war fürchterlich verschreckt, aber da sein Holländisch sehr unzureichend war, konnte ich ihm weder meine Wünsche noch meine Angst verständlich machen.

Er erholte sich so weit, dass er sich wieder auf das Pferd ziehen, sich an den Zügeln festhalten und – immer noch blutend – drei Stunden reiten konnte, bis Hundegebell eine bewohnte Siedlung ankündigte. Drei Tage lang pflegte er seine Wunden. Als er seinen jungen Gefährten immer noch zitternd vorfand, erschüttert von dem Unfall, tauschte er ihn behutsam gegen einen anderen aus – einen genauso jungen, den er genauso wenig verstand – und setzte seinen Weg fort.

Seine Abenteuer beschleunigten sich. Holman, inzwischen voller Vertrauen in seine neue Mobilität zu Lande, hielt auf seinem, wie er es nannte, »gefährlichen und neuartigen Kurs« ein atemberaubendes Tempo durch, blieb immer nur wenige Tage an einem bestimmten Ort. Den Zulus weiterhin aus dem Weg gehend, ritt er in die Kapkolonien zurück und verließ den afrikanischen Kontinent, beschaffte sich einen Platz auf der HMS *Maidstone,* mit der er zur Insel Mauritius im Indischen Ozean segelte. Dort lernte er zu seiner Überraschung einen Dr. Lyall kennen, den Ersten britischen Diplomaten auf der nahe gelegenen Insel Madagaskar. Lyall und seine Familie waren erst am Tag zuvor angekommen, nach einer nervenzerreißenden Flucht aus der Gefangenschaft auf Madagaskar.

Der Inselstaat war von einem König Radama regiert worden, aber Radamas kürzlicher Tod unter mysteriösen Umständen hatte einige Eingeborene veranlasst, Lyall der Hexerei anzuklagen. Die Anklage mündete in ein Gottesurteil: Man sperrte den

Diplomaten und seine Familie in ein Gehege mit Hütten und warf Schlangen hinein, wahrscheinlich Giftschlangen. Erst nach zwei Wochen konnte ein Mitglied der Londoner Missionarischen Gesellschaft sie befreien und evakuieren.

Lyall, der obendrein noch am »Madagaskar-Fieber« litt, dem er bald darauf zum Opfer fiel, warnte Holman vor der wachsenden Unruhe und den antieuropäischen Ressentiments in der Folge von Radamas Tod. Natürlich hatte Holman nichts Eiligeres zu tun, als nach Madagaskar zu reisen.

Durch puren Zufall landete er am Hof von König Ramananoulouna, einem beleibten Mann, der beinahe aus seiner scharlachroten, mit den goldenen Schulterstücken geschmückten Uniform platzte. Ramananoulouna beanspruchte als König nur einen kleinen Teil der Insel – der Rest war fest in der Hand von Radamas Witwe, Königin Ranavalona, einer Frau, die ein späterer Reisender als »eine der stolzesten und grausamsten Frauen auf dem gesamten Erdball« beschrieb. Holman war versucht, quer über die Insel in die Hauptstadt der Königin zu reisen, entschied sich aber in letzter Minute für eine Passage nach Sansibar.

Es war ein weiser Entschluss. Ranavalona ließ fanatisch und mordlüstern jeden Ausländer verfolgen, der ihr in die Quere kam. Sie hatte hinter dem Gottesurteil über Lyalls Familie gesteckt und sollte während der folgenden fünfunddreißig Jahre ein blutiges Regime führen, das fast alle Europäer hinrichten ließ oder auswies.

Nächstes Ziel Sansibar – ein Sklavenmarkt, betrüblich gut versorgt mit »hübschen jungen, fröhlich gekleideten Mädchen mit Blumenschmuck im Haar und bemalter Haut«, danach die Seychellen (wilde Ananas, Schildpatt-Händler und Lepra).

Dann eine denkwürdige zweimonatige Reise nach Süden, auf der *Constance*, einem holländischen Frachter mit einer vielversprechend klingenden Ladung von Zucker und Champagner. Der Champagner belebte die Reise ein wenig, aber der Zucker zog Ungeziefer aller Art an. »Moskitos und Myriaden von Ameisen überall an meinem Körper; dazu noch Kakerlaken von der Größe eines Kronenstücks, denen es besondere Freude zu machen schien, mein Haar zu durchforsten und die Endglieder meiner Zehen bloßzulegen.«

Es war eine Erleichterung, als sich eines Morgens beim Aufwachen die Insel Ceylon in der Nase ankündigte. Lange vor dem Werfen des Ankers konnte Holman »Ceylon ... das Aroma der würzigen Haine dieser berühmten Insel« riechen.

Auch Ceylon (das heutige Sri Lanka) war, wie Südafrika, ein ohne rechte Überzeugung gehaltenes, England als Folge des vierten Englisch-holländischen Krieges in den Schoß gefallenes Stück Weltreich. Nur wenig kolonialer Ehrgeiz richtete sich auf diese Insel. Die Äcker um die Hauptstadt Colombo herum waren allerdings ein Fest für die Nase – alte Haine immergrüner Zimtbäume (Zimt aus Ceylon, eine andere Art als der indonesische, wird gemeinhin als der feinste der Welt angesehen), umringt von Mangodickichten und Probepflanzungen fremder schwarzer und goldener Teesorten. Aber das Land dahinter war ungeeignet für Landwirtschaft im europäischen Stil, und im Inneren hatte sich um die heilige Stadt Kandy herum ein buddhistisches, entschieden unabhängiges Königreich etabliert – ein Königreich, das 1815 nur widerwillig den Primat der britischen Regentschaft anerkannt hatte.

Überall auf der Insel lagen besiedelte Gebiete fast isoliert in riesigen Urwäldern, die auch die Eingeborenen nicht ohne Angst durchquerten. Sie fürchteten sich, ehrfurchtsvoll und mit Recht, vor den wilden Elefanten, die noch immer durch das Land streiften. Auf seine Frage nach den tiefen Einkerbungen in der Rinde der Bäume am Straßenrand, die er mit den Händen ertastet hatte, erklärte man Holman, damit wollte man »Reisenden, wenn sie angegriffen wurden, die Flucht erleichtern.« Die buddhistischen Tempel in den Bergen durfte er nur besuchen, nachdem er eingewilligt hatte, sich in einer Sänfte transportieren zu lassen, umringt von Trägern, die »ständig hallo riefen und nach Kräften Radau machten, um die Elefanten fernzuhalten.« Das entsprach nun gar nicht seiner Art zu reisen, und bei der ersten Gelegenheit schwang er sich auf einen Pferderücken und schloss sich einem Trupp an, der Jagd auf den gefährlichsten aller Elefanten machte. So beschrieb er ihre Beute:

> *Einzelgänger sind entweder große männliche Tiere, die aus der Herde verstoßen werden, weil sie einen Zweikampf um die Führung verloren haben, oder weibliche Tiere, die auf der Suche nach ihrem Kalb die Herde verlassen ... Wenn solche Tiere mit Menschen in Berührung kommen, macht sie das nur noch heimtückischer und wagemutiger ... und sie werden zu einer Plage und einem Schrecken für die Gegend, in der sie umherstreifen, vor allem für Bauern, die noch spät abends in den Reisfeldern arbeiten.*

Nachdem diese abtrünnigen Elefanten gelernt hatten, dass sie menschliche Wesen so in Angst und Schrecken versetzen konnten, dass diese ihre Ladungen mit Nahrungsmitteln fallen ließen, suchten sie sich gerne ganz bestimmte Wegstrecken aus. Einer hatte dreizehn Jahre lang fast täglich vor einem Städtchen gewütet, war seinen Häschern jedes Mal wieder entwischt. Die Sportsmänner, denen Holman sich angeschlossen hatte, hofften ein paar der berüchtigten Rowdys zu finden, auch wenn es ihnen eigentlich egal war, was ihnen vor die Flinten kam. Sie jagten auch Alligatoren und wilde Pfauen.

Wenn es Vorbehalte gegen das Mitnehmen eines Blinden gegeben hatte, dann waren sie schon nach dem ersten Tag vergessen, nachdem Holman bewiesen hatte, dass er aus eigener Kraft mit den Jägern Schritt halten konnte, egal auf welchem Terrain. Einmal geriet die Jagdgesellschaft dann doch in ernste Gefahr, als man mit vereinten Kräften versuchte, zwei Elefanten ins Jenseits zu befördern – weder ein leichtes noch sicheres Unterfangen, wenn man bedenkt, dass die Gewehre von 1829 keine gezogenen Läufe und wenig Durchschlagskraft besaßen. Und so riefen die Schreie der angeschossenen Tiere fünfzehn andere Elefanten auf den Plan, die beinahe im Stampedentempo aus dem Busch gebrochen kamen und die überraschten Jäger auf ihre Pferde scheuchten. Holman konnte zusammen mit den anderen entkommen.

Die Jäger waren so beeindruckt, dass sie ihm am zweiten Tag ein eigenes Gewehr vermachten – er war klug genug, das Geschenk nicht in der Hitze der Jagd zu benutzen, sondern nur zu Übungszwecken. Er legte das Gewehr an und lauschte auf die Zurufe der Kameraden – *Tiefer! Mehr links!* –, bevor er abdrückte, meistens mit respektablen Ergebnissen. Am dritten Tag schnitt er ein wenig auf, verblüffte seine Jagdgefährten und deutete im Vorbeireiten auf Dinge, die er erahnte ohne sie zu sehen. »Seht nur, was für prächtige Kokosnüsse«, sagte er dann mit nonchalanter Souveränität und ironischem Lächeln.

Der nächste Halt war Indien, ein Tagestörn quer über den Golf von Bengalen. Zum ersten Mal seit er England verlassen hatte, zog es ihn nicht auf schnellstem Weg in die Wildnis, weil es dort eine Wildnis, wie er sie suchte, nicht gab. Es war ein zutiefst englisch geprägtes Land, das zwar nominell noch den Mogulkaisern gehörte, jedoch seit mehr als einem Jahrhundert offenkundig und rücksichtslos von der British East India Company beherrscht wurde. Unterwürfigkeit gegenüber Engländern war den Menschen als kultureller Imperativ eingebläut. Selbst in den entlegensten Ecken durfte er auf einen höflichen Empfang rechnen, ein isolierter Reflex aus einschlägiger Erfahrung. Die Menschen in Indien – ihre Düfte, ihre hypnotisch melodischen Sprachen, ihre unmelodische Musik – waren faszinierend, aber er konnte sich nicht unter ihnen verlieren. Das Reisen auf dem Subkontinent fühlte sich nach Tourismus an, nicht nach Abenteuer.

Stattdessen sammelte er Kräfte, schlug einen langen nordöstlichen Bogen durch das Land, entspannte sich als Hausgast des Rajah von Punganoor in den Yelagiri-Bergen und flirtete sich durch die britische Kolonialgesellschaft (»Wenn meine Feder auch schweigt, so spricht doch mein Herz«). Er war Ehrengast auf einem großen Gesellschaftsball, aber er fühlte sich dort nicht wohl, die wirbelnden Stimmen der Tänzer machten ihn schwindlig und desorientiert. Er war mit den Gedanken woanders. Noch hatte er die Hoffnung, wenigstens eine Originaleinsicht aus Indien mitzunehmen, ein Motiv, das noch nicht bis zum Überdruss von Generationen von Reiseberichtschreibern durchgekaut worden war. Fasziniert von der Oberfläche der Gipswände in Madras, bemühte er sich, jeden einzelnen Herstellungsschritt in Erfahrung zu bringen und aufzuschreiben. Das Geheimnis war der Zusatz raffinierter Butter.

Bei der Ankunft in Kalkutta wurde der Hafen gerade geschlossen. Die Monsunzeit begann, und der meiste Seeverkehr wartete lieber, bis der große Regen vorbei war. Aber das letzte

Handelsschiff nach China hatte die Segel noch nicht gesetzt, und er säumte nicht, einen Platz an Bord zu buchen. Holman besaß inzwischen eine Taschenuhr für Blinde, deren Zeiger bei Berührung nicht blockierten, mit der er die exakte Abfahrtszeit festhalten konnte. Es war der 9. August 1830, ein Uhr morgens, und der Wind, der ihre Segel füllte, war zweifellos der Beginn des Monsun. »Die Nacht war stockfinster, es herrschte hoher Seegang, das Wetter war stürmisch«, notierte er und fühlte wieder den Nervenkitzel allumfassender Ungewissheit.

China inspirierte Holman zu frischen lyrischen Ergüssen. Endlich im volkreichsten Land der Erde, im Reich des Himmels, dessen nördlicher Grenze er in Sibirien schon so verführerisch nah gewesen war. Aber China wurde für ihn eine noch größere Enttäuschung als Indien: eine gründlich durchanglisierte Subgemeinschaft, von der Kultur des Landes komplett abgeschlossen, in diesem Fall von der Regierung des Gastlandes ausgegrenzt bis hin zur Quarantäne. Ausländer waren den Chinesen nicht willkommen, nur die Geschäfte mit ihnen. Europäern war es verboten, sich weit außerhalb der Grenzen der offiziellen Wohnbezirke für *Ta-pi-tze* (Menschen aus dem Westen, wörtlich *große Nasen*) am Hafen von Kanton (dem heutigen Guangzhou) zu bewegen. Ein Historiker hat es so beschrieben:

> *In Kanton selbst bewohnte die Gemeinschaft der Händler, keine zweihundert Briten, etwa fünfzig Amerikaner ... ein streng bewachtes Areal mit etwa dreihundert Metern Meeresufer, aufgeteilt in dreizehn Hausgrundstücke, von denen jedes etwa einhundert Meter ins Landesinnere reichte. Es gab einen stinkenden Graben auf jeder Seite und zwei Straßen; die Hausfronten blickten auf die China Street, die Rückseiten auf die*

Hog Lane (Schweinegasse) mit ihren vielen Branntweinläden – »in keiner europäischen Stadt«, schrieb ein Besucher, »findet man eine solche Enge, so viel Schmutz.«

Darüber hinaus galten für westliche Bewohner die unerträglichsten Regeln. Sie durften sich nur in Rikschas, nicht zu Fuß fortbewegen. Jeder Einzelne bekam einen *comprador* zugeteilt, einen einheimischen Beamten, der jede Bewegung überwachte. Um diese Aufgabe zu erleichtern, wurde alles Dienstpersonal nicht von den europäischen Arbeitgebern, sondern von dem Comprador eingestellt. Das Gesetz schrieb vor, dass »Ausländer nicht nach eigenem Gutdünken auf dem Fluss rudern, sondern dort nur am achten, achtzehnten und achtundzwanzigsten Tag des Monats Luft schöpfen dürfen; nicht mehr als zehn ausländische Barbaren dürfen zur selben Zeit die Blumengärten besuchen.«

Hier blieb Holman nicht viel anderes übrig als sich in sehr engen Grenzen zu bewegen. Er probierte die kühlende Wirkung von Bambushemden aus, und als er Opium rauchte, musste er feststellen, dass er es fast so sehr verabscheute wie Tabak. Auch nach der zweiten Pfeife verspürte er keinerlei narkotische Wirkung, nur starke Kopfschmerzen. Da es ihm verwehrt war, das Reich des Himmels zu erkunden, stürzte er sich in das Studium seiner Sprache und Geschichte und war fasziniert von der Vielschichtigkeit beider. Das Kanton-Chinesisch, eine flektierende Sprache, in der Bedeutungen über Betonungen wiedergegeben werden, war, wie er feststellte, für einen Blinden leichter zu lernen als für einen Sehenden, weil ein Blinder Zeit seiner Krankheit gezwungen war »dem oralen Erwerb, dem Klang einer Stimme, dem subtilen Wechsel der Tonfälle zu vertrauen«. Während die geschriebene Sprache stark ausschmückte, war die gesprochene rationell und dem Zusammenhang verpflichtet, ohne Zeiten, Zahlen oder Geschlecht. Eine einzige Silbe konnte bis zu hundert Bedeutungen haben. Er genoss die Herausforderung, sich durch die Vieldeutigkeit eines einzigen Satzes zu navigieren wie zu Pferde über ein offenes Feld. Amüsiert nahm er zur Kenntnis, dass der umgangssprachliche Ausdruck für ausländisches Geld »kleine Perücken« war (wegen der Porträts auf den Banknoten), und wenn man das Wort für Amerikaner übersetzte, kam man auf »Engländer zweiter Wahl«.

Er blieb lange genug, um von dem bekannten Exilmaler George Chinnery auf einer bescheidenen, leicht zu transportierenden Leinwand ein Porträt von sich anfertigen zu lassen. Es zeigt einen gesunden wenngleich nachdenklichen, mit sechsundvierzig noch erstaunlich jung aussehenden Holman mit ingwerblondem Bart, die Hand auf den abgegriffenen Knauf seines Gehstocks gestützt. Damals war es nicht üblich, auf Porträts zu lächeln, aber der Dargestellte ist eindeutig im Frieden mit sich und der Welt. Es ist nicht das Bildnis eines bedeutenden, aber eines glücklichen Mannes.

Auf einen jungen Engländer, der ebenfalls zwischen China Street und Hog Lane eingesperrt war, machte er einen tiefen und nachhaltigen Eindruck. Aus James Brooke wurde später Sir James Brooke, der berühmte »Weiße Rajah« von Sarawak, der über große Teile der Insel Borneo herrschte (und Joseph Conrad zu seinem *Lord Jim* inspirierte). Aber zu der Zeit war er ein verwundeter Soldat, der durch die Händlersiedlung reiste, und dessen Faszination für den fernen Osten erst im Aufkeimen war. »Gestern hatte ich das große Vergnügen, Holman kennenzulernen, den gefeierten Blinden Reisenden«, schrieb er in einem Brief an seine Mutter.

Er hat ein schönes und, trotz seiner Blindheit, ausdrucksstarkes Gesicht; zielstrebige Entschlossenheit ist in jeden seiner Züge gemeißelt, aber sein Bart und ein buschiger Schnauzer geben ihm wahrscheinlich ein ernsteres Aussehen, als er es ohne sie hätte. Seine Manieren sind lebhaft und die eines Gentleman, er erzählt ausführlich und lehrreich und ist ganz offensichtlich zu gründlichen Beobachtungen in der Lage. Ich war fasziniert von seinen Beschreibungen. Einmal ging es um eine chinesische Damenpfeife. Das Mundstück, sagte er, war von Schnitzereien verziertes Elfenbein, der Schaft ein Bambusrohr, der Kopf aus Silber, ebenfalls mit Gravuren, und am Stab war ein Beutel aus purpurrotem, mit goldenen Stickereien verziertem Samt befestigt. Und als er von einer Händlertochter aus Hong erzählte, sagte er: »Sie ist sehr schön, und was für wunderbare Augen sie hat!«

Wenn es eine Konstante in Holmans Reisen gab, dann war es die Suche nach der Gegenwart von Frauen. In ihrer Gesellschaft blühte er auf. Er drückte es so aus: »Egal in welchem Klima, in welcher Gegend, das Herz der Frau fließt über von Zärtlichkeit, Mitgefühl und Einfühlsamkeit.«

Wann immer es der Anstand ihm gestattete, bat er um die Erlaubnis, der Vielfalt seines haptischen Wissens die Erfahrung weiblicher Schönheit hinzufügen zu dürfen, eine Bitte, die ihm selten abgeschlagen wurde. Gelegentlich kam es allerdings zu peinlichen Situationen. In Clarence drückte eine fernandinische Frau seine Hand vor aller Augen an ihre Brüste, um sicherzugehen, dass Holman sie wiedererkannte.

Gelegentlich wurde die Neugier erwidert. Als er eines Morgens an der Küste von Calabar sein tägliches Bad nahm, erschrak er über die vielen zarten Hände, die ihn schrubbten, wuschen und streichelten.

»Das ständige Kichern hatte ich schon von Anfang an gehört und gegen die Anwesenheit so vieler Leute protestiert«, schreibt er. Er erneuerte seinen Protest nicht, als er erfuhr, dass es sich bei den ungebetenen Gästen ausschließlich um hübsche junge Frauen handelte.

Aber der Mehrzahl seiner Begegnungen mit Frauen haftete nicht ein Hauch von Lüsternheit an. Er war sich nur ihrer Gegenwart bewusst. »O, wie unendlich kostbar der Atem weiblichen Mitgefühls!«, begeisterte er sich. »Gibt es denn welche, die meinen, der Verlust meiner Sehkraft bedinge notwendig den Verlust der Freude an derlei Überlegungen?«

Auch wenn er lange genug von der Vorstellung des Blinden als Eunuchen profitiert hatte, fühlte er sich jetzt gezwungen, ein Plädoyer für seine Fähigkeiten der Wahrnehmung zu entwerfen und den Reiz des Weiblichen zu genießen. Tatsächlich konstatierte er, dass seine Blindheit die Erfahrung eher verstärkte als verminderte.

> *Die Wärme und Zuneigung, die meine Brust in der Gegenwart einer liebenswerten und anziehenden Frau beseelen, könnten durch den bloßen* Anblick *einer farbigen Oberfläche aus Ton, und sei sie durch Gefühl und Ausdruck noch so schön geformt und belebt, nicht hervorgerufen werden. Die Intelligenz, die eine wohlmeinende Vorsehung mir noch gewährt, reicht vollkommen aus, mir von der Existenz des Echteren Kenntnis zu geben – den göttlichen Schönheiten der Seele; und darin liegen Freuden, denen ich mich voller Stolz hingebe. Eine leise, süße Stimme, zum Beispiel, gewährt mir ein zweifaches Vergnügen – sie ist Vehikel der Freude, weil sie die richtigen Nerven anspricht, und verschafft mir gleichzeitig Bilder der* sichtbaren *Schönheit, die, wie ich einräumen muss, über die*

Wirklichkeit hinausgetragen werden können. Aber auch wenn ich getäuscht werde, mindert das nicht meine Gefühle. Und was macht mein Leben anderes aus als solche Gefühle? Ist es denn bei den Sehenden anders? Wenn ja, dann beneide ich sie nicht.

Er war sich also durchaus im Klaren darüber, dass manche Frauen, die er schön fand, dem Anschein nach vielleicht weit weniger anziehend waren. Aber dabei war er nicht etwa einer Täuschung erlegen, es war lediglich seine Fähigkeit, in eine tiefere Ästhetik vorzudringen, wie ein Meister der Musik die Schönheit eines Instruments zu Gunsten seines Vermögens, Klänge hervorzubringen, vernachlässigt. »Wie viel mehr bemitleide ich die geistige Dunkelheit, die einem solchen Irrtum Vorschub leisten könnte«, schloss er, »als sie mich wegen meiner Misere bemitleiden können.« Das Thema inspirierte ihn zu einem Gedicht:

Die Schönheit der Schönen
Verschleiert sich dem Blinden
Nicht so der Liebreiz und die Blüten
Die im Geiste blühen.
Die Schönheit in ihrer schönsten Form
Verurteilt zu vergehen.
Nicht so die Schönheiten des Geistes,
Die müssen nie vergehn.

Frauen wie Männer traten ihm inzwischen beinahe unterschiedslos freundlich wenn nicht voller Ehrfurcht entgegen. Die meisten baten den Blinden Reisenden um ein Andenken. Er kam der Bitte nach, indem er seinen Noctographen zur Hand nahm und nicht nur seine Signatur, sondern auch das persönliche Motto hineinschrieb, das er auf dem Vesuv ersonnen hatte. Verlangte die Begegnung nach mehr, ließ er die Hand flink in der Rocktasche verschwinden und griff zurück auf einen kleinen Vorrat an Holzschnitten: eine limitierte Reproduktion des Frontispiz seines letzten Buches, dem Porträt mit der leeren Weltkugel. Es hatte mit dem aktuellen, bärtigen und wettergegerbten Holman kaum noch Ähnlichkeit (ein Empfänger tadelte das »nicht eben gelungene Porträt«), aber als Souvenir wurde es gern genommen. Holman hatte zweifellos ein Talent, schnell Bekanntschaft zu schließen, und was genauso wichtig war, diese Bekanntschaften elegant zu beenden, wenn die Zeit gekommen war, sich allein auf den Weg zu machen.

Nirgends war Holman mit überschwänglicherer Begeisterung empfangen worden als im ehemaligen New Holland, inzwischen allgemein als die »australischen« Kolonien der Krone bekannt. In Hobart Town, der Hauptstadt von Van Diemen's Land (dem heutigen Tasmanien), wurde er gefeiert, verfolgt, sogar nachgeahmt. Das ging so weit, dass er gegen seinen Willen einen bizarren Trend auslöste. Ein Lokalreporter schrieb:

> *Ein seltsame Veranschaulichung der Macht des Beispiels und des menschlichen Hangs zur Nachahmung lieferte uns ohne es zu wollen dieser Herr, der, da er es vorzieht, ohne einen Diener zu reisen, ganz zwangsläufig dazu verurteilt war, sich einen Bart wachsen zu lassen, der Mr. Holman obendrein noch sehr gut steht, während die Jungen aus Hobart Town, die nichts Eiligeres zu tun hatten, als dieses interessante Gesicht zu imitieren ..., inzwischen so aussehen, als hätten sie sich den Schwanz einer Beutelratte oder einer anderen haarigen Kreatur unters Kinn gebunden, um dem Blinden Reisenden zu gleichen.*

Das Porträt, angefertigt 1830 in Kanton, das Holman der Royal Society vermachte

In New South Wales wurde seine Ankunft atemberaubend rasch in der Presse verkündet, wie auch die meisten seiner täglichen Unternehmungen (»Diese Woche beabsichtigt der berühmte Blinde Reisende, falls das Wetter es ihm gestattet, einen Ausflug aufs Land zu machen«). Die Einwohner von Sydney waren begeistert von seiner unbeschwerten, heiteren Art, die über ein auf sekundenschnelles Funktionieren getrimmtes Orientierungsvermögen hinwegtäuschte.

Am Sonntag vor einer Woche wurde Lieutenant Holman, der Blinde Reisende, bei einer Herrenpartie zu Pferde gesehen; sehr gelassen saß er im Sattel wie einer, der im Vollbesitz seiner Sinne ist; als sie an eine Straßenecke kamen, machte man ihn darauf aufmerksam, und er wendete das Pferd im scharfen Trab mit äußerster Selbstsicherheit und zum nicht geringen Erstaunen des Beobachters.

Leider traf Holman ein paar Tage zu spät für ein außergewöhnliches Wiedersehen in Sydney ein. Laurence Hynes Halloran, der Halunke, dessen Flucht aus Exeter 1789 erst den Anstoß zu Holmans seemännischer Karriere gegeben hatte, war zwei Wochen vor seiner Ankunft gestorben. Man betrauerte ihn als eine der bedeutendsten Persönlichkeiten der Stadt Sydney.

Als man ihn 1819 in die Strafkolonie schickte, hängte Halloran seine Laufbahn als Schwindler und Briefmarkenfälscher endgültig an den Nagel und wandte sich einem ehrbaren Beruf zu. Er erinnerte sich mit Wohlgefallen an seine Zeit als Direktor der Alphington Academy und gründete eine freie Schule für »humanistische, mathematische und ökonomische Bildung«, die erste dieser Art auf dem Kontinent. Eine schwere Geburt, angesichts des Stigmas ihres Gründers (man hielt ihm weniger seine kriminelle Vergangenheit als vielmehr seine mangelnde Kreditwürdigkeit vor), aber er hielt durch. Die Schule existiert bis auf den heutigen Tag als die ehrwürdige, angesehene Sydney Grammar School. Halloran wird als der Vater der privaten Schulbildung in Australien geehrt.

Anscheinend erfuhr Holman vom Ableben seines alten Lehrers, und er mag es zumindest ein wenig bedauert haben. Er hätte wohl gern ein paar Bonmots auf Latein mit ihm ausgetauscht oder ihm seine enzyklopädischen Kenntnisse englischer

Lyrik zum Besten gegeben. Vielleicht hätte er ihm sogar dafür gedankt, dass er ihn ohne es zu wollen vor einer Existenz als Geistlicher oder Apotheker bewahrt hatte.

Die Annehmlichkeiten einer Berühmtheit verloren ihren Reiz, und wie es seine Art war, suchte Holman schon bald nach einem Ausgang. Seinen letzten Auftritt in Sydneys Zeitungen hatte er am 28. November 1831:

Lieutenant Holman, der Blinde Reisende, nimmt zur Zeit an einer Expedition zur Bateman's Bay teil.

Das Abenteuer erwies sich als »viel romantischer und gefährlicher, als wir uns zu Beginn der Expedition hätten träumen lassen.« Bateman's Bay und Jervis Bay sind zwei Meeresarme, mehrere Hundert Meilen südlich von Sydney, von der See aus zugänglich, aber vom Landesinneren durch hohe Berge und schroffe Klippen abgeschlossen. Es war kein Landweg dorthin bekannt, selbst die Pfade der Aborigines harrten noch der Entdeckung, aber die Viehtreiber der Narriga-Station im Landesinneren konnten von den höchsten Berggipfeln aus den blauen Meereshorizont sehen. Wenn als Vorstufe eines regelrechten Verkehrsweges ein Trampelpfad geschlagen werden konnte, dann wäre auch bebaubares, im Augenblick für Ansiedlungen noch zu entlegen scheinendes Land erreichbar. Die zu diesem Zweck zusammengestellte Expeditionsmannschaft bestand aus zwei freien und einem verurteilten Weißen und zwei Aborigines, die man aus Gründen der Einfachheit »Führer« nannte, auch wenn keiner der beiden behauptete, je einen Fuß in diese Berge gesetzt zu haben. Holman war ihnen als Teilnehmer sehr recht.

Zu Pferde und auf Schusters Rappen zogen sie los Richtung Osten, »durch weglose, felsige Schluchten, in denen unser Weg weitgehend durch Urwald und Kriechtiere von außerordentlicher Größe und Länge behindert war.« Holman schlief wenig, wachgehalten vom Heulen der Dingos, die in der Dunkelheit um sie herumzuschleichen schienen. Die verschreckten Pferde rissen sich von den Stricken los und verschwanden in der Finsternis. Unter großen Mühen fing die Mannschaft sie am nächsten Tag bis auf eines wieder ein, gerade rechtzeitig, um in offenem Gelände von einem Unwetter »biblischen Ausmaßes« überrascht zu werden. Durchnässt und ohne etwas zu essen flüchteten sie sich in eine Höhle. »Meine Gefährten brachen unter den deprimierenden Wirkungen des Unwetters regelrecht zusammen«, berichtet Holman, »und alle meine Anstrengungen, sie zum Weitergehen zu bewegen, vielleicht nach Behausungen von Viehzüchtern zu suchen, waren vergeblich.«

Als sie sich wieder hervorwagten, mussten sie feststellen, dass vor ihnen nur tiefe Schluchten und immer morastiger werdendes Terrain lagen, mehr Wasser als Land. Bald waren die Pferde eher eine Last als eine Erleichterung, »versanken bei jedem Schritt fast bis zum Bauch im Schlamm.« Als man sie nicht mehr reiten konnte, führten der unberittene Holman und die anderen sie vorsichtig am Strick. Die Männer mussten von einer Schilfstaude zur anderen springen und schließlich auf einzelnen halbversunkenen Stielen balancieren. Aus dem Schlamm war ein regelrechter Sumpf geworden.

Natürlich war das kein viel versprechendes Terrain für einen Weg, schon gar nicht für eine potentielle Straße. Die deprimierte Mannschaft, durchnässt und hungrig, fiel auseinander. Die Mehrzahl wollte bei den erschöpften und verletzten Pferden bleiben und umkehren. Holman und einer der Eingeborenen beschlossen weiterzugehen.

Sie schliefen in improvisierten *gunyers*, aus Stöcken und

Baumrinde gefertigten Schuppen von Eingeborenen. Sie ernährten sich von Fischen, Eichhörnchen und Beutelratten, die der Führer klaglos, sogar wortlos mit dem Wurfspeer erlegte. Holman bekam eine ehrliche Hochachtung vor den Aborigines. Von den Weißen wurden die Eingeborenen zu der Zeit allenfalls als Untermenschen angesehen – »das letzte Glied in der langen Kette bis zur Menschwerdung« –, aber er dachte anders darüber.

Ich hatte den Eindruck, als würde man sie im Großen und Ganzen falsch darstellen. Wäre da nicht der illegale Geschlechtsverkehr weißer Männer mit eingeborenen Frauen, gäbe es nur wenig Grund für Zensur und kritische Äußerungen, mit Ausnahme der kleinen Diebstähle, die die Schwarzen in den Niederlassungen der Siedler begehen, eine natürliche und unvermeidliche Folge des Umstands, dass man sie in eine Gemeinschaft zwingt und dazu verurteilt, sich einen kärglichen Unterhalt zu erbetteln, und sie allen Lastern der Zivilisation aussetzt.

Seine Hochachtung wuchs noch, als sie endlich die Küste erreichten, wo er erfuhr, dass die Weißen sich längst über die Aborigines hinweggesetzt hatten, und dass sie, »wären wir den Weg gegangen, den unsere Führer vorgeschlagen hatten, einen vergleichsweise leichten und wesentlich kürzeren Weg zur Jarvis Bay gefunden und uns die vielen Unbilden und *Désagrements*, die keinen geringen Schatten über unsere Reise geworfen haben, erspart hätten.«

Er ließ die zerstrittenen Überreste der Expeditionsmannschaft zurück, um ein privates Ritual zu feiern. Ein paar Meilen am Ufer entlang lag der Fluss Muroo, die Grenze zur Kolonie von New South Wales. Das Gebiet auf der anderen Seite wurde von niemandem beansprucht.

Der Fluß floss schnell und führte viel Wasser, aber er durchwatete ihn zu Pferde. Er wechselte in den Passgang und blieb eine Weile am anderen Ufer stehen, nicht länger als er brauchte, um auszukosten, was er seine »wahre Bestimmung« nannte – den Vorstoß in die wirklich wilden Gebiete, in denen keine Regierung mehr etwas zu sagen hatte.

Sechs Wochen später kehrte er allein nach Sydney zurück. Es war der Weihnachtsabend.

Holman hatte sich selbst genau fünf Jahre für diese Weltumrundung gegeben – eine längere Abwesenheit von den Naval Knights konnte er sich nicht leisten. In Hongkong hatte er vom Tode König George IV. erfahren, der es in den letzten Jahren seines Lebens seinem Vater nachgetan hatte und in fast völliger Einsamkeit, mit immer weniger Bezug zur Wirklichkeit durch die Korridore des Windsor Castle geirrt war. Als Opium- und Alkoholsüchtiger, ungeheuer fettleibig, war der einst so ausschweifend lebende König im Wahn gestorben, davon überzeugt, er sei ein Soldat und habe an der Schlacht von Waterloo teilgenommen.

Und so fehlte Holman wieder einmal in der Prozession bei einem Königsbegräbnis. Der neue König war Georges Bruder, der frühere Herzog von Clarence und Großadmiral, der der Expedition nach Fernando Po seinen Segen gegeben hatte, und zu dessen Ehren die Siedlung Clarence genannt worden war. Gekrönt wurde er als William IV., aber in der Öffentlichkeit hieß er bald der Seemannskönig.

Jetzt war Januar, Hochsommer in Australien. Die Umkehrung der Jahreszeiten erinnerte ihn daran, dass er, während seine selbst gesetzte Frist schnell ablief, immer noch eine halbe Welt entfernt von England war. Obwohl es ihn den Großteil seiner restlichen Gelder kostete, buchte er eine Reise auf der *Strathfield Saye*, unpassend nach dem Landsitz des Herzogs von Wellington benannt. Früher ein auf weibliche Sträflinge spezialisiertes Transportschiff, war es eines der schnellsten Schiffe auf dieser Route, extra dafür ausgerüstet, zum Schutz der weiblichen Häftlinge so wenig Zwischenstationen wie möglich einlegen zu müssen.

Während dieser drei Monate dauernden ereignislosen Segelreise durch das Tasmanische Meer, den Indischen Ozean und schließlich den Atlantik gab es nur einen Augenblick der Aufregung. Während eines Zwischenstopps zur Proviantaufnahme auf der einsamen Insel Flores saßen Holman und andere Teilnehmer eines Landausflugs plötzlich auf dem Trockenen, weil ein Sturm die *Strathfield Saye* ins Meer hinaus getrieben hatte. Sie warteten fast zwei Tage, schlossen Wetten ab, ob sie nun Schiffbrüchige waren. Natürlich kam das Schiff zurück, um seine Passagiere abzuholen, aber Holman war es »ziemlich gleichgültig, ob sie wieder auftauchte oder nicht. Ich war mit den Gedanken schon mitten im Abenteuer und nicht beim regulären Fahrplan der Heimreise.«

In der für ihn typischen Bescheidenheit beschreibt er die wiederaufgenommene Reise als »von keinerlei berichtenswerten Vorkommnissen gekennzeichnet«. In Wahrheit enthielt sie ein entscheidendes Ereignis, persönlich wie historisch. Irgendwo auf dem Atlantik, auf der Rückreise nach England, vollendete er seine Runde um den Erdball.

15 EIN ALARMIERENDER CHARAKTER

Im August 1832 kehrte Holman in ein London zurück, das ihm vertraut und fremd zugleich war. Neue Geräusche und Gerüche erfüllten die Luft, es galt neue Oberflächen zu erkennen und zu begreifen. Die ehrwürdige aber baufällige London Bridge war abgerissen worden und fünfzig Meter flussaufwärts durch eine neue Brücke aus dem Granit seiner Heimat Devonshire ersetzt worden. Wo die königlichen Stallungen gestanden hatten, war jetzt ein freies Gelände, aus dem nach und nach der Trafalgar Square wurde. Die verkehrsreichsten Straßen waren nicht mehr mit Kopfsteinen gepflastert, sondern trugen eine Holzdecke, um den immer lauter werdenden Verkehr der Pferdefuhrwerke zu dämpfen. Zu diesem Verkehr gehörte jetzt ein ganz neues Transportmittel: der Omnibus, eine »neue Form der Kutsche ... ein hübsches Gefährt«, von drei nebeneinander eingespannten Pferden gezogen, das bis zu achtzehn Passagiere befördern konnte und auf vier täglichen Runden an festen Haltestellen hielt: Der öffentliche Nahverkehr feierte in London Premiere.

Aber die größten Neuerungen für Holman drängten sich auf den Gehsteigen um ihn herum. Der flanierende englische Herr quietschte und raschelte nicht mehr so laut wie früher. Wer auf Mode hielt, verzichtete auf steife, glatte Stoffe wie Seide und

Frontispiz von Holmans *A Voyage Round the World*

Brokat und trug stattdessen schlichte Wollstoffe und Leinen. Statt hautenger Reit- und Kniebundhosen trug man jetzt weite Hosen. Im Gegensatz dazu waren die Engländerinnen geräuschvoller denn je und drauf und dran, zu einer Gefahr auf Gehsteigen zu werden. Seit der Zeit seines Erblindens hatte die Damenmode sich lange nicht gewandelt – er erinnerte sich gern an dünne, körperbetonte Kleider mit hoher Taille. Jetzt wurden die weiblichen Formen unter immer mehr Schichten von Petticoats und Spitze und aufgeblähten Röcken verborgen. Holman hörte sie früher, wenn sie sich näherten, dafür wurde es schwieriger, ihnen auszuweichen.

Und noch ein Phänomen, dem jeder ausweichen musste, war während seiner Abwesenheit aufgetaucht: die sogenannten Sandwich-Männer, die Plakate trugen, nicht selten in Begleitung noch aufsehenerregender Straßenspektakel – übergroßer, wandelnder Hutschachteln, Öfen, Stiefeln oder Kaffeemühlen. Ein neuer, kommerzialisierter Lärm erfüllte die Straßen. Es war das London, das ein einundzwanzig Jahre alter Gerichtsreporter namens Charles Dickens gerade in seinen Erzählungen zu schildern begann (seine erste Kurzgeschichte sollte im folgenden Jahr veröffentlicht werden.) Es war das Zeitalter, das bald das viktorianische genannt werden würde.

Als erstes machte der Blinde Reisende sich auf den Weg zum Haus seines Kusins Dr. Andrew Holman. Andrew, ein Chirurg von dreißig Jahren, war sein nahester Verwandter in der Stadt, ein hilfreicher Freund und Inhaber der Nachsendeadresse, der sich während Holmans langer Abwesenheiten um dessen Angelegenheiten und Korrespondenz kümmerte. Dort erfuhr er, dass man ihm die Jahre des unerlaubten Fernbleibens nicht ohne weiteres nachsehen würde.

Die Visitors des Travers College warteten nun schon seit geraumer Zeit mit wachsender Ungeduld auf das Eintreffen ihres reiselustigsten Naval Knight. Nachdem es ihnen nicht gelungen war, direkt mit ihm in Kontakt zu treten, hatten sie versucht, ihn über die Vermittlung Andrews zu erreichen, ihm ein Mahnschreiben geschickt und wenig später bei seinem Kusin angefragt, »ob er den Inhalt des ersten Schreibens an Mr. Holman übermittelt« habe. Schließlich hatte noch der Sekretär des Dean of Windsor in einem Brief der »großen Enttäuschung« der Trustees darüber Ausdruck gegeben, dass ihre Schreiben von beiden Kusins unbeantwortet geblieben waren. In Windsor wartete ein Berg von Briefen auf Holman, die er später als »wiederholte Warnungen und Drohungen seitens der Visitors des Collegs, die Hoffnungslosigkeit meiner Situation betreffend« bezeichnete.

Holman konnte die Aufregung nicht verstehen – zumindest tat er so. Er wies darauf hin, dass die Naval Knights lediglich zwei gewählte Ämter hatten: das des Schatzmeisters und des Revisors. »Beide waren so beschaffen, dass ich sie nicht ausführen konnte, durch meine Abwesenheit vom Kolleg wurde also keinem der anderen Mitglieder zusätzliche Arbeit auferlegt.« Die beiderseitige Verpflichtung zum Gebet in der Saint George's Chapel erwähnte er nicht, denn dieser Aufgabe wurde, wie vorauszusehen, inzwischen so sporadisch nachgekommen wie ehemals bei den Military Knights. Die Einträge ins Kontrollbuch zeigen, dass nur noch drei der Ritter halbwegs regelmäßig an den Gottesdiensten teilnahmen. Und von diesen Dreien machte nur noch Lieutenant George Bland, der jüngste Naval Knight, eisern seine zwei Kreuze pro Tag.

Holman beschloss, keinen Einspruch gegen den Verweis einzulegen. Er kam seiner Absicht entgegen, sich in Windsor einzurichten; immerhin galt es, die Abenteuer eines halben Jahrzehnts in Worte zu kleiden. Er verwandte viel Zeit und Sorgfalt auf sein neues Manuskript, das sehr umfangreich wurde und in das er große Hoffnungen setzte. Das daraus entstehende Buch war umfangreich genug, um eine Veröffentlichung in mehreren Bänden zu rechtfertigen: Die Bände eins und zwei erschienen 1834, Band drei und vier im Jahr darauf.

Auf den ersten Blick war es eine bemerkenswerte Arbeit, und das aus zwei Gründen. Der erste wird auf dem Titelblatt zusammengefasst, das einen für die damalige Zeit geradezu stromlinienförmigen Titel trägt: *A Voyage Round the World, Including Travels in Africa, Asia, Australia, America, etc, etc (Eine Reise um die Welt, einschließlich Reisen in Afrika, Asien, Australien, Amerika, etc, etc).* Noch bemerkenswerter ist das Fehlen eines Untertitels – kein Hinweis, wie in den vorhergehenden Büchern, auf die »vollständige Blindheit« des Autors, sein »völliges Unvermögen zu sehen«. Auch das Porträt auf dem Frontispiz gibt keinen Hinweis auf Holmans Behinderung. Frühere Porträts hatten ihn mit leerem, starr zu einer Seite gerichtetem Blick abgebildet. Auf dem neuen sucht er zum ersten Mal und unverkennbar den Blickkontakt mit dem Betrachter. Ein Auge ist scharf und klar – das andere ganz leicht verschwommen, als hätte ein in Gedanken versunkener Holman für das Porträt Modell gesessen. Für den oberflächlichen Betrachter mag der Dargestellte ein wenig schielen, aber er wirkt keinesfalls wie ein Blinder.

Im Text verschweigt Holman seine Blindheit nicht, aber er handelt das Thema so knapp wie möglich ab. Im Vorwort versichert er selbstbewusst, sie sei keinesfalls ein Handicap, sondern prädestiniere ihn umso mehr zu einem überlegenen Erforscher fremder Kulturen. »Befreit vom Risiko, mich durch den Schein der Dinge in die Irre führen zu lassen, komme ich nicht leicht zu übereilten und falschen Schlussfolgerungen«, schreibt er. »Meine Erinnerungen an die täglichen Ereignisse, die ich festhalten will, sind sehr lebhaft, deshalb wird es mir nicht passieren, dass irgendein Umstand meiner Aufmerksamkeit entgeht.« Danach erinnert der Autor den Leser an seine Blindheit nur noch, wenn die Erzählung es verlangt.

Aber auch das eigentliche Buch ist außergewöhnlich. Es ist eine dichte und doch fesselnde Kreuzung von Genres – in erster Linie eine Reiseerzählung, wobei Holman sich diesmal nicht an eine chronologische Schilderung seiner tagtäglichen Erlebnisse gebunden fühlte. Seine vorherigen Bücher enthielten jede Menge Exkurse und Anhänge, hinter *Voyage* dagegen scheint ein enzyklopädischer Ehrgeiz zu stecken. »Es war weniger mein Anliegen, eine Erzählung zu schreiben, als vielmehr die Resultate einer langen und mühsamen Erkundungsreise vorzulegen«, erklärte er.

Anekdoten seines Aufenthalts in China lässt er einen Hunderte von Seiten langen, ausführlichen Abriss der chinesischen Geschichte folgen, der für sich allein ein gelehrtes Werk abgegeben hätte. Zusätzlich zum allerersten Fernandinisch-Englischen Wörterbuch finden sich exakte Anleitungen zur Zubereitung von Sojasauce, zur Jagd auf Kängurus oder der Fabrikation indischer Gipswände. Für einen Blinden liefert er eine erstaunlich lebendige Schilderung der Trauerrituale von Aborigines (»Sie bemalen und beschmieren sich Kopf und Körper mit weißer Erde und ritzen sich den Kopf auf, bis ihnen das Blut übers Gesicht läuft«). Er liefert akribische Abhandlungen über regionale Ökologien und genaueste Einsichten in die Kulturen der Eingeborenen, Passagen, die von Generationen von Botanikern und Anthropologen dankbar gelesen wurden. Ein Abschnitt über die Flora und Fauna des Indischen Ozeans wurde zum Quellenmaterial für eine der größten wissenschaftlichen Abhandlungen aller Zeiten.

Aber bezeichnenderweise schweift die Erzählung regelmäßig zu Orten ab, die Holman nur flüchtig, in einigen Fällen gar nicht erkundet hat. Eines der farbenfrohsten Kapitel ist Neuseeland gewidmet, einer Insel, an der die *Strathfield Saye* auf ihrer Rückreise nach England vorübergesegelt ist, ohne dort anzulegen. Wohl wissend, »dass alle bisher veröffentlichten Beschreibungen der Bewohner Neuseelands Aufsehen erregt haben«, fügte er ihnen rasch eine weitere hinzu, zusammengestellt aus Gesprächen, die er in Australien geführt hatte. Hauptsächlich beruhte sie auf dem Bericht eines anonymen Seekapitäns, der »in den verschiedensten Gegenden der Insel mit den Eingeborenen Handel getrieben hat«, und sie geizte nicht mit Spektakulärem, beschrieb Kannibalismus und Menschenopfer als alltägliche Handlungen. Aber nicht solche Passagen weckten den heftigsten Widerspruch, sondern die folgende:

> *Es gibt keine Frau in Neuseeland, die nicht im Gesicht, an den Armen und am Körper vernarbt wäre; diese Wunden fügen sie sich aus Freude, aber auch aus Gram zu. Viele Frauen tauschen ihre Kinder und ziehen die angenommenen mit großer Sorgfalt groß. Wie man hört, säugen viele von ihnen Hunde und junge Robben.*

Zunächst schien der ehrgeizige Umfang von *Voyage Round the World* sich auszuzahlen. Er durfte das Werk der Königin widmen, und auch den Kritikern mangelte es anfangs nicht an Begeisterung. »Selten sind wir einem Werk begegnet, das so reich an interessanten Informationen war«, schrieb der *London Observer*. »Mr. Holmans Buch, dessen Schlussteil noch nicht erschienen ist, würde jedem Reisenden zur Ehre gereichen«, meinte *Frasier's Magazine.* »Zu einem Wunder macht es die Tatsache, dass es sich um das Werk eines Blinden handelt.« Die *London Literary Gazette* prognostizierte den nächsten Bestseller: »Für dieses Werk können wir uns nichts anderes als eine ebenso weite Verbreitung wie für die *Travels* vorstellen.« Das Sibirien-Buch befand sich zu der Zeit in der vierten Auflage.

Andere Kritiker waren weniger freundlich. Meistens machten sie mit einer umständlichen Abbitte auf, etwa von der Art: »Wir haben uns nie in die Reihen derer eingereiht, die sich über die weitschweifigen Tendenzen unseres interessanten und wagemutigen Reisenden amüsiert oder das Maul zerrissen haben.« Um sich dann eben dort einzureihen und ablehnend, mit gelegentlichen Ausbrüchen puren Hohns, zu reagieren. Das alte Cochranesche Verdikt, die Einsichten eines blinden Mannes könnten nur aus zweiter Hand und somit dubios sein, wurde jetzt für bare Münze genommen. »Das Fehlen von Belegen ... macht das Werk weitgehend wenn nicht ganz und gar unbrauchbar«, schrieb einer. »Die Unfähigkeit zu sehen baut eine physische Schranke vor der Erforschung fremder Länder auf, die kein Talent und keine Urteilskraft zu überwinden vermögen.«

Und es ging noch schroffer:

Wenn jedoch der Anblick der Dinge (wie man eingestehen muss) unverzichtbar für das Verfassen von Reiseliteratur ist, wäre der Leutnant gut beraten, seine geistigen Energien und Schaffenskraft auf andere, für seine Leserschaft gewinnbringendere, seinen eigenen physischen Kräften angemessenere Themen zu verwenden.

Derartige Zeugnisse von Voreingenommenheit waren nichts Neues. Aber andere Kritiker zogen – zum ersten Mal – seine Fakten in Zweifel, nicht die aus erster Hand, aber die ihm von anderen mitgeteilten. So bemerkte das *Gentleman's Magazine* voller Zorn:

> *Seite 312 bietet uns eine hübsche Studie für den Kraniologen: es ist der Kopf des Konfuzius, des Lycurgus im Reichs des Himmels; uns wird mitgeteilt, dass die Corona seines Kopfes hügelförmig ist, und die Naturalisten unter uns werden auf Seite 494 bestens bedient, wenn man uns allen Ernstes darüber informiert, dass »Frauen in Neuseeland junge Hunde und Robbenbabys säugen.«*

In seinem Eifer, einen endgültigen Führer zur Welt zu produzieren, hatte Holman sich übernommen. Er wusste, dass die Geschichten über das Leben in Neuseeland, die der ungenannte Seekapitän aus Sydney zum Besten gegeben hatte, vollgepackt mit Menschenopfern und einem Allerlei der schlimmsten Grausamkeiten, »zu abstoßend sind, um glaubhaft zu sein« – und er selbst räumt es in seinem Buch ein. Aber er hatte nichts unversucht gelassen, diese Dinge mit unabhängigen Quellen belegen zu können und dabei festgestellt, dass er sie, »geschähe ihre Veröffentlichung nicht im Interesse der Zivilisation, nur zu gerne aus den Seiten seiner Reise herausgelassen« hätte.

Zu seiner Verteidigung sei gesagt, dass der größte Teil der Aussage mit den Berichten anderer Augenzeugen übereinstimmt: Kannibalismus war ein Teil der Kultur Neuseelands, wenn auch ein zu Holmans Zeit bereits rapide geschwundener. Und was die Form von Konfuzius' Schädel betrifft, gibt Holman nur die überlieferte Geschichte wieder, dass der Weise als Kind den Spitznamen *E-kew* oder »Hügelchen« trug, »bezogen auf die Kontur seiner Schädeldecke«. In seinem Abriss der chinesischen Geschichte berichtet er außerdem, Kaiser Yu, der um das Jahr 2191 v. Chr. regierte, sei zwei Meter und achtzig groß gewesen und habe den Thron im Alter von 93 Jahren bestiegen. Es zeugt von bösem Willen und Arglist, Holman zu unterstellen, er halte diese Passagen für Wahrheiten oder habe sie seinen Lesern als solche verkaufen wollen. Aber es gibt auch echte Irrtümer – anlässlich seines Besuchs in Penang an der Straße von Malacca erwähnt er, dass dort »zwei Tage vorher eine Sonnen- und Mondfinsternis zu beobachten war«, ein den Astronomen unbekanntes Ereignis. Aber bei welchem umfangreichen, sich über vier Bände und den ganzen Erdball auslassenden Werk müsste man nicht mit dem einen oder anderen Irrtum rechnen? Das ist nur menschlich und darf weder der Blindheit noch blindem Vertrauen angelastet werden.

Bei sehenden Autoren wirkten solche Irrtümer sich nicht fatal auf ihr Ansehen aus. Leistete sie sich ein Blinder, stürzte man sich auf solche Beweise »physischer Grenzen bei der Erkundung«. Schon wenige Irrtümer untergruben eine ohnehin als schwach eingeschätzte Autorität und bildeten den Nährboden für die Überzeugung, man habe es mit einem Autor zu tun, der von Natur aus und auf das Absurdeste von wirklicher Erfahrung abgeschnitten war. Und dann landete ein Kritiker den wohl entscheidenden Schlag:

> *Wäre es nicht eine vor Sarkasmus triefende Bemerkung, dürfte man wohl feststellen, dass er für diese Leistung ebenso gut in London hätte wohnen bleiben können! ... Die Vermutung liegt nahe, dass er jede einzelne der interessanteren Tatsachen, die er berichtet, auch in den gelehrten Dachstuben unserer Metropole*

in Erfahrung hätte bringen können, und darüber hinaus wären uns die Beimengungen oberflächlicher Nichtigkeiten erspart geblieben, die sein Tagebuch liefert.

Aber es steckte mehr als nur Boshaftigkeit hinter der mangelnden Bereitschaft der Kritiker, ein paar sachliche Irrtümer nachzusehen. Im Licht eines Skandals, der sich kurz zuvor ereignet hatte, standen Reiseberichte unter besonderer Beobachtung. Eine Zeitlang schienen Kritik und Skepsis untrennbar mit einander verzahnt.

1827, in dem Jahr, in dem Holman auf Fernando Po seine Reise um die Welt begonnen hatte, war ein anderer berühmter Reisender namens Jean Baptiste Douville, ein angesehenes Mitglied der Geographischen Gesellschaft in Paris, auf dem Kongo zu einer Reise in das Innerste Afrikas aufgebrochen. Douvilles Ein-Mann-Expedition kehrte vier Jahre später mit genauestens beobachteten und detaillierten Notizen zurück, die ausreichten, ein dreibändiges Werk unter dem Titel *Voyage au Congo et dans l'intérieur de l'Afrique équinoxiale (Reise auf dem Kongo und ins innere Äquatorialafrikas)* herauszugeben, komplett mit einem Atlas nie zuvor auf Karten verzeichneter Gebiete. Das Buch beeindruckte seine Kollegen der Geographischen Gesellschaft so sehr, dass sie Douville eine Goldmedaille verliehen und ihn anschließend zum Direktor der Organisation wählten.

Es waren die Literaturkritiker, die ihn als Betrüger entlarvten. Zuerst begann die *Foreign Quarterly Review*, später auch die *Revue des deux mondes* auf Widersprüche in seiner Arbeit hinzuweisen, Einzelheiten, die entweder überhaupt nicht oder erstaunlich exakt mit Berichten anderer Reisender übereinstimmten. Nach wenigen Monaten schon trat Douville auf Grund beharrlicher Anschuldigungen, sein Buch sei »Phantasterei und keine Wahrheit«, unehrenhaft von seinem Posten zurück. Er war tatsächlich in Westafrika gewesen – aber nur so lange, bis er auf unveröffentlichte Manuskripte früherer portugiesischer Forscher gestoßen war, die er einfach übersetzt und mit eigenen Phantasien ausgeschmückt hatte.

Seine Verlobte, eine junge Frau namens Audrun, nahm sich vor Scham das Leben. Ein gedemütigter Douville versuchte seinen Ruf zu retten und machte sich auf eine echte Soloexpedition, diesmal ins Herz des brasilianischen Regenwalds. Er brach auf, als Holman gerade von seiner Weltumrundung zurückgekehrt war, und er wurde nie wieder gesehen (vermutlich ging er am Amazonas zugrunde). Fortan wurden zumindest für eine Weile alle außergewöhnlichen Reiseberichte skeptisch beäugt. Es sei noch erwähnt, dass der Raleigh Club der Welterforscher während Holmans Abwesenheit in der neu gegründeten, größeren Royal Geographic Society aufgegangen war. Auch wenn sich die RGS später mit der Behauptung rühmen sollte, aus dem elitären Speiseclub hervorgegangen zu sein, sah sie sich zu der Zeit nicht in der Lage, ihre Mitgliedschaft auch dem Blinden Reisenden anzudienen, immerhin einem der Mitbegründer des Raleigh Club.

Holman war immer noch eine gefeierte Persönlichkeit. Die weniger literarischen Journale Londons brachten ausführliche Artikel über ihn, bewunderten die Höhepunkte seiner Abenteuer: die verrückte Elefantenjagd auf Ceylon, die Ausritte durch das Gebiet der Zulu, die Freundschaft mit Cut Throat (»Wir dürfen uns glücklich schätzen, dass zwischen uns und diesem Gentleman mehrere Tausend Wegstunden Ozean liegen«). Aber es konnte keinen Zweifel an der Tatsache geben, dass die Verkaufszahlen von *A Voyage Round the World* enttäuschend waren. Der ursprüngliche Verlag – Smith, Elder & Company – verzeichnete mittelmäßige »sechshundert bis siebenhundert Exemplare«, kein deprimierender Fehlschlag, aber auch kein Erfolg. Im Vergleich dazu verkaufte sich ihr erfolgreichster Titel, die zuckersüße Anthologie *Friendship's Offering*, ungefähr zehntausendmal im Jahr, und das über einen Zeitraum von zwei Jahrzehnten.

Was noch entscheidender war, das Buch wurde für Holman nicht zum erhofften Vehikel – einem strahlenden Erfolg, der ihn aus den Reihen der literarischen Neulinge in den Rang eines vertrauenswürdigen Beobachters der »Welt und ihrer vielfältigen Freuden« beförderte. Es sollte 1840 noch eine zweite Ausgabe erscheinen, aber danach wurde das Werk nicht mehr nachgedruckt, allenfalls verändert herausgegeben. Eine Reihe von Verlagen erhielt die Druckplatten für den einen oder anderen Band, ignorierte oder entfernte alle Verweise auf das Gesamtwerk und druckte billige Ausgaben unter Titeln wie *Travels in Sierra Leone* oder (ungenauer geht es kaum) *Holman's Voyage to New Zealand*, etc. Ironischerweise setzten diese Low-Budget-Verlage auf eben die Karte, auf die Holman gesetzt hatte – dass die Leser seine Blindheit vergessen würden.

Die wenig ermutigende Aufnahme von *A Voyage* hinderte ihn in keiner Weise daran, Pläne für weitere Reisen zu machen. Im Gegenteil, die Sesshaftigkeit begann schon wieder an ihm zu nagen. Noch während er sein Opus Magnum fertig stellte, sann er über die »Rast des Reisenden« nach, die, wie er feststellte, »in keiner Weise ein Leben in Untätigkeit und Träumereien ist ... Es gehört zur Natur des Reisenden, mit schwankenden Gefühlen zurückzuschauen, sich nach der Zeit zu sehnen, die vor ihm liegt, und in der, davon ist er überzeugt, das große Ziel seines Lebens liegt.«

Er schrieb weiter, fiel in den Blankvers:

Er wird, von tausend Erinnerungen bestürmt, nicht zur Ruhe kommen.

Betritt wieder die Ufer ferner Lande, spürt den Atem fremder Luft.

Er hört zum ersten Mal die Klänge einer unbekannten Sprache und kämpft sich mit dem Schwung des vom Erfolg Besessenen durch Wolken von Neuem.

Er gibt sich der heißblütigen und dabei doch so selbstverständlichen Prophezeiung hin, ein noch weiteres Feld, noch ruhmreichere Taten erwarteten ihn.

Doch die Trustees des Travers College taten ihr Bestes, ihm alle Hoffnung auf neue Reisen ein für allemal zu nehmen. Obwohl er wieder an den Gottesdiensten teilnahm – unregelmäßig aber ohne zu murren –, ließen sie keinen Zweifel an ihrer Absicht, ihm die Buße für die eigenmächtige Verlängerung seines Urlaubs auf Dauer aufzuerlegen. Andere Naval Knights erhielten inzwischen automatisch und aus den unterschiedlichsten Gründen Urlaub, Holmans Gesuche wurden ebenso automatisch abgelehnt.

Er musste sich zur Höflichkeit zwingen, als er sich nach den Gründen der Ablehnung erkundigte. Man teilte ihm mit, dass ausschließlich gesundheitliche Gründe ihn vom Dienst in Windsor befreien konnten. Und dass angesichts seines bisher recht leichtfertigen Umgangs mit »Genesungsurlauben« das detaillierte Attest eines Arztes erforderlich sei, damit sein Anliegen überhaupt in Erwägung gezogen werden könne.

Das war nicht schwer zu bekommen. Im Sommer 1836, nach fünf abgelehnten Urlaubsgesuchen infolge, begann er tatsächlich unter den Folgen der Untätigkeit zu leiden. Kein geringerer als Dr. William Fergusson, der ehrwürdige und berühmte

Generalinspekteur des Militärhospitals, stattete Holman in Begleitung des örtlichen Amtsarztes William Hammond, »der ihn lange behandelt hatte und über seinen Zustand bestens informiert war«, einen Besuch ab. Gemeinsam bescheinigten sie ihm:

> *Wir trafen ihn bei schlechter Gesundheit an, er ist ausgezehrt und in einem an Schwermut grenzenden Zustand der Nervosität. Diese Symptome schreiben wir ausnahmslos der sitzenden Lebensweise und den Beschränkungen im Kolleg zu ... weshalb wir nicht zögern, ihm einen sofortigen Orts- und Luftwechsel anzuempfehlen.*

Zu Holmans Verwunderung berührte das die Trustees nicht im Geringsten. Sein sechstes Ansuchen wurde nicht abgelehnt, es wurde rundheraus ignoriert, bis er einen letzten Einspruch nachschob:

> *Ich versichere Ihnen, dass nicht einmal größter Gleichmut mich dazu befähigen könnte, den Zustand der Ungewissheit, in dem Sie mich bisher gehalten haben, noch länger zu ertragen, auch in der Erwartung, dass allein Gründe der Humanität Sie dazu bewegen konnten, mir den Urlaub zu gewähren, um den ich nachgesucht habe.*

Die Antwort war kurz und bündig: *Ich gestatte Ihnen hiermit, sich für vier Monate vom Travers College zu entfernen.* Es war zweifellos einkalkuliert, dass ein so kurzer Urlaub fast so ärgerlich wie gar kein Urlaub war. Hals über Kopf machte er sich auf den Weg in die nördlichste Ecke der Insel Irland, wo er sich einen gewissen Grad an Gesundheit erwanderte. Aber im Jahr darauf wurde er schon wieder ruhelos und nervös, und ihm schwanden die Kräfte. Auf Rat Dr. Hammonds hin stellte er seine Besuche in der Kapelle ein. Später würde der Arzt attestieren, dass er »das Leben besagten James Holmans in unmittelbarer Gefahr« sah.

Dann erweckte eine Reihe unerwarteter Ereignisse neue Hoffnungen. William IV., der seinem Bruder im Alter von fünfundsechzig Jahren auf den Thron gefolgt war, hatte sich in der Annahme, seine Regentschaft würde von kurzer Dauer sein, als Verwalter des Throns gesehen. Von seinen vielen Kindern war kein einziges ehelich (eine irische Schauspielern hatte mindestens zehn von ihnen zur Welt gebracht), weshalb die Thronfolgerin eine sehr junge Nichte von ihm war, ein Mädchen namens Drina, die ihn liebevoll »Onkel König« nannte. Um eine Interimsregentschaft zu vermeiden, hoffte er bis zu ihrer Volljährigkeit am Leben zu bleiben, und so kam es – er starb 1837, einen Monat nach ihrem achtzehnten Geburtstag, an einer Lungenentzündung. Zum ersten Mal in seinen fünfundzwanzig Jahren als Naval Knight konnte Holman seine Rolle bei einem Begräbnis, später bei einer Krönung spielen. Drina bestieg den Thron als Queen Victoria.

Die neue Königin, »ein kleines, sehr schlankes Mädchen in schlichter Trauerkleidung«, brachte dem Hof durchgreifende Veränderungen. Ihre Mutter hatte sie in aller Stille aufgezogen, möglichst weit weg von den Lastern und Liebschaften des damaligen Königs. Victorias Privatleben wird beschrieben als das »einer Novizin in einem Nonnenkloster: Kaum jemand aus der Welt da draußen hatte je mit ihr gesprochen.« Nicht ein einziges Mal war ihr erlaubt worden, mit jemand anderem als ihrer Mutter oder ihrer Gouvernante (einer kühlen protestantischen Pastorentochter) allein zu sein. Herausgekommen war eine energische junge Frau ohne Koketterien im Kopf, jederzeit bereit, schnell und entschlossen die Initiative zu ergreifen.

Eine ihrer ersten Amtshandlungen war die Bestellung eines königlichen Leibarztes. Sie erwählte einen sehr unkonventionellen Mediziner, einen, der vor langer Zeit seine kleine, wenig erfolgreiche Praxis aufgegeben hatte, um die Wirkungen von Mineralwassern und klimatische Einflüsse auf bestimmte Krankheiten zu erforschen. James Clark, der Arzt, der den sterbenden Keats gepflegt und auf den Stufen der Spanischen Treppe mit Holman Freundschaft geschlossen hatte, war jetzt Inhaber des renommiertesten medizinischen Amtes im ganzen Land.

Clark, alles andere als ein Karrierist, verdankte seinen Aufstieg einem glücklichen Zufall. Sein Interesse an Mineralwässern hatte ihn in ein deutsches Heilbad geführt, in dem gerade Prinz Leopold zu Gast war, der zukünftige belgische König, der ins englische Königshaus geheiratet hatte. Obwohl als »faul und leichtfertig« beschrieben, muss Clark wohl Vertrauen erweckt haben, denn Leopold ernannte ihn umgehend zu seinem Leibarzt. Ein paar Jahre später übernahm er diese Rolle auch bei Leopolds Schwester, der Herzogin von Kent – Victorias Mutter. Und jetzt war er also der medizinische Berater der Königin selbst, würde bald den Ritterschlag erhalten und Sir James werden, genoss das volle Vertrauen des Arztes, der über ihre Kindheit gewacht hatte. Niemand hielt es für klug darauf hinzuweisen, dass er als Schiffsarzt ausgebildet war, nicht als Gynäkologe. Über die medizinischen Notwendigkeiten bei Frauen wusste er so gut wie nichts.

Trotz seiner gehobenen Position begrüßte Clark Holman wie einen alten Freund. Als er von dem Disput mit den Visitors hörte, zögerte er nicht, sich seine Beziehung zur Königin zunutze zu machen. Obwohl Victorias Antrittsbesuch im Schloss Windsor (das sie dank ihrer abgeschirmten Erziehung nie zu sehen bekommen hatte) noch ausstand, wurde ihr die Angelegenheit im Londoner Kensington Palace unverzüglich zu Ohren gebracht.

Am 27. Juli – exakt einen Monat und eine Woche nachdem Victoria erfahren hatte, dass sie Königin war – sandte ihr Sekretär den Visitors einen barschen Brief:

> *Ich bin von Ihrer Majestät beauftragt, Sie davon in Kenntnis zu setzen, dass es Ihrer Majestät angelegen ist, dass Lieutenant James Holman von seiner Wohnpflicht im Travers College entbunden wird.*

Ein hocherfreuter James Holman setzte einen Dankesbrief an Ihre Majestät auf, der überfloss von Dank für »diesen Akt des Wohlwollens, der von so großem Wert ist für die Gesundheit und Lebensfreude Eures Memoirenschreibers in seiner deprimierenden Not«, und ließ ihn von einem bezahlten Schreiber in Schönschrift fassen.

Warum hatte die noch unerfahrene Königin sich während ihrer ersten Wochen im Amt eines absolut geringfügigen Disputs angenommen? Warum gewährte sie einem blinden Mann, den sie nie im Leben gesehen hatte, einen so unmissverständlichen Beweis ihrer Gunst? Clark war eine bedeutende Persönlichkeit, aber Dutzende wesentlich bedeutenderer Männer versuchten die Aufmerksamkeit der Königin auf weitaus dringendere Angelegenheiten zu lenken. Sie mochte von dem Blinden Reisenden gehört haben, vielleicht war sein Werk ihr flüchtig bekannt, aber ihr Mitgefühl dürfte einen persönlicheren Ursprung gehabt haben.

Der nächste in der Thronfolge war ihr Kusin, der Prince of Cumberland, nur unwesentlich jünger als sie. Er hatte in früher

Kindheit das Sehvermögen auf einem Auge verloren. Mit vierzehn hatte ein Unfall zu Pferde ihn das andere Auge gekostet, und seitdem war Prince George vollständig blind.

Es hatte schon einmal einen blinden König von England gegeben, ihren Großvater. Victoria wusste, dass ihr Kusin, sollte sie nicht heiraten und einen eigenen Thronerben gebären, sehr gut der nächste König werden konnte. Mit Sicherheit würde er das eine ererbte Reich regieren, das sie verlieren würde. Als Thronfolgerin des Hauses Hannover hatte sie den Thron Großbritanniens und Irlands geerbt, aber das gleichnamige Königreich Hannover, heute der Nordwesten Deutschlands, konnte nicht an eine Frau gehen. Victoria mochte ihren Kusin (er nannte sie auch Drina), und sie war einfühlsam genug um zu verstehen, dass auch er, wie Holman, sich wund reiben würde an Beschränkungen, wie sie Holman auferlegt waren. Mit ihrer Freundlichkeit gewährte sie nicht nur eine Gunst, es war auch ein sehr privater Akt des Mitgefühls.

Im festen Glauben, die Angelegenheit sei nun geregelt, begann Holman ernsthaft seine Abreise zu planen. Aber er sollte schnell erfahren, dass der Befehl der Königin keine Garantie für Freiheit war – im Gegenteil, er zog ihn mitten hinein in die Ränkespiele der Politik und der Macht.

Der Tod eines Monarchen zog automatisch Neuwahlen des Parlaments nach sich, und das Kommunikee von Victorias Entschluss traf ausgerechnet zwei Tage nach einer erbitterten Wahlschlacht um Windsors Sitz im Unterhaus im Travers College ein. Obwohl die Königin offiziell über den Streitereien der Politik stand, galt allgemein die Überzeugung, dass sie der liberaleren, reformistischen Partei der Whigs näher stand (ihre engsten Berater waren prominente Whigs). Darüber sorgten sich die eher konservativen Tories, die fürchteten, sie könnte versuchen, Einfluss auf die ausstehenden Wahlen zu nehmen.

Der Reverend Henry Hobart, als Dekan von Windsor einer der beiden Visitors der Naval Knights, war ein Tory mit Leib und Seele. Und jemand wie Lieutenant Holman, seit Jahren ein Stachel in seinem Fleische, konnte natürlich nur ein Anhänger der Whigs sein. Da kam das königliche Dekret gerade recht, um seine düstersten Befürchtungen zu bestätigen. Queen Victoria war also nicht nur eine Whig, sie war obendrein korrupt und kaufte sich Holmans Stimme, indem sie ihm seinen größten Wunsch erfüllte. In einem Wutanfall nahm Hobart das Dokument und kritzelte die Worte *Wahl für die Stadt Windsor* quer darüber, als wäre es eine Quittung für geleistete Dienste. Dann warf er es dem Mann zu, der es überbracht hatte und rief: »Bitte schön, Sir. Einen passenden Kommentar dürfen sie sich selbst einfallen lassen!«

Der andere Visitor, Joseph Goodall, Vorsteher des Eton College, stand daneben. »Sir, Ihre Majestät war schlecht beraten«, soufflierte er, aus seiner Sympathie für die Tories keinerlei Hehl machend.

Als der fassungslose Bote später seine Aussage zu diesem Moment machte, beschrieb er ihn im Präsens:

> *Seine Ehrwürden meint den Schluss ziehen zu müssen, die Regierung habe Lieutenant Holman Dispens erteilt, um ihn zu* bestechen *und zu bewegen, Mr. Robert Gordon seine Stimme als M. P. für Windsor zu geben, und damit stellt er die Hoheitsrechte der Königin in Frage. [Hervorhebung im Original]*

Dekan Hobart würde nie für ein ausgeprägtes Taktgefühl gefeiert werden (Jahre später, als Victoria endlich einen Sohn gebar, gratulierte er ihr zur »Erlösung vor dem unsäglichen Fluch der weiblichen Thronfolge«). Zuerst beschloss er, das Dekret ebenso zu ignorieren wie Holmans wiederholte Eingaben. Erst als Druck auf ihn ausgeübt wurde, entschied er sich für den Widerstand. Seine Weigerung sich zu fügen, argumentierte er, sei kein Akt des politischen Trotzes. Es ginge ihm um das Prinzip. Mit welchem Recht mische sich die Königin in die Regeln eines autonomen Bruderordens ein – einer Organisation, bei der sie weder Mitglied war noch jemals werden konnte?

Für einen Tory war das eine ungewöhnliche Position, war es doch im Normalfall das Bestreben der Partei, die Macht des Souveräns zu stärken, statt sie anzuweifeln. Aber er zielte damit mitten in die zentrale Frage der konstitutionellen Monarchie: Wo genau verlief die Trennungslinie zwischen Macht und Herrlichkeit? Wann ist der Regent nur eine Gallionsfigur und wann ein wirklicher Führer, dem Folge zu leisten ist? Trotz einer ganzen Reihe klarer Trennungslinien gab es nach wie vor eine große Grauzone. Dekan Hobart begriff sich als loyal zur Krone stehend, aber er war entschlossen, ihren Whig-Beratern eine Botschaft zukommen zu lassen: Er dachte nicht daran, tatenlos zuzusehen, wie sie diese Grauzone okkupierten und für ihre politischen Zwecke missbrauchten. Aus seiner gesicherten Lebensstellung als Visitor heraus stellte er sich auf die Hinterbeine. Was als einfaches Gesuch um Urlaub begonnen hatte, drohte jetzt zu einer juristischen und politischen Krise auszuarten, einer Krise, von deren Ausgang letztlich Victorias Handlungsspielraum als Regentin abhängen konnte.

Die eingeschränkten Hoheitsrechte der Krone innerhalb der Verfassung des Vereinigten Königreiches sind in ihrer Gesamtheit unter dem Begriff Royal Prerogative zusammengefasst. Er beinhaltet die formalen Rechte. Noch viel begrenzter sind die, die der Monarch tatsächlich ausüben darf. So legitimieren die Hoheitsrechte den Monarchen, alle Akte des Parlaments abzusegnen, aber zu Victorias Regierungszeit war dieses Recht längst zu einem Muster ohne Wert degeneriert. Seit mehr als einem Jahrhundert hatte es kein Souverän mehr gewagt, einem Gesetzesentwurf seine Zustimmung zu verweigern. Es gewährt dem Regenten auch persönliche Immunität gegen jegliche Strafverfolgung, stellt ihn (oder sie) sozusagen über das Gesetz. Aber wenn Victoria Straftaten begangen hätte – Fußgänger mit ihrer Karosse überfahren hätte, in Covent Garden beim Diebstahl ertappt worden wäre –, wäre sie dieser Immunität sehr rasch entkleidet worden. Es gab sie nur auf dem Papier, ohne dass sie jemals in Kraft getreten wäre.

Hobarts Argument war ein zweifaches. Holmans Dispens von der Wohnpflicht sei nicht ausdrücklich von den Hoheitsrechten der Königin abgedeckt, behauptete er. Und wenn die Sprache der Hoheitsrechte so unpräzise formuliert sei, dass die Königin sich ein derartiges Recht anmaßen könne, dann bedürfe es schnellstens einer präziseren Formulierung, um solchem Missbrauch künftig einen Riegel vorschieben zu können. Er hatte nicht ganz Unrecht. Streng genommen fehlte der Präzedenzfall. Wäre Holman ein Verbrecher gewesen, hätte die Sache eindeutiger gelegen: Das Prerogativ gab der Königin das Recht, Verurteilte zu begnadigen. Aber Holman hatte keine Gesetze verletzt, sondern Regeln – die Regeln, die Samuel Travers 1726 in seinem Testament aufgestellt hatte.

Victoria versuchte nicht, Holman von den Naval Knights zu befreien, sondern von den Bedingungen seiner Mitgliedschaft. Und wenn die Königin nach Gutdünken die Statuten einer Vereinigung aufheben konnte, dann hatte das potentiell weitreichende Konsequenzen. Wenn sie nun einen Kunstbanausen in die Königliche Akademie der Künste aufgenommen sehen wollte, oder einen Dorfarzt in das Königliche Kolleg der Chirurgen? Oder gar, Gott behüte, eine Frau in den Hosenbandorden?

Hobarts Argumentation (und sein Mut, sie laut und öffentlich vorzubringen) war in aller Munde. Victoria meldete sich in der Sache nicht mehr persönlich zu Wort, dafür gab ihr Staatssekretär Lord John Russel eine offizielle Verlautbarung heraus. Er nahm Holmans Befreiung nicht zurück – dass hätte den Eindruck des Rückziehers erweckt –, aber er erklärte sie für »so lange außer Kraft, bis sie von den Herren Visitors sanktioniert« würde.

Man hatte sie widerrufen und das Gesicht gewahrt. Jeder wusste, dass eine Sanktionierung nicht zu erwarten war. Weder Lord Russell noch der Königin war an einer Entscheidung des Disputs vor Gericht gelegen – eine Niederlage hätte womöglich eine allgemeine Revision der Hoheitsrechte zur Folge gehabt. Zu Beginn ihrer Regentschaft konnte es Victoria sich nicht leisten, den Eindruck entstehen zu lassen, sie würde ihre Befugnisse überschreiten. Das hätte sie möglicherweise auf Jahre hinaus dazu verurteilt, moderatere Töne anzuschlagen. Alle Pläne für eine weitere Intervention zu Gunsten des Blinden Reisenden wurden stillschweigend fallen gelassen.

Victoria hatte Holman aufgegeben, aber Holman gab Victoria nicht auf. Er schrieb ihr, räumte ein, es seien »wohl inzwischen Zweifel aufgekommen am Recht Ihrer Majestät ... ihn von den durch Regeln vorgeschriebenen Verpflichtungen zu befreien.« Aber er hatte den Mut, ihr in dieser Angelegenheit einen anderen Kurs vorzuschlagen. Statt ihm Immunität gegen die Statuten der Naval Knights zu gewähren, könnte sie doch die Statuten an sich modifizieren. Er war so kühn, Formulierungen zu verwenden, die sich ohne Umstände in die Satzung des Ordens hätten einfügen lassen:

> *Dass jedem Ritter, dessen angegriffene Gesundheit bzw. Krankheiten einen Dispens von der Wohn- und Anwesenheitspflicht erforderlich machen, ein solcher von der Krone selbst gewährt werden kann.*

Das war eine erstaunlich raffinierte juristische Strategie. Sie konterte sicher und geschickt alle Einwände Hobarts, und deckte gleichzeitig einen entscheidenden Mangel der Organisation des Travers College auf: Die Satzungen waren nicht nur unverändert, sie waren unveränderbar. Man erwartete von den Rittern, dass sie bis in alle Ewigkeit nach den Regeln eines Mannes marschierten, der seit über einem Jahrhundert tot war, und es gab keine Möglichkeit, sie der Zeit anzupassen. In Samuel Travers' Vermächtnis war vieles geregelt, es fehlte nur an einem Reglement zum Verändern der Regeln.

Wenn eine Institution sich nicht aus sich selbst heraus verändern konnte, wem sollte dann die Verantwortung übertragen werden, solche Veränderungen vorzunehmen, wenn es nötig war? Holman machte eine behutsame Anspielung auf die Royal Charter. Die offizielle Existenz des Ordens ging auf den Augenblick zurück, in dem dieses Dokument unterzeichnet wurde – das heißt, juristisch gesehen waren die Naval Knights of Windsor nicht Travers' Schöpfung sondern die der Krone. Und weitergedacht hieß es, dass der Krone das Recht des Schöpfers auf Nachbesserungen zustand.

Es war ein kluger Schachzug, schon gar von einem Mann, dessen körperlicher Verfall inzwischen, in den Worten seiner Ärzte, »einen alarmierenden Charakter« angenommen hatte.

Ob Holman diesen Vorschlag auf den Rat eines Juristen machte, ist nicht bekannt. Der Brief selbst, in klagendem Ton und ohne juristische Fachausdrücke verfasst, scheint nicht darauf hinzudeuten. Er war nicht einmal von einem Berufsschreiber geschrieben, sondern von der unsicheren Hand eines sehenden Freundes, ein ungewöhnlicher Fauxpas bei einem für die Augen einer Königin bestimmten Dokument.

Victorias Berater erkannten nicht nur die Kraft, sondern auch den politischen Nutzen von Holmans Argumentation. Sie bewirkte eine Erweiterung der Hoheitsrechte, ohne wie ein Griff nach der Macht auszusehen; sie brachte ein ignoriertes Problem einer legitimen Lösung näher. Aber sie für sich zu gewinnen, war erst der Anfang der Schlacht. Die Sache würde vor Gericht ausgefochten werden müssen, aber nicht von der Königin – um keine neuen Vorwürfe des politischen Aktionismus zu provozieren, musste sie sich so weit wie möglich zurückhalten. Somit lag die Last des Klägers, der den Fall vor den High Court of Justice brachte, auf Holmans Schultern. Er würde die Prozessgebühren aus eigener Tasche zahlen und darüber hinaus für die Kosten der Suche nach lebenden Nachkommen von Samuel Travers aufkommen müssen, damit sie ihre Meinung zu Gehör bringen konnten.

Ein Berater des Staatssekretärs gab Holman in einem Brief Instruktionen für das vorschriftsmäßige Einreichen einer Klage. In einem zweiten Brief mit dem Vermerk »privat« schlug er warnende Töne an:

Ich wurde von Lord Russell beauftragt Ihnen mitzuteilen, dass Sie Ihren eigenen Kurs steuern müssen; darüber hinaus gibt er Ihnen den dringenden Rat, dabei äußerst behutsam und umsichtig vorzugehen.

Es war ein vernünftiger Rat. Die Tories hatten, sehr zum Missbehagen der Königin (die im Herzen tatsächlich den Whigs nahe stand), die Wahlen von 1837 haushoch gewonnen; sie würde sich bald gezwungen sehen, eine von dieser Partei geführte Regierung anzuerkennen. Für die Whig-Politiker, die Holman zu dem Schritt ermutigten, war das so etwas wie eine kleine Abschiedshandlung.

Holman hatte auf Hilfe in seinem Kampf gegen die kleinlichen Bürokraten des Travers College gehofft. Und jetzt hatte er sich in den Fallstricken der furchterregendsten Bürokratie verfangen; es ging nicht mehr um die Erweiterung seiner persönlichen Freiheit, sondern um eine Neudefinierung der Macht der Krone. Und er war allein. Lord Russell war nicht mehr im Amt, und was noch schlimmer war, sein direkter Draht zur Königin war gekappt. Dr. Clark war dem ersten Skandal ihrer jungen Regentschaft zum Opfer gefallen.

Lady Flora Hastings, eine der Hofdamen der Königin, war jung, kokett und verwegen. Als sie auf einer Reise nach Schottland mit dem Ehemann einer anderen Frau die Kutsche teilte, fing man an zu schwatzen. Man schwatzte noch lauter, als ein paar Monate später ihr Bauch anzuschwellen begann. Victoria ließ von ihrem Leibarzt eine Diagnose stellen. Clark griff auf seine spärlichen Kenntnisse von der weiblichen Physiologie zurück und diagnostizierte bei der ledigen Frau eine Schwangerschaft – trotz ihrer hartnäckigen Beteuerungen, noch Jungfrau zu sein.

Das war ein Skandal von nicht geringen Ausmaßen, aber Volkes Zorn richtete sich schon bald allein gegen Clark. Lady Hastings demonstrierte auf überaus dramatische Weise ihre Unschuld: Sie verstarb an einem riesengroßen Magentumor.

Der schwere Fehler hätte Clark den Job kosten müssen, aber eine Entlassung hätte eine öffentliche Untersuchung nach sich gezogen, noch mehr schmutzige Wäsche wäre gewaschen worden. Es rauschte auch so schon laut genug im Blätterwald, die Presse sprach vom »Hofarzt mit dem Katzbuckel«. Victoria beließ ihn im Amt, zog ihn allerdings für keinen praktischen Fall mehr zu Rate. Sein Ruf war zerstört, und als er Jahre später zurücktrat und eine private Praxis eröffnete, wäre er aus Mangel an Patienten beinahe gescheitert.

Auch ohne Einfluss bei der Königin konnte Clark seinem Freund Holman helfen, indem er in den Chor der Ärzte einstimmte, die jetzt wegen Holmans Gesundheit Alarm schlugen. Im Juni 1839 untersuchte er seinen alten Freund und attestierte unter Eid »einen raschen körperlichen Verfall des James Holman, der eine Orts- und Klimaveränderung als absolut unerlässlich für seine Genesung erscheinen lässt.«

Noch einer der prominentesten Ärzte Englands sekundierte ihm in dieser Ansicht, Peter Mark Roget, ein Kollege Holmans in der Royal Society. Er drückte es noch unverblümter aus, stellte fest, der Patient sei beträchtlich abgemagert, von heftigen Krämpfen und einer »unzulänglichen Verdauung« geplagt, und kam zu dem Schluss, dass, »wenn nicht unverzüglich Abhilfe geschaffen wird, die Konstitution des James Holman bald irreparabel zerstört sein wird.« Er schrieb eine ganz spezielle Behandlung vor, die – welch glückliche Fügung – mit Holmans tiefsten Wünschen im Einklang stand:

Die einzige Chance für besagten James Holman, seine Gesundheit vollständig wiederherzustellen, wäre eine dauerhafte Veränderung des Wohnortes und Klimas, in Verbindung mit der ungehinderten Beschäftigung seiner geistigen und körperlichen Fähigkeiten über einen Zeitraum von mindestens drei Jahren.

Diese medizinischen Beurteilungen von Ferguson, Clark und jetzt auch Roget waren mehr als gewährte Gefälligkeiten. Sie waren seriöse Diagnosen. Allein um persönlicher Sympathien Willen hätten drei der prominentesten Mediziner des Landes keinen solch dezidierten Standpunkt angenommen – unter Eid und angesichts einer eskalierenden Kontroverse –, wenn er nicht mit ihrer tatsächlichen Meinung übereingestimmt hätte. So mysteriös Holmans Krankheit war, an einer Gewissheit schien kein Zweifel zu sein: Sie wurde durch Müßiggang und längeren Aufenthalt in vertrauter Umgebung nur geschürt. Die einzige bekannte Therapie war das Reisen.

Trotz schwindender Gesundheit und Finanzen trieb Holman den Fall voran. Es gab Rückschläge – der Chancellor Secretary of Petitions wies ihn mit der Begründung zurück, er enthalte eine persönliche Klage gegen Hobart und Godall. Die Begründung musste um den Zusatz erweitert werden, es handle sich um »eine reine Feststellung von Fakten und keine Anfechtung lebender Personen«. Wenn die Trustees sich durch ihre eigenen Handlungen lächerlich machten, konnte das dem Klageführer nicht angelastet werden. In der Revision wurde die Klage zugelassen, und das Pendel schlug langsam zu Holmans Gunsten aus.

Die Mehrheit der Tories im Parlament verlangte, dass der Premierminister aus ihren Reihen kam, aber Victoria widersetzte sich dem Machtwechsel mit solchem Aufheben, dass der designierte Premierminister resignierte und verzichtete. Man erlaubte der Königin, Lord Melbourne wieder einzusetzen, ihren ursprünglichen Premierminister, einen alten Freund der Familie und eingefleischten Whig. Zurück im Amt war Melbourne in der Lage, das Verfahren zu beschleunigen. Er schrieb einen Brief an Baron Lyndhurst, der als Lordkanzler sowohl dem House of Lords als auch den nationalen Justizbehörden vorstand:

> *Ich bringe Ihnen hiermit den Fall Lieutenant Holmans zur Aufmerksamkeit, eines der Naval Knights von Windsor, von dem sie unter dem Namen »Blinder Reisender« bereits gehört haben mögen. Für den Fall, dass es Ihnen nicht zu viel Mühe macht, würde ich Sie bitten zu prüfen ... ob es nicht eventuell in der Macht der Regierung stehen könnte, ein Statut zu erlassen, das dem Wohlwollen Ihrer Majestät Kraft verleiht und Mr. Holman Kosten und Verzögerungen erspart, die eine Verhandlung vor einem ordentlichen Gericht mit sich bringen würde.*

Baron Lyndhurst war wahrscheinlich der größte politische Gegner des Premierministers. Er war ein leidenschaftlicher Tory, der im House of Lords eine unverfrorene Obstruktionspolitik betrieb und feurige Reden gegen das Elend der Vormacht der Whigs hielt. Gleichzeitig war er ein so kauziger wie entschiedener Individualist. Lyndhurst war geborener Bostoner – genau gesagt war er der Sohn von John Singleton Copley, dem allgemein als bedeutendster Maler der amerikanischen Kolonialzeit gefeierten Porträtisten Paul Reveres. Selbst als Kunstmaler ausgebildet, hatte Lyndhurst trotzig erklärt, eher dem House of Lords vorsitzen zu wollen als in die Fußstapfen seines Vaters zu treten, um dann seinen Kopf durchzusetzen und genau das zu tun. Er war ein früher Fürsprecher der Rechte der Frauen, einer Reform der Ehescheidung und des Zugangs der Juden zum Parlament (aus Trotz gegen die vornehme Gesellschaft hatte er eine Jüdin zur Frau genommen).

Kurz gesagt, Lyndhurst war ein Mann, der seinen eigenen Weg ging. Lord Melbourne, sein alter Widersacher, setzte darauf, dass er sich aus Mitgefühl für Holmans Sache einsetzen würde. Melbourne kannte seinen Feind gut. Der Lordkanzler scheint kein persönliches Wort für Holman eingelegt zu haben – das wäre politisch unklug gewesen –, aber er ließ den Fall unverzüglich einem seiner Richter vorlegen, der ebenso unverzüglich zu einer Entscheidung kam:

> *Da es darum ging, mit Mr. Holman Nachsicht zu üben, für das Gewähren einer solchen allerdings kein förmliches Verfahren zur Verfügung steht, bin ich zweifellos der Meinung, dass die Krone angewiesen sein sollte, der beabsichtigten Nachsicht auf diesem Wege Wirkung zu verleihen.*

Holman hatte gewonnen. Er war kränker und ärmer denn je, aber acht Jahre der Gefangenschaft waren zweifelsfrei zu Ende. Die anderen Naval Knights hatten es eilig, sich an seinen Erfolg zu hängen, selbst Eingaben zu machen, um sich mindestens fünf Monate Freiheit im Jahr gewähren zu lassen. Sie hätten Holman mit Dank dafür überhäufen müssen, dass er den Vorreiter für sie gespielt hatte. Aber dazu war keine Gelegenheit mehr. Er war längst weg.

16 DIE ANKUNFT EINES ENGLISCHEN REISENDEN

Vier Jahre später hatte ein junger Schotte fern der Heimat einen seltsamen Besucher.

Im Alter von dreiunddreißig Jahren hatte Andrew Archibald Paton angefangen, seine diplomatische Karriere zu bedauern. Intelligent, korrekt und begabt für Fremdsprachen hatte er den unglücklichen Fehler gemacht, ein fähiger Stabsoffizier zu werden, zu fähig, um seine Entlassung aus dem Stab rechtfertigen zu können. Für ihn bedeutete das eine ermüdende Folge von Erkundungsmissionen und minderen Einsätzen als Parlamentär, die ihn immer weiter an die Peripherie der Weltenbühne schoben – Adjudant in der ägyptischen Mission, stellvertretender Generalquartiermeister in Syrien. Seine letzte Berufung hätte kaum weiter entfernt von den Korridoren der Macht sein können. Er war geschäftsführender Generalkonsul in Serbien, damit beauftragt, die Entwicklungen am westlichsten Ende des osmanischen Reichs im Auge zu behalten.

Nach einer Bestandsaufnahme seines Postens in Belgrad, der Hauptstadt von Serbien, fragte er sich, ob es wirklich schon zu spät war, auf eine zweite Karriere umzuschwenken, vielleicht eine literarische. Er schnitt sich eine frische Feder zurecht und begann, sich dem Blatt Papier anzuvertrauen:

Detail der Wiener *Carte der Europäischen Türkei in XXI Blättern* (1829)

> *Seit vier Jahren bin ich nun im Osten, von dem ich im Augenblick die Nase ziemlich voll habe. Ungeachtet des azurblauen Himmels, gluckernder Brunnen, Mosaikfußböden und duftender Wasserpfeifen machen sich die Symptome der Langeweile immer deutlicher bemerkbar, und ich verspüre regelrechten Hunger nach europäischem Leben, frischer Luft und einem gesunden Appetit, flackerndem Kaminfeuer, hell beleuchteten Zimmern, der Gesellschaft von Frauen, guter Musik und pikanten Varietéabenden mit alten Freunden.*

Ihm wurde schnell klar, dass diese kleine Stadt am oberen Lauf der Donau noch seltener von Europäern besucht wurde als in vergangenen Jahrhunderten. Die »Hauptstraße nach Konstantinopel« führte durch Belgrad, aber die Dampfschifffahrt hatte diesen Landweg weitgehend überflüssig gemacht.

Kein Tourist würde heutzutage auf die Idee kommen, die ermüdende Reise durch die europäische Türkei auf sich zu nehmen, wenn er ebenso gut an Widdin und Roustschouk vorbeisausen und mit dem Omnibus von Czernovoda nach Kustendgi sogar die große Donauzunge abschneiden kann, was die Ankunft englischer Reisender aus dem Landesinneren beinahe zu einer seltenen Ausnahme macht.

Im August 1844 wurde Paton durch eben solch eine Ausnahme überrascht. Als er zum Stadttor hinaustrat, sah er eine »seltsame Gestalt mit langem weißen Bart und spanischer Mütze auf dem Rücken einer jämmerlichen Mähre herantrotten.« Er erkannte den Mann auf den ersten Blick.

»Mr. Holman, wie geht es Ihnen?«, fragte er.

»Die Stimme klingt bekannt.«

»Wir sind uns in Aleppo zuletzt begegnet.« Bevor Paton seinen Namen nennen konnte, hatte Holman ihn schon aus seinem Gedächtnis gefischt. Ihr Treffen in der syrischen Stadt lag mindestens zwei Jahre zurück.

Ich ließ ihn absitzen und brachte ihn ins Quartier. Dieser einzigartige Mensch war gerade durch die gefährlichsten Gebiete Bosniens gereist, ohne dass man ihm ein Haar gekrümmt hätte; eine Meisterleistung, die ein Blinder leichter vollbringt als ein mit voller Sehkraft Gesegneter, weil jeder Mitfühlende einem Mitmenschen in dieser bedauernswerten Lage weiterhilft.

Am nächsten Tag spazierte Paton mit Holman durch die Stadt. Zuerst reihte er eine Beschreibung an die andere, zeigte Holman die öffentlichen Denkmäler, die sich nicht ertasten ließen, erläuterte ihre Geschichte. Auf der Promenade mit Ausblick über den Fluss äußerte Holman eine ungewöhnliche Bitte.

Sie blieben stehen. Holman stand aufrecht und schweigend da. Paton musste dem älteren Mann die Hände auf die Schultern legen und ihn behutsam, in vier Etappen, um die eigene Achse drehen.

Ich drehte ihm das Gesicht in die Hauptrichtungen des Kompass, erklärte ihm der Reihe nach die Dinge, die in der jeweiligen Richtung zu sehen waren, und nachdem ich ihm ein paar seiner seltsamen Fragen beantwortet hatte, meinte der Blinde Reisende alles über Belgrad zu wissen, was ein Mann in seinem Zustand erfahren konnte.

In seinen letzten Jahren der Abwesenheit von England war Holman ein Paradebeispiel für Rastlosigkeit gewesen. Von Malta aus hatte er die Ionischen Inseln durchkämmt, sich auf das griechische Festland übersetzen lassen, war über den Hellespont in die Türkei, weiter nach Syrien und bis Beirut gereist. Er war nach Osten bis nach Al-Qahirah oder Kairo vorgestoßen und so lange in der Stadt geblieben, bis er sich auf die lange trockene Durchquerung der arabischen Wüste vorbereitet hatte. Der Treck brachte ihn hinüber auf die Halbinsel Sinai, nach Al-Arish und an die Schwelle zum Heiligen Land, wo er sich den Pilgern auf dem Höhepunkt ihrer Pilgerfahrt anschloss.

Jerusalem, Bethlehem, Nazareth. Dann ging es wieder durch eine Wüste, von Amman nach Damaskus. Als Nächstes wanderte er an Ufern des Adriatischen Meeres entlang, schlug einen steilen Bogen nach Norditalien und in die slawischen Länder hinein. In Montenegro gab der Vladika, der regierende Fürstbischof, einen Empfang für ihn. Holman berichtete Paton, dass das Land hinter Bosnien und Sarajewo zu den rauesten gehörte, die er bis dahin kennengelernt hatte, »fast nur Wälder, hin und wieder das Skelett eines an einen Baumstamm geketteten Räubers«.

Diese knappe Schilderung wird dem wahren Ausmaß von Holmans Wanderungen in keiner Weise gerecht. Will man seinem Weg in allen Einzelheiten folgen, muss man eine Karte von Europa, Afrika und dem Nahen Osten zur Hand nehmen und auf ein Labyrinth von Strichen reduzieren. Er wurde in Tyros und Tripolis und Tunis und Triest gesehen, in Alexandria, Antiochien, Apulien und Anti-Libanon. Man hat ihn den Berg Sinai besteigen, den Gehstock an den Brunnen des Moses schlagen sehen. Er wurde in der Markuskirche in Venedig beobachtet, wie er »ihre zahlreichen Einzelheiten abtastete und äußerst sorgfältige Vermessungen mit den Händen vornahm.«

Ein einundzwanzigjähriger Amerikaner namens Francis Parkman lernte Holman auf einer Sizilienreise kennen. »Ich ging mit ihm durch die Straßen nach Hause, bewunderte seine eiserne Energie«, berichtet er begeistert in seinem Tagebuch. »Am nächsten Morgen sah ich ihn auf seinem Maultier sitzen ... seine kräftige Gestalt, sein männliches englisches Gesicht mit dem grauen Backenbart und dem Schnauzer und sein blinder Blick machten ihn inmitten der staunenden Sizilianer um ihn herum zu einer erhabenen Erscheinung.«

Der junge Parkman hatte einen sehr persönlichen Grund für seine Begeisterung. Sein eigenes Sehvermögen war »leider beeinträchtigt durch eine unbekannte Schwäche des Gehirns, die außerdem die Funktion des Herzen und die Kontrolle der Glieder in Mitleidenschaft zog.« Das Gehen und in zunehmendem Maße auch das Sehen fielen ihm schwer. Wie Jahrzehnte zuvor bei Holman war sein Aufenthalt am Mittelmeer ein Versuch der Rekonvaleszenz.

Francis Parkman wurde später einer der angesehensten Historiker des Jahrhunderts, trotz seiner Krankheit, die weiter fortschritt und ihn zeitweise vollständig erblinden ließ. Jedes Mal, wenn ihn die Finsternis umgab, fürchtete er, sie könnte bleiben. Die Erinnerung an seine kurze Bekanntschaft mit dem Blinden Reisenden wurde zu einem Mittel gegen diese Angst.

Holman war achtundfünfzig Jahre alt, eine eindrucksvollere Erscheinung als je zuvor, aber die Strapazen der weiten Reisen mit so wenig Geld begannen Spuren zu hinterlassen. Er ritt eine jämmerliche Mähre, berichtet Paton. Sein abgetragener Rock in schmucklosem Dunkelblau war inzwischen so unmodern, dass kaum ein Beobachter darin noch eine Marineuniform zu erkennen vermochte. Streng genommen war es auch keine mehr: Zeitgenössische britische Leutnants trugen Jacken mit glänzenden Knöpfen und protzigen Epauletten. Und doch konnte der geschäftsführende Generalkonsul – der in seiner Jugend selbst von Neapel nach Wien gewandert war – nicht umhin, diesen flüchtigen Bekannten wie einen alten Freund und eine Respektsperson zu behandeln.

Ihre gemeinsame Zeit war nur kurz, denn Paton bereitete sich selbst auf eine Reise vor, eine offizielle Inspektionsfahrt in die Grenzgebiete. Am Morgen seiner Abreise klopfte es an der Tür – Holman war gekommen, um ihm Adieu zu sagen. Bald gesellte sich ein dritter Literat dazu: Sima Milutinovič, bekannt als der »Barde des Balkan«, der größte lebende Lyriker des Landes.

Als Milutinovič, »der seine eigene Reise nach Montenegro als denkwürdige Großtat betrachtete«, klar wurde, dass er sich in Gesellschaft des gefeierten Holman befand, brach er in Anfälle verzückter Bewunderung aus. Für ihn war der Blinde Reisende, von dem er in der *Augsburger Gazette* gelesen hatte, eines der Wunder des Zeitalters. Schüchtern, »mit respektvoller Einfachheit«, bat er Paton darum, Holman einen Wunsch vorzutragen. Ob der Blinde Reisende ihm die Ehre, die wunderbare Ehre gewähren würde, seinen Bart küssen zu dürfen?

Holman willigte lächelnd ein, und Milutinovič, vortretend, als würde er einer Gottheit huldigen, legte die Hand hinter die weiße Bartspitze des betagten Fremden, presste sie sich an die Lippen und betete laut, er möge sicher und wohlbehalten in seine Heimat zurückkehren.

Die Heimat – wenn man England noch Holmans Heimat nennen wollte – war immer noch fern, und Holman unternahm nichts, um die Entfernung zu verringern. Das Labyrinth von Linien auf der Karte verschlang sich weiter: Bukarest, Transsylvanien, Ungarn. Irgendwann kreuzte er seinen eigenen Weg, kehrte zurück nach Österreich, in die Umgebung von Wien, wo er zwei Jahrzehnte zuvor, nach seiner Ausweisung aus Russland, zum ersten Mal gewesen war. Er hatte sich lange an die Strategie gehalten, nach Möglichkeit keinen Weg zurückzugehen, aber jetzt durfte er feststellen, dass die Zeit das Land gründlich verändert, beinahe erneuert hatte. Er kam in ein Österreich, das von einem Schienennetz für »Pferdeeisenbahn-Linien« durchzogen war. Wien platzte aus allen Nähten, war fast doppelt so groß wie die Stadt, die er zwei Jahrzehnte zuvor kennengelernt hatte. Daraufhin kehrte er auch an die Schauplätze seiner ersten Reise zurück:

Nizza, Nîmes, Montpellier. Ob er etwas über das Schicksal der einst verhängnisvoll schönen Clementine erfahren hat, die inzwischen weit über vierzig sein musste, ist nicht überliefert.

Als er sich dem Ärmelkanal näherte, mehrten sich die Hinweise, dass drüben in England nicht jeder den Wunsch hatte, ihm den Bart zu küssen. Es war nicht schwer, die kaum versteckten Untertöne der Herablassung herauszuhören, wenn er Landsleuten begegnete, wie bald darauf im Speisesaal eines Hotels in Lyon in Zentralfrankreich.

Thomas Noon Talfourd war ein Parlamentsabgeordneter mit literarischer Bildung, ein guter Freund von Charles Dickens. Er war 1846 auf einer Reise durch Frankreich und Italien, auf der er auch Dickens in der Schweiz besuchen wollte, als ein Kellner an seinen Tisch trat. Ein englischer Gentleman habe englische Stimmen vernommen und lasse fragen, ob man ihm das Vergnügen machen würde, ein paar Worte mit einem Landsmann zu wechseln.

> *Ich ging zu ihm; da saß ein ehrwürdiger Herr mit langem Bart, der sich mir als »Mr. Holman, der Blinde Reisende« vorstellte. Er war, wie er mir sagte, auf dem Weg nach Ägypten und behauptete allen Ernstes, dass der Besuch berühmter Sehenswürdigkeiten ihm ähnlichen Genuss bereite wie Menschen, die im Besitz ihres Augenlichtes waren, dass er im Wandel der Stimmungen, der Empfindungen, die nicht gesehene Objekte vermittelten, all die Verschiedenheiten ihrer Beschaffenheit* wahrnahm, *die andere sehen können.*

Das amüsierte Talfourd grenzenlos – da wollte ihm ein Blinder weismachen, seine Wahrnehmungen könnten sich mit den denen eines Sehenden messen. Und nachdem dieser sonderbare Kauz erfahren hatte, dass Talfourd beabsichtigte, seiner Familie Rom zu zeigen, maßte er sich auch noch an, ihm Reisetipps zu geben.

»Fahren Sie im September nach Rom, mein Bester, und Sie werden so sicher, wie sie jetzt am Leben sind, den Tod finden«, sagte Holman.

Talfourd bekam einen Schrecken, aber keinen so großen, dass er vergessen hätte, seine Replik mit einer kräftigen Prise Sarkasmus zu würzen. »Nun, ich denke, es werden auch im September Menschen in Rom sein, die ihren Aufenthalt dort überleben, warum also sollten wir keine Chance haben?«

»O, nein! Gehen Sie nicht nach Rom.« Holman, der Talfourds Kinder im Hintergrund hörte, legte allen Nachdruck in seine Worte. »Sie werden alle sterben, wenn Sie nach Rom reisen – ich bin ganz sicher; reisen Sie nach Sizilien – das ist bezaubernd, köstlich, göttlich; aber Rom im September bedeutet den Tod.«

Talfourd, der dieses Zwiegespräch so komisch fand, dass er es aufschrieb, sogar mit kursiven Hervorhebungen, fühlte sich »konsterniert von so viel prophetischer Emphase« und empfahl sich rasch, wobei er eine süffisante Miene kaum unterdrückt haben dürfte. Wie er später stolz berichtete, hatte er nichts Eiligeres zu tun, als mit Sohn und Tochter nach Rom zu reisen, und sie »sahen tatsächlich die Malaria wie einen Brodem aus einer Öffnung ihrer großen Kloake aufsteigen, aber sie ließ uns unbehelligt!« Vielleicht wäre sein Ton weniger spöttisch ausgefallen, wenn er gewusst hätte, dass der Blinde Reisende nicht seine eigene Meinung, sondern die des ehemaligen Leibarztes der Königin wiedergegeben hatte. Ein Vierteljahrhundert zuvor hatte James Clark seinen Freund Holman vor den »schädlichen Wirkungen der aus den Pontinischen Sümpfen aufsteigenden Malaria« gewarnt und eindringlich gebeten, sich um diese Jahreszeit nicht auf den Weg nach Rom zu machen.

Holman, der von mehreren Malariaopfern in Rom wusste, der Hunderte an dieser Krankheit hatte sterben sehen und ihr selbst beinahe zum Opfer gefallen wäre, musste seine Mahlzeit allein beenden.

Holman hatte es zweifellos ernst gemeint, als er Talfourd von seiner Absicht erzählte, wieder nach Ägypten zu reisen, wahrscheinlich um von dort aus tiefer hinein nach Afrika oder Arabien vorzustoßen, tatsächlich aber war er fast schon am Ende seiner Wanderschaften angekommen. Nach nur einem Monat – einer für Besuche in Vichy, Moulins, Macon, Chalon-sur-Saône, Dijon, Châlons-du-Maine, Reims, Saint Quentin, Valenciennes, Lille, Dünkirchen, Calais und Boulogne fast zu knapp bemessenen Zeit – ging er an Bord der Kanalfähre.

Sein Schritt war sicher nicht langsamer geworden, aber er musste den finanziellen Tatsachen ins Auge sehen. Die Tantiemen waren längst aufgebraucht, und er benötigte Geld, um die wenigen Teile des Erdballs zu erforschen, die er noch nicht kannte. Es war also höchste Zeit, einen frischen Stoß Kohlepapier durch den Noctographen zu jagen, sein Bankkonto wie seinen literarischen Ruf aufzupolieren. Er hatte allen Grund zu glauben, dass ein neues Buch ihm aus den Händen gerissen würde, fand doch allein seine Rückkehr einen großen Widerhall in der Presse. So posaunte der *Liverpool Mercury* seine Ankunft hinaus:

> *Lieutenant Holman, der gefeierte Blinde Reisende, ist am Donnerstag dieser Woche nach einer Abwesenheit von fast sechs Jahren in unser Land zurückgekehrt, nachdem er Portugal und Spanien, Algerien und alle Orte am Mittelmeer besucht hat, bis nach Ägypten und Syrien vorgedrungen ist, die Wüste nach Jerusalem durchquert und schließlich den wenig bereisten Teilen*

Südosteuropas einen Besuch abgestattet hat ... und wie bei all seinen vorangegangenen Reisen war dieser vortreffliche Mann vollkommen allein unterwegs. Er ist bei bester körperlicher und geistiger Gesundheit zu uns zurückgekehrt.

Diese Notiz verdient Beachtung für das, was sie verschweigt. So fern es Holman lag, sich seiner Taten zu rühmen, war er irgendwann während dieser rastlosen Jahre zum vollständigsten Weltreisenden aller Zeiten geworden.

Wir wollen den Begriff des *Reisenden* auf seine reinste Form destillieren: Kein Seekapitän oder Geometer, bei dem Reisen und Ortswechsel zum Beruf gehören; kein Kaufmann oder Diplomat, der mit dem Vorstoß in fremde Kulturen einen Zweck verfolgt. Wir wollen ihn anwenden auf die Menschen, die sich aus eigener Initiative hinauswagen, nach ihren eigenen Reiseplänen, nur um, wie Holman, »fremde Gebiete zu erkunden, der Vielfalt nachzuspüren, die die Menschheit zu bieten hat.«

Heutzutage ließe sich dieser Begriff auf beinahe jeden von uns anwenden, zumindest zu bestimmten Zeiten unseres Lebens. Die Neugier auf das Exotische befeuert einen nicht geringen Teil der globalen Wirtschaft. Sie ist die Kraft, die Tahitianer nach Texas treibt und umgekehrt. Sie bevölkert die Pfade von Katmandu mit Rucksackträgern, verursacht Verkehrsprobleme am Südpol und macht aus der Prinz-Edward-Insel im kanadischen Hoheitsgebiet ein Paradies für heiratswillige Japaner.

Aber bevor Reisen über große Entfernungen durch den technischen Fortschritt auf ein Freizeitvergnügen reduziert wurden, konnten nur sehr wenige solch weite und lange Reisen riskieren und überleben. Jahrhundertelang hielt man den Titelhelden des Werks *Die Reisen des Ritters John Mandeville*, um 1357 auf

Französisch geschrieben, für den umtriebigsten Reisenden der Welt. Der Autor stellt sich selbst als englischen, von der Gicht geplagten Ritter vor, um dann mit der Beschreibung einer unglaublichen Serie von Reisen und Begegnungen fortzufahren. Unglaublich im Wortsinn – seine Länder sind bevölkert mit Phönixen und Krokodilen, die über ihrer Beute Tränen vergießen, mit »Männern, denen der Kopf unterhalb der Schultern gewachsen ist«. Inzwischen darf man vermuten, dass nicht nur die Reisen reine Fiktion sind, sondern auch der Reisende selbst; »Ritter John Mandeville« war aller Wahrscheinlichkeit nach das Etikett für eine Anthologie von weit hergeholten Geschichten mit fernen Schauplätzen.

Soweit moderne Historiker es bestimmen können, hielt den ältesten Rekord ein Mann, der entweder Shams ad-Din oder Abu Abdullah Muhammad Ibn Batutta genannt wurde und zur selben Zeit lebte, in der ein anonymer Franzose sich den Ritter Mandeville ersann. Geboren 1304 in Marokko, verließ Ibn Battuta sein Heimatland mit einundzwanzig und kehrte erst nach drei Jahrzehnten zurück, um einem Schreiber eine recht präzise Beschreibung der islamischen und großer Teile der übrigen Welt in die Feder zu diktieren. Er hatte nicht nur sieben Mal den Hadsch, die muslimische Pilgerfahrt nach Mekka, absolviert, sondern war im Süden bis nach Ceylon, im Osten bis nach China, im Norden bis in die Ukraine, im Westen bis nach Spanien gereist. Insgesamt führten Ibn Battuta seine Abenteuer an Land und zur See durch schätzungsweise zwei Dutzend verschiedener Kulturen, über einen Reiseweg von insgesamt ungefähr 120 000 Kilometer. Um das in Relation zu setzen, sei gesagt, dass sein Zeitgenosse Marco Polo auf seinen Reisen wahrscheinlich nur etwas mehr als 22 000 Kilometer zurücklegte.

Ibn Battuta wird vollkommen zurecht als der größte Reisende vor dem Zeitalter der Dampfmaschine bezeichnet. Holmans Reisen gehören bereits in dieses Zeitalter, aber es steckte noch in den Kinderschuhen, dampfgetriebene Fahrzeuge waren gerade erst dabei, sich von der Neuheit zum Gebrauchsgut zu entwickeln. Er war mit Dampfschiffen in das Innere Australiens, von Karthago nach Malta gefahren, aber das waren vergleichsweise kleine Etappen auf seinen langen Reiserouten. Es gibt keine Berichte darüber, dass er jemals eine Eisenbahn bestiegen hätte, oder auch nur an einem Ort gewesen wäre, von dem aus eine Eisenbahn ihn weiter als über eine bescheidene Distanz hätte transportieren können. Den weitaus größten Teil seiner Reisen bewältigte er mit den gleichen Mittel wie Ibn Battuta – zu Fuß und zu Pferde, in allen Fahrzeugen, die den Namen Karren oder Kutsche verdienten, und auf allein vom Wind vorangetriebenen Schiffen.

Soweit es sich rekonstruieren lässt, hatte Holman, als er im Oktober 1846 die Kanalfähre verließ, nicht weniger als 400 000 Reisekilometer zurückgelegt. Auch andere zeitgenössische Berufsreisende, zum Beispiel Cochrane, hatten eindrucksvolle Reisestrecken gesammelt, aber keiner von ihnen konnte auch nur annähernd die Leistungen des Blinden Reisenden vorweisen. Er durfte sich einer gründlichen Kenntnis jedes von Menschen bewohnten Erdteils rühmen, und des direkten Kontakts mit mindestens zweihundert klar voneinander abgegrenzten Kulturen. Von den wenigen Ländern, die er nicht bereiste, waren die meisten, wie Japan oder Vietnam, »hermetische Staaten«, zu denen Europäer oder zumindest Engländer keinen Zugang hatten. Allein, blind, ohne vorherige Sprachkenntnisse und mit äußerst spärlichen Geldmitteln ausgestattet, hatte er eine Strecke zurückgelegt, die der Entfernung von der Erde zum Mond entspricht.

17 DIE FREUDEN DER VERTRAUTHEIT

Eigentlich hatte sich nicht viel geändert. Seine Kollegen stiegen immer noch murrend die Hundert Stufen hinauf und hinunter. Er durfte seine alte Wohnung beziehen. Auf dem Schlosshügel flatterte Victorias königliche Flagge. Aber ein paar Dinge hatten sich in den sechs Jahren seiner Abwesenheit doch gründlich verändert.

Zur Zeit seiner Abreise waren Königin Victoria und ihr Gemahl Prinz Albert fröhliche Flitterwöchner gewesen. Inzwischen waren sie Eltern von fünf Kindern. Damals hatte die Königin gerade ihre erste Lokomotive gesehen (und zu einem »ausgesprochen seltsamen Ding« erklärt), inzwischen reiste sie regelmäßig im königlichen Eisenbahnwagon (mit Krone auf dem Dach) oder auf der königlichen Dampfjacht mit dem lauschigen Namen *Victoria and Albert* von London ab. Und ihre Worte reisten noch viel schneller. Auf Englands einziger, gerade mal dreißig Kilometer langer Telegrafenleitung wurde erstmals auf der Welt die Elektrizität kommerziell genutzt; Bürger zahlten einen Schilling für die Neuheit, eine Nachricht versenden zu können, selbst wenn gar kein Bekannter am anderen Ende darauf wartete. Bis 1846 hatte sich das Netz aus Drähten von London aus über einen Radius von ungefähr hundertfünfzig Kilometern aus-

Der »geschätzte und geliebte« Holman in hohem Alter

gebreitet, und die Grußrede der Königin vor dem Parlament wurde der Öffentlichkeit telegrafisch übermittelt. Das war natürlich nicht viel mehr als ein Werbegag – der Dienst war noch viel zu beschränkt und zu teuer für die allgemeine Nutzung –, aber der Trend war schon zu erkennen. Oben Drähte, unten Schienen. England schritt auf parallelen Linien voran in die Zukunft.

Holman ließ sich durch die Raschheit der Veränderung nicht aus der Ruhe bringen. Neuheiten hatten ihn schon immer mehr interessiert als Vertrautes, und seine Studien in Edinburgh hatten ihn mit den Prinzipien der Nutzung sowohl der Elektrizität als auch der Dampfkraft gründlich vertraut gemacht. Er entwickelte ein aktives Interesse an den Neuheiten der Zeit, wurde zu einem regelmäßigen stillen Gast in der Royal Society, besonders während der *conversaziones*, Veranstaltungen ausschließlich für Mitglieder, in denen die neuesten Erfindungen vorgestellt und anschließend lebhaft diskutiert wurden. Unter seinen naturphilosophischen Kollegen – Naturwissenschaftlern, wie man sie neuerdings nannte – fand Holman die herzlichste Aufnahme und Beweise ehrlichen Respekts. Peter Mark Roget, einer der Ärzte, die in seiner gerichtlichen Angelegenheit zu seinen Gunsten ausgesagt hatten, war jetzt der Sekretär der Gesellschaft und angehender Autor, vergraben in ein Manuskript, das später als *Roget's Thesaurus* erscheinen würde. Unter den jüngeren Mitgliedern war ein gewisser Charles Darwin, der erst zwei Jahre zuvor seinen eigenen Erstling veröffentlicht hatte. Er hatte beim Blinden Reisenden eine ganz besondere Schuld zu begleichen. 1832, als blutjunger Naturforscher, war Darwin zu den entlegenen Kokos-Inseln im südlichen Indischen Ozean gesegelt. Als er nach England zurückkehrte, um über die Reise der *Beagle* zu schreiben, fand er bei seinen Recherchen heraus, dass

Holmans *Voyage Round the World* bereits einen umfangreichen Bericht über dieses ferne Eiland enthielt, der obendrein noch so inhaltsreich war, dass Darwin daraus lange Passagen in seinem eigenen Buch zitierte. Sie hatten viele Dinge zu vergleichen, berufliche wie private: Holman kannte die HMS *Beagle*, und ihr Kapitän, Robert Fitzroy, war ein alter Freund von ihm. 1828 hatten sie gemeinsam Fitzroys Kommandierung auf das Schiff gefeiert.

Beinahe alle Mitglieder der gelehrten Gesellschaft, berühmte und weniger berühmte, hatten ihre Freude an Begegnungen mit Holman. »Viele von uns können bestätigen«, schrieb einer von ihnen, »dass er ein äußerst amüsanter und freundlicher Gesprächspartner war, voller Wissen und Anekdoten über eine Vielzahl von Themen.« Ein anderer Kollege bezeichnete ihn als »geduldig, freundlich und sehr ... beliebt« und folgerte, dass »der Charakter des Lieutenant Holman gar nichts anderes zuließ, als ihm mit Respekt und ehrlicher Zuneigung zu begegnen.«

J. P. Knight, ein gefeierter Professor der Perspektive an der benachbarten Royal Academy of Art, bat ihn, ihm für ein Porträt zu sitzen. Die Leinwand fing Holman als lebendigen Geschichtenerzähler ein, wohl in die Jahre gekommen, aber alles andere als im Alter erstarrt. Seine Haltung ist auch im bequemen Polstersessel noch unverkennbar militärisch. Der Mund ist leicht geöffnet, die linke Hand erklärend erhoben. Ganz offensichtlich erzählt er eine Geschichte.

Außerhalb der Royal Society trafen seine Geschichten allerdings zunehmend auf Desinteresse. Die Runde bei seinen früheren Verlegern – George Routledge; Smith, Elder & Company; George Whittaker; the House of Rivington – war zu einer Übung in verbindlicher Enttäuschung geworden. Er war für die meisten von ihnen, wenn nicht für alle, ein einträglicher Autor gewesen, aber die kritische Rezeption von *Voyage Round the World* war noch nicht aus ihrem Gedächtnis gelöscht. Natürlich empfingen sie ihn mit ehrlicher Herzlichkeit und hörten seinen Abenteuern aufmerksam zu, gaben, wie es sich gehörte, ihrer Bewunderung für die Erzählungen und den Erzähler Ausdruck. Aber in keinem Fall äußerte sich diese Bewunderung in dem Angebot, seine Erzählungen zu verlegen.

Die Bereitschaft der Öffentlichkeit, einer blinden Person zuzutrauen, dass sie kompetent über fast *jedes* Thema schreiben könnte, war in der Zeit seiner Abwesenheit gesunken. Sie war jetzt kaum noch nennenswert. Seit 1834 hatte sich die neu gegründete Indigent Blind Visiting Society (Besuchsverein für mittellose Blinde) zu einer immer stärker beachteten Wohltätigkeitsorganisation entwickelt, die Spenden sammelte, um »die Blinden zu Hause aufzusuchen, ihnen das Leben zu erleichtern, ihnen Trost in Form von Mitgefühl und Gottesglauben zu spenden.« Immer noch mit der weit verbreiteten Vorstellung, Blindheit sei eine von Gott verhängte Strafe (die durch die Tatsache gestützt wurde, dass Syphilis ein Auslöser sein konnte), setzten sie geistliche Prioritäten. Sie boten Bibellesungen und Begleitung zum Gottesdienst an, kaum einmal finanzielle Hilfe. So gut es gemeint war, leistete der IBVS einer zutiefst gönnerhaften Einstellung Blinden gegenüber Vorschub und behandelte sie als bemitleidenswerte, in jeder Hinsicht unerleuchtete Kreaturen. Das wurde durch die populäre Presse noch unterstützt. Zum Weihnachtsfest hatte Charles Dickens die letzte einer Reihe von Weihnachtsgeschichten veröffentlicht, *Das Heimchen am Herde.* Der wichtigste Motor des Mitgefühls war die Not der Figur Bertha Plummer, auch das blinde Mädchen genannt. Sie lebte mit ihrem Vater Caleb, einem Spielzeugmacher, in finsterster Armut in einer »kleinen geknackten Walnussschale« von einer Hütte. Aber Caleb, zu weichherzig, um ihr die Wahrheit zu sagen, fabulierte ihr die vornehmsten Lebensumstände vor: Das Haus war prächtig, sie trugen Kleider nach der letzten Mode, aus gefühllosen Angehörigen wurden liebevolle Freunde. Was blieb ihr anderes übrig, als ihm das alles zu glauben.

Das blinde Mädchen erfuhr nie, daß die Decke verblichen, die Wände schwarz und stellenweise vom Mörtel entblößt waren; daß große Risse sich gebildet hatten und mit jedem Tag sich erweiterten; daß die Balken vermoderten und sich senkten. Das blinde Mädchen erfuhr nie, daß auf den Wandborden nur die häßlichen Gestalten von Töpferwaren standen; daß Sorge und Mutlosigkeit im Hause waren; daß Calebs spärliche Haare vor ihren erloschenen Augen grauer und immer grauer wurden. Das blinde Mädchen erfuhr nie, daß sie einen kalten, anspruchsvollen, gefühllosen Herrn hatte, kurz, daß Tackleton Tackleton war, sondern lebte in dem Glauben an einen gutmütigen Kerl, der gern seinen Spaß mit ihnen trieb, und der, während er der Schutzengel ihres Daseins war, es verschmähte, ein Wort der Dankbarkeit von ihnen zu hören.

Dieser vorherrschenden, zutiefst unrichtigen Vorstellung von Blindheit zum Trotz besaß Holman Vertrauen in den Wert seiner Arbeiten. Aber ihm war auch klar, dass die Meinungen von Verlegern durch eine überzeugende dritte Seite besser zu beeinflussen wären. Er suchte sich einen Mann aus, der für diese Aufgabe bestens geeignet schien: Robert Bell, einen sechsundvierzigjährigen, von Natur aus lebhaften Iren, der sein stärkster Fürsprecher und engster literarischer Freund werden sollte. Bell wohnte in Manor House, einem imposanten Anwesen im grünen und ruhigen Londoner Vorort Chiswick. Das Haus war eine Anstalt für Geisteskranke.

Bell war nicht geisteskrank – er war freiberuflicher Journalist und »vielseitiger Autor«, veröffentlichte Anthologien, populärhistorische Bücher und Komödien und besserte sein Einkommen durch den Erwerb und das Betreiben eines Irrenhauses ein wenig auf. Ein beliebtes Investment in der damaligen Zeit. Die Betreuung geistesgestörter Menschen war eine gut organisierte Angelegenheit, geregelt nach einem Sanatoriumsgesetz und fiel in die Kompetenz des städtischen Ausschusses für Geisteskrankheiten, und ganz nebenbei war sie ein vergleichsweise profitables Gewerbe, besonders im Fall des Manor House, das sich auf finanziell unabhängige Klienten spezialisiert hatte, viele davon mit Adelstitel. Bell und seine Frau Elizabeth wohnten, durchaus vornehm, inmitten von sechzehn amtlich zertifizierten Irren.

Bell, feinfühlig aber streitsüchtig, war der ideale Mann für die Sache der Gerechtigkeit, und welche Sache hätte ein energischeres Eingreifen verlangen können als die eines in Not geratenen schreibenden Kollegen? Er war der Direktor des Royal Literary Fund, einer Wohltätigkeitsorganisation, die »ohne eigenes Verschulden in Not geratenen, verdienten Autoren von gutem Charakter« unter die Arme griff. Scheinbar die ideale Wahl für die Vertretung von Holmans Interessen, erwies sich sein karitativer Hintergrund letztlich eher als ein Hindernis. Der Royal Literary Fund verteilte seine Gelder im Stillen, um dem Ansehen der Autoren, denen geholfen wurde, keinen Schaden zuzufügen. Das bedeutete gleichzeitig, dass aus der Perspektive eines Verlegers jeder Autor, an dessen Fortkommen Robert Bell Interesse zeigte, als schwieriger Fall erscheinen musste. Für Holman – der keine milden Gaben brauchte, sondern Beziehungen – wäre eine Verbindung zu Bell eher ein Stolperstein denn eine Hilfe gewesen.

Am ersten Jahrestag seiner Rückkehr nach England brachte das beliebte Magazin *People's Journal* an prominenter Stelle ein Porträt »des gefeierten Blinden Reisenden, Lieut. Holman.« Der ungenannte Autor des Artikels (Titel: »Ein Afrikaner«) bekannte sich als langjähriger Bewunderer dieses Mannes von »unbeugsamem Willen, gepaart mit einer gehörigen Portion gesundem Menschenverstand«. Auch wenn ihn der Artikel, illustriert mit einem ganzseitigen Stich des jüngsten, von J. P. Knight gefertigten Porträts, in seiner Tendenz eindeutig feierte, verzichtete er nicht ganz darauf, seinen Gegenstand als komischen Kauz darzustellen. Die lebendigste Passage schildert Holman auf Malta, wie er laut schimpfend auf seinen alten Diener wartet, ihn einen »hinterlistigen kleinen Halunken« nennt. Und selbst wenn er Lob verteilt, verrät der Artikel ein inzwischen unumstößliches Vorurteil: »Lieutenant Holman muss als einer der bemerkenswertesten Männer seiner Zeit angesehen werden.«

Seiner Zeit, nicht *unserer modernen Zeit*. Das *People's Journal* ließ keinen Zweifel daran, dass Holman die Aura des Anachronistischen anhing.

Die Eisenbahn kam 1849 nach Windsor. Es hatte eine Art Wettrennen gegeben. Zwei Unternehmen – die Great Western Railway und die Windsor, Staines & South Western Railway oder WS&SWR – hatten aus verschiedenen Richtungen kommend ihre Schienen in großer Eile durch die Landschaft Berkshires und auf Pontonbrücken über die Themse verlegt, bis heran an die Peripherie des Kreidehügels von Windsor. Dort hatte jede Gesellschaft im Abstand von wenigen Monaten je einen imposanten Bahnhof eröffnet. Weil das Terminal der WS&SWR, komplett mit Privateingang für die Königin, sich in rotem Backstein direkt gegenüber dem Travers College erhob, hatten die Naval Knights mal wieder etwas, worüber sie sich beschweren konnten. Das beabsichtigte Leben in stiller Hingabe (bei weitgehendem Verzicht auf Hingabe) entbehrte nun auch der Stille. Jetzt musste man sich beide Wege zum Schloss, die Thames Street oder die Hundert Stufen hinauf, mit dem Lärm teilen, den Gepäckträger und Bahnreisende machten. Auf Fensterscheiben, im Garten, überall ließ sich der Ruß nieder.

Holman war stärker betroffen als die anderen Ritter. Um das Schlossgelände herum führte jetzt eine hohe Mauer, die den Blick auf die Züge versperrte und für etwas mehr Ruhe sorgte, aber für seine Ohren dämpfte die Mauer all die neuen Geräusche, die jetzt rund um die Uhr zu hören waren, nur unzulänglich: das zischende Austreten komprimierten Dampfes, das Tosen aus geöffneten Kesseltüren, das Scharren der Kohleschaufeln, das dumpfe Poltern von Koffern und Fracht.

Ein paar Jahre zuvor hatte ein Freund von Holmans Zuversicht berichtet, dass seine Reisen sich, auf ihre Weise, in seinen Träumen fortsetzten, »dass er an manchem Morgen, wenn er die Augen aufschlug, nicht gleich wusste, in welchem Teil der Welt er sich gerade befand.« Jetzt warf die Geräuschkulisse ihn jäh in eine Art Vorhölle: an den Rand der Reisen anderer, weder ankommend noch abreisend.

Holman nutzte die Eisenbahn, um mehr Zeit in London zu verbringen. Er war ein ungewöhnlicher Anblick auf den Straßen der Stadt, nicht nur wegen der Unvereinbarkeit von Marineuniform und Blindenstock, sondern auch wegen seines Bartes. Bald würden viktorianische Männer, die etwas auf sich hielten, prächtige Backenbärte tragen, aber noch waren glatt rasierte Gesichter die Mode, nur hier und da sah man einen Schnauzer. Holmans Bart, beschrieben als einer, »der dem Oberrabbiner der jüdischen Gemeinde zur Ehre gereicht hätte«, war eigentlich keine bewusste Affektiertheit. Er hatte damals, 1827 auf Fernando Po, einfach aufgehört, sich zu rasieren, weil Seife, heißes Wasser und rostfreie Rasiermesser kaum zu bekommen waren. Bei einer der Conversaziones in der Royal Society, ausgerichtet vom Marquis von Northampton, waren seine Kollegen Naturwissenschaftler sich nicht zu schade, einen kleinen Schwank auf seine Kosten zu inszenieren. Einer der wenigen, die »im selben, albernen Patriarchenstil« dichtes Gesichtshaar trugen, war der greise James Ward, einst ein angesehener Maler von Tierszenen, der dem Alter und nachlassender Sehkraft Tribut zollen und seinen Beruf aufgeben musste. William Jerdan, dem Herausgeber der *Literary Gazette* (in der Holman vor langer Zeit positiv besprochen worden war), fielen die beiden Männer auf, und er vermochte der Symmetrie nicht zu widerstehen. Er erinnert sich an die Szene so:

> *Bärte waren noch nicht in Mode, so standen die beiden allein mit ihrer Zierde. Da sie mir beide gut bekannt waren, ergriff ich die Gelegenheit, sie einander vorzustellen, und da einer blind war und der andere nicht sehen konnte, riet ich ihnen, sich zur weiteren Vertiefung ihrer Bekanntschaft gegenseitig die Bärte zu streicheln – ein Zeremoniell, das sie mit herzlichem Lachen und zur nicht geringen Belustigung eines kleinen Kreises bewundernder Zuschauer ausführten.*

Es war beinahe unmöglich, Holman zu kränken. Jeder kannte seinen Humor und seine Fähigkeit, über sich selbst zu lachen.

Er war, wie Jerdan einräumen musste, ein Phänomen an fröhlicher Geselligkeit, ein zutiefst liebenswürdiger Mensch.

> *Im Gespräch war er lebhaft und fesselnd; in jeder Situation entgegenkommend und freundlich. Natürlich war er deshalb von jenen geschätzt und geliebt, die das Glück hatten, gut mit ihm bekannt zu sein, und alle anderen in der Gesellschaft begegneten ihm mit Sympathie und Respekt.*

So sehr man ihn schätzte und mochte, die Gegenwart des weiblichen Geschlechts verschwand immer mehr aus seinem Leben. Die reine Männerwelt des Travers College und der wissenschaftlichen Zirkel in London bot wenig Möglichkeiten für das Anbahnen von Freundschaften mit Frauen, und ein neuer Geist viktorianischer Pietät schickte sich an, soziale Schranken zwischen den Geschlechtern zu errichten. Im England Georges hatte ein Abend in gemischter Gesellschaft auch nach dem Mahl gemischt bleiben können, ohne dem guten Ruf Abbruch zu tun; Holman hatte sich unter Frauen genauso sorglos wohl fühlen können wie unter Männern. Jetzt führte man ihn, kaum war die Tafel aufgehoben, unverzüglich in eine nur Männern vorbehaltene, von forschen, lauten Stimmen und (schlimmer noch) Zigarren- und Pfeifenqualm beherrschte Enklave.

Auch die Träume, aus einem Flirt könnte sich ein Werben, eine dauerhafte Bindung entwickeln, gehörten längst der Vergangenheit an. Dass Holman nicht geheiratet hat, auch nicht auf dem Höhepunkt seines Ruhms, müssen wir als eine bewusste Entscheidung verstehen – man kann sich schwer vorstellen, dass er keine Frau gefunden hätte, wenn er eine Ehe angestrebt hätte, auch wenn er aufgrund des althergebrachten Tabus einer Eheschließung zwischen Blinden das Herz einer sehenden Frau hätte gewinnen müssen, wie François Huber. Aber für den Unterhalt einer Frau sorgen zu wollen, wäre ein heikles Vorhaben gewesen, zumal eine Eheschließung seinen Austritt aus dem Orden der Naval Knights erfordert hätte. Und dann war da noch die unumstößliche Tatsache seiner ungewöhnlichen Konstitution, die nach wie vor ausschließlich aus häufiger Konfrontation mit dem Unbekannten neue Kraft zu schöpfen schien.

Er reiste weiterhin, aber nur so weit, wie es ihm seine schwindenden Geldmittel erlaubten. Er wanderte durch das ländliche Schottland, wagte sich bis zu den Scilly-Inseln auf die raue Nordsee hinaus. Er reiste nach Paris – und kehrte zurück.

Die Aura des Anachronistischen, die ihn umgab, wurde von Jahr zu Jahr stärker. 1851 dienten Holmans Schriften, wenn sie überhaupt zitiert wurden, nur noch als Material für die Verhöhnung anderer Autoren. Ein anonymer Kritiker besprach in der Zeitschrift *The Living Age* die Memoiren des Politikers Lord Holland, *Foreign Reminiscences*; der Verriss gipfelte in der vernichtenden Verhöhnung, sie hätten »sich einen Ehrenplatz auf dem Regal verdient, gleich neben den plastischen Schilderungen Mr. Holmans, des Blinden Reisenden.«

Schlimmer noch war die erneuerte, und jetzt öffentlich vorgebrachte Maßregelung durch Thomas Noon Talfourd, des Mannes, der Holmans ernste Warnung, seine Familie der Malaria auszusetzen, in den Wind geschlagen hatte. Talfourds eigenes Reisebuch, *Vacation Rambles,* hatte sich so gut verkauft, dass eine Fortsetzung sinnvoll erschien, also schrieb er *Supplement to Vacation Rambles,* das auf einer Reise basierte, die inzwischen acht Jahre zurück lag. Um die Anekdote ihrer Begegnung in Lyon auszuschmücken, machte er sich die Mühe, wenigstens einen Teil von Holmans Büchern zu lesen und zu diskutieren. Sein

Urteil war von unbekümmerter Abschätzigkeit, sowohl was »Mr. Holmans glückliches Händchen als Phänomen« als auch »seine biedere Handwerklichkeit als Autor« betraf.

> *Ich wünschte, seine praktische Intuition wäre so handfest wie sein Glaube an sie ... aber darauf liefern die Arbeiten des Blinden Reisenden keinerlei Hinweise. Es sind aufwendige* Beschreibungen *der Länder, die er bereist hat, mit Fleiß und Sorgfalt zusammengestellt, aber vergeblich wartet man auf Visionen oder ein kleines Wunder hier und da ... Denn wie viele Aspekte von Land und Meer und Himmel, wundervoll wandelbar kleinsten Augenblicken des Lichts oder Schattens, kann ein einziges Beiwort vertreten! Welche virtuelle Repräsentation tausender Dinge könnte ein einziges gutes Wort in ihrem Dienste leisten!*

Talfourd hatte großen Einfluss in der Verlagswelt. Er war ein Busenfreund Charles Dickens', der ihm die *Pickwick Papers* widmete. Als Parlamentsabgeordneter hatte er Großbritanniens erstes Copyright-Gesetz eingebracht, in dem Verlegern das Recht zugesprochen wurde, ausländische Piratenausgaben der von ihnen verlegten Werke zu untersagen. Deshalb durfte man diesen unverhohlenen Spott aus seiner Feder getrost als Todesstoß für eine Karriere lesen. Es war ein Zeichen für Bells Loyalität und Verlässlichkeit, dass er dem Blinden Reisenden nicht die kalte Schulter zeigte. Und es war ein Zeichen für Holmans Selbstbewusstsein, dass er nicht nur fortfuhr, das Manuskript seiner letzten Reisen zusammenzustellen, sondern eine zweite, noch ehrgeizigere Arbeit in Angriff nahm.

»Vielleicht kommt die Zeit, in der ich in der Lage sein werde, die Geschichte dieser inneren Assoziationen in eine endgültigere, verständlichere Form zu bringen«, hatte Holman in *Voyage*

Round the World geschrieben und sich damit auf eine Welt bezogen, die nur er kannte. Nicht die von ihm für den Gebrauch der sehenden Leserschaft interpretierte Welt, sondern die wesentlich komplexere seiner sensorischen Erfahrung. Zum ersten Mal schrieb er in allen Einzelheiten über beide Welten, die eine, die ihm die Blindheit verschlossen hatte, und die andere, die sie ihm dafür geöffnet hatte. Die Arbeit nahm die Form einer Autobiografie an. Er versucht, sich an den Namen der Lehrerin in der Tagesschule zu erinnern, nennt sie am Ende aber nur »eine alte Frau«. Er erzählt die Geschichte von Laurence Hynes Hallorans skandalöser Flucht von der Alphington Academy und die nachfolgende Beschwerde bei John Graves Simcoe. Er berichtet stolz von seinen drei mutigen Audienzen bei Lord Bridport und seine Jahre am nordamerikanischen Stützpunkt. Er beschreibt das Versagen seiner Gelenke, seiner Augen, seiner Ärzte, seiner eigenen medizinischen Ausbildung. Dann erzählt er die Geschichte seiner Reisen, diesmal offener, aus seiner ganz persönlichen Perspektive. Er erzählt viel Neues. Bereits in *Voyage Round the World* hatte er erklärt:

> *Alle Übergangszeiten nach langjährigen Reisen sind mir so frisch im Gedächtnis, als lägen sie erst kurz zurück: Und mit Muße erinnere ich mich der winzigsten persönlichen Begebenheiten, Daten und Namen, die verstreut im Ganzen liegen. Ja, meine Erinnerung ist so frisch, dass ich davon überzeugt bin, alles in freier Rede nacherzählen zu können, jede meiner Wanderungen, ohne mich an mein Tagebuch halten zu müssen.*

Das Jahr von Talfourds Attacke, 1851, war auch das Jahr, in dem die English Channel Submarine Telegraph Company ihre Unterwasserkabel hinüber zum Kontinent verlegte. Man feierte die Gelegenheit mit einem besonderen Gruß an den Herzog von Wellington – von Dover aus wurde eine Kanone in Calais ferngezündet. Es war das Jahr der Großen Londoner Ausstellung, die in einem neuen, funkelnden, aus hochstrebendem Stahl und mehr als dreihunderttausend Quadratmetern Glas errichteten Kristallpalast abgehalten wurde. Mehr als sechs Millionen Menschen strömten herbei, um die Wunder der industriellen Revolution triumphierend zur Schau gestellt zu sehen: eine Jaquard-Webmaschine, eine mechanische Nähmaschine, eine Kuvertiermaschine. Die vorherrschende Reaktion war nicht so sehr Staunen als vielmehr Genugtuung, die zu Selbstgefälligkeit gerinnende Überzeugung, dass sowohl die Welt als auch ihre Zukunft fest in englischer Hand waren. Es gab immer noch ein paar weiße Flecken auf den Landkarten der Weltkugel – das Innerste Afrikas, der Nord- und der Südpol –, aber das Zeitalter der großen Entdeckungen war zu Ende.

Dieses Jahr markierte den letzten Wendepunkt von Holmans literarischen Ambitionen. Zeitgenössische Leser waren deutlich weniger daran interessiert, die Vielfalt der Erde kennenzulernen, als sie vielmehr zu beherrschen. Ein blinder Reisender war kein Phänomen mehr, sondern eine Witzfigur. Er arbeitete weiter fleißig auf dem Noctographen, aber jetzt schrieb er für zukünftige Generationen, die Nachwelt.

Im Frühling 1852 ging er noch einmal ins Ausland, wanderte durch Norwegen und Schweden. Man ist versucht zu glauben, dass er auch diese Reisen wieder zu einem Buch machen wollte. Ein Reisebericht aus Skandinavien war der Start der Karriere einer anderen Sachbuchautorin, einer Witwe namens Ida Louise Pfeiffer, die sich jetzt aufmachte, als erste Frau allein um die Welt zu reisen (ihre Reiseroute wies starke Ähnlichkeiten mit

Holmans auf). Außerdem war es der kürzeste Weg durch die arktischen Breiten und die Heimat der Lappen, Europas letzter eigenständigen Nomadenkultur, die erst skizzenhaft erforscht war. In Wahrheit aber dürfte Holman ein weit weniger ambitionierter Grund bewegt haben: Norwegen und Schweden fehlten noch auf seiner Liste. Jetzt gab es in Europa und eigentlich dem ganzen dazugehörigen Quadranten der Erdkugel kein Land mehr, dass er nicht gründlich erkundet hatte.

Im selben Jahr erreichte ihn aus Amerika eine Ehrung mit bitter ironischem Beigeschmack. Im Norden des Staates New York stellten zwei Anwälte der Blinden, von denen einer selbst blind war, den anregenden Band *Beauties and Achievements of the Blind* zusammen und brachten ihn heraus. Es war eine Anthologie, eine Würdigung des Lebens und Wirkens Blinder durch die Menschheitsgeschichte, von Homer und Ossian (dem keltischen Barden, auch er der Überlieferung nach blind, vielleicht eine Inkarnation desselben Mythos), bis zu John Milton und dem irischen Musiker Turlough O'Carolan. Es gab ein Kapitel über den Naturforscher Huber und seine Bienen. Und ein anderes war »einem gefeierten blinden Reisenden« gewidmet, »die Skizze eines Lebens, die wir als Erste in diesem Land veröffentlichen dürfen, zusammen mit Auszügen aus seinen Schriften.«

Es folgte eine atemlose Nacherzählung von Holmans Gefangennahme in Russland, ein Resümee seiner Betrachtungen zu den Reizen der Frauen (und seines Vermögens, diese wahrzunehmen), und eine Würdigung der »exquisiten Freude, mit der sein inneres Auge in Ansichten der Schönheit ertrank.« Dahinter stand gewiss der aufrichtige Wunsch, ihm endlich eine amerikanische Leserschaft zu erschließen (»Wir werden vielleicht irgendwann in der Zukunft das lesende Publikum in diesem Lande mit dem Gesamtwerk von Mr. Holman erfreuen dürfen«), aber die Herausgeber der Anthologie leisteten sich eine unglückliche Prämisse: dass der Blinde Reisende nicht mehr am Leben sei. Ihre Biografie liest sich wie ein Nachruf.

> *Es ist zu bedauern, dass Mr. Holman der Welt nicht mehr eigene Beobachtungen und Gedanken hinterlassen hat ... Die betrübliche Situation unseres Autors, seine vergleichsweise Hilflosigkeit, hätte ihm ein riesiges Feld nützlicher Arbeit eröffnen können. Wir sind jedenfalls nicht bereit, an dem von Mr. Holman eingeschlagenen Weg vieles falsch zu finden. Seine Schriften haben die Leser unterhalten und interessiert und ihrem Autor ein hohes Ansehen in der literarischen Welt verschafft.*

Holman rechnete sich noch nicht zum alten Eisen – im Gegenteil, er arbeitete hart daran, den Leuten noch möglichst viel von seinen Beobachtungen und Gedanken zu vermitteln. Aber Zeit war eine kostbare Ressource. Nach seiner Rückkehr aus Skandinavien stellte er den Pendelverkehr zwischen London und Windsor ein; ohne die Wohnung im Travers College aufzugeben, nahm er in einer Pension in der Hauptstadt seinen Wohnsitz.

Diejenigen, die ihm nahe standen, wunderten sich über die Wahl des Stadtviertels. Selbst wenn man seine finanziellen Grenzen in Rechnung stellte, hätte es für kleines Geld wesentlich respektablere Unterkünfte gegeben als das Etablissement der Miss Clementina Bourne, die Hausnummern 10 und 11 in einer zwielichtigen Gasse mit Namen Crutched Friars (Kreuzbrüder). Mit beinahe sichtbarem Naserümpfen schrieb ein Freund, » ... noch vermag ich mir vorzustellen, was ihn in dieses Viertel gezogen haben mag.«

Crutched Friars lag auf dem Tower Hill, im Schatten des Tower of London am äußersten östlichen Ende der City. Weit weg von Soho und The Strand mit seinen Verlagen und literarischen Cafés, und noch weiter weg von den Adressen der Royal Academy und der Linné-Gesellschaft in Westminster. Tower Hill war, kurz gesagt, ein berüchtigtes Nachtjackenviertel. In *Der Raritätenladen* betont Charles Dickens die Randständigkeit des Schurken Daniel Quilp, indem er ihm eine Adresse auf dem Tower Hill zuschreibt. Sie lag am Rand des rauen, fast gesetzlosen Distrikts namens Ratcliff Highway (hinter der Hauptdurchgangsstraße), in den sich respektable Leute nur wagten, wenn sie den heimlichen Nervenkitzel suchten. Das Straßenleben hatte dort, dank der Nähe zum Pool of London, dem Themsehafen für Handelsschiffe, einen unverkennbar maritimen Beigeschmack. Ein Autor der Zeit, Korrespondent für Dickens' Magazin *Household Words*, schilderte in verwegenem Ton, was er erlebte, wenn es ihn »auf den Tower Hill verschlug«:

> *Ein Trupp ausländischer Matrosen zieht vorbei, sieben Mann: dunkelhäutig, mit Ohrringen, schwarzbärtige Halunken in roten Blusen, hellblauen Hosen und weißen Schärpen um die Hüften. Matrosen einer sardischen Brigg, vermute ich. Einer schlingt dem anderen den Arm um den Hals, aber ich kann mir nicht helfen, irgendwie erscheinen sie mir »meuchlig«, »dolchig« ... füllte man eine gewisse Quantität Rum in sie ab, sie würden es einem mit ein paar Zoll Stahl vergelten.*

Ein anderer Londoner gab seinen Slumerfahrungen Ausdruck, in dem er seine Entrüstung mit aufrichtiger Angst mischte:

> *Entweder ein schnapsseliger Malaie läuft mit blitzendem Kris [Amok] und bringt den achtbaren und unschuldigen Spaziergänger in ebenso große Gefahr wie die Raufbolde und Sauf-*

köpfe, oder der Laskar oder Chinese oder Italiener schwingt das Schiffsmesser, oder der Amerikaner gibt einem Mann sein »Bowie« zu spüren oder betrügt ihn oder springt ihn an oder leistet sich irgendeinen anderen Spaß, an dem seine Landsleute ihre helle Freude haben. Tag für Tag werden wir entsetzt und abgestoßen – Nacht für Nacht »gellt der spitze, schrille Schrei« einer Frau »durch die schaudernde Finsternis«. Und wo ist die Polizei?

So zwielichtig und wild dieses Viertel war, seine Anziehung dürfte für Holman in den genannten Nationalitäten gelegen haben: *Sarden, Malaien, Laskar, Chinesen, Italiener, Amerikaner.* Allein 1856 legten 826 Handelsschiffe aus allen Gegenden des Erdballs im Hafen von London an. Wenn es Abend wurde, zogen ihre Besatzungen grölend durch Tower Hill, ließen die Heuer von Monaten in den Kaschemmen, Pubs und »Freudenhäusern«, plapperten, nuschelten und grölten in Dutzenden verschiedener Sprachen und Dialekte. In der Nähe gab es Opiumhöhlen für all jene, die im Fernen Osten dieser Sucht verfallen waren. Und für die heimwehkranken Yankees wurden Abend für Abend in den Pfennigtheatern zerknitterte Leinwände mit amerikanischen Landschaften entrollt.

Kurz gesagt, Tower Hill war ein höchst ungewöhnlicher Ort für einen Herren von wissenschaftlichem und literarischem Rang. Aber so zweifelhaft und gefährlich er war, so freigebig stillte er den Hunger nach Exotischem. Er konnte sich keine langen Ausflüge in die Welt mehr leisten, also ließ er die Welt zu sich kommen.

Holman verstand es immer noch zu verblüffen. Eines Tages erhielt er eine Einladung zu einem Abendessen mit einem alten

Freund, einem früheren Marinekameraden, der London besuchte und in einem vornehmen Hotel abgestiegen war. Sie verabredeten sich im großen, viel besuchten Hotelrestaurant, und der Freund saß bereits am Ende des Saals, als er Holman ohne Begleitung hereinkommen sah. Aus einer abgetrennten Nische behielt er ihn im Auge und flüsterte einem Tischgenossen zu: »Psst, mal schauen, was er macht.«

Sie saßen in verschwörerischem Schweigen. Schon glaubten sie an eine Verwechslung, als sie den schlanken, bärtigen älteren Herren »an mehreren Tischen vorübergehen sahen, als sei er mit bester Sehkraft gesegnet.« Vor der richtigen Nische blieb er stehen und »legte sachte die Hände auf das Geländer, hinter dem sie saßen.«

Es war unheimlich, erinnert sich der Freund. »Keine Stimme war zu hören, und wir fanden keine Erklärung für ein Verhalten, das größte Ähnlichkeit mit tierischen Instinkten hatte.« Es sei eine Demonstration des »zweiten Gesichts« gewesen, beteuert er. Geduldig erklärte Holman, dass ihm, wo andere nur Lärm hörten, ein ganzes Muster von Klängen zugänglich war, die er gleichzeitig verstand. Er vermochte das leiseste Flüstern aus der Geräuschmatrix eines gefüllten Saals herauszufiltern, und ihm war gleich klar gewesen, dass der Satz »mal schauen, was er macht«, ihm gegolten hatte, weil die Stimme des Freundes ihm bekannt vorgekommen war, obwohl er sie seit mindestens vierzig Jahren nicht mehr gehört hatte. Sein akustisches Raumgefühl war präzise genug, um den Standort des Tisches zu bestimmen. Schwieriger war es, selbstsicher und ohne zu zögern durch ein betriebsames Restaurant zu steuern, aber weil er sich beobachtet wusste, hatte er der Versuchung nicht widerstehen können.

Die meisten Abende waren weniger ereignisreich. Wie ein anderer Freund verwundert feststellte, hatte der Blinde Reisende

Geschmack an stiller Häuslichkeit gefunden. An den Abenden, an denen keine Conversaziones in der Royal Society stattfanden, verließ Holman seine Pension in Tower Hill und spazierte ein paar Straßen weiter nach Norden in eine der wenigen halbwegs respektablen Ecken des Stadtteils, einem Ensemble von Wohnhäusern mit dem Namen America Square. Dort wohnte in einer Mietswohnung sein Kusin, der Arzt Dr. Andrew Holman, mit seiner Frau Louisa und ihren vier Töchtern – Mary, Louisa, Edith und Ellen, alle schon über zwanzig, von denen keine heiraten würde. Holman, mit seiner ungebrochenen Vorliebe für weibliche Gesellschaft, war ein willkommener, bemutterter Gast in ihrem Haus. Die Abende gipfelten in der Regel in ein paar entspannenden Brettspielen vor dem Kamin, bei denen Holman sich die Position jedes einzelnen Steins merken konnte. Der Freund schildert die Szene mit großer Zuneigung.

> *Und so fand der Reisende, der unter beispiellosen Schwierigkeiten quer um den Erdball gereist war, am Abend seiner Lebenstage, wenn er nichts Besseres zu tun hatte, im Heim seines Vetters Trost bei den Wechselfällen des Backgammon.*

Er war immer noch ein Reisender. Aber die Reisen wurden kürzer und seltener, bis nur noch gelegentliche erholsame Ausflüge nach Bath, Devonshire oder – die wohltuendsten von allen – an die nächstgelegene ausländische Küste blieben. Wenn man als Spaziergänger durch das Küstenstädtchen Boulogne-sur-Mer spazierte, gleich am gegenüberliegenden Ufer des Ärmelkanals in Nordfrankreich, konnte man vielleicht einem älteren militärischen Herren begegnen, der im gleichen Schritt in die selbe Richtung marschierte, energisch einen Stock auftickend. Und sprach man womöglich noch in einem Akzent ferner Herkunft – dem Französisch der Québécois, Portugiesisch mit brasilianischem Einschlag oder amerikanischem Englisch –, dann durfte man damit rechnen, dass der Gentleman näher herankam, höflich grüßte und versuchte, mit einem ins Gespräch zu kommen. Und wenn er sich einem als der Blinde Reisende vorstellte, lauerte er nicht auf ein Zeichen des Erkennens. Damit rechnete er schon lange nicht mehr.

Seine Blindheit wäre einem natürlich nicht entgangen, und wenn man besonders fürsorglich war, gestattete er es einem, sich bei ihm einzuhaken. Wenn er dann aber neben einem her schritt, musste man sich erst recht darüber wundern, mit welcher Aufmerksamkeit er einem zuhörte, wie leicht die Geschichten aus einem herausströmten, wie bereitwillig man ihm von seiner Herkunft, seinen Reisen, den Neuigkeiten aus seinem Heimatland erzählte. Und wenn er dann einen anderen Weg nahm, tat er es unter größtem Bedauern. Er musste die Fähre nach England erwischen, und den Zug nach London.

1857 war es auch mit den Tagesausflügen vorbei. Zunächst verschwand Holman aus den Räumen der Royal Society, bald darauf auch aus den Augen seiner Freunde. Was mochte seine Abwesenheit zu bedeuten haben? Sie wussten um seine lebenslangen gesundheitlichen Probleme, seinen Hang zu plötzlichen, unangekündigten Aufbrüchen. Man erkundigte sich auf dem Tower Hill und erfuhr: Holman war immer noch Mieter bei Miss Clementina Bourne, aber er hatte »sich völlig von der Umwelt abgekapselt, ging voll und ganz in seinem Schreiben auf.«

Er hatte beschlossen, alle ihm verbliebenen Kräfte auf seine Autobiografie zu richten, die jetzt den Arbeitstitel *Holman's Narratives of His Travels* trug. Da er, wie ein Freund es ausdrückte, »ein ganz natürliches Bedürfnis nach Ruhm über den Tod hinaus« hatte, wollte er sich mit dieser Hinterlassenschaft seinen Platz in der Geschichte sichern. Seine anderen Bücher, inzwischen allesamt vergriffen, waren der Versuch gewesen, einem Gewerbe nachzugehen; diese Seiten sollten sein Nachlass sein, und er füllte sie mit lebendigen Szenen aus seinem fotografischen Gedächtnis (»Was ich einmal behalten habe, behalte ich für immer«).

Während die Arbeit fortschritt, begannen die Strapazen sich bemerkbar zu machen. Diejenigen, die Verbindung zu ihm hielten, beschuldigten später die Intensität dieser Zeit, »seine Gesundheit endgültig ruiniert« zu haben. Dabei lässt es sich nur schwer vorstellen, dass Holmans Verfall durch leidenschaftliches Schreiben beschleunigt worden sein sollte – eher umgekehrt.

In der zweiten Hälfte des Juli 1857 debattierte das Parlament das Vorhaben, in Suez einen Kanal zu bauen, der das Mittelmeer mit dem Roten Meer verbinden sollte.

Ein paar Meilen die Themse abwärts wurde ein ramponiertes ehemaliges Kriegsschiff mit Namen HMS *Agamemnon* mit einer bisher beispiellosen Fracht beladen: ein Strang von sieben Kupferkabeln, in Guttapercha, Hanf und Kabelgarn gewickelt, das ganze noch einmal mit Eisendraht umwickelt und auf riesige Trommeln gespult.

Das Unterwasserkabel reichte über die östliche Hälfte des Atlantiks bis zu der Stelle, wo die Agamemnon sich mit der USS *Niagara*, dem größten Schiff der amerikanischen Marine, treffen wollte, die eine ähnliche Kabellänge aus der anderen Richtung abwickelte. Die Alte und die Neue Welt wurden an einer einzigen Lötstelle miteinander verbunden.

In der Crutched Friars Street legte der siebzigjährige James Holman, R.N., K.W., F.R.S., den Stift beiseite und zog den letzten Bogen Kohlepapier aus seinem Noctographen. Sein Lebenswerk war fertig, er konnte es Robert Bell anvertrauen. Der Triumph wurde durch die Gewissheit gedämpft, dass er jetzt unleugbar krank und geschwächt war.

Die Kräfte verließen ihn rasch. Am Dienstag, dem 28. Juli, nicht einmal eine Woche nach der Fertigstellung seines Manuskripts, trübte sich James Holmans einzigartiges Gespür für die Welt ein, verschwand ganz. Der ruheloseste Mann der Geschichte hatte endlich seine Ruhe gefunden.

Die populäre Presse nahm kaum Notiz von seinem Tod. Es gab keine offizielle Trauerfeier in Windsor, obwohl er Anspruch auf ein Saint-George's-Begräbnis gehabt hätte (eine Gelegenheit, zu der Naval Knights und Military Knights ihre besten Uniformen entstauben mussten). Wenn es, in London oder anderswo, überhaupt einen Gedenkgottesdienst für ihn gegeben hat, ist davon nichts überliefert. Es war Andrew Holmans Aufgabe, alle Vorkehrungen zu treffen, und er bestattete seinen Kusin in aller Stille auf dem Highgate-Friedhof, der erst kurz zuvor am Stadtrand eröffnet worden war.

Highgate war auf dem Weg, zum viktorianischen Walhalla zu werden. Baron Lyndhurst, der Lordkanzler amerikanischer Herkunft, würde sich dort zu ihm gesellen, zusammen mit Berühmtheiten wie George Eliot, Michael Faraday und – dem berühmtesten von allen – Karl Marx. Zu der Zeit unterhielt Charles Dickens ein Familiengrab auf dem Gelände, in dem er selbst einmal zur Ruhe gelegt werden wollte (auch wenn er ganz zurecht vermutete, sein Ruhm könnte ihn in die Westminster Abbey bringen). Es war ein weitläufiges, stilles, zum Teil neu aufgeforstetes Gelände, schon 1857 ein beliebter Ort für leicht morbide Nachmittagsspaziergänge. Mausoleen, Obelisken und andere überladene Zeugnisse ewigen Gedenkens schossen in solcher Geschwindigkeit aus dem Boden, dass die Fläche des Friedhofs bereits verdoppelt werden musste. Die Kunst, Trauer in Marmor zu schlagen, erreichte neue Gipfel. Zusätzlich zu der Armee von Trauerengeln zeigte man auch beruflichen Erfolg (der Grabstein eines Buchhändlers war in die Form eines Buches gemeißelt), Standbilder (komplett mit dem schlafenden Schoßhund), sogar eine ägyptische Prachtstraße mit exotischem Dekor zum Thema. Holmans Grab fällt durch seine Einfachheit auf. Nur ein bescheidener Grabstein weist auf die letzte Bleibe des Blinden Reisenden hin.

Die letzten Wünsche in seinem Testament wurden ausgeführt. Der Großteil der Manuskripte ging an Robert Bell in seinem Chiswicker Irrenhaus, »als Zeichen meiner Hochachtung«. Es sollte viel mehr als nur ein Andenken sein – Holman machte Bell, der bereits sein literarischer Testamentsvollstrecker war, zu seinem Haupterben. Die Schriften wurden ihm nicht nur anvertraut, er bekam sie geschenkt, ein nicht geringer finanzieller Anreiz, für eine Veröffentlichung zu sorgen. Das von Chinnery in China gemalte Ölbildnis vermachte Holman der Royal Society. Eine Handvoll Freunde bekamen Andenken: den Noctographen, seinen Marinesäbel. Es ist verwunderlich, dass er für die einzigartige Sammlung von Reisemitbringseln, die verstaubt und unkatalogisiert in Windsor herumlag, keine Verfügung hinterlassen hat. Die Naval Knights vergaben Holmans Wohnung im Travers College an einen Thomas Salkeld, ehemals Leutnant auf der HMS *Undaunted*. Wahrscheinlich überließ man ihm die Entscheidung darüber, was mit dem handgearbeiteten Modell eines arktischen Hundeschlittens, einem römischen Mosaik aus Pompeji und einer ganzen Menagerie ausgestopfter Tiere einschließlich eines sibirischen Flughörnchens und eines weißen Pavians geschah.

Es gab ein paar Nachrufe. Die Zeitschrift *Zoology*, das Organ der Linné-Gesellschaft, unternahm den bemerkenswerten Versuch, sämtliche Ballungszentren aufzuzählen, die Holman besucht hatte. Es ist ermüdend zu lesen, wie auf vier Seiten eine Stadt nach der anderen genannt wird, bevor der Strom kurz vor Erreichen der Zahl vierhundert endlich versiegt. Das *Gentleman's Magazine* schlug wärmere Töne an, wünschte Holman Lebewohl und blickte mit Vorfreude auf zu erwartende Veröffentlichungen.

> *Bis zum Schluss war er damit beschäftigt, seine letzten Tagebücher, die durch Reife und Erfahrung der Beobachtung wertvoller sind als alle seine früheren Reiseberichte, für den Druck vorzubereiten. Die Gesamtheit seiner Tagebücher und eine große Menge vermischter Papiere, sind in der Hand von Freunden, und es steht zu hoffen, dass sie der Öffentlichkeit zugänglich gemacht werden, begleitet von der sachkundigen Biografie eines der zweifellos bemerkenswertesten Männer unserer Zeit.*

Diese Hoffnung war vergeblich.

Neun Jahre später stellte William Jerdan – der Mann, der Holman zum gegenseitigen Bartstreicheln animiert hatte – eine Anthologie persönlicher Begegnungen während seines Lebens zusammen und nannte sie *Men I Have Known*. Ihm war in den Sinn gekommen, dass der Blinde Reisende eine interessante Figur in seinem Buch abgeben konnte, auch wenn er einräumen musste, dass »die Umstände es wollten, dass ich Holman in den letzten Jahren vor seinem Tod nur noch selten begegnet bin.« Der fünfundachtzigjährige Autor veröffentlichte eine biografische Skizze im Magazin *Leisure Hour* und wunderte sich laut darüber, dass man »von Tagebüchern und viel literarischem Material, die in den Händen seiner Testamentsvollstrecker und Angehörigen sind, überhaupt nichts mehr gehört hat.«

Nachdem er den Artikel gelesen hatte, meldete sich Robert Bell aus seiner Anstalt mit einer Erklärung. Er habe alles versucht, aber »in der Branche keinerlei Unterstützung für die Erfüllung einer solchen Hoffnung und Verheißung gefunden«. Nach Jahren des Klinkenputzens bei desinteressierten Verlegern hatte Bell schließlich aufgegeben.

Nachdem er Holman einen Platz in seiner Anthologie gegeben hatte, hängte Jerdan noch einen Nachruf an, nicht auf den Mann, wohl aber auf sein unveröffentlichtes Werk, dass »wohl nie wieder aus seiner letzten Ruhe geholt wird, nicht einmal Teile davon.«

Die einzige bekannte Fotografie von Holman, undatiert, vermutlich in seinem letzten Lebensjahr aufgenommen

18 DAS FEUER IN DER SEELE

»Hier entlang wäre er gegangen«, sagt mein Guide. »Und dann dort hindurch.«

Tausende von Touristen schlängeln sich jedes Jahr durch die öffentlich zugänglichen Bereiche Windsor Castles. Ich war darauf eingestellt, mich in die Schlange stellen zu müssen, aber Jude Dicken, die Archivarsassistentin der Saint George's Chapel, ist ausgesprochen freundlich zu tief beeindruckten Amerikanern im Jetlag. Sie öffnet eine Kette und führt mich auf einen improvisierten Privatrundgang durch das Schloss, wie James Holman es gekannt hat.

Auch heute noch könnte er ohne ein Zögern diese Korridore entlanggehen. In den fast zweihundert Jahren, seit er das erste Mal die Hundert Stufen hinaufgestiegen ist, hat sich wenig verändert. Die steinernen Stufen führen immer noch den Hügel hinauf und durch die Schlossmauer zum Canon's Cloister. Von dort aus führt ein überdachter Durchgang an Holzbauten vorbei, die vor mehr als einem halben Jahrtausend errichtet wurden. Eine weitere kleine Treppe bringt uns in einen stillen, von Arkaden gesäumten, quadratischen Hof mit Kalksteinwänden, der an die Kirche grenzt. Den einzigen Unterschied zu früher hätte er sicher bemerkt: Die Schritte unter der Arkade dürften heute anders klingen als damals, weil inzwischen viel Marmor vor den Kalkstein gesetzt wurde. Die Pflicht, das Andenken der Toten in Ehren zu halten, hat sich bis zur Kirche ausgebreitet, und je näher wir ihr kommen, umso dichter sind wir von Gedenktafeln, Büsten und Nischen umgeben.

Auch wenn es keiner von uns ausspricht, ist diese Besichtigung so etwas wie ein Trostpreis. Die Archive der Saint George's Chapel sind auch die Archive der Naval Knights of Windsor, aber über den Orden der Sieben Gentlemen ist herzlich wenig aufbewahrt worden. Beinahe mit entschuldigender Geste übergibt man mir, was übrig geblieben ist – einen Karton mit Papieren, vor allem Anwesenheitslisten und verstreute Korrespondenz. Die Einrichtung war 1892, nach Jahrzehnten der Meinungsverschiedenheiten praktisch zerrüttet, formell aufgelöst worden.

Die anderen Ritter hatten nicht Holmans Engelsgeduld gehabt. Nachdem ihr Antrag auf fünf Monate Urlaub jährlich abgelehnt worden war, hatten sie sich in zwei Lager aufgeteilt – die einen, die auf die Regeln gepfiffen haben und ohne Erlaubnis abgereist sind, und die anderen, die murrend geblieben sind. Von den Abwesenden hat mancher nach Kräften versucht, Holmans Rekord für unerlaubtes Fernbleiben zu brechen. Ritter Fredrick Henslow ist neun Jahre lang im Ausland geblieben, unter Einsendung ärztlicher Atteste, die »eine Rückreise nach England für nicht angeraten« erklärten. Das letzte dieser Entschuldigungsschreiben trug einen Poststempel aus Tasmanien.

Die Ritter, die in Windsor blieben, fanden an den Zuständen allerlei auszusetzen: der sich verschlechternde Zustand der Gebäude, das alles andere als freundliche gemeinsame Speisezimmer, die ständige Anwesenheitspflicht in der Kapelle. Nach Jahren der, wie die Visitors sie nannten, »elenden und endlosen Querelen«, setzte man eine Politik der stillschweigenden Auszehrung in die Tat um. Wenn ein Mitglied verstarb, suchte man nicht mehr nach einem Nachfolger.

Die verbliebenen Ritter waren froh über die sich lichtenden Reihen, weil sich dadurch ihr Anteil aus dem Legat des Samuel Travers erhöhte. Gleichzeitig aber war der langsame Untergang des Ordens damit beschlossene Sache. 1890 waren aus den Sieben Gentlemen vier geworden, und die Admiralität ließ einen Gesetzesantrag im Parlament einbringen, das Travers College aufzulösen.

Die Mitglieder aktivierten als erfahrene Streithähne heftigsten Widerstand gegen die Auflösung. Drei von ihnen wurden mit finanziellen Abfindungen zum Einlenken gebracht. Aber Cecil Sherlock Wale Willis, der allerletzte Naval Knight, hielt bis zum Ende durch. Am 20. Januar 1893 fiel ein Trupp Polizisten mit einem Zwangsräumungsbefehl über das Haus her. Sie brachen ein Fenster auf und überwältigten »Widerstand von innen« – Willis und seinen einzigen treuen Hausdiener. Dann war es vorbei.

Der Ort, den ich um jeden Preis sehen will, ist Holmans Wohnung im College, aber die Archivarsassistentin Dicken kann mich dort nicht hineinführen. Unmittelbar nach dem schmachvollen Ende des Ordens wurde das Gelände von der Saint George's School übernommen, der jahrhundertealten Akademie für die Sängerknaben des Kirchenchors. Seit langer Zeit gehören zur Schülerschaft auch Kinder beiderlei Geschlechts, die nicht im Chor singen, vor allem auch Mitglieder der königlichen Familie. Zur Zeit machen dort zwei Kinder der jüngsten Generation der Windsors ihre Ausbildung, die Prinzessinnen Beatrice und Eugenie, die jüngsten Enkelkinder der Queen. Aus Gründen der Sicherheit darf ich ihnen – oder sonst einem der über dreihundert Kinder, Jungen und Mädchen im Alter zwischen drei und dreizehn Jahren – nicht dabei zusehen, wie sie fröhlich lärmend die hundert Stufen zur Kapelle hinaufstürmen.

Trotz ihrer musikalischen Wurzeln und aristokratischen Aspekte hält die Schule die früheren Bewohner des Gebäudes noch ein bisschen in Ehren. Ein Stück maritimes Flair ist erhalten geblieben und zu einem beliebten Teil der Schulkultur geworden. Die Glocke in der Kuppel wurde von der HMS *Saintes* hierher verpflanzt. Außerdem sind die Klassenzimmer und Schlafsäle nach großen Seefahrern des British Empire benannt: Drake, Raleigh, Nelson. Noch bis 1974 gehörten alle Schüler konkurrierenden, nach Schiffen der Königlichen Marine benannten Untergruppen an. Die Gruppe *Revenge* trat mit den Gruppen *Victory* und *Vindictive* in Wettstreit um schulische Ehren.

Spät nachts erzählen sich die Schüler die Geschichte von dem Geist, der auf dem Gelände herumspuken soll. Sie haben ihn postum befördert – er heißt jetzt der Admiral, ein großer Titel für ein Gespenst, das aller Wahrscheinlichkeit nach höchstens ein Leutnant sein kann. Auch wenn es vor allem die Unartigen unter ihnen heimsucht, scheint das nicht seine erste Mission zu sein. Beschreibungen nach handelt es sich um einen rasselnden, knirschenden alten Mann, der alles andere als erfreut darüber ist, sein Heim mit Schulkindern teilen zu müssen, aber das Travers College um keinen Preis verlassen will.

Ich gebe mich mit einem durch eine Hecke erhaschten Blick auf Kolonnaden und gelben Backstein zufrieden. Wenn es den Admiral tatsächlich gibt, dürfte es sich um den so beharrlichen Cecil Sherlock Wale Willis handeln, oder einen anderen der zwielichtigen Ritter. Ganz sicher ist es nicht Holman, der Mann, der von allen am härtesten darum gekämpft hat, diesen Mauern zu entkommen, der Mann, der mit großem Vergnügen Oliver Goldsmiths *The Traveler* zitiert hat – ein Gedicht, in dem der Titelheld erfüllt ist von leisem Mitgefühl mit denen, die Bequemlichkeit über Erfahrung stellen und sich an einen Ort binden:

Unbekannt die Mächte, die Feuer in der Seele legen,
Jeden Nerv erfassen, und alle Knochen regen.
Nichts als ein Schwelbrand ist ihr Leben, sacht,
Weder gelöscht vom Wollen, noch von Begierde angefacht.

Es ist über die Maßen schwierig, an irgendeinem Ort in Großbritannien den Geist des Blinden Reisenden zu beschwören. Das Heim seiner Kindheit, die Apotheke im Zentrum Exeters, gibt es längst nicht mehr, obwohl das Familienunternehmen unter dem Namen Holman & Ham bis ins frühe 20. Jahrhundert überlebte. Auch Miss Clementina Bournes Pension auf dem Tower Hill ist dem Neuaufbau nach den Bombenangriffen des Zweiten Weltkriegs zum Opfer gefallen. In dieser Gegend sind die Wolkenkratzer des Finanzzentrums der Stadt aus dem Boden geschossen.

Selbst Holmans letzte Ruhestätte kann nur den leisesten Hauch des Geistes dieses Mannes ausstrahlen. Der Highgate-Friedhof, der jahrzehntelang vor sich hin rottete – in den Sechzigern und Siebzigern war er Drehort für mehrere billige Horrorfilme –, wird heute liebevoll von einer gemeinnützigen Organisation gepflegt, die ihm mit großem Aufwand seine Würde zurückgegeben hat. Aber die Ranken und Flechten auf dem Grab des Blinden Reisenden wuchern rasch. Trotz seiner Nähe zum Hauptweg ist es leicht zu übersehen. Andrew Holmans begrenzte Geldmittel reichten nur für einen kleinen Gedenkstein. Er trägt nur die ungeschmückten Worte:

Im Gedenken an
Den gefeierten Blinden Reisenden,
Lieut. James Holman, R.N., F.R.S., & c,
Des Travers College, Windsor
Gestorben am 28. Juli, 1857
Im Alter von 70 Jahren

Holman wäre über den Stein enttäuscht gewesen. Nicht, weil auf ihm keine seiner Veröffentlichungen und Leistungen vermerkt sind – oder weil, wer immer die Inschrift hineingemeißelt hat, sein Geburtsdatum vergaß. Als Freund des Epigramms, des treffenden Zitats, hätte er es gerne gesehen, wenn am Schluss der Inschrift etwas Poesie aufgeflackert wäre. *Der Hindernisse gibt es vielerlei / Doch weder find ich sie, noch ruf ich sie herbei.*

Was ist aus Holmans unveröffentlichten Schriften geworden? Nachdem sie Robert Bell übergeben worden waren, verliert sich ihre Spur. Sie fehlen unter den nachgelassenen Papieren und sie wurden zu keinem Zeitpunkt von Holmans Familie zurückgefordert. Schon 1890 schrieben Studenten Briefe an *Notes & Queries,* die Zeitschrift für literarische Forschung in Oxford, in denen sie darauf hinweisen, dass in den Nachrufen auf den Blinden Reisenden immer wieder von hinterlassenen Dokumenten die Rede sei. »Wurden diese Tagebücher jemals veröffentlicht?«, fragten sie anklagend. »Wo sind die diversen Papiere geblieben?«

Selbst unter den günstigsten Umständen ist das dauerhafte Überleben großer Manuskriptsammlungen in gutem Zustand Glückssache. Und zwei spezielle Faktoren könnten den Untergang von Holmans Arbeiten beschleunigt haben. Der erste war Mr. Bells Berufung zum Leiter eines Irrenhauses.

Bell glaubte zweifellos an die Kunst als Therapie, denn vom

Manor House als Institution ist nicht viel mehr übrig geblieben als die vielen von Patienten verfassten Skizzen und Schriften, die in der Wellcome Library in London archiviert sind. Als Bell 1867 starb, hinterließ er eine Menge Papier – seine eigenen Schriften, die seiner literarischen Pflegefälle, und eben die Produktionen der Geisteskranken. Jemand musste die turmhohen Stöße sortieren, die Spreu vom Weizen trennen. Sollte Holmans Autobiografie in einem dieser Papierberge versteckt gewesen sein, dann hätte ein oberflächlicher Leser sie beim Blick auf die Seiten mit der gequälten Schrift leicht für ein etwas abwegiges Stück Literatur oder die Fieberphantasien einer wahnsinnigen Seele halten können.

Der andere Faktor war der Noctograph. Holman scheint sich in den letzten Lebensjahren, als seine Geldknappheit ihm Lohnschreiber unerschwinglich machte, zunehmend auf diese Schreibmaschine verlassen zu haben. Er war einer der ersten, die das Gerät benutzt haben, und augenscheinlich auch einer der letzten; schon Jahrzehnte vor seinem Tod war die Produktion der Erfindung eingestellt worden. Wie mochte er sich den großen Vorrat an »Kohlepapier« besorgt haben, den er für sein Vorhaben benötigte?

Dieses Produkt war längst als preisgünstiges Mittel zur Verdopplung von Dokumenten ganz unabhängig vom Noctographen in Gebrauch gekommen. So verblüffend einzigartig seine Schrift war, mag sie in einer Masse durchweg verblichener Blätter kaum noch leserlich gewesen sein. Jedem, der ein Manuskript Holmans in der Hand hielt, hätte man es nachsehen müssen, wenn er es nicht für ein Original, sondern für eine nicht aufbewahrenswerte Kopie gehalten hätte.

In Anbetracht der Machart des Papiers und des Kontextes, in dem das Manuskript möglicherweise gefunden wurde, erscheint es nicht undenkbar, dass Holmans Lebenswerk in einem Chiswicker Kamin gelandet ist.

Und was ist mit dem anderen Mahnzeichen an die Nachwelt – dem Fluss, den Captain Owen zu seinen Ehren Holman River nannte? Er existiert nur noch auf verblassenden Admiralitätskarten. Hartnäckig erhielt die britische Regierung die Siedlung Clarence auf Fernando Po bis 1835 am Leben, trotz einer so unerbittlich ansteigenden Sterberate, dass die Londoner *Times* die Insel zum »pestilentesten Ort, der im gesamten Universum bekannt ist« ernannte. Als sie sich schließlich zurückzog, ging die Insel wieder in spanische Verwaltung über. Ein Versuch, sie mit Spaniern zu kolonisieren, endete erwartungsgemäß in der Katastrophe (ein Fünftel von ihnen starb in den ersten fünf Monaten). Danach wollte man sie in eine Strafkolonie umwandeln, aber man gab den Gedanken wieder auf, weil er zu inhuman war, »gleichbedeutend mit der Todesstrafe«.

Die eingeborenen Fernandiner (später von Ethnologen unter dem Namen Bubi klassifiziert) zogen sich ins Innere der Insel zurück und trieben nur noch vereinzelt und bei dringendem Bedarf Handel mit den Weißen. 1861 war nach Berichten seines berühmtesten Bewohners, dem Entdecker und Übersetzer Sir Richard Francis Burton, von Clarence nur noch »eine schüttere Reihe von etwa einem Dutzend weißgetünchter, strohgedeckter Bungalows« übriggeblieben.

Nach seiner fehlgeschlagenen Expedition zu den Quellen des Nil, wollte Burton unter allen Umständen in Afrika bleiben und akzeptierte trotz der verheerenden Todesrate die Berufung zum britischen Konsul auf Fernando Po. Er bezeichnete die Aufgabe als »Brettersarg, in den jährlich ein toter Konsul zur Ruhe gelegt wird« und erlebte die wütende Tornadosaison als so furchterregend feucht, als sei die Luft »ohne Atmosphäre«. Burton verrät nicht, ob er wusste, dass Holman zu den Gründern der Siedlung gehörte, aber die Arbeiten seines Vorgängers hat er zweifellos gekannt. In einem Essay zum Abschluss seiner zehnbändigen Übersetzung der *Geschichten aus Tausendundeiner Nacht* schrieb er später, die zentrale Doktrin des Islam sei »Mitgefühl und Toleranz gegenüber anderen ... sie geben dem gemeinen Muslim eine Würde, die selbst dem ›Blinden Reisenden‹ nicht entgangen ist.« Holman hatte 1821, Burtons Geburtsjahr, mit großer Begeisterung mehrere Moscheen in Sibirien besucht.

Fernando Po blieb bis 1968 spanische Kolonie, dann vereinte es sich mit einer Nachbarinsel und einem schmalen Streifen Festland zu dem unabhängigen Staat Äquatorialguinea, der nicht mit Guinea oder Papua-Neuguinea verwechselt werden darf. Man findet ihn auf der Weltkarte zwischen Gabun und Kamerun, allerdings muss man schon sehr genau hinsehen: Es ist der zweitkleinste Staat Afrikas. Die Zeit und die Politik haben die meisten Spuren der britischen Pioniere verwischt; fast alle englischen Ortsnamen sind durch spanische ersetzt worden, die ihrerseits in vielen Fällen durch afrikanische Prägungen abgelöst wurden. Fernando Po heißt heute Bioko. Clarence, die Hauptstadt des Staates, bekam zuerst den Namen Santa Isabel, heute heißt es Malabo.

Ein paar der von Owen vergebenen Namen haben überlebt – es gibt eine Punta Owen, die der Kapitän nicht nach sich, sondern nach seinem Halbbruder benannt hat. Aber der Holman River heißt nun schon seit Generationen Rio Biady. Die massive Felsformation in ihrer Mündung, einst Holman Rock getauft, trägt heute keinen offiziellen Namen mehr.

Seit Anbeginn meiner Recherchen hegte ich den Traum, das Geheimnis um Holmans Blindheit zu lüften. Paradoxerweise hat diese Aufgabe sich als so leicht wie unmöglich erwiesen. Der leichte Teil war die Erstellung einer wahrscheinlichen, auf modernen medizinischen Erkenntnissen basierenden Diagnose. Die von mir befragten Experten waren sich schnell einig: Absterben des Sehnervs, Ergebnis eines Uveitis genannten Prozesses, die Entzündung der mittleren Gewebeschicht des Auges (zu der die Farbe der Iris gehört). Kein Akt historischer Labormedizin kann ganz exakte Ergebnisse bringen, aber die im Zusammenhang mit diesem Fall dokumentierten Symptome sind der modernen Augenheilkunde einfach zu bekannt. In den Vereinigten Staaten ist Uveitis nach Diabetes und Degeneration der Hornhaut noch immer der dritthäufigste Grund für Blindheit. Mehr oder weniger plötzlich nimmt sie geschätzten dreißigtausend Amerikanern jährlich die Sehkraft.

Syndrome wie der rheumatische Befall von Holmans Gliedmaßen stehen im Verdacht, ein häufiger Auslöser für Uveitis zu sein. Das Schlüsselwort ist »Verdacht«. Der Verlust der Sehkraft wird in der Regel von einer anderen Disposition ausgelöst, und die Identität dieses Auslösers hat sich bis heute beharrlich der Entdeckung entzogen. Die große Mehrheit aller Fälle wird als »idiopathische Uveitis« diagnostiziert – wobei der Terminus »idiopathisch« im Grunde genommen eine *ungeklärte Ursache* bezeichnet. Wie die American Academy of Ophthalmology einräumt, kann »Uveitis viele verschiedene Ursachen haben, unter anderen Virusinfektionen, Pilzbefall, Toxoplasmose, bakterielle Infektionen, Arthritis, Autoimmunkrankheiten oder äußere Verletzungen des Auges. In den meisten Fällen bleibt die Ursache für die Erkrankung an Uveitis unerkannt.« Wenn Holman heute leben würde, stünden ihm keine neuen

Möglichkeiten zur Verfügung, die wahre Natur seiner Erblindung zu verstehen.

Holmans Vergessenheit ist beinahe vollkommen. Nur die Blinden erinnern sich des Blinden Reisenden. 1970 erklärte auf dem Jahreskongress der National Federation of the Blind, des Nationalen Blindenbundes der USA, der Präsident der Organisation, Kenneth Jernigan, den Blinden Reisenden vor den versammelten Mitgliedern stolz zum Teil ihres gemeinsamen Erbes. »Man kann sicher sein, dass viele blinde Menschen, verschreckt durch den Mythos der Hilflosigkeit, in ihren geschützten Ecken geblieben sind«, erklärte er ihnen. »Holmans Geschichte ist von großer Bedeutung als Demonstration der Tatsache, dass blinde Menschen schon vor fast zwei Jahrhunderten Sieben-Meilen-Stiefel tragen konnten – lange vor Braille oder dem langen Stock, vor Blindeninternaten oder beruflicher Rehabilitation.«

Einen James Holman wird es nicht wieder geben, einen Blinden, der sein Leben dem Umherreisen in der ganzen Welt widmet, »allein, ohne Rat und Beistand«, wie er es genannt hat. Das Leben auf unserem Planeten hat sich beschleunigt, heute kann man sich auch auf die außergewöhnlichste nicht visuelle Wahrnehmung nicht mehr verlassen.

Das moderne Zeitalter der Blindheit begann 1918, nachdem im Ersten Weltkrieg durch den Einsatz von Senfgas Tausenden von Soldaten die Sehkraft geraubt wurde. Diesen Blinden war bewusst davon abgeraten worden, sich auf kompensatorische Sinne zu verlassen, zumindest was die Mobilität außer Haus betraf. Gummisohlen hatten Fußgänger fast unhörbar gemacht. Pferdegespanne mussten auf den Straßen immer mehr Automobilen Platz machen, die tödlich schnell und leise auf Gummireifen über asphaltierte Straßen rollten. Man gab den Blinden Stöcke mit Gummispitzen, die zu kurz für ein wirksames Pendeln waren – noch kürzer als Holmans Spazierstock. Sie waren weiß lackiert, um die Sehenden auf den Status des Besitzers aufmerksam zu machen (die amerikanische Version fügte noch einen roten Streifen für Blinde, zwei Streifen für Blinde und Taube hinzu). Man brachte ihnen bei, beim Überqueren der Straße den Stock auf Armeslänge von sich zu strecken – um sich möglichst sichtbar für Autofahrer zu machen – und sich darauf zu verlassen, dass der Verkehr für sie hielt. Mobilität verließ sich zunehmend auf die Augen der anderen: wenn nicht der Passanten, dann der Blindenhunde, die 1929 in Amerika, 1931 in England eingeführt wurden.

In der zweiten Hälfte des 20. Jahrhunderts begannen die Blinden jedoch, sich um Unabhängigkeit zu bemühen. Der »Langstock«, von dem Kenneth Jernigan gesprochen hat, kam in Mode – ein schlanker, flexibler Stab zum Pendeln, ganz ähnlich dem Rohrstock, den Sir John Fielding zwei Jahrhunderte zuvor benutzt hat, nur dass er jetzt aus Fiberglas war, mit einzelnen abgeteilten Segmenten. In den späten Sechzigerjahren begann man, mit Gesetzen die Mobilität zu unterstützen und Dinge wie erhöhte Übergänge, abgeflachte Randsteine und Tonsignale an Verkehrsampeln als haptische und akkustische Hilfen für die Fortbewegung vorzuschreiben. Aber seinen Nachfolger im Geiste sollte James Holman erst 1990 finden.

Daniel Kish, geschäftsführender Direktor von World Access for the Blind, ist ein Mann von ansteckender Lebensfreude, mit einem für den geborenen Südkalifornier charakteristischen wenn nicht gar archetypischen Lebensstil, die Haare lang und zerzaust, die Kleidung mehr als leger: bequeme weite Hosen, buntes kurzärmeliges Hemd. Er ist begeisterter Mountainbike-Fahrer und

Bergsteiger. Er ist pausenlos mit dem Handy beschäftigt, während er durch den Sonnenschein des Orange County marschiert. Seine grünlichen Augen sind makellos schön, und das ist auch kein Wunder – schließlich handelt es sich dabei um die Arbeit eines begabten Prothesenkünstlers. Die organischen Augen mussten ihm im Alter von drei Jahren im Zuge einer Krebsbehandlung chirurgisch entfernt werden.

Mitleid gehörte nicht zu seiner Kindheit. Ermuntert, mit seinen aktiven, sehenden Geschwistern mitzuhalten, kletterte er über Zäune und auf Bäume, spielte auf dem Bolzplatz – alles Situationen, in denen kein Blindenstock weiterhalf. Um nicht den Anschluss zu verlieren, begann er mit einem Experiment. Er machte die Erfahrung, dass Geräusche, wenn man sie sorgfältig entschlüsselt, ihre eigene Form der Raumwahrnehmung in sich tragen.

Wo Holman das Klicken seines Spazierstocks nutzte, oder den Hufschlag der Pferde, ließ Kish nur die Zunge gegen den Gaumen schnalzen. Das scharfe Geräusch wurde von Gegenständen reflektiert, und mit viel Übung lernte er, aus dem Klang des Echos die Landschaft »herauszulesen«. Er machte die Entdeckung, dass es nach dem Prinzip des Echolots funktionierte, das Radartechnik und fliegende Fledermäuse sich zunutze machen.

Er gab nicht nur seiner Mobilität eine neue Dimension durch diese Erkenntnis, er schuf sich daraus eine Lebensaufgabe. Nachdem er zwei Magisterprüfungen abgelegt hatte, eine in Entwicklungspsychologie, die andere in Sonderpädagogik, startete er eine Pilotstudie, um zu sehen, ob man blinden Kindern die Nutzung der Echolot-Technik anerziehen konnte. Er kam zu beeindruckenden Ergebnissen. Inzwischen hält Kish überall auf der Welt Vorträge zu dem Thema. Er arbeitet mit der Nationalen Gesundheitsbehörde zusammen, untersucht die Prozesse, mit denen das Gehirn akustischen Input zu physischer Aufmerksamkeit verarbeitet. Er ist Teil eines Teams, das eine verbesserte Technologie mit dem Namen Sound-Flash (Klangblitz) entwickelt, mit der »die Effizienz des Echos auf das Dreifache gesteigert« wird. Aber am besten bekannt ist er als Gründer der gemeinnützigen Gesellschaft, die es sich zur Aufgabe macht »eine verständliche Methode zu entwickeln, mit der das Sehvermögen durch andere Formen des Sehens ersetzt wird.«

Es ist beinahe unheimlich, wie viele Informationen Kish und seine Schüler aus einem Klangblitz gewinnen. Als ein Fernsehteam ihn bittet, seine Umgebung vor laufender Kamera zu schildern, schnalzt er ein paar Mal schnell mit der Zunge, als wäre es eine nervöse Angewohnheit, um dann exakte Positionen aller Dinge in einem Umkreis von fünf Metern zu liefern: des Mikrofongalgens über seinem Kopf, des Lichtreflektors hinter ihm, sogar eines Baums im Hintergrund. Er scheut sich nicht einmal, die Hand auszustrecken und den Zeigefinger zielsicher auf das Objektiv der Kamera zu legen.

Aber der eindrucksvollste Aspekt von Kishs Arbeit ist das Team Bat. Wenn es eine moderne Version von James Holmans Ritten durch die südafrikanische Wildnis gibt, dann betreiben sie die Mitglieder dieses Teams, die auf ihren Mountainbikes in irrwitzigem Tempo die Wege der südkalifornischen Vorgebirge entlangrasen. Mit Klickvorrichtungen an den Bikes, bei der Drehung des Rads durch die Speichen ausgelöst, hören sie in das vor ihnen liegende Gelände hinein, erlauschen näher kommende Hindernisse oder Wegbiegungen.

Wie auch Holman es bisweilen gemacht hat, fahren die Teams mit einem sehenden Gefährten. Aber diese Person ist alles andere als der Anführer – er oder sie hat genug damit zu tun, das Tempo zu halten. Die blinden Biker sind keine Hasardeure, und es ist aufregend zu sehen, wie weit sie sich ihrem Bike hingeben.

»Wir wollen mehr als nur die Mindestanforderungen ans Funktionieren und Befriedigung«, sagt Kish. »Wir sind der Meinung, dass es keine Grenzen geben sollte.«

Der Dichter Jorge Luis Borges, in einem multiethnischen, mehrsprachigen Haushalt in Argentinien aufgewachsen, hat sich immer als ein Weltbürger verstanden. Als Jugendlicher ist er durch die südamerikanische Pampas gereist, nach Uruguay und Brasilien hinein. Als junger Mann lebte er in der Schweiz und Spanien, und je älter er wurde, desto weiter wagte er sich in die Welt hinaus, auch dann noch, als seine von Geburt an schlechten Augen ihn ganz im Stich ließen und er blind war. In seinen letzten Jahren hätte man ihn durch antike Ruinen an der adriatischen Küste stöbern oder triumphierend in einem Fesselballon über Kalifornien aufsteigen sehen können. Solche Unternehmungen waren ganz natürlich für ihn, das einzige Leben, das er sich vorstellen konnte. Aber er sah sich gezwungen, seine unveränderte Liebe zum Reisen erklären zu müssen.

> *Das Unbekannte zu entdecken ist nicht das Vorrecht eines Sindbad, Erik des Roten oder Kopernikus. Jeder einzelne Mensch ist ein Entdecker. Er beginnt mit der Entdeckung von Bitterkeit, Salzigkeit, Konkavität, Glätte, Rauheit, den sieben Farben des Regenbogens und den gut zwanzig Buchstaben des Alphabets; er macht weiter mit Gesichtern, Karten, Tieren und Sternen. Er endet mit Zweifeln, oder mit Vertrauen und der beinahen Gewissheit, nichts zu wissen ... Auch ich habe die Freude und das Erstaunen beim Entdecken von Klängen, Sprachen, Zwielicht,*

Städten, Gärten und Menschen erlebt, alle deutlich von einander unterschieden und einzigartig.

Bewusstes, sensorisch reiches Reisen – ein Bewusstseinsprozess, nicht Vehikel der Überwindung von Entfernungen – feiert gerade ein Comeback. Im letzten Jahrhundert ging es darum, Tempo und Komfort in allen nur erdenklichen Ausprägungen zur Verfügung zu stellen, aus der Reise so etwas wie den blinden Fleck zwischen zwei Bestimmungsorten zu machen. Aber das Rennen endete mit einem Überschallknall. Die schnellsten Verkehrsjets der Welt sind eingemottet, wegen Mangel an Passagieren. Jeden Sommer wird das ländliche Spanien zum Gastgeber für Menschen, die es wie Holman einst mit seinem Freund Colebrook entdecken wollen, in ... Marschtempo. Wenn nötig untergehakt.

Einen James Holman wird es nicht wieder geben. Aber es wird immer Menschen geben, die den Mut aufbringen müssen, sich mit ganzem Herzen in komplexe Welten jenseits unseres Begriffsvermögens zu stürzen. An sie hat Holman seine unvorsichtigsten Worte gerichtet. Über seine Weltumrundung nachdenkend, gestand er, dass die am tiefsten empfundenen Momente ihn nicht blind, sondern stumm gemacht haben.

Am Rand des Abgrunds, und im Herzen der grünen Wälder ... war da ein Wissen in den Bergwinden und in der feierlichen Stille versunkener Blätter, das nicht falsch zu verstehen war. Es drang mir ins Herz, und ich hätte weinen mögen, nicht, weil ich nicht sehen konnte, sondern weil ich nicht ausdrücken konnte, was ich fühlte.

Zeit, wenn nicht Raum, macht uns alle zu Reisenden. Und wenn wir uns noch so daran klammern, irgendwann müssen wir das Vertraute loslassen und eine Neigung zum Neuen schmieden, und das Näherkommen des noch weniger Vertrauten spüren. Wir tasten uns voran. Wenn wir so viel Glück haben wie der Blinde Reisende, wird uns die Gnade zuteil, mit derselben Aufmerksamkeit die Botschaften des Windes zu hören und die Feierlichkeit der Stille. Voller Freude den Weg selbst wahrzunehmen.

DANKSAGUNG

Dieses Buch war zwangsläufig ein globales Unternehmen. Ich empfinde tiefe Dankbarkeit für jeden, egal wo, der seinen Beitrag dazu geleistet hat.

In New York: An erster Stelle und von ganzem Herzen geht mein Dank an Michelle Tessler von der Literaturagentur Tessler (die überzeugt und ohne Zweifel war) und Courtney Hodell von HarperCollins (deren funkelnde Einsichten mir den Weg leuchteten). Mein Dank gilt auch Rachel Safko, Lila Byock, Jonathan Burnham, Kathy Schneider, Christine Boyd und Clive Priddle.

Absolut jedem in der San Francisco's Writers Grotto: Daniel Kish und World Access for the Blind, Cathryn Ramin und Aparna Sreenavasan.

In Großbritannien: Andrew Gordon, Roger Barrington, Fiona Sinclair, Jude Dicken, Jean Pateman und Susan Norton vom Friedhof Highgate und Craig Stanton von Hordon House Rare Books.

In Australien: Jenny Fawcett, Evelyn Wier, Don Yorath, Ken Gibb und Doug und Jan Oldaker.

In Honkong: Geoffrey Bonsall, ehemaliger Verlagsleiter der Hong Kong University Press und stellvertretender Bibliothekar der Universität Honkong, der mir liebenswürdigerweise Holmans Dokumente aus seiner privaten Sammlung zur Verfügung stellte und auf eigene Initiative vor Ort hilfreiche Nachforschungen angestellt hat.

Anderswo: Wichtiges Fachwissen wurde von Paul Collins in Iowa City, David J. Clark in Portland, Rob Bustos in Vancouver und Lisa Rosner vom Historical Studies Program des Stockton State College, New Jersey, beigesteuert.

Und meiner Familie: Mona in Truckee, Gloria in Arizona, den Mixtons in New Iberia, den Plummers in Capistrano Beach, Kal in Cowboy Heaven, Eden Elise, Jesse Eli und (immer, immer) Patricia, *ma jolie*.

ANMERKUNGEN

EINLEITUNG – DIE WELT UND IHRE VIELFÄLTIGEN FREUDEN

»hat er den Erdball ausgiebiger bereist als jeder andere Reisende vor ihm«: William Jerdan, *Men I Have Known* (London: George Routledge and Sons, 1866), 262.

Charles Darwin zitiert ihn [...] als Experten: Charles Darwin, *The Voyage of the Beagle*, Harvard Classic edition (New York: P. F. Collier & Son, 1904–14), Kapitel XX, Fußnote 2.

Richard Francis Burton [...] zollt dem Mann und seinem Ruhm Tribut: Richard F. Burton, *The Book of Thousand Nights and a Night* (elektronische Ausgabe: www.gutenberg.org), V.10, Abschnitt IV.

»eines der größten Wunder der Welt ...«: Jerdan, *Men I Have Known*, 264.

»Ungereimtheiten an der Grenze zur Absurdität.«: *Diary of Thomas Giordani Wright*, Newcastle, Eintrag ca. 1826 (Tyne and Wear Archive Services, Newcastle upon Tyne).

VORSPIEL – MIT DEN FÜSSEN KANN ICH DIE WELT BESSER SEHEN

Der blinde Mann blieb stehen, um das Ende seines Gehstocks zu befühlen: James Holman, R. N., K. W., *The Narrative of a Journey, Undertaken in the Years 1819, 1820 & 1821, Through France, Italy, Savoy, Switzerland, etc.* (London: F. C. and J. Rivington, 1822), 226.

»begleitete ich den berühmten Blinden Reisenden [...] zum Krater hinauf.« (und folgende Auszüge): R.R. Madden, *The Literary Life and Correspondence of the Countess of Blessington* (London: T. C. Newby; 1855), v. 1, 10.

überdurchschnittlich groß: Henry Maull & Polyblank, *Photographic Portraits of Living Celebrities* (London, 1857–59). Basierend of Vergleichen mit anderen Personen, die im selben Stuhl aufgenommen wurden.

»Mit den Füßen kann ich die Welt besser sehen.«: Madden, *Blessington*, v. 1, 12.

Der Vesuv war auf dem Höhepunkt seines Zorns: ebenda. Madden und Holman beobachteten den Eruptionszyklus 1796–1822, den gewaltigsten seit dem

Zyklus 1703–1723 (Quelle: Global Volcanism Program, Smithsonian National Museum of Natural History, www.volcano.si.edu).

»Der Hindernisse gibt es vielerlei, doch weder find ich sie, noch ruf ich sie herbei.«: Holman, *Narrative of a Journey*, 230.

1 – DAS KIND IM KREUZ DES KOMPASS

»Seit frühester Jugend bestand in mir der Wunsch, ferne Länder zu erforschen«: James Holman, *A Voyage Round the World, Including Travels in Africa, Asia, Australasia, America, etc, etc.* (London: Smith, Elder & Co., 1834), v. 1, 1.

eine Apotheke nach neuester kaufmännischer Art: Diese Beschreibung des Inventars speist sich aus Anzeigen in *Flying Post*, Exeter, vom 17. Januar 1783 bzw. 21. Februar und 12. Juni 1788.

»Die Schiffe kommen nun ganz in die Stadt herein ...«: Daniel Dafoe, *From London to Land's End*, erstmals erschienen 1714 (elektronische Version der Ausgabe von 1888: www.gutenberg.org).

Er hielt sich eine zweispännige Phaeton: Das Gefährt (»mit vollständiger Beschirrung, und in sehr gutem Zustand«) ist in der Ausgabe der *Flying Post* vom 13. Juni 1777 per Anzeige zum Verkauf ausgeschrieben.

kandidierte erfolgreich für den Stadtrat von Exeter: ebenda, 1. Oktober 1773.

»Chemiker und Drogist« oder »Arzt und Apotheker mit vor- nehmer Praxis«: ebenda, 6. September 1782 bzw. 12. November 1779.

Samuel, der Soldat werden sollte: War Office, Printed Annual Army Lists 1754–1879, National Archives (UK) catalogue WO 65.

William war derjenige, der zur See fahren sollte: William O'Byrne, *O'Byrne's Biographical Book on Serving Royal Navy Officers* (London, 1855), 531.

besuchte James bereits eine private Tagesschule: Zoology: Proceedings of the Linnean Society of London, v. 3, 1859, xxvii.

»alle Schönen Künste«: George McCall Theall, *Records of the Cape Colony, Volume XXXIV* (Cape Colony Publication, 1905), 169.

»die Söhne von kleinen Geschäftsleuten in Exeter ...«: Anna Eliza Bray, *A Description of the Part of Devonshire Bordering on the Tamar and the Tavy* (London: John Murray, 1836), 203.

» Wäre sein Rechtsbeistand ihm [...] nicht über den Mund gefah- ren ...«: ebenda, 203.

Lumsden's New Map of the World, from the latest discoveries: Diese Karte (London, 1785) wurde in diverse Ausgaben von Thomas Salmons *Geography* aufgenommen. Sie wird dem zeitgenössischen Stand der geografischen Wissenschaft nicht gerecht, sondern entspricht dem geringen Maß an Genauigkeit, das in damaligen populären Werken zu erwarten war (die Ostküste Nordamerikas weist sie als »British Empire« aus). Eine ähnliche Karte, *The World from the Best Auhorities* (anonym, London, ca. 1790), bezeichnet Tahiti als die Sandwich Isles und enthält einen »Pike's Lake« in den Rocky Mountains.

dessen Verse noch heute in Antholgien zu finden sind: Roger Lonsdale, Hrsg., *The New Oxford Book of Eighteenth Century Verse* (Oxford: Oxford University Press, 1989), 780.

An ode (attempted in Sapphic Verse): Laurence Hynes Halloran (Exeter: im Eigenverlag, Druck T. Brice, 1789).

weil man ihn gewisser »unmoralischer« Handlungen bezichtigte: J. Kerrison, *Australian Dictionary of Biography* (Melbourne: Melbourne University Press), CD-ROM.

Halloran war ein Betrüger: ebenda.

Kommandant der Grünjacken: Diese Episode in Simcoes Leben erschließt sich gut aus den Kapiteln 3 bis 7 von: Mary Beacock Fryer u. Christopher Dracott, *John Graves Simcoe, 1752–1806: A Biography* (Toronto: Dundurn Press, 1998).

mussten in Doppelreihen vor dem Tor Aufstellung nehmen: ebenda, 226.

und es sich bei William Pitfield [...] geliehen: ebenda, 226.

beide waren auf wohltätige [...] aktiv gewesen: Fryer und Dracott bezeichnen Pitfield als »für Arzneimittel am Exeter Hospital« verantwortlich (S. 27). John Holman wurde am 17. März 1796 zum Schatzmeister der Hospitäler Devon und Exeter gewählt (*Flying Post*, 24. März 1796).

hatte in der Marine einen neuen Rang geschaffen, den Freiwilligen Erster Klasse: Brian Lavery, *Nelson's Navy* (Annapolis: Naval Institute Press, 1989), 88.

»voll gepackt mit Geographie, Astronomie, Algebra ...«: *Zoology*.

an einer privaten Vorbereitungsschule: Der Name der Schule ist nicht bekannt; es muss eine der drei zu dieser Zeit in Gosport vorhandenen Einrichtungen gewesen sein, da Holman zu jung für das Royal Navy College auf der anderen Seite des Hafens in Portsmouth war.

»für den Dienst zur See vorgesehen«: Holman, *The Narrative of a Journey*, vi.

hatte es verheißungsvoll Sternschnuppen geregnet: Astro Info Base (members.tripod.com/astro1000).

Krieg, der zu einem der tödlichsten in der Geschichte [...] werden sollte: T. N. Dupuy, *The Evolution of Weapons and Warfare* (New York: Bobbs-Merrill, 1980), 314.

Der erste Sohn, den es zu beklagen gab: *Flying Post*, Exeter, 13. Dezember 1798.

einem seiner Angestellten, John Ham: Hams Anstellung bei Holman ist in Exeter 1811 notiert. Das Geschäft wurde in der *Flying Post* vom 20. Juni 1803 unter dem Namen »Holman & Ham« beworben.

»Ich verspürte einen unwiderstehlichen Drang ...«: Holman, *A Voyage Round the World*, v. 1, 2.

2 – DAS ABSAUFEN NICHT WERT

Die Royal George *war [...] ein stolzes Schiff*: Lavery, *Nelson's Navy*, 73.

... das Absaufen nicht wert.«: (Zitat Sir Edward Pellew): C. Northcote Parkinson, *Britannia Rules: The Classic Age of Naval History 1793–1815* (London: Weidenfeld and Nicholson, 1977).

die man [...] als »offene Blockade« bezeichnete: Lavery, *Nelson's Navy*, 300.

sich hübsche Kästchen daraus schnitzten: G. E. Manwaring u. Bonamy Dobrée, *Mutiny. The Floating Republic* (London: The Cresset Library, 1987), 44.

alle zusammen »Rule Britannia« gesungen: James Dugan, *The Great Mutiny* (New York: Singet Books, 1967), 170.

hatte es sich um eine bewusste Irreführung gehandelt: William Laird Clowes, *The Royal Navy. A History from the Earliest Times to the Present* (London: Sampson Low, Marston and Company, 1889), v. IV, 387.

»auch so ein alter Angsthase«: (Edward Pellew): C. Northcote Parkinson, *Edward Pellew, Viscount Exmouth* (elektronische Version der Ausgabe von 1934: www.pellew.com).

eine private Audienz beim Admiral: Zoology.

Holmans erstes Gefecht: Laird Clowes, *The Royal Navy*, v. IV, 388.

verdankte er einem banalen Verkehrsunfall: The Hood Peerage Pedigree (www.hoodpedigree.co.uk), Einträge zu Alexander Hood (951).

3 – DER HÖHEPUNKT DER ERWARTUNGEN

versehentlich ein Gefecht mit einem Leuchtturm: Captain Basil Hall, R. N., *The Log-Book of a Midshipman* (London: Blackie & Son, undatierte Ausgabe des erstmals 1831 veröffentlichten Werks), 109.

die privaten Quartiere [...] waren größer und besser beleuchtet: James Henderson, *The Frigates* (Ware: Wordsworth Editions Limited, 1998), 19.

Das betrügerische Prinzip der »unterbrochenen Reise«: Peter P. Hill, *Napoleon's Troublesome Americans: Franco-American Relations, 1804–1815* (Dulles: Potomac Books, 2005), xii.

den gängigen Preis für das Umflaggen eines Schiffs: Hall, *Log-Book of a Midshipman.*

»alle Fahrzeuge, die wir gesehen haben, an der Weiterfahrt hindern«: ebenda.

»Der glückliche aber besorgte junge Prisenkapitän«: ebenda.

»ein ständiges Wechselspiel aus Hoffnung und Angst«: ebenda.

»wenn möglich direkt in den Schatten der Flagge wollte«: ebenda.

»Einmal Engländer, immer Engländer«: *»Wage theory«, Encyclopedia Britannica*, 2005.

»diverser Verstöße, unrechtmäßiger Handlungen und Störungen des Handelsverkehrs«: President Jefferson's Proclamation of Cambrian Ship and Other British Armed Vessels, vom 20. Dezember 1806.

»mit welchem Abscheu«: Hall, *Log-Book of a Midshipman.*

»als würde ich auf meinen Augäpfeln laufen«: (Zitat von Sidney Smith): Roy Porter u. G. S. Rousseau, *Gout, The Patrician Malady* (New Haven: Yale University Press, 1998), 3.

»ein Glas starker Wein«: Dr. William Buchan, *Domestic Medicine; or, the Family Physician* (London: Balfour, Auld and Smellie, 1785).

»ob ich [...] hier zu verbleiben habe«: British Public Records Office ADM 1/2927 vom 21. Juli 1807.

von wo aus er die Zahlstelle der Marine [...] ersuchte: British Public Records Office ADM 1/2928 vom 28. April 1808.

die Guèrrière, *eine [...] bei Grönland gekaperte Kriegsbeute*: Michael Phillips, *Ships of the Old Navy: A History of Sailing Ships of the Royal Navy* (online-Datenbank: www.cronab.demon.co.uk/E.HTM).

Diesmal ging er nach Bath: Zoology, v. 3, 1859, xxvii.

»ausgesprochen schlechten Gesundheitszustand«: Horatio Nelson, kurzes autobiografisches »Statement of his Services« (ca. April 1795), Sammlung National Maritime Museum.

»intensiven Geruch eines heißen Bügeleisens«: Charles Dickens, *The Pickwick Papers*, Kapitel 37.

Das Leiden schritt rasch fort: Zoology.

»Noch gab es Hoffnung ...«: Annual Register, Appendix to Chronicle, 1857, 322.

4 – WEDER SONNE NOCH MOND

»Meinen geistigen Zustand [...] kann ich nicht beschreiben.«: Holman, *A Voyage Round the World*, v. 1, 3.

»Es genügt zu sagen, ...«: Holman, *The Narrative of a Journey*, vi.

»Ich will euch heimsuchen mit Schrecken«: Levitikus 26:16.

eine Augenklinik, die West of England Eye Infirmary, eröffnet: P. M. G., Russell, *A History of the Exeter Hospitals, 1170–1948* (Exeter: James Townsend & Sons, 1976), 102.

»Daraufhin greife man zu einer Nadel«: *De Medicina*: Aulus Cornelius Celsus.

ihrem neu ernannten Chefarzt Dr. Samuel Barnes: Russell, *A History of the Exeter Hospitals*, 104.

»Old Ugly«: Rootsweb (http://freepages.genealogy.rootsweb.com).

Animalischer Magnestismus: *Animal Magnetism, or The Pseudo-Philosopher Baffled*: Lonsdale, Hrsg., *The New Oxford Book of Eighteenth Century Verse*, 780.

»... Doch du nahst meinen Augen nicht«: John Milton, *Paradise Lost*, Buch III, Zeile 23.

5 – DIE SIEBEN GENTLEMEN

ein seltsam maritimes Testament: Peter Clissold, »Samuel Travers and the Naval Knights of Windsor«, *The Mariner's Mirror* (Society for Nautical Research), v. 60, Nr. 1, Februar 1974.

»die sich [...] besser zum Beten als zum Kriegführen eigneten«: Edmund H. Fellows, *The Military Knights of Windsor 1352–1944* (Windsor: Oxley and Son, 1944).

die »armen Ritter« von Windsor: Die landläufige Bezeichnung wurde 1833 von William IV. offiziell getilgt, doch die Redewendung existiert nach wie vor (für das auch im Deutschen als »arme Ritter« bekannte Gericht).

In den Annalen erscheinen Schneider und Gemüsehändler: Fellows, *Military Knights*, xliv.

»Da ich jetzt auch in die Jahre komme«: Clissold, *Mariner's Mirror*.

die Bewerbung selbst: British Public Records Office ADM 106/3535.

Anteil am Travers-Fond: Knight's Pay Record, British Public Records Office ADM 80/194.

bewahrte sein eigenes Geheimnis: Cheryl Silvestrin, Orkney Genealogy: Family Heritage of the Orkney Islands of Scotland (www.cursiter.com).

»für alte, rheumatische Beine«: Clissold, *Mariner's Mirror*.

Knight's Check Book: Saint George's Chapel Archives, Windsor Castle.

die seit Jahrhunderten verschollenen Leichen: Peter J. Begent, *The Romance of St George's Chapel* (Windsor: Friends of Saint George's Chapel, 2001), 36.

»eine unnennbare Kraft«: Holman, *The Narrative of a Journey*, viii.

6 – EIN PAAR BROCKEN HEILKUNDE

»wer einen Schinken räuchern wollte«: Paul Johnson, *The Birth of the Modern: World Society 1815–30* (New York: HarperCollins, 1991), 183.

»auf jeder Seite eine Hand auf die Hauswand legen kann«: Robert Louis Stevenson, *Picturesque Notes* (elektronische Version der Ausgabe von 1879), Kapitel II.

Zulassungsbedingungen gab es keine: Dieses Detail entstammt wie viele andere in diesem Kapitel: Lisa Rosner, *Medical Education in the Age of Improvement* (Edinburgh: Edinburgh University Press, 1991).

eine als Mann verkleidete Frau: Brian Lalor, Hrsg.: *The Encyclopedia of Ireland* (Dublin: Gill & Macmillan, 2003). Barry sollte Inspector General in Britischen Hospitälern in Kanada werden. Ihr wahres Geschlecht wurde erst nach ihrem Tod im Jahr 1865 bekannt.

»behalte ich alles, was ich behalte, auf Dauer.«: Holman, *A Voyage Round the World*, v. 5. 7.

»Den ganzen endlosen Tag der Dunkelheit«: Holman, *The Narrative of a Journey*, vii.

»ein paar Brocken Heilkunde«: Holman, *Travels in Russia*, v. 1, 288.
»Blüten der Rhetorik«: Robert Christison, *The Life of Sir Robert Christison* (Edinburgh: William Blackwell and Sons, 1885), 75.
»das vielversprechende Gebiet der chemischen Forschung«: ebenda, 58.
»alles, was man damals über die Chemie wissen konnte«: ebenda, 111.
»wohl nicht viele Worte verlieren«: Holman, *Narrative of a Journey*, viii.
»Bei der Verfolgung der Ziele«: Holman, *A Voyage Round the World*, v. 5, 513.
»Damals war meine Gesundheit so empfindlich«: ebenda, v. 1, 3.
Akten der Admiralität: British Public Records Office ADM 6/208.
»Na also, endlich in Frankreich!«: Holman, *Narrative of a Journey*, 3.

7 – EIN WUNDERLICHER KRANKER

Details und Zitate sind, wenn nicht anders vermerkt, in James Holman, *Narrative of a Journey*, vii, zu finden.
an der Spitze der Prozession: *Times of London*, 17. Februar 1820, 2.

8 – DER UNTERNEHMUNGSLUSTIGE BÜRGER

Details und Zitate sind, wenn nicht anders vermerkt, in James Holman, *Narrative of a Journey*, vii, zu finden.
so parallel waren ihre Leben lange Zeit verlaufen: *Dictionary of National Biography* (London: 1887), v. X, 401.
»ein unternehmungslustiger Bürger«: Holman, *A Voyage Round the World*, v. 4, 513.
»Mr. C-l-b-k«: Holman, *Travels Through Russia*, 21.
einen Bienenstock, den man auf- und zuklappen konnte: François Huber, *New Observations on the Natural History of Bees* (Edinburgh, John Anderson, 1806).
»verletzten Königin von England«: Flora Fraser, *The Unruly Queen: The Life of Queen Caroline* (Berkeley: University of Cali- fornia Press, 1997).

9 – EINMAL RUND UM DEN ERDBALL

»schlichte und aufrichtige Darstellung einer Reise«: Holman, *Narrative of a Journey*, xi.
»Nur wenige Leser können sich dem Reiz weiter Reisen entziehen«: J. Arago, *Narrative of a Voyage Round the World in the Uranie and Physcienne Corvettes* (London: Treuttel and Wurtz, 1823).
»die Bewunderung kommender Zeitalter«: William Jerdan, *Men I Have Known* (London: George Rutledge and Sons, 1866).
»Meine Gründe [...] zu verheimlichen«: Holman, *Travels in Russia*.
»geheimen geographischen und astronomischen Expedition«: Leonid Sverdlov, »Russian Naval Officers and Geographic Exploration in Northern Russia«, *Arctic Voice*, Nr. 11, 27. November 1996.

10 – WAHRE GEFÜHLE UND MÄCHTE

Details und Zitate sind, wenn nicht anders vermerkt, in James Holman, *Travels in Russia*, v. 1 und 2, zu finden.

ein illegitimer Sohn der schwarzen Schafe: John Keay, *Explorers Extraordinary* (New York: Tarcher, 1986).

»Fighting Cochranes«: Robert Harvey, *Cochrane: The Life and Exploits of a Fighting Captain* (New York: Carroll & Graf, 2001).

Ein weiterer Vetter, jetzt Lord Cochrane: Es handelte sich um Thomas Cochrane, dessen Leben später als Inspiration für zwei berühmte fiktionale Kapitäne taugen sollte: C. S. Foresters Horatio Hornblower and Patrick O' Brians Jack Aubrey. Er sollte auch ein Kollege Holmans im Raleigh Club werden.

»in einer dienenden Funktion«: Diese und alle weiteren Zitate Cochranes aus John Dundas Cochrane, *Narrative of a Pedestrian Journey Through Russia and Siberian Tartary*, 4. Auflage (London: Charles Knight, 1825).

11 – DAS SCHLAFENDE LAND

Durchquerung des Wege verschluckenden Sumpflands: Die *Encyclopedia Britannica* charakterisiert das Gebiet als »außerordentlich sumpfig, mit vielen Seen.« In seinem Roman *Michael Strogoff* beschreibt Jules Verne es als »Teiche, Pfützen, Seen, und Sümpfe, denen die Sonne giftige Dämpfe entlockt, so dass die Straße sich windet und dem Reisenden die größte Ermüdung und Gefahr zuteil werden lässt.«

Alexej Kolowin, Feldjäger: Holman erwähnt ihn nur als »den Feldjäger«, sein Name findet sich jedoch in einem Bericht, der am 4. Juni 1904 – ausgerechnet – im *Iowa Recorder*, Greene, Iowa, veröffentlicht wurde.

12 – EIN EHRENSALUT AUF ALLE GEBRECHEN

Details und Zitate von Holman sind, wenn nicht anders vermerkt, in *Travels in Russia*, v. 2, zu finden.

»Welches Ziel er damit verfolgt haben mag«: *Monthly Magazine*, 1. August 1824.

»So beträchtlich meine Behinderung sein mag«: Brief an den Herausgeber des *Monthly Magazine*, 15. Oktober 1824.

»ihre Schönheit und ihre Fertigkeiten«: zitiert nach Mervyn Horder in dessen Nachwort zu einer gekürzten Fassung von *A Pedestrian Journey* (London: The Folio Society, 1983), 215.

»ein sehr vergnügliches Buch«: Diary of Thomas Giordani Wright, Newcastle, Eintrag ca. 1826 (Tyne and Wear Archive Services, Newcastle upon Tyne).

»Soweit der Blick des Menschen […] festlegen kann«: Uvedal Price, *On the Picturesque* (London: J. Robson, 1796).

»Ich werde ständig danach gefragt«: Holman, *A Voyage Round the World*, v. 1, 4.

»Wenn wir die Welt in so viele Teile unterteilen«: Clements R. Markham, *Major James Rennel and the Rise of Modern English Geography* (London: Cassell & Co., 1895), 194.

»herrisch und großzügig«: Diese und folgende biografische Details aus E. H. Burrows, *Captain Owen of the African Survey* (Rotterdam: A. A. Balkema, 1979), 173.

»Im gegenwärtigen Zustand der Insel«: *Quarterly Review*, Oktober 1822.

»die Wirkung von Seewasser auf die Trockenfäule«: Michael Phillips, *Ships of the Old Navy*.

die tödlichste Expedition aller Zeiten: Burrows, *Captain Owen*, 198.

13 – DAS GRAB DES WEISSEN MANNES

Details und Zitate sind, wenn nicht anders vermerkt, in James Holman, *A Voyage Round the World*, v. 1, zu finden.

überzähliger Junge Zweiter Klasse: Logbooks of the HMS *Eden*, British Public Record Office ADM 37/8047.

Holman's Rock: Holman hielt nur die Benennung des Flusses zu seinen Ehren fest, der Holman's Rock ist auf einer Karte von 1829 des Colonial Department verzeichnet (British Public Record Office CO 700/West Africa).

eine Krankheit von bemerkenswerter Dramatik: Merkmale des Verlaufs aus Mark Honigbaum, *Fever Trail* (New York: Picador, 2003).

die Zeichen Hunderter befreiter Sklaven: British Public Record Office ADM 1/2273.

dass [...] bittere Witze die Runde machten: Burrows, *Captain Owen*, 196.

seine heroischen aber aussichtslosen Schlachten: ebenda, 197.

14 – MEIN GEFÄHRLICHER UND NEUARTIGER KURS

Details und Zitate sind, wenn nicht anders vermerkt, in James Holman, *A Voyage Round the World*, v. 1, 2, zu finden.

die eingeborenen Botocudo: Hal Langfur, »Uncertain Refuge: Frontier Formation and the Origins of the Botocudo War in Late Colonial Brazil«, *Hispanic American Historical Review*, Mai 2002.

»Witwenmännern«: N. A. M. Rodger, *The Wooden World: An Anatomy of the Georgian Navy* (London: Fontana Press, 1988), 430.

»turmhoch aufragende Festungen«: Basil Hall, *Fragments of Voyages and Travels* (Edinburgh: 1831).

»eine der stolzesten und grausamsten Frauen«: Ida Pfeiffer, *The Last Travels of Ida Pfeiffer; Inclusive of a Visit to Madagascar*, übersetzt von H. W. Dulcken (New York: Harper & Bros., 1861).

»In Kanton selbst«: Johnson, *The Birth of the Modern*, 784.

»Gestern hatte ich das große Vergnügen«: Sir James Brooke, *The Private Letters of Sir James Brooke, Rajah of Sarawak*, Hrsg. John C. Templer (London: Richard Bentley, 1853), v. II, 24.
»Am Sonntag vor einer Woche«: Sydney Herald, 3. Oktober 1831.
»Expedition zur Bateman's Bay«: Sydney Herald, 28. November 1831.

15 – EIN ALARMIERENDER CHARAKTER

übergroßer, wandelnder Hutschachteln: Johnson, *The Birth of the Modern*, 454.
»den Inhalt des ersten Schreibens [...] übermittelt«: British Public Record Office ADM 80/189.
»so reich an interessanten Informationen«: zitiert aus für das Buch werbendem Rundschreiben, British Public Record Office ADM 80/189.
»würde jedem Reisenden zur Ehre gereichen«: Fraser's Magazine for Town and Country, London, v. xi, Juni 1835.
»eine ebenso weite Verbreitung wie für die Travels«: British Public Record Office ADM 80/189.
»Wir haben uns nie in die Reihen derer eingereiht«: Gentleman's Magazine, London, September 1834.
»Das Fehlen von Belegen«: ebenda, März 1836.
»Wenn jedoch der Anblick der Dinge«: ebenda, November 1835.
»Phantasterei und keine Wahrheit«: Encyclopedia Britannica, 11. Auflage (1911).
nahm sich vor Scham das Leben: ebenda.
»sechshundert bis siebenhundert Exemplare«: James Grant, *The Great Metropolis* (elektronische Version der Ausgabe von 1837: www.victorianlondon.org), Kapitel III: »Literature«.
ein Mädchen namens Drina: Lyton Strachey, *Queen Victoria* (elektronische Version der Ausgabe von 1921: www.projectgutenberg.org), Kapitel II, Abschnitt I.
»Onkel König«: Grace Greenwood, *Queen Victoria, Her Girlhood and Womanhood* (elektronische Version der Ausgabe von 1883: www.projectgutenberg.org), Kapitel III.
»ein kleines, sehr schlankes Mädchen«: Strachey, *Queen Victoria*, Kapitel II, Abschnitt V.
»Ich bin von Ihrer Majestät beauftragt«: Wo nicht anders vermerkt sind alle in der Folge dieses Kapitels zitierten Dokumente Teil des British Public Record Office HO 44/52: *1838–1840, Naval Knights of Windsor, Papers re: Lieut. Holman's application, to a New Regulation dispensing with Residence.*
»dem unsäglichen Fluch der weiblichen Thronfolge«: »A Brief History of Nocton Church« (www.allsaintsnocton.co.uk).

dem ersten Skandal ihrer jungen Regentschaft: Christopher Hibbert, *Queen Victoria: A Personal History* (Cambridge, Mass.: Da Capo Press, 2000), Kapitel 10.

16 – DIE ANKUNFT EINES ENGLISCHEN REISENDEN

»Seit vier Jahren bin ich nun im Osten«: Andrew Archibald Paton, *Servia, the Youngest Member of the European Family: or, A Residence in Belgrade* (London: Longman, Brown, Green and Longmans, 1845), 1.

» Wir sind uns in Aleppo zuletzt begegnet.«: ebenda, 75.

ein Paradebeispiel für Rastlosigkeit: Holmans Schritte zu dieser Zeit werden im Nachruf in *Zoology* von 1859 genau verfolgt.

»äußerst sorgfältige Vermessungen mit den Händen«: *The Living Age*, v. 3, Nr. 27, 16. November 1844.

»Ich ging mit ihm durch die Straßen nach Hause«: Henry Dwight Sedgwick, *Francis Parkman* (American Men of Letters series) (Boston: Houghton, Mifflin and Company, 1904), 87. Parkmans Tagebucheintrag vom 18. Januar 1844, der Holman als »Holeman« festhält.

»ein ehrwürdiger Herr mit langem Bart«: Thomas Noon Talfourd, *Supplement to » Vacation Rambles«* (London: Edward Moxon, 1854), 57.

»schädlichen Wirkungen der [...] Malaria«: Holman, *The Narrative of a Journey*, 175.

»ist am Donnerstag [...] in unser Land zurückgekehrt«: *Liverpool Mercury*, wie in *The Living Age*, v. 11, Nr. 130, vom 7. November 1846 zitiert.

Abu Abdullah Muhammad Ibn Battuta: Ross E. Dunn, *The Adventures of Ibn Battuta, a Muslim Traveller of the Fourtheenth Century* (Berkeley: University of California Press, 1989).

17 – DIE FREUDEN DER VERTRAUTHEIT

»ausgesprochen seltsamen Ding«: Königin Victoria im Februar 1837, zitiert in *Queen Victoria's Empire*, Public Broadcasting System (www.pbs.org/empires/victoria).

»äußerst amüsanter und freundlicher Gesprächspartner«: *Zoology*, v. 3, 1859, xxvii.

»die Blinden zu Hause aufzusuchen«: June Rose, *Changing Focus: Development of Blind Welfare in Britain* (London: Hutchinson, 1970).

»Das blinde Mädchen erfuhr nie«: Charles Dickens, *Weih- nachtserzählungen*, Das Heimchen am Herde, Zweites Zirpen (http://gutenberg.spiegel.de).

eine Anstalt für Geisteskranke: Andrew Roberts, *The Lunacy Commission, a Study of its Origin, Emergence and Character* (Middlesex University www.mdx.ac.uk/www/study/01.htm).

»unbeugsamem Willen«: *People's Journal*, Nr. 93, 9. Oktober 1847, 197.

»in welchem Teil der Welt er sich gerade befand.«: ebenda.
»so standen die beiden allein mit ihrer Zierde«: Jerdan, *Men I Have Known*, 264.
»sich einen Ehrenplatz auf dem Regal verdient«: The Living Age, v. 29, Nr. 367, 31. Mai 1851.
»seine biedere Handwerklichkeit als Autor«: Talfourd, *Supple- ment*, 57.
»eine alte Frau«: Zoology, v. 3, 1859, xxvii.
»und mit Muße erinnere ich mich«: Holman, *A Voyage Round the World*, v. 4, 518.
»eine Ehrung mit bitter ironischem Beigeschmack«: W. M. Artman u. L. V. Hall, *Beauties and Achievements of the Blind* (Dansville, New York, 1854).
Miss Clementina Bourne: Post Office Directory, London 1856, Faksimileausgabe auf CD-ROM (Archive CD Books, 2001).
»was ihn in dieses Viertel gezogen haben mag.«: Jerdan, *Men I Have Known*, 265.
»auf den Tower Hill verschlug«: George Augustus Sala, *Gaslight and Daylight, With Some London Scenes They Shine Upon* (London: Chapman & Hall, 1859), Kapitel IV.
»ein schnapsseliger Malaie«: East London Observer, Nr. 4, 10. Oktober 1857, 2.
»Psst, mal schauen, was er macht.«: Jerdan, *Men I Have Known*, 265.
»am Abend seiner Lebenstage«: ebenda, 267.
Boulogne-sur-Mer: *Zoology*.
»sich völlig von der Umwelt abgekapselt«: ebenda.
»seine Gesundheit endgültig ruiniert«: ebenda.
»Bis zum Schluss war er damit beschäftigt«: Gentleman's Magazine Historical Review, 1857, 341.

18 – DAS FEUER IN DER SEELE

»eine Rückreise nach England für nicht angeraten«: Clissold, *Mariner's Mirror*.
die Geschichte von dem Geist: ebenda.
»Wurden diese Tagebücher jemals veröffentlicht?«: Notes and Queries, v. s7-IX, Nr. 229, 1890.
»pestilentesten Ort, der im gesamten Universum bekannt ist«: The Living Age, v. XIX, Oktober bis Dezember 1848.
»eine schüttere Reihe von etwa einem Dutzend«: »A F.R.G.S.« (Pseud., Richard Francis Burton) *Wanderings in West Africa From Liverpool to Fernando Po* (London: Tinsley Brothers, 1863), v. II, 294.
»Brettersarg«: Telegraph (GB), 29. August 2004.
»allein, ohne Rat und Beistand«: Holman, *A Voyage Round the World*, v. 5, 515.
»Jeder einzelne Mensch ist ein Entdecker.«: Jorge Louis Borges, Atlas.
»Am Rand des Abgrunds«: Holman, *A Voyage Round the World*, V. 4, 6.

BILDNACHWEISE

Frontispiz: Holmans Porträt von William Brockedon, 1834, © National Portrait Gallery, London.

S. 22: aus *L'Italie, la Sicile, les îles Éoliennes, l'îles d'Elbe, la Sardaigne, Malte l'île de Calypso, etc.*, Autor unbekannt (Paris: Audot, 1834-1837).

S. 28: aus Francis Bond, *Wood Carvings in English Churches, Volume 1: Misericords* (London: Henry Frowde, 1920).

S. 48: Bridports Porträt von Lemuel Francis Abbott, 1795, National Maritime Museum, London.

S. 70: Library of Congress.

S. 100: Wellcome Library, London.

S. 128: Stich *Travers' College in 1804*, Sammlung Jason Roberts.

S. 166: Stich *Discoveries, breaking up*, anonym, Sammlung Jason Roberts.

S. 182: Illustration aus *Travels Through Russia*, v. 1., S. 330.

S. 210: Illustration ebenda, S. 195.

S. 239: Autorenporträt, *Pedestrian Journey*.

S. 286: Illustration aus *Travels Through Russia*, v. 2, S. 164.

S. 292: Stich von Holman, Sammlung Jason Roberts.

S. 340: Illustration aus *A Voyage Round the World*, v.1, S. 262.

S. 386: Holmans Porträt von George Chinnery, 1830, The Royal Society.

S. 394: Autorenporträt, *A Voyage Round the World*.

S. 438: Adaption, ca. 1834.

S. 464: vermutlich Maull & Polyblank, Sammlung Jason Roberts.